Christian von Tschilschke/Dagmar Schmelzer (eds.)

Docuficción

Enlaces entre ficción y no-ficción en la cultura española actual

Ediciones de Iberoamericana

Serie A: Historia y crítica de la literatura
Serie B: Lingüística
Serie C: Historia y Sociedad
Serie D: Bibliografías

Editado por
Mechthild Albert, Walther L. Bernecker,
Enrique García Santo-Tomás, Frauke Gewecke,
Aníbal González, Jürgen M. Meisel,
Klaus Meyer-Minnemann, Katharina Niemeyer

A: Historia y crítica de la literatura, 49

Christian von Tschilschke/Dagmar Schmelzer (eds.)

Docuficción

Enlaces entre ficción y no-ficción en la cultura española actual

Iberoamericana · Vervuert · 2010

Publicación financiada con el apoyo del
Programa de Cooperación Cultural "ProSpanien"

Amor de Dios, 1 – E-28014 Madrid
Tel.: +34 91 429 35 22
Fax: +34 91 429 53 97
info@iberoamericanalibros.com
www.ibero-americana.net

Elisabethenstr. 3-9 – D-60594 Frankfurt am Main
Tel.: +49 69 597 46 17
Fax: +49 69 597 87 43
info@iberoamericanalibros.com
www.ibero-americana.net

Iberoamericana Vervuert Publishing Corp., 2010
9040 Bay Hill Blvd. Orlando, FL 32819
Tel. (+1) 407 217 5584
Fax. (+1) 407 217 5059
info@iberoamericanalibros.com
www.ibero-americana.net

ISBN 978-84-8489-537-4 (Iberoamericana)
ISBN 978-3-86527-573-8 (Vervuert)

Depósito Legal: SE-6654-2010

Diseño de la cubierta: Michael Ackermann
Ilustración de la portada: Carlos Sieiro del Nido
Impreso en España por Publidisa
The paper on which this book is printed meets the requirements of ISO 9706

Índice

Docuficción: un fenómeno limítrofe se aproxima al centro

CHRISTIAN VON TSCHILSCHKE/DAGMAR SCHMELZER

1. DOCUFICCIÓN, UNA TENDENCIA TRANSMEDIÁTICA Y TRANSCULTURAL

Mucho nos indica que desde hace algunos años se ha venido efectuando una transformación y reevaluación del vínculo existente entre las formas representativas documentales y ficcionales. Aparte de la revitalización de géneros tradicionales como la novela histórica, el filme histórico, el teatro documental y la película documental se observa, desde mediados de la década de los noventa, una extraordinaria coyuntura de formas híbridas en las culturas europeas, estadounidenses y latinoamericanas en la que se entrecruzan elementos y estrategias representativas ficcionales y no ficcionales. Sobre todo, al examinar el desarrollo de medios audiovisuales como el filme y la televisión se adquiere rápidamente la impresión de que, en la actualidad, los límites entre la documentación y la ficción son tan permeables como nunca antes. En los grandes festivales internacionales de cine, como los de Cannes, Venecia y Berlín, es imposible pasar por alto la tendencia del acercamiento entre el documental y el largometraje, cosa que se refleja incluso en la entrega de los premios[1]. Por otro lado, en los programas de televisión –inspirados por sus modelos respectivos de los Estados Unidos (*reality*-TV) y de Gran Bretaña (*soap-opera*)– se han establecido desde hace tiempo una miríada de nuevas formas transitorias y compuestas: desde el docudrama pasando por el *docusoap* hasta los documentales fictivos o los largometrajes parcialmente documentales[2].

---

[1] En el Festival de Cannes de 2008, por ejemplo, los galardones más importantes fueron otorgados a dos «docuficciones»: *Entre les murs* de Laurent Cantet ganó la Palma de Oro y *Gomorra* de Matteo Garrone el Gran Premio del Jurado.

[2] Sobre todo reviste importancia mencionar que con estos formatos híbridos la documentación ha ganado entrada en la televisión privada, en la cual lo documental era antes prácticamente inexistente. Para desarrollos equivalentes en la literatura basta con citar el éxito mundial del escritor alemán W. G. Sebald, que en sus trabajos correlaciona hechos y ficciones de una manera muy

En paralelo al regreso del interés en lo documental y en la emergencia de nuevos géneros y conceptos híbridos –procesos que, por regla general, son sintomáticos de desarrollos culturales profundos–, hoy en día se puede percibir, tanto dentro del discurso intelectual público como dentro del discurso científico-académico, un cambio significativo de preferencias teóricas y enfoques epistemológicos. Un indicio de este cambio –al que se deben, sin duda, tanto la proliferación de formas conjuntas de lo documental y lo ficcional como la creciente atención que se le presta a este fenómeno– se encuentra, por ejemplo, en el suplemento de la revista cultural alemana *Merkur* de octubre de 2005, que diagnostica una nueva «nostalgia de la realidad»[3]. Los editores, Karl Heinz Bohrer y Kurt Scheel, hacen suya la tarea de agudizar la conciencia de «la realidad, de los fenómenos como instancia irrevocable, de una inmediatez, por muy mediada que esté»[4].

La tendencia actual a la docuficción no es menos virulenta en la cultura española que en muchos otros países ya que esta última mantiene desde el Siglo de Oro una relación particular con el engaño y el desengaño, el parecer y el ser, con la ficción y la realidad, y se distingue por una larga tradición realista. De esa manera, la aproximación y superposición del documentalismo y la ficción figuran como «uno de los aspectos más llamativos del cine español actual» (Pohl/Türschmann 2007: 21). La tan discutida adaptación cinematográfica de *Soldados de Salamina* (2003) de David Trueba y el éxito internacional de *Mar adentro* (2004), el drama sobre la eutanasia de Alejandro Amenábar, que fue premiado en 2005 con el Oscar a la mejor película extranjera, son solo dos ejemplos sumamente llamativos[5]. Si se toma en cuenta la relativa languidez que ha marcado hasta ahora al género documental en el ámbito español, Jean-Claude Seguin constata por su parte que «[d]esde los años de la transición política, nunca el documental había ocupado un lugar tan señalado como desde el nuevo

---

propia y sugestiva. Para una consulta sobre las nuevas tendencias de la docuficción en el cine, la televisión y la literatura en los ámbitos culturales angloamericanos y alemanes véanse: Albrecht (2007), Izod/Kilborn/Hibberd (2000), Oels/Porombka/Schütz (2006), Rhodes/Springer (2006), Voigts-Virchow/Schlote (2008a/b) y Wolf (2003).

[3] «Sehnsucht nach Wirklichkeit» (Bohrer/Scheel 2005: 749).

[4] «[...] die Realität, für die Phänomene als nicht hintergehbare Instanz, für eine Unmittelbarkeit, wie vermittelt auch immer» (Bohrer/Scheel 2005: 750).

[5] Véase Pohl/Türschmann (2007: 19) para el uso del término «docuficción» aplicado a la película de Amenábar: «Amenábar despliega en *Mar adentro* una docuficción con tintes de Hitchcock en un ambiente rural gallego».

milenio» (Seguin 2007: 56). También Seguin realza la tendencia de la hibridación como característica dominante del desarrollo actual[6]. El medio en que este desarrollo despliega su más vasta dinámica es, no obstante, la televisión –circunstancia difícil de imaginar de otra manera, dadas las tendencias globales existentes–. La televisión española ha producido algunos docudramas y *docusoaps*, como *Cuéntame cómo pasó* (desde 2001 en TVE 1), una crónica de los años tardíos de la dictadura franquista y la transición. Aparte hay adaptaciones de formatos extranjeros como *Big Brother* (*Gran hermano*, desde 2000 en TV 5) –el primer *reality show* en la televisión española– o como el caso de la serie ambientada en un hospital *U 24* (desde 2004 en TV 5). Por otro lado, la televisión española participa en coproducciones internacionales de gran éxito como las docuficciones histórico-didácticas *La odisea de la especie* (2003) o *Pompeya, el último día* (2004), ambas estrellas del espacio de *prime time*[7].

Con respecto a la literatura, José-Carlos Mainer, por ejemplo, cree identificar la «novela a noticia» como una corriente particularmente característica de la ficción contemporánea española. Con esto él quiere dar a entender que hay una equiparación de expresiones literarias y no literarias, periodísticas y ensayistas encontradas en España en las obras de Juan José Millás, Enrique Vila-Matas o Javier Cercas, por citar algunos, y en el extranjero en W. G. Sebald o Julian Barnes (cf. Mainer 2005: 209-217; 223). En cuanto a los métodos narrativos de la exitosa novela de Javier Cercas *Soldados de Salamina* (2001) o de *Enterrar a los muertos* (2005) de Ignacio Martínez de Pisón –que recaen en lo documental e incluyen fotografías y otros tipos de testimonios en la narración–, se habla actualmente de una «retórica de la anti-ficcionalidad» (Gómez López-Quiñones 2006: 16; 55)[8]. Este resultado se puede transmitir sin más preámbulos a

---

[6] Compárese Seguin (2007: 56): «Este resurgir de un género muy minoritario en el cine español se señala por una doble evolución. Por una parte, la desaparición de los límites entre el cine de ficción que se va "documentalizando" y el cine documental que se está "ficcionalizando" constituye una novedad en el panorama hispano. Por otra parte, el género juega a su vez con formas narrativas propias del cine de ficción [...]». Sobre documentales falsos, formatos híbridos y formas mezcladas de lo documental en España compárense, por ejemplo, Sánchez Navarro/Hispano (2001) y Ortega (2005).

[7] Véase para ello, por ejemplo, Barroso (2005) y Gómez González (2005) así como la perspectiva francesa en Garçon (2005).

[8] Para Antonio Gómez López-Quiñones (2006: 16) la característica común de estos textos yace en sus genuinos esfuerzos documentales, su «preocupación por mostrar el origen de la información, por explicarle al lector cómo, quién, dónde y para qué se logra un determinado dato posteriormente incluido en la trama».

otros textos relacionados en su mayoría con la memoria de la Guerra Civil: por ejemplo a *El vano ayer* (2004) de Isaac Rosa, o a la novela de Juan Manuel de Prada *Las esquinas del aire. En busca de Ana María Martínez Sagi* (2000), que, incluso si es menos mencionada, se puede considerar como otra obra pionera de este tipo de narración[9].

El tomo presente, en el que participan hispanistas de Alemania, España, Francia, Canadá y los Estados Unidos, se basa en gran parte en las aportaciones a la sección 5 «Docuficción, ¿una tendencia transmediática en la cultura española actual?» del XVI Congreso de la Asociación Alemana de Hispanistas, celebrado en marzo de 2007 en la ciudad de Dresde, y toma como punto de partida la coyuntura global de la mezcla de lo ficcional con lo factual para estudiar las formas en que este fenómeno aparece en España. Este planteamiento se fundamenta en la evidente presunción de que diversas formas de docuficción en contextos y constelaciones específicas adquieren también funciones y significados particulares. Estos contextos no son creados solamente a través de cambios globales, como la revolución digital y sus técnicas de simulación y manipulación, sino también a través de discursos sociales del momento y, por último, a través de tradiciones culturalmente específicas de la docuficción que son en parte mucho más antiguas que el concepto en sí[10]. La intervención de la palabra clave «cultura» pretende mostrar también que uno de los objetivos principales de este tomo es describir las diversas formas de docuficción tomando en cuenta la situación en que se originaron, investigar sus implicaciones históricas y sociales y situarlas en el contexto de las relaciones y tensiones mutuas entre la ficción y la no-ficción en la cultura española actual.

---

[9] También en el teatro actual español se han atestiguado ya tendencias docuficcionales (cf. Sánchez 2007).

[10] Ejemplo de ello son el «realismo documental» en la Alemania de las décadas de los sesenta y los setenta del siglo pasado (Peter Weiss, Alexander Kluge, Rolf Dieter Brinkmann, Uwe Johnson, etc.) o la corriente desatada más o menos por la misma época en los Estados Unidos del *new journalism* (Tom Wolfe, Hunter S. Thompson, Truman Capote, Norman Mailer, etc.). Tampoco hay que olvidar la tradición de la literatura testimonial en Cuba. Un problema que aparece en este contexto son las limitaciones cultural e históricamente relativas entre los discursos ficcionales y no-ficcionales (es decir, los distintos niveles de acentuación de estos límites): mientras que esta separación se marcó en Francia con especial nitidez, la diferenciación entre discursos literarios, historiográficos y periodísticos en las culturas latinoamericanas son tradicionalmente menos marcadas.

2. Docuficción como concepto de investigación

El uso variado y la ampliación semántica de la palabra «docuficción» –usada al principio en el área de los medios audiovisuales (cine/TV), pero ya desde hace algún tiempo también en la literatura, el teatro y otros medios– realza la necesidad de una aclaración fundamental de los términos y nociones correspondientes[11]. El hecho de que la palabra «docuficción» se pudiera diseminar con tanta rapidez se relaciona no solo con la actual proliferación de los objetos que denota, sino también con la circunstancia de que por el momento no existe otra expresión para nombrar a los híbridos en cuestión de una forma tan concisa y económica. La palabra «docuficción» llena un vacío léxico, y esto en varios lenguajes, ya que se diferencia muy poco de sus equivalentes en lengua extranjera (inglés/francés: *docufiction*, alemán *Dokufiktion*)[12].

Sin embargo, este beneficio tiene un precio. El término posee una ambigüedad semántica inevitable, ya que, o se equipara aquí lo documental con lo fáctico, con lo que desaparece la diferencia de significados entre los dos conceptos, o se contraponen las dos nociones de «documento» y «ficción», que no pertenecen al mismo plano lógico-conceptual[13]. Por ello, en la práctica recurre el problema de que «docuficción» sea utilizado como hiperónimo o hipónimo, o sea, como un concepto general para todas las relaciones posibles entre lo fictivo y lo fáctico, ya sean «docudramas», «docunovelas», «*docusoaps*», etc., o como un concepto subordinado para una forma híbrida más o menos específica dentro del amplio campo de la ficción y la no-ficción.

---

[11] La expresión «docuficción» fue usada en un principio en relación con el formato televisivo del «docudrama», que se mueve en la frontera entre los géneros del largometraje y el documental: elementos documentales como tomas de archivo y entrevistas a testigos se juntan con elementos escenificados y personificados por actores. Compárese, por ejemplo, la introducción de Paget (1998), que centra su estudio en la televisión británica y americana.

[12] El neologismo inglés *faction*, una contracción de *fact* y *fiction*, no es capaz de llenar este vacío. Al contrario: *faction* se usa con frecuencia como antónimo de *fiction* para denominar el aspecto factual, al que se le concede, ya por el término en sí, que igualmente está basado en una labor de construcción. Compárese también el capítulo «Keywords» en Paget (1998: 90-115), que discute en detalle cuestiones sobre terminología.

[13] También Dirk Werle observa que documento y ficción no denotan una oposición conceptual (Werle 2006: 112), es decir, no son términos simétricamente opuestos (Werle 2006: 113). Más usados son los términos pares ficcional/no-ficcional y ficcional/factual. Genette prefiere «factual» a «no-ficcional» porque así se invalida el privilegio implícito que la narratología otorga habitualmente al discurso ficcional (Genette 1990: 756).

No obstante, a causa de sus numerosas ventajas comunicativas, abogamos por el uso del término «docuficción» en todo su espectro significativo, sin que esto nos impida definirlo, según requiera el caso, con un significado amplio o estrecho o simplemente con ciertas de sus funciones. Por tanto, con «docuficción» denotamos un modo representativo que supera barreras mediáticas y de género en el que se entrecruzan elementos, técnicas y estrategias documentales y ficcionales. En este ámbito, denominamos «documento» a un texto –que a su vez debe ser entendido como un complejo de signos en su más amplio sentido (incluyendo imágenes)– que se conecta con el propósito de facticidad, o sea, la posibilidad fundamental de verificación o falsificación[14]. Ficcional es por otro lado un texto que no afronta el propósito de facticidad, con lo que una posible verificación o falsificación pierde su sentido. De esta manera, el estatus ontológico de la ficción se determina no sólo a través de la posibilidad de la falta de una referencia en la vida real («fictivo»), sino también a través de la renuncia a su comprobación («ficcional»).

Bajo esta condición, la docuficción puede suceder de dos maneras distintas: a través del acercamiento de un documento a una ficción y a través del acercamiento de una ficción a un documento. Esto, a su vez, puede consumarse de distintas formas. Se puede dar el acercamiento de un documento a una ficción a través del uso de elementos fictivos (A1), la creación o construcción de sentido que resulta de la elaboración de una trama que relaciona los elementos documentales (A2) y la adopción de códigos y estrategias representativas connotadas con la ficción (estructuras narrativas, dramático-teatrales o poéticas, A3). Por otro lado, el acercamiento de una ficción a un documento resulta de la referencia a documentos (por ejemplo fuentes históricas, B1), el empleo de documentos (o sea la integración/montaje de materiales documentales en forma de texto o imágenes, B2), y el recurso a formas y estrategias representativas convencionalmente interpretadas como documentales (como la carta, el diario, el protocolo, la entrevista, etc., B3). En todo caso, la docuficción se mueve en la escala entre el *degré zéro* de una pura anotación de «hechos» y una ficción que renuncia a toda autentificación[15].

---

[14] Los términos «documento» y «documental» tienen la ventaja de no referirse exclusivamente al referente y la autenticidad («hechos»), sino que también toman en cuenta que se trata de textos.

[15] Las diferentes apariencias de la docuficción han desafiado siempre a una multiplicidad de tipologías, métodos vinculativos y clasificaciones. Compárese, por ejemplo, a Werle (2006: 113), Rhodes/Springer (2006: 4) y de Kerckhove, que divide los programas televisivos partiendo de los

Sin embargo, un concepto teóricamente exigente de la docuficción no puede limitarse a esta hipótesis de trabajo. Aun cuando se define la codificación semiótica de la diferencia entre ficción/realidad (o la supresión de esta diferencia) primordialmente como una estrategia inmanente al texto y codificada en sus señales constitutivas, es indispensable captar también la dimensión pragmática de la docuficción, que afecta a la forma del pacto entre el autor y el lector/espectador y a la determinación del tipo de referencia extra-textual. Ya que los textos ficcionales son imitaciones o simulaciones «no-serias» (*«non-serious»* según Searle) de narraciones factuales, no hay, según John Searle, ninguna característica del texto que denote obligatoriamente su ficcionalidad[16]. Las señales de la ficcionalidad son facultativas[17]. Por eso, la diferenciación de textos documentales y ficcionales no es siempre posible si se toman en cuenta sólo las características constitutivas del texto en sí. Independientemente de este problema, la pragmática del texto se acerca también al foco de atención cuando se trata de interpretar las especificaciones históricas y culturales de la docuficción desde una perspectiva histórica de funciones.

Con respecto a las referencias extra-textuales Dorrit Cohn presume, aparte de la historia y el discurso, un tercer plano constituyente de las narraciones factuales, que considera precedente y superordenado a los planos sincrónicos de la historia y el discurso y que califica como «referential level (or data base)» (Cohn 1990: 778). El compromiso para con este plano permite hablar de *emplotment* (White) y *mise en intrigue* (Ricœur) a la hora de tratar la composición de *stories* factuales (Cohn 1990: 781).

Las referencias constitutivas del texto a una base de datos, que precede al texto, cuya alteración no es posible a través de intervenciones «ficcionales» y cuya comprobación intersubjetiva –en el sentido de una verificación/falsificación– debe ser posible en cualquier momento, caracterizan no sólo a los textos factuales, sino también a los docuficcionales. Esto sucede siempre y cuando el texto hace uso de las posibilidades de acercamiento B1 y B2, explicadas anteriormente (refe-

---

programas en vivo hasta llegar a los largometrajes históricos usando la «ley de la realidad decreciente» (Kerckhove 1998: 190).

[16] Compárese Searle (1975: 325-327), Genette (1990: 757; 772) y Cohn (1990: 784-785).

[17] Recopilaciones de marcadores de ficcionalidad en textos literarios se encuentran, por ejemplo, en Hamburger (1957: 29-32; 40-44), Genette (1990: 761-771), Cohn (1990: 786-771) y Nünning (2005: 43; 50). Nünning y Cohn (1990: 782-790) enumeran también marcadores de factualidad. Un modelo que rebasa los campos mediáticos es desarrollado por Nickel-Bacon/Groeben/Schreier (2000). Cf. para las estrategias de autentificación, es decir, para la retórica de lo no-ficcional en los filmes documentales, Beyerle (1997) y Plantinga (1997; esp. 7-25).

rencia a o incorporación de documentos). Una desviación de las especificaciones de la base de datos en la selección de elementos podría ser vista como un acercamiento del tipo A1 (incorporación de elementos fictivos); un *emplotment*, que obedece más a especificaciones ficcionales que factuales, se puede tomar en cuenta como un acercamiento A2. Los textos docuficcionales se caracterizan así por una referencia parcial y fraccionada a una base de datos preexistente al texto.

Los textos docuficcionales son también híbridos con respecto al pacto de autor-lector/espectador. El desistir en la búsqueda o cuestionamiento de autenticidad/veracidad tiene para la ficción la consecuencia de que ésta se vuelve incapaz de mentir (Mecke 2007: 10). En la tradición de la definición estética de Kant la recepción del arte se efectúa con la postura de la «complacencia desinteresada», una postura despragmatizada definida por Pierre Bourdieu de la siguiente manera:

> Capacité généralisée de neutraliser les urgences ordinaires et de mettre entre parenthèses les fins pratiques, inclination et aptitude durables à une pratique sans fonction pratique, la disposition esthétique ne se constitue que dans une expérience du monde affranchie de l'urgence et dans la pratique d'activités ayant en elle-mêmes leur fin [...] (Bourdieu 1979: 57).

Del lado del receptor, la despragmatización toma la forma de *willing suspension of disbelief* (Coleridge), la posibilidad de la ficcionalidad como interrupción voluntaria de la duda. Según Wolfgang Iser, esta suspensión de la duda tiene, sin embargo, sus límites, ya que la ficción extiende su significado sólo en relación con la vida y en la tensión productiva con ella (Iser 1990: 64). De esta manera, la ficción organiza la realidad y la hace comunicable (Iser 1990: 88). Como representación de manifestaciones lingüísticas, el discurso literario es autorreflexivo y representa lo que una manifestación lingüística es y logra (Iser 1990: 105). La literatura (ficcional) es por eso una herramienta de la reflexión de la que se sirve la sociedad para comunicar y negociar sus prácticas y que puede, de este modo, recuperar una función práctica de segundo grado.

Esta posibilidad de autorreflexión es respaldada particularmente por la subjetividad específica de lo ficcional y por la propuesta de participación performativa que ofrece la *suspension of disbelief*, opuesta a la referencia práctica de lo factual en su objetividad y en su pretensión de veracidad[18]. La docuficción sería

---

[18] Mieke Bal marca una diferencia entre la objetividad de un texto, accesible a la sociedad, su rendimiento constatativo, y el enfoque subjetivo de cada narración, donde el último vislumbra su

entonces el intento (pragmáticamente híbrido) de tomar parte en la performabilidad de los textos ficcionales ubicándola, empero, en lo «serio» («*serious*» según Searle) de declaraciones ontológicamente «veraces».

Nos queda reflexionar sobre la función de esta forma de representación. Una característica central de la docuficción es la deconstrucción de la diferencia entre el hecho y la ficción y la incertidumbre resultante en el estatus ontológico del texto y las imágenes. Esta incertidumbre, que es acompañada (al parecer de manera paradójica) por una capacidad incrementada de conexión con la vida real, puede provocar múltiples efectos en el lector/espectador que varían desde la aceptación de las provocaciones epistemológicas como naturales –que hubieran causado muchas confusiones en el pasado– hasta un más tenaz desconcierto continuo.

Una causa por la que la docuficción es un tema actual se encuentra seguramente en el hecho de que la conciencia de la ficcionalidad y la construcción mediática de la realidad se han convertido desde hace mucho en un patrón teórico-interpretativo conocido y en un punto de referencia estable de la experiencia cotidiana. En este contexto se desarrolla un tipo de contrapunto dialéctico, un deseo aumentado de experiencia auténtica, identificación y vivencia real. Mientras la fascinación por conceptos posmodernos como «panficcionalidad», «simulación» y «deconstrucción» va en declive, el interés teórico en términos como «*performance*», «acontecimiento», «aura», «autenticidad», «evidencia» y «presencia» experimenta un crecimiento[19]. En este entorno, los objetos ganan un carácter de fetiche y los documentos se evalúan con un significado performativo con potencial de crear una realidad. La docuficción se presenta así, en

grado de ficcionalidad y fundamenta su performabilidad (cf. Bal 2002: 119; 123). Esta diferenciación se basa en las ideas de John L. Austin sobre las funciones pragmáticas de los actos verbales (Austin 1979: 25-27).

[19] Así se pregunta el teórico de medios canadiense y seguidor de McLuhan, Derrick de Kerckhove, frente a la magnitud de realidad virtual con la que nos confrontamos día a día: «¿Necesitamos, en una realidad como la nuestra, todavía ficciones?» (Kerckhove 1998). Eckart Voigts-Virchow y Christiane Schlote recalcan la importancia crucial de los atentados terroristas del 11 de septiembre de 2001 como el momento de transformación dentro del discurso intelectual que bajo la impresión de los acontecimientos se aleja de los diagnósticos de la actualidad de Baudrillard (centrados en la híper-realidad y la simulación) y se dirige hacia la idea de un inesperado retorno de lo real (Voigts-Virchow/Schlote 2008a: 107-109). Un ejemplo paradigmático de este cambio discursivo es la colección de ensayos de Slavoj Žižek *Welcome to the Desert of the Real!* (2002). Referente a las artes plásticas el crítico de arte Hal Foster diagnosticó un cambio de paradigmas parecido (*The Return of the Real*, 1996).

general, como un programa de regeneración estético que reacciona al agotamiento tanto de formas representativas y perceptivas ficcionales como documentales. Por un lado, permite proseguir con la tradición posmoderna del juego metaficcional (aunque bajo pronósticos diferentes), por otro, al ocuparse de temas relevantes para la sociedad y la política, indica el camino hacia afuera del «universo textual» posmoderno.

Por eso, llama la atención que la docuficción aparezca con frecuencia en contextos que inciten o intensifiquen tendencias o debates mediáticos de la actualidad. Éstos proveen un campo de expresión a ciertas necesidades sociales, estados de ánimo nacionales y procesos de cambio colectivos y normalmente traen consigo un alto potencial de atención pública[20]. También se puede observar que la conexión de estrategias documentales y ficcionales se presenta muchas veces vinculada con el dominio de experiencias colectivas traumáticas con cierta cercanía o distancia de la actualidad: en un grado particularmente cercano esto se ve en los atentados, ya mencionados, del 11 de septiembre de 2001 en Nueva York, del 11 de marzo de 2004 en Madrid, o, con cierta distancia, en la Segunda Guerra Mundial en Alemania o la Guerra Civil española –que hoy en día son recordadas en el umbral de la transición entre la memoria comunicativa y la cultural–. Algunos motivos contradictorios prevalecen en esta situación: el deseo de documentación y de entendimiento identificatorio tanto como el de la actualización estética y sentimental de un pasado del que se necesita solventar el peso moral.

Finalmente, no se puede perder de vista que la docuficción satisface particularmente la necesidad del lector/espectador de un entretenimiento inteligente[21]. Así, la mezcla de elementos ficcionales y documentales facilita la participación del público en una problemática estética fundamental que le ofrece el material suficiente para desarrollar observaciones filosóficas sobre el mundo cotidiano que le rodea y que satisface también a demandas sofisticadas de reflexión y reflexividad. Al mismo tiempo, los componentes intertextuales e inter-

[20] En Alemania se han tratado temas como la gripe aviar, el envejecimiento de la población y la industria farmacéutica. En España, por otro lado, han sobresalido temas como las drogas, la eutanasia, la violencia doméstica y la inmigración ilegal.

[21] De la investigación empírica de recepción se sabe que el interés del público es más intenso cuando la realidad y la ficción se combinan. Compárese el *distracter-experiment* que el psicólogo americano Ed Palmer hizo con los espectadores de la serie de televisión para niños *Sesame Street* en 1969 (cf. Gladwell 2000: 105-106).

mediáticos, que frecuentemente distinguen a la docuficción, reafirman la experiencia de una realidad mediática compleja.

El modus representativo de la docuficción se observa en diversos medios y géneros, por ejemplo en el cine (*false documentary, mockumentary*), en la televisión (docudramas, *docusoaps, reality shows*), en el teatro y en la literatura. En esta última se encuentra especialmente en los géneros narrativos, como en la novela que se acerca a textos periodísticos, o en la novela histórica, en la historiografía, en la autobiografía y en la biografía. Ya que cada género posee condiciones mediáticas diferentes y convenciones de referencia y autenticidad desiguales, las formas concretas de la docuficción se desglosan de distintas maneras. Su diferenciación histórica y funcional conforme al desarrollo mediático-tecnológico y sus contextos sociales y culturales son un desiderátum.

La discusión actual sobre la docuficción no se mueve, sin embargo, en un espacio libre de condiciones –en términos de su posición precaria entre ficción y no-ficción–. Con el ejemplo de dos géneros paradigmáticos, para los que ya existe una vasta estructura teórica y que con razón han de desempeñar un papel destacado en este tomo, se demostrará cómo el discurso sobre la docuficción participa en debates ya antiguos: nos referimos a la historiografía y a la autobiografía.

En ambos géneros existe desde siempre una tensión recíproca entre la exigencia de facticidad y una construcción literaria, puesto que remiten a referentes «volátiles»: el pasado y el sujeto, que prefiguran una situación aceptada en la literatura y el lenguaje a partir del *cultural turn* y desempeñan un papel importante en el aumento de interés por la docuficción.

La diferenciación prístina de lo ficcional y lo factual se localiza en Aristóteles, que distingue la poesía de la historiografía de acuerdo con su relación con la realidad y en cuanto a su función (Aristoteles 1982: 29-31). Se debe señalar que la diferenciación clara entre literatura (ficcional) e historiografía (científica-factual) –que parte de la aceptación de una diferencia ontológica con respecto a su referencialidad respectiva– muestra un carácter irresoluto a más tardar desde los escritos de Hayden White (1973). La acentuación de la «textualidad» de la historia pone de manifiesto, al fin y al cabo, el restablecimiento del lazo entre la historiografía y su origen social como una práctica de negociación de la sociedad sobre su pasado. Así, esta reflexión posee, aparte de la implicación pragmática ya mencionada, también una implicación meta-historiográfica –por ejemplo en cuanto al estatus de la «ficción» en el proceso de la obtención y representación comunicativa de los «hechos» históricos–. Por eso no es sorprendente que en fases de rupturas epistémicas las interferencias entre la historiografía y la literatura sean particularmente frecuentes (Jaeger 2002: 81). También la creciente presencia de formas docuficcionales parece atribuirse a nuevas negociaciones en la relación entre el texto y el mundo, entre el lenguaje y lo social (Montrose 1989: 23).

En el acercamiento de la historiografía a las formas literarias y a la «ficción» predominan dos aspectos parcialmente vinculados: la acentuación de los acontecimientos y la subjetivización de la experiencia. El *re-enactment* (Robin G. Collingwood) a través de la narración pone a disposición del público el recuerdo de sucesos históricos necesario para la construcción de la identidad colectiva (Ricœur 1991: III, 303; cf. también Carr 1997: 323-325)[22]. En la subjetivización de la historiografía la función política de la obligación individual del sujeto (en su capacidad de actuación) va acompañada de la individualización lingüística del texto historiográfico en la narración[23].

También la facilidad de consumo tiene importancia: mientras que el acercamiento a la narratividad literaria en libros de divulgación histórica aumenta la capacidad de entendimiento de discursos historiográficos, la novela histórica ofrece la ventaja de alcanzar a un amplio público de lectores. Según Ansgar Nünning (y en conexión con Jürgen Link) las novelas históricas cumplen la función de un interdiscurso reintegrativo que transporta el saber científico a la conciencia social (Nünning 2002: 545).

Como en la historiografía, en la autobiografía nos topamos con un relator que se retrae[24]. Actualmente la atención teórica se inclina a la autoficción, entre otras cosas a causa de la crisis de los discursos sobre el sujeto convencionales,

---

[22] En su definición de acontecimiento, Paul Ricœur toma como una ventaja de la narración literaria que ésta facilita el *tremendum fascinosum* de la historia a través de la individualización y la ilusión de presencia (Ricœur 1991: III, 303). Habla de una ilusión controlada (Ricœur 1991: III, 302) que utiliza las capacidades de la ficción para evocar una presencia pero que se mantiene controlada a través de un distanciamiento crítico (Ricœur 1991: III, 305).

[23] «Sujeto» es, según Louis Montrose, al mismo tiempo un término gramático y político: «Thus, in my invocation of the term "Subject" is meant to suggest an equivocal process of *subjectivation*: on the one hand, shaping individuals as loci of consciousness and initiators of action –endowing them with *subjectivity* and with the capacity for agency; and, on the other hand, positioning, motivating, and constraining them within –*subjecting them* to– social networks and cultural codes that ultimately exceed their comprehension or control» (Montrose 1989: 20-21; cita: 21).

[24] La controversia entre «a self-before-language or a language-before-self set of positions» (Eakin 1985: 191) acompaña a la discusión teórica.

del *cultural turn* y del postestructuralismo (véase, por ejemplo, Eakin 1985: 185-187)[25]. No obstante, si se sigue la dirección de las investigaciones académicas que conceden prioridad a los contextos pragmáticos de la autobiografía[26], el lugar concreto y específico de ésta en la vida social se desplaza al centro de interés. Como en el caso de la historiografía, la capacidad de enlazar lo autobiográfico con la práctica social se basa en una redefinición de narratividad centrada en el sujeto y la conciencia –como la presenta Monika Fludernik («experienciality», Fludernik 1996)–. Las autobiografías que tienden a la literarización son, por eso, no aquellas que se distancian de la verificación de los hechos –que en el ámbito autobiográfico plantean de todos modos muchas dificultades–, sino aquellas que preparan una oferta para el discernimiento hermenéutico y para la participación del lector en la perspectivización a través de una conciencia perceptiva (Löschnigg 2006: 3-4). Una perspectivización performativa es posible tanto para el sujeto declarante como para el narratario o comunidad de lectores. Para el individuo escritor el acto autobiográfico se figura (bajo predicciones psicológicas) como *re-enactment*, como nueva implementación de la experiencia pasada para la consolidación de la identidad (Eakin 1985: 226). El posicionamiento del yo en la autobiografía puede ser leído, en conexión con la nueva discusión ética, como una respuesta dialéctica a exigencias sociales, como la inscripción en un discurso público con consecuencias éticas y políticas (Loureiro 2000: x-xiii)[27].

Un vistazo a los adelantos recientes en la discusión de la relación entre hecho y ficción en la historiografía y en la autobiografía nos permite no solo entender por qué estos géneros han desarrollado una afinidad tan particular con la docuficción, sino que también procura una aclaración de por qué esta última ha logrado establecerse con un éxito tan grande –y esto también en España– como un modus representativo que sobrepasa los límites mediáticos y de género.

---

[25] Para España, véase por ejemplo, Caballé (1995), Molero de la Iglesia (2000), Tortosa (2001), Alberca (2007). Romera Castillo (2006) brinda una visión conjunta sobre la autobiografía actual española.

[26] Particularmente Philippe Lejeune (1975: 311-320; 339-341) y Elisabeth Bruss (1976: 4-5).

[27] Las reflexiones sobre la autobiografía se transfieren también parcialmente a textos no autobiográficos que utilizan la perspectiva de la narración en primera persona. La tesis de que los textos literarios son «formal mimetics» (Glowinski 1977: 106) de los géneros textuales y los actos lingüísticos de la vida real se estableció en un principio para narraciones autodiegéticas (Hamburger 1957: 222-223 y Glowinski 1977).

3. Enfoques temáticos y metodológicos de las contribuciones

Las contribuciones se agrupan en tres núcleos temáticos que en su conjunto presentan un panorama representativo de las distintas formas de acercamiento entre documento y ficción en la cultura española actual.

El primer capítulo se ocupa de la docuficción en el cine. Ya en este primer acercamiento se intuye que debe haber una relación interna entre la elección del modo de representación docuficcional y la temática, puesto que entre los objetos de los textos docuficcionales predominan o cuestiones sociales de cierto vigor o la memoria de sucesos especialmente conflictivos del pasado.

El tema de la inmigración, tan urgente en el contexto español (especialmente de africanos a Europa), forja un cosmos fílmico propio del que se sirve Verena Berger, en conexión con estudios recientes, para elaborar una tipología de las formas y funciones de lo documentario: mientras que *Extranjeras* (2003) de Helena Taberna es un documental clásico, *Saíd* (1998) de Llorenç Soler y *14 Kilómetros* (2007) de Gerardo Olivares deben ser clasificados como docudramas. *Paralelo 36* (2004) de José Luis Tirado es una docuficción en sentido estricto, para la que Berger, ampliando la tipología de Rhodes/Springer (2006), establece la hibridez de contenido y forma como elemento definitorio. Complementando el enfoque sincrónico de Berger, Hartmut Nonnenmacher opta por una perspectiva diacrónica cuando se acerca, en un estudio paradigmático, a la obra de Basilio Martín Patino, un pionero de la docuficción fílmica en España. En *Canciones para después de una guerra* (1971) Patino combina imágenes de archivo y canciones de la época con la clara intención de criticar la dictadura. En el metadocumental *Madrid* (1987), sin embargo, se ponen en tela de juicio la «objetividad» y la supremacía de lo documental frente a la ficción. En *La seducción del caos* (1991) Patino trabaja finalmente con marcadores de factualidad en un contexto ficcional y se inscribe al género del *mockumentary*, aunque menos para fines humorísticos *à la* Woody Allen, que para continuar su crítica comprometida de los medios.

En una fértil comparación de dos películas de la directora Isabel Coixet, el documental *Viaje al corazón de la tortura* (2003) y el largometraje *La vida secreta de las palabras* (2005), que se dedican a las víctimas de la guerra de los Balcanes, María Jesús Beltrán Brotons demuestra cuáles son las modificaciones principales de significado y función que conlleva el cambio del modo de representación. Aquí se ve muy claramente cómo el filme utiliza las posibilidades ficcionales para representar aspectos difíciles sobre la memoria de la tortura y el abuso que no podrían ser tematizados de la misma manera en el documental. Pietsie Feenstra se enfoca en la función de documentos auditivos y visuales en la dramaturgia del largometraje. Basándose en los ejemplos de *Las bicicletas son para el verano* (1984) de Jaime Chávarri y *La lengua de las mariposas* (1998) de José Luis Cuerda, que tematizan la infancia a principios de la Guerra Civil española, Feenstra analiza la relación que tienen fotos y reportajes radiofónicos intercalados con la acción mitificadora de la niñez y la postura del público ante una ficción transformada por inserciones documentales.

El segundo capítulo del tomo, dedicado a los aspectos epistemológicos, estéticos y éticos de la docuficción, se abre con Matei Chihaia, quien demuestra con el ejemplo del cuadro de Picasso *Guernica* (1937) y de las fotos periodísticas de la Guerra Civil de Robert Capa que los atributos «documentario» y «ficcional» se marcan decisivamente por el contexto de recepción. Sólo así puede explicarse que la obra cubista de Picasso, separada en posición polémica para con la fotografía, adquiera el aura de testimonio histórico mientras que las fotos de origen documental de Capa se transforman en objetos casi mágicos. Chihaia desarrolla la idea de que el componente mítico vigente en ambas obras trasciende la oposición entre ficción y no-ficción y puede ser analizado solamente en el contexto de una «retórica de la imagen fuerte». Julia Nolte, en cambio, se enfoca en otra fase emblemática de la historia española del siglo XX: en la Movida madrileña de los años setenta y ochenta, que creó una estética intermediática propia donde se funden documento y ficción y se traspasan las fronteras entre arte y vida. Basándose en trabajos de dos de los protagonistas más conocidos de la Movida –en una fotografía de Ouka Lele y la primera película de Pedro Almodóvar, *Pepi, Luci, Bom y otras chicas del montón* (1980)– Nolte analiza cómo en las nuevas prácticas artísticas se documenta un estilo de vida que por sus momentos de autoescenificación tiene rasgos ficcionales.

Con las contribuciones de Encarnación García de León y Gonzalo Navajas el interés se centra en la cuestión de la narración en primera persona, diseminada hoy en día no solamente en la literatura española. La problemática autobiográfica abre un horizonte en el que se mueve también la discusión sobre el fenómeno de la docuficción. No sorprende, por consiguiente, que en este contexto se hable asimismo de una serie de textos que utilizan el modo de representación docuficcional. En un panorama sincrónico García de León discute textos de Javier Marías, Luis Goytisolo, Enrique Vila-Matas y Javier Cercas, entre otros, tomando en cuenta sus criterios narratológicos y situándolos entre los campos de «autoficción» y «docuficción». En una perspectiva complementaria y diacrónica, Navajas sigue la evolución específica de la forma autobiográfica en la cultura española de los siglos XX y XXI, desde las obras tempranas de Miguel de Unamuno pasando por la lírica de Luis Cernuda y las películas de Pedro Almodóvar hasta las últimas novelas de Javier Cercas. En el curso de esta evolución la definición del «yo» se autonomiza de lo nacional. El «yo» se convierte en el último refugio de la identidad corpórea y reflexiva y parece al mismo tiempo la más potente de las ficciones. Christian von Tschilschke da un paso de la autobiografía a la biografía y analiza la escenificación y la inserción en un marco ficcional de ésta última en las novelas *Las esquinas del aire* (2000) de Juan Manuel de Prada y *Soldados de Salamina* (2001) de Javier Cercas. Tschilschke cuestiona las necesidades que la «docuficción biográfica» pretende atender y examina sus relaciones con la «metaficción biográfica» y la «metabiografía ficcional», de modo que, al final, se perfila una transformación de la narración biográfica cuyo alcance trasciende el mero contexto español.

Basándose en una teoría estética de la mentira, Jochen Mecke cuestiona la indecisión entre ficción y realidad que siempre es constitutiva de la docuficción. Enfocando *Soldados de Salamina* de Cercas, Mecke interpreta la docuficción como una estrategia de política memorialística con motivos éticos, que, en el sentido de Walter Benjamin, se dirige contra la estetización fascista de la política. Por otro lado, la ve como síntoma de la falta de confianza de la literatura actual en sí misma: la falta de convicción en su poder creativo y modelador. La contribución de Enrique Rodrigues-Moura sale de las fronteras de la cultura nacional española pero enriquece el espectro temático con un caso especialmente interesante y complejo en el que, aparte de los aspectos epistemológicos, estéticos y éticos, se ponen de manifiesto incluso las dimensiones políticas y jurídicas de la relación entre ficción y realidad: en el disfraz ficticio de su novela *Cadáver tuerto* (2005) el escritor chileno Eduardo Labarca confiesa haber falsificado, en 1976, durante el combate periodístico contra la dictadura militar de Pinochet, el diario póstumo del general chileno Prats, que se había juzgado auténtico durante años. La misma manera en que Rodrigues-Moura reconstruye las circunstancias de esta falsificación y su revelación tiene similitudes con la estructura actancial de una novela docuficcional.

El carácter específicamente cultural de la docuficción se manifiesta en España en su importancia dentro de la discusión memorialística colectiva de la Guerra Civil. Por tanto, el tercer capítulo del tomo se reserva a este núcleo temático.

Según Ulrich Winter, es posible delinear una tendencia hacia formas docuficcionales en el discurso literario memorialístico desde el cambio de milenio, que se diferencia tanto de la escenificación de la imposibilidad antropológica de recordar en los años ochenta como de la deconstrucción de memorias en competencia predominante en los noventa. La docuficción literaria de hoy en día nace de la necesidad de una memoria performativa que relacione presente y pasado escenificando reliquias del pasado y actualizando la historia en la forma pseudo-auténtica del testimonio para asegurar una identidad garantizada por el pasado.

En tres análisis de obras concretas se presentan novelas docuficcionales que se acercan al tema de la memoria desde perspectivas distintas. María-Teresa Ibáñez Ehrlich se concentra en *Enterrar a los muertos* (2005) de Ignacio Martínez de Pisón, un texto que –sin insertarse en los discursos de memoria de la derecha y la izquierda políticas– abarca un tema tabú: las depuraciones que llevaron a cabo los agentes soviéticos entre los combatientes fieles a la República. En su revisión comprometida de la historia, el texto se asemeja en contenido y forma a la historiografía. El aspecto ficcional en que se basa la trama, en el que se enfrentan figuras históricas como John Dos Passos y Ernest Hemingway según el esquema de héroe/antihéroe, sirve para facilitarle al lector una postura éticamente correcta ante lo sucedido. *El vano ayer* (2004) de Isaac Rosa es, según Antonia Kienberger, la novela actual que se sitúa en la cumbre y al final del auge de novelas de la Guerra Civil. Rosa se sirve no sólo de la combinación tan diseminada de una intriga realista-autentificada y una instancia narrativa irónico-metaficcional sino que también formula una verdadera crítica de la docuficción al declarar que ésta se somete a restricciones discursivas y estereotipos mediáticos que dificultan más que promueven el proceso memorialístico. No sorprende que el aspecto ético de la representación literaria del pasado sea el punto central de la reflexión de Susanne Zepp sobre la novela acerca del Holocausto de Antonio Muñoz Molina, *Sefarad* (2001), ya que la función de la literatura en la memoria de la Shoá ha sido discutida en amplitud. Zepp propone una lectura de la novela con referencia a Adorno, interpretándola como postura paradójica frente al sufrimiento. De esta manera Zepp contesta a críticas que se dirigieron contra el carácter docuficcional de la novela argumentando además que precisamente este modo de representación es apto para abrir el pasado hacia el futuro y para transformarlo en experiencia para las nuevas generaciones.

Dagmar Schmelzer se acerca al discurso memorialístico del lado de la historiografía. Con el ejemplo de *Trece rosas rojas* (2004) de Carlos Fonseca, Schmelzer analiza cómo el libro de divulgación actual combina –al presentar nuevamente sucesos emblemáticos del pasado– elementos factuales y ficcionales con el fin de integrar la memoria de los vencidos a la herencia colectiva de la generación de los nietos. Con esta intención se unen una *experienciality* (Fludernik) creada por formas de narración literaria y la referencia a documentos autentificadores. De esta manera, los libros de divulgación histórica sobre la Guerra Civil participan también en la tendencia hacia la performabilidad.

Las dos últimas contribuciones del tomo ilustran cómo el tratamiento docuficcional de la memoria se presenta en el medio de masas por excelencia, la televisión. Se enfoca la exitosa serie *Cuéntame cómo pasó*, que presentó por primera vez el tardofranquismo –período vivido por muchos de los espectadores– en una fórmula que combina la ficcionalización, el entretenimiento y la adaptación para un público de masas. Víctor Sevillano Canicio establece una comparación con series anteriores que trabajan con la misma temática, sobre todo con la serie documental *Los años vividos*, donde se integran las memorias de personajes públicos. Sevillano Canicio analiza cómo la ficcionalización del pasado en *Cuéntame cómo pasó* contribuye, mediante la historia modelo de las tres generaciones de la familia Alcántara, a una vista del pasado nostálgica, conciliadora y en búsqueda de identificación. Sören Brinkmann, finalmente, subraya los contextos políticos y sociales e interpreta la serie, con su enfoque temático y sus silencios, como un documento sobre la manera en que los españoles se enfrentan a su pasado.

Bibliografía

Alberca, Manuel (2007): *El pacto ambiguo. De la novela autobiográfica a la autoficción.* Madrid: Biblioteca Nueva.

Aristoteles (1982): *Poetik.* Stuttgart: Reclam.

Albrecht, Nicola (2007): «Das Drehbuch schreibt das Leben: Neue Formen des Dokumentarischen im öffentlich-rechtlichen Fernsehen». En: Hagen, Kirsten von/Hoffmann, Claudia (eds.): *Intermedia. Eine Festschrift zu Ehren von Franz-Josef Albersmeier.* Bonn: Romanistischer Verlag, pp. 161-176.

Austin, John F. [1962/1975] (1979): *Zur Theorie der Sprechakte (How to Do Things with Words).* Stuttgart: Reclam.

Bal, Mieke (2002): *Kulturanalyse.* Frankfurt am Main: Suhrkamp.

Barroso, Jaime (2005): «Docudrama y otras formas en el límite de la ficción televisiva española». En: Ortega, María Luisa (coord.): *Nada es lo que parece. Falsos documentales, hibridaciones y mestizajes del documental en España.* Madrid: Ocho y Medio, pp. 171-206.

BEYERLE, Monika (1997): *Authentisierungsstrategien im Dokumentarfilm: Das amerikanische Direct Cinema der 60er Jahre*. Trier: WVT.

BOHRER, Karl Heinz/SCHEEL, Kurt (2005): «Zu diesem Heft». En: *Merkur. Deutsche Zeitschrift für europäisches Denken*, 9/10. *Sonderheft: Wirklichkeit! Wege in die Realität*, pp. 749-750.

BOURDIEU, Pierre (1979): *La distinction. Critique sociale du jugement*. Paris: Minuit.

BRUSS, Elizabeth W. (1976): *Autobiographical Acts. The Changing Situation of a Literary Genre*. Baltimore: The Johns Hopkins University Press.

CABALLÉ, Anna (1995): *Narcisos de tinta. Ensayo sobre la literatura autobiográfica en lengua castellana (siglos XIX y XX)*. Málaga: Megazul.

CARR, David (1997): «Die Realität der Geschichte». En: Müller, Klaus E./Rüsen, Jörn (eds.): *Historische Sinnbildung. Problemstellungen, Zeitkonzepte, Wahrnehmungshorizonte, Darstellungsstrategien*. Reinbek bei Hamburg: Rowohlt, pp. 309-327.

COHN, Dorrit (1990): «Signposts of Fictionality». En: *Poetics Today*, 11, pp. 775-804.

EAKIN, Paul John (1985): *Fictions in Autobiography. Studies in the Art of Self Invention*. Princeton: Princeton University Press.

FLUDERNIK, Monica (1996): *Towards a «Natural» Narratology*. London/New York: Routledge.

FOSTER, Hal (1996): *The Return of the Real. The Avant-Garde at the End of the Century*. Cambridge, Mass./London: The MIT Press.

GARÇON, François (2005): «Le documentaire historique au péril du docufiction». En: *Vingtième Siècle*, 88, pp. 95-108.

GENETTE, Gérard (1990): «Fictional Narrative, Factual Narrative». En: *Poetics Today*, 11, pp. 755-774.

GLADWELL, Malcolm (2000): *The Tipping Point. How Little Things Can Make a Big Difference*. New York *et al.*: Little, Brown and Company.

GLOWINSKI, Michál (1977): «On the First-Person Novel». En: *New Literary History*, 9, pp. 104-114.

GÓMEZ GONZÁLEZ, Ángel Custodio: «Cuando la historia se hace ficción: nuevos nombres y nuevas formas para el documental televisivo de gran público en España». En: Ortega, María Luisa (coord.): *Nada es lo que parece. Falsos documentales, hibridaciones y mestizajes del documental en España*. Madrid: Ocho y Medio, pp. 207-234.

GÓMEZ LÓPEZ-QUIÑONES, Antonio (2006): *La guerra persistente. Memoria, violencia y utopía: representaciones contemporáneas de la Guerra Civil española*. Madrid/Frankfurt am Main: Iberoamericana/Vervuert.

HAMBURGER, Käte (1957): *Die Logik der Dichtung*. Stuttgart: Klett.

ISER, Wolfgang [1976] (1990): *Der Akt des Lesens*. München: Fink.

IZOD, John/KILBORN, Richard/HIBBERD, Matthew (eds.) (2000): *From Grierson to the Docu-Soap. Breaking the Boundaries*. Luton: University of Luton Press.

JAEGER, Stephan (2002): «Historiographisch-literarische Interferenzen. Möglichkeiten und Grenzen des Diskursbegriffs». En: Fulda, Daniel/Tschopp, Silvia Serena (eds.): *Literatur und Geschichte. Ein Kompendium zu ihrem Verhältnis von der Aufklärung bis zur Gegenwart.* Berlin/New York: De Gruyter, pp. 61-85.

KERCKHOVE, Derrick de (1998): «Brauchen wir, in einer Realität wie der unseren, noch Fiktionen?» En: Vattimo, Gianni/Welsch, Wolfgang (eds.): *Medien-Welten, Wirklichkeiten.* München: Fink, pp. 187-200.

LEJEUNE, Philippe (1975): *Le pacte autobiographique.* Paris: Seuil.

LÖSCHNIGG, Martin (2006): «Narratological Perspectives on "Fiction and Autobiography"». En: Coelsch-Foisner, Sabine (ed.): *Fiction and Autobiography. Modes and Models of Interaction.* Frankfurt am Main: Lang, pp. 1-11.

LOUREIRO, Angel G. (2000): *The Ethics of Autobiography. Replacing the Subject in Modern Spain.* Nashville: Vanderbilt University Press.

MAINER, José-Carlos (2005): *Tramas, libros, nombres. Para entender la literatura española, 1944-2000.* Barcelona: Anagrama.

MECKE, Jochen (2007): «Cultures of Lying». En: Mecke, Jochen (ed.): *Cultures of Lying. Theories and Practice of Lying in Society, Literature, and Film.* Glienicke/Berlin/Madison: Galda + Wilch, pp. 1-27.

MOLERO DE LA IGLESIA, Alicia (2000): *La autoficción en España. Jorge Semprún, Carlos Barral, Luis Goytisolo, Enriqueta Antolín y Antonio Muñoz Molina.* Berlin/Bern/Bruxelles: Lang.

MONTROSE, Louis A. (1989): «Professing the Renaissance: The Poetics and Politics of Culture». En: Veeser, H. Aram (ed.): *The New Historicism.* New York/London: Routledge, pp. 15-36.

NICKEL-BACON, Irmgard/GROEBEN, Norbert/SCHREIER, Margrit (2000): «Fiktionssignale pragmatisch. Ein medienübergreifendes Modell zur Unterscheidung von Fiktion(en) und Realität(en)». En: *Poetica*, 32, pp. 267-299.

NÜNNING, Ansgar (2002): «Von der fiktionalisierten Historie zur metahistoriographischen Fiktion: Bausteine für eine narrotologische und funktionsgeschichtliche Theorie, Typologie und Geschichte des postmodernen historischen Romans». En: Fulda, Daniel/Tschopp, Silvia Serena (eds.): *Literatur und Geschichte. Ein Kompendium zu ihrem Verhältnis von der Aufklärung bis zur Gegenwart.* Berlin/New York: De Gruyter, pp. 541-569.

— (2005): «Literarische Geschichtsdarstellung: Theoretische Grundlagen, fiktionale Privilegien, Gattungstypologie und Funktionen». En: Bannasch, Bettina/Holm, Christiane (eds.): *Erinnern und Erzählen. Der spanische Bürgerkrieg in der deutschen und spanischen Literatur und in den Bildmedien.* Tübingen: Narr, pp. 35-58.

OELS, David/POROMBKA, Stephan/SCHÜTZ, Erhard (eds.) (2006): *Non Fiktion. Arsenal der anderen Gattungen*, 1/2: *DokuFiktion.* Berlin: Weidler.

ORTEGA, María Luisa (coord.) (2005): *Nada es lo que parece. Falsos documentales, hibridaciones y mestizajes del documental en España.* Madrid: Ocho y Medio.

PAGET, Derek (1998): *No Other Way to Tell It. Dramadoc/Docudrama on Television.* Manchester: Manchester University Press.

PLANTINGA, Carl R. (1997): *Rhetoric and Representation in Nonfiction Film.* Cambridge: Cambridge University Press.

POHL, Burkhard/TÜRSCHMANN, Jörg (2007): «Introducción». En: Pohl, Burkhard/ Türschmann, Jörg (eds.): *Miradas* glocales. *Cine español en el cambio de milenio.* Madrid/Frankfurt am Main: Iberoamericana/Vervuert, pp. 15-25.

RICŒUR, Paul (1991): *Zeit und Erzählung.* T. III. München: Fink.

RHODES, Gary Don/SPRINGER, John Parris (eds.) (2006): *Docufictions. Essays on the Intersection of Documentary and Fictional Filmmaking.* Jefferson, N.C./London: McFarland.

ROMERA CASTILLO, José (ed.) (2006): *De primera mano. Sobre escritura autobiográfica en España (siglo XX).* Madrid: Visor.

SÁNCHEZ, José A. (2007): *Prácticas de lo real en la escena contemporánea.* Madrid: Visor.

SÁNCHEZ-NAVARRO, Jordi/HISPANO, Andrés (2001): *Imágenes para la sospecha. Falsos documentales y otras piruetas de la no-ficción.* Barcelona: Glenat.

SEARLE, John (1975): «The Logical Status of Fictional Discourse». En: *New Literary History*, 6/2, pp. 319-332.

SEGUIN, Jean-Claude (2007): «El documental español del tercer milenio: las formas de la transgresión». En: Pohl, Burkhard/Türschmann, Jörg (eds.): *Miradas* glocales. *Cine español en el cambio de milenio.* Madrid/Frankfurt am Main: Iberoamericana/Vervuert, pp. 55-69.

TORTOSA, Virgilio (2001): *Escrituras ensimismadas. La autobiografía literaria en la democracia española.* San Vicente del Raspeig: Universidad de Alicante.

VOIGTS-VIRCHOW, Eckart/SCHLOTE, Christiane (2008a): «Introduction: "The Creative Treatment of Actuality" – New Documentarism». En: Voigts-Virchow, Eckart/ Schlote, Christiane (eds.): *Constructing Media Reality: The New Documentarism. Zeitschrift für Anglistik und Amerikanistik*, 56/2. Würzburg: Königshausen & Neumann, pp. 107-116.

— /SCHLOTE, Christiane (eds.) (2008b): «The Documentary Turn». En: Stierstorfer, Klaus (ed.): *Anglistentag 2007. Proceedings.* Trier: WVT, pp. 95-178.

WERLE, Dirk (2006): «Fiktion und Dokument. Überlegungen zu einer gar nicht so prekären Relation mit vier Beispielen aus der Gegenwartsliteratur». En: Oels, David/Porombka, Stephan/Schütz, Erhard (eds.): *Non Fiktion. Arsenal der anderen Gattungen*, 1/2: *DokuFiktion.* Berlin: Weidler, pp. 112-122.

WHITE, Hayden (1973): *Metahistory. The Historical Imagination in Nineteenth-Century Europe.* Baltimore/London: The Johns Hopkins University Press.

WOLF, Fritz (2003): *Alles Doku – oder was? Über die Ausdifferenzierung des Dokumentarischen im Fernsehen.* Düsseldorf: Landesanstalt für Medien Nordrhein-Westfalen.

ŽIŽEK, Slavoj (2002): *Welcome to the Desert of the Real! Five Essays on September 11 and Related Dates.* London/New York: Verso.

1. Entre documento y ficción: el modelo del cine

La re-presentación de la migración en el cine español: documental, docudrama, docuficción

VERENA BERGER

LOS GÉNEROS CINEMATOGRÁFICOS Y LA HIBRIDEZ POSTMODERNA EN EL CINE ACTUAL

Durante el siglo XX, la definición de los géneros distinguía rigurosamente entre el cine documental y el cine de ficción: el cine documental reproducía una realidad existente y el cine de ficción un mundo imaginario e inventado[1]. Los debates sobre el cine documental se centraban sobre todo en el realismo, ya que teóricos como Siegfried Kracauer o André Bazin entendían el cine como un arte realista. Según Kracauer, el cine documental se propone reflejar la realidad (Kracauer 1964: 220), implicando de este modo una estética normativa que se basa en la fe de la autenticidad de imágenes fotográficas y fílmicas (Kracauer 1964: 13). También para Bazin el cine representa la perfección de la objetividad fotográfica, definiendo el realismo fílmico como construcción de un mundo ficcional que puede ser entendido como «real» porque ni implica su modo de producción ni problematiza su percepción (Bazin [1966] ^{7}2001: 24). Jean-Louis Baudry, sin embargo, recalca encarecidamente que en el cine el espectador mira las imágenes que reflejan una realidad fílmica y construida en la que reconoce y a la vez pierde su propio «yo» en el sentido de la teoría del espejo de Jacques Lacan, identificándose con los personajes en la pantalla (Baudry 1978: 23)[2]. Para Brian Winston la cuestión de la percepción de una película es primordial. Según él, el espectador no percibe el cine ni como ficcional ni como documental. Por el contrario, está plenamente consciente del hecho de que una película es una construcción medial (Winston 1995: 252).

---

[1] Agradezco a María Teresa Martínez Blanco la revisión de este ensayo.

[2] Según Christian Metz, el espectador puede imaginarse un mundo de objetos sin reconocerse a sí mismo (1975: 3).

Los directores de cine pretenden producir en sus películas la imagen de un mundo posible (en el caso del cine de ficción) o la imagen representativa del mundo real (en el caso del cine documental). Tanto los creadores del cine de ficción como del cine documental intentan hacer creer el público en la realidad que proponen en sus películas o en la probabilidad de esta realidad. Para este fin, utilizan estrategias fílmicas y narrativas para convencer al espectador a cuyo acto interpretativo se delega la confirmación o negación de la credibilidad (Joly 2002: 154). Para ello, el movimiento de cámara, el uso de planos, colores, comentarios, la calidad del material usado, el montaje, etc. ciertamente influyen en la interpretación de la película. No obstante, la definición de la «realidad» continúa siendo problemática, ya que la descripción del «mundo» siempre forma parte de una construcción subjetiva. Por lo tanto, la relación del documental con la «realidad» en su esencia no difiere de la del cine de ficción, ya que ambos son manifestaciones de un «mundo posible». En última instancia, los debates entorno de «realidad y ficción»[3] en el cine documental y en el cine de ficción y la reducción de estos términos a productos que se negocian también se debe al dogma posmoderno de que no existen hechos, sino solamente interpretaciones: «[...] there are no facts, only interpretations... the true world has in the end become a fable» (Vattimo 1992: 25).

A partir de finales de los años setenta del siglo XX surgen otros géneros como los *mockumentaries* (películas ficcionales en formato de documental), los *docusoaps* (una combinación de elementos de documental y del serial dramático –*soap opera*–) o los *docudramas* (cine de ficción basado en hechos reales) así como los *reality shows* en la televisión que engendran el fenómeno de la «sociedad de sospecha» (Fecé 2001: 60). Como géneros, todos ellos destacan por la incapacidad propia de la postmodernidad de definir claramente sus límites pre-

---

[3] Los términos «realidad» y «ficción» pertenecen a un amplio debate teórico al que no podemos dedicar suficiente espacio en el contexto de este ensayo. Ciertamente ganan aún mayor importancia a partir de la creación de «mundos virtuales» (ciberespacio) como una realidad paralela al «mundo real» o en los medios de comunicación, como la televisión y la prensa. Esta pérdida de referentes reales de la sociedad postmoderna a favor de una realidad virtual omnipresente fue definida por Jean Baudrillard como «un inmenso *reality show* en el que la realidad misma se ofrece como espectáculo» (Baudrillard 2000: 174). Otra vertiente sería la manipulación de la imagen: como ejemplo podría servir la denuncia por parte del diario francés *Le Monde* a partir de la cual se pudo probar con una lista extensa de cadenas de televisión, periódicos y revistas (CNN, BBC, *Washington Post*, *Bild*, *Spiegel* o *Times*) que se habían mostrado imágenes falsas o manipuladas sobre la revuelta en Tíbet en la primavera de 2008 (cf. Philip 2008).

cisos: «This [...] genre-crossing between the discourses of fiction and history may well reflect a general and increasing interest in non-fictional forms since the 1960s» (Hutcheon 1997: 40). De ahí que las nociones de realidad y ficción se vuelvan difusas y refuercen la búsqueda de poder «tocar lo verdadero» tras el auge del «*anything goes*» del mundo posmoderno y de la simulación, donde la realidad ha devenido fábula y el *mockumentary* representa un género que sostiene que toda imagen es un artificio, poniendo bajo sospecha la naturalidad de cualquier imagen.

Según Gary Don Rhodes y John Parris Springer se está desarrollando una producción cinematográfica que desborda los géneros clásicos y que sitúa al espectador a caballo entre el documental (con una «cámara objetiva» que acerca al docudrama) y la ficción (con una «cámara subjetiva» que se concentra en la mirada del protagonista). Esta tendencia provoca géneros marcadamente subjetivos y ensayísticos que diluyen los límites establecidos entre los contenidos documentales/informativos y los contenidos de ficción. Para estas creaciones cinematográficas utilizan el término «docuficción», un producto de la cultura postmoderna que borra las tradicionales fronteras entre los distintos géneros (Rhodes/Springer 2006: 6). En el mismo sentido subraya Maqua que «la realidad cotidiana se ficcionaliza constantemente en docudramas y *reality shows*. O, al contrario, la ficción se convierte en una aprensión inmediata de la realidad, se documentaliza» (Maqua 1995: 216).

Para diferenciar documental, *mockumentary*, docudrama y cine de ficción, Rhodes y Springer proponen un modelo de cuatro combinaciones posibles:

> Documentary form + documentary content = documentary
> Documentary form + fictional content = mockumentary
> Fictional form + documentary content = docudrama
> Fictional form + fictional content = fiction
> (Rhodes/Springer 2006: 4).

El término «docuficción» sería entonces un hiperónimo aplicable a películas clasificadas como documental, docudrama o cine de ficción. Ante el hecho de que en la producción cinematográfica actual tanto el cine documental como el cine de ficción se están convirtiendo cada vez más en géneros híbridos, cuestionaremos a continuación hasta qué punto se pueden establecer parámetros para diferenciar documental, docudrama y cine de ficción, así como hasta qué punto el término «docuficción» puede servir como concepto general, tomando en consideración el término de la «realidad»: «Fiction is not to reality what a lie is to the truth. There is no perception without (optical) illusion, no view of the world without metaphysics or ideology» (Niney 1994: 21). Para ello, recurriremos a películas españolas de reciente producción, dedicadas todas ellas al tema de la migración.

La migración en el cine español y la realidad referencial

Desde el estreno de *Las cartas de Alou* de Montxo Armendáriz en 1990, se empezaron a rodar muchas películas que tratan uno de los temas más candentes de la sociedad española: la inmigración que proviene de África, de América Latina y del Caribe, de Asia o de Europa del Este. En los últimos dos decenios, cada vez más directores pretenden utilizar la gran pantalla para contribuir a la ruptura de los estereotipos tradicionales que en general evoca la presencia del «extranjero». Enfocan con la cámara la condición del inmigrante para iniciar una reflexión sobre la propia realidad de España, un país que aparentemente se olvidó de sus propias oleadas de emigración durante el siglo XX. *Bwana* (1995) de Imanol Uribe, *Susanna* (1996) de Antonio Chavarrías, *Cosas que dejé en La Habana* (1999) de Manuel Gutiérrez Aragón, *Flores de otro mundo* (1999) de Icíar Bollaín, *Salvajes* (2001) de Carlos Molinero o *El traje* (2002) de Alberto Rodríguez son solamente algunos de los filmes que se dedican al tema de la inmigración –sobre todo irregular[4]– y sus consecuencias en el cine de ficción. Junto con algunos cortometrajes como *El conde inglés* (2001) de Clara López Rubio o *Bambolebo* (2001) de Luis Prieto Yanguas, estas películas se inscriben en un movimiento llamado «nuevo cine social» que, según Núria Triana-Toribio, enfatiza la relación entre locación e identidad (Triana-Toribio 2003: 156). Esta tendencia del cine español favorece temas relacionados con situaciones reales relativamente poco presentes en los medios visuales[5]. El hecho de tratar

---

[4] Utilizamos el término «irregular» por resultar su significado más neutral que el término «ilegal». Cf. Haase/Jugl (2007).

[5] El «nuevo cine social» de España enfoca temas como la delincuencia juvenil –*Barrio* (1998) de Fernando León de Aranoa–, los malos tratos a niños –*El Bola* (2001) de Achero Mañas–, la violencia de género –*Solas* (1999) de Benito Zambrano y *Te doy mis ojos* (2003) de Icíar Bollaín–, el desempleo –*Los lunes al sol* (2002) de Fernando León de Aranoa–, o la eutanasia –*Mar adentro* (2004) de Alejandro Amenábar–.

el fenómeno de la inmigración –según lo vienen haciendo cineastas como Armendáriz, Uribe, Bollaín, Gutiérrez o León de Aranoa– no solamente representa la continuación de este «nuevo cine social», sino que es quizá una de sus vertientes más vivas. Al plasmar hechos reales que ocurren diariamente en la España de finales del siglo XX y comienzos del siglo XXI, estas películas abordan cuestiones sociales y políticas que están bien documentadas por politólogos, demógrafos o sociólogos. La explosión de ficciones sociales, como subraya Jean-Claude Seguin, refuerza en forma paralela el desarrollo de un cine documental que «contribuye a una reflexión sobre el tema social» (Seguin 2007: 61). Por ello, además de películas ficcionales, el cine español cuenta cada vez más con documentales, como *En construcción* (2000) de José Luis Guerín, *El otro lado... un acercamiento a Lavapiés* (2001) de Basel Ramsis, *Extranjeras* (2003) de Helena Taberna, *Si nos dejan* (2004) de Ana Torres, *El tren de la memoria* de Marta Arribas y Ana Pérez o *Pobladores* (2006) de Manuel García Serrano, que se ocupan todos ellos del tema de la migración desde diversos puntos de vista.

En su conjunto, el cine de migración proyecta, por un lado, la experiencia (o la memoria) de los protagonistas inmigrantes y, por el otro, implica que los cineastas pretenden comunicar un mensaje mediante las imágenes, dando voz a aquellos que no la tienen:

> The silent common people –those «who have never expressed themselves» unless they are given the opportunity to voice their thoughts by the one who comes to redeem them– are constantly summoned to signify the real world. They are the fundamental referent of the social (Minh-ha 1993: 97).

Estas películas –tanto documentales como ficcionales– tratan el hecho social comprobado de los movimientos migratorios; éstos, obviamente, no pueden ser calificados como una «ficción» en sí mismos, pero muestran al espectador una experiencia que para él generalmente no es parte de su propia realidad. Tienen una dimensión objetiva, a partir de la cual pueden surgir interpretaciones fílmicas más o menos ficcionalizadas, ya que «the "reality of the world" is the "context" for the multiplicity of "fablings" – and the task and significance of the human sciences lie precisely in thematizing the world in these terms» (Vattimo 1992: 24-25).

De modo que la propia realidad sociopolítica suministra hechos que los cineastas luego ficcionalizan en sus películas. La base ontológica de géneros cinematográficos como el documental o el docudrama consiste precisamente en la unión entre imagen y realidad e imagen y objeto/referente (Beyerle 1997: 50-52). La diferencia primordial entre cine ficcional y cine documental –en último término «docuficción»– consiste en la referencialidad (Branigan 1992: 195). En el caso del cine de migración por lo tanto es necesario recordar «la voluntad narrativa» ligada a la «transparencia», tal como señala David Bordwell (Bordwell 1996: 163-164). Este ensayo intenta reflexionar sobre la definición de los géneros cinematográficos en torno a las siguientes cuestiones: ¿es apropiado calificar películas como *Extranjeras* de Helena Taberna, *Saíd* de Llorenç Soler, *14 Kilómetros* de Gerardo Olivares o *Paralelo 36* de José Luis Tirado como documental, docudrama o cine de ficción? ¿Hasta qué punto cumplen con las clasificaciones de Rhodes y Springer? ¿Son todas ellas representativas de lo que Rhodes/Springer denominan con el término «docuficción»? ¿Qué elementos de información, de persuasión y de referencia a la realidad y qué recursos fílmicos utilizan los cuatro cineastas para vencer el abismo entre ficción y realidad?

El documental: *Extranjeras*

Extranjeras (2003) de Helena Taberna se clasifica como cine documental dedicado a las experiencias de mujeres inmigrantes de muy diversa procedencia que viven en España y que generalmente no tienen acceso a la expresión pública[6]. En este filme la directora se sirve de entrevistas sin entrevistador para ilustrar el entorno de la vida diaria, familiar y laboral de las protagonistas y para retratar el espacio híbrido de la migración: las relaciones y los encuentros de personas venidas de todos los continentes, las nostalgias, la integración y el racismo, los intercambios y los contactos interculturales[7]. De ahí surge «un relato caleidos-

[6] Cf. la página oficial, URL: <http://www.lamiaproducciones.com/extranjeras/> (28.04. 2008).

[7] En 2005, la lista de cine ficcional dedicado a la migración se completó con dos filmes que tematizan la situación de la mujer inmigrante y su relación cultural, laboral y social desde diversos puntos de vista: *Princesas*, de Fernando León de Aranoa, retrata la amistad de dos prostitutas de calle, una dominicana y otra española, y *Agua con sal*, de Pedro Pérez Rosado, la amistad entre una mujer cubana en situación irregular y una española, ambas luchando por sobrevivir como trabajadoras marginales. Para un análisis de ambos filmes, véase Berger (2006). Siendo un tema tan relevante respecto a la inmigración irregular de mujeres inmigrantes, resalta, sin embargo, que, en *Extranjeras*, Taberna excluye por completo el tema de la prostitución, que con frecuencia es la única vía para el sustento económico en la irregularidad.

cópico, algo así como un mosaico de rostros, biografías y culturas» (Bermejo 2003: s. p.). Con esta película, Taberna participa en el significativo auge que el género del documental –históricamente secundario en la cinematografía española (Payán 1999: 59)– experimenta últimamente.

Según Bill Nichols, un documental parte de hechos que han sucedido o que están sucediendo. Tiene que basarse en un argumento que a su vez debe ser apoyado por la estructura, el montaje, la edición, las imágenes y el sonido (Nichols 1991: 18-23; 2001: 26-32). Estilísticamente destacan la narración en *voice-over*, entrevistas, interpretación a cargo de personas reales, material de archivo y sonido del lugar («on-location sound recording», Nichols 1991: 26). El documental, por lo tanto, carece de personajes, de puesta en escena o cualquier tipo de intervención en la realidad. Taberna renuncia a introducir *Extranjeras* con lo que Nichols denomina «arrival scene» –escena de llegada–, en la que el director normalmente establece una relación entre el sujeto que filma y el objeto filmado, aclarando también el espacio físico en el que opera el equipo de rodaje y facilitando de este modo la impresión de autenticidad (Nichols 1991: 222). En ningún momento se fija el marco del encuentro entre entrevistadora/observadora y entrevistada/observada. Taberna no sólo prescinde de la escena de llegada, sino también de todo tipo de comentario, *voice-over* o de una presentación de las mujeres protagonistas.

Así, el centro de atención de su película son las mujeres inmigrantes, que se autopresentan sin entrevista ni voz en *off*. Enfocando con la cámara, por un lado, a las protagonistas y, por el otro, el paisaje urbano de Madrid (el barrio de Lavapiés, la Gran Vía, el parque del Retiro, estaciones de metro, mercados, tiendas, bares) y de Alcalá de Henares, Taberna se concentra en personajes y localizaciones que existen en la realidad prefílmica y postfílmica. Montado como un film coral, la estructura de *Extranjeras* consiste en mini-biografías y mini-informes que las propias inmigrantes de China, Bangladesh, Iraq, Polonia, Siria o Venezuela –entre otras– exponen ante la cámara. Ellas mismas narran al público de forma directa el proceso de adaptación al nuevo entorno en España, manteniendo a la vez vivas las costumbres heredadas de sus culturas respectivas. Mediante primeros planos la cámara acerca al espectador a la subjetividad de las inmigrantes, convirtiendo sus rostros en «el lugar privilegiado para la filmación» (Rodríguez 2003: 6) y rompiendo de esta manera con el procedimiento tradicional del campo/contracampo.

A diferencia del documental clásico, Taberna no está presente en ningún momento de la filmación, aplicando así lo que Stephen Mamber define como «the ethics of non-intervention» (Mamber 1974: 145). Solamente en las últimas secuencias de *Extranjeras*, que están filmadas en un bar musical al que han acudido buena parte de las mujeres entrevistadas, la cineasta es visible durante unos pocos segundos. Para presentar a las inmigrantes con su nombre, indicando a la vez sus respectivos países de procedencia, la directora se sirve de los créditos al final de la película[8]. Asimismo, rodando conversaciones que evocan «la cuarta pared» (Burch [1995] ^{5}2006: 225), Taberna hace patente un fuera de campo que pertenece al «detrás de la cámara»: si los platós de cine tienen generalmente sólo tres paredes, ocupando el equipo técnico y la cámara el espacio donde estaría la negada cuarta pared del espectáculo teatral, en *Extranjeras* cambia el acuerdo entre personaje y público, de modo que los espectadores pueden identificarse con las mujeres inmigrantes durante la proyección[9]. Es decir, eliminando la pregunta directa, Taberna evita que el espectador tenga la sensación de estar viendo una imagen ficcionalizada de la realidad y rueda una película documental que no evoca ninguna «sospecha» respecto a su credibilidad. Las narraciones aparentemente voluntarias de las protagonistas, que sirven como sujetos referenciales independientes, conceden al filme un aura confesional que apela al espectador, resaltando a la vez la autenticidad de los relatos y de las imágenes fílmicas.

Entre docudrama y cine de ficción: *Saíd* y *14 Kilómetros*

En *Saíd* (1998) de Llorenç Soler y en *14 Kilómetros* (2007) de Gerardo Olivares confluyen información documentada y ficción: «Docudrama argues with the seriousness of documentary to the extent that it draws upon direct motivated resemblances to its actual materials» (Lipkin 2002: 4). Ambas películas pueden ser clasificadas como docudramas, es decir, «documentales dramatizados» (Paget 1998: 91). Se definen por un discurso dedicado a temas reales y preten-

---

[8] Según Roland Barthes, los mensajes escritos incitan al espectador a aceptar el contenido de lo que está viendo (Barthes 1977: 27). En este sentido, Taberna se sirve también de la filmación de letreros, como el del bar «Flor de la Canela» o el de la peluquería «Kakitanda», para enfatizar mediante ellos la autenticidad de las imágenes.

[9] Según los principios del Modo de Representación Institucional (MRI) (Burch [1995] ^{5}2006: 245; 256), el actor no dirige la mirada directamente a la cámara ni habla directamente al público.

den retratar la realidad de lo que sucede. Los hechos son interpretados por los propios protagonistas o por actores no profesionales, generalmente en los mismos lugares donde ocurren u ocurrieron.

En el caso de *Saíd*, se trata de una adaptación de *Las aventuras de Saíd* (1996) de Josep Lorman[10], una novela dedicada al tema de la xenofobia y ambientada en la Barcelona de finales del siglo XX. Sobre esta base de ficción literaria, el director de cine Llorenç Soler construye un film testimonial: «Todo lo que cuenta la película ha sucedido en la realidad» (Castiello 2006: s. p.). *Saíd* relata el viaje migratorio del protagonista, Saíd, un joven marroquí que llega clandestinamente en una patera a las costas de España. Intenta sobrevivir a base de contactos con amigos marroquíes y establece una relación amorosa con Ana, una estudiante de Periodismo que está realizando un trabajo sobre inmigrantes. La situación de los inmigrantes irregulares, los riesgos físicos que corren para entrar en Europa así como el racismo, la xenofobia y la violencia que sufren a diario son los temas principales de este docudrama que termina con la expulsión del protagonista.

Según Soler, *Saíd* es «un documental sobre una ficción» que pretende ofrecer otra mirada sobre la realidad (Castiello 2006: s. p.). Para lograr la credibilidad de lo que muestran las imágenes, el director se sirve de la utilización de la cámara como un personaje más[11]. Varias secuencias –como aquella en la que un amigo de Saíd es gravemente herido a causa de un ataque de *skins*, la del juicio que consigue Ana contra los agresores o la de la detención de Saíd en la Plaza Real de Barcelona– están filmadas en el estilo de un reportaje televisivo. Con el fin de evitar cualquier artificiosidad que pudiera poner en duda la representación fílmica, Soler renuncia a emplear el recurso de un montaje excesivamente fragmentado: las secuencias claves están rodadas en un solo plano, para llamar la atención del espectador sobre los problemas cotidianos de los inmigrantes y para reforzar la intensidad emotiva de las imágenes. Otro recurso aplicado por Soler es el uso de colores intensos en el único *flashback* de la película. Estas secuencias llevan al público al pasado del protagonista en Marruecos para presentar, por un lado, la situación en su país natal y, por el otro, los motivos que

---

[10] La novela fue publicada en Ediciones SM, Madrid. Sobre Lorman, véase la página web del autor, <http://www.joseplorman.com> (28.04.2008).

[11] También en *Lola vende cá* (2001) Soler introduce la ficción en la realidad, mostrando la puesta en escena y mezclando secuencias de ficción con entrevistas a los actores. Para la amplia filmografía del director, véase <http://www.lorenzosoler.com/> (28.04.2008).

lo llevan a emigrar (0:09:42-0:14:38). La vivacidad de estas imágenes contrasta con los tonos fríos cuando la acción se traslada de nuevo a las calles barcelonesas donde Saíd intenta ganarse la vida con la venta de alfombras. Precisamente a través de esta aparente filmación en blanco y negro Soler pretende conferir credibilidad a las imágenes de su docudrama.

Para incrementar aún más la autenticidad del film, el cineasta implicó a actores provenientes de Marruecos en el rodaje. Al establecer contactos con auténticos inmigrantes irregulares en Barcelona, Soler facilitó su inmersión total en la realidad de la migración para poder recrear fílmicamente sus circunstancias vitales. Estos hechos, además, son reforzados mediante el uso de la lengua árabe en varias secuencias subtituladas al castellano, así como de la música étnica[12]. Soler cierra su película con una pantalla negra en la que a modo de escritura a máquina aparecen paulatinamente dos textos breves que informan al espectador de que en 1997 fueron abiertos en España más de 23.000 expedientes de expulsión de inmigrantes y de que en los últimos cinco años murieron o desaparecieron más de 5.000 personas en el intento de cruzar el Estrecho de Gibraltar en pateras (1:34:16-1:34:45). Con recursos fílmicos cercanos al documental, el cineasta entrelaza ficción y realidad para crear con *Saíd* un docudrama de denuncia social desde su propia visión subjetiva como director: «Creo que todo documental es una ficción construida con elementos extraídos de la realidad. No es absolutamente la realidad. [...] Creo en la mirada del autor, en la elección del punto de vista personal» (Castiello 2006: s. p.).

También *14 Kilómetros* (2007) de Gerardo Olivares[13] se basa en la estética de la ficción de tono documental –o «documental ficcionado», como lo llamó el propio director en una rueda de prensa (Rodríguez Chico 2007: s. p.)–. Al igual que *Saíd*, la película de Olivares cumple con los criterios de un docudrama –hechos reales y documentados, rodados en el lugar de los acontecimientos con actores no-profesionales–. Pero mientras que Soler subraya la autenticidad de los acontecimientos con imágenes cercanas al blanco y negro, *14 Kilómetros* destaca por la belleza de los colores, por sus paisajes y por el exotismo de los

---

[12] Los propios actores tuvieron problemas a la hora de obtener visados para rodar en España y, ya en Barcelona, obligándoseles a comprobar su identidad, sufrieron detenciones. Véase <http://www.zinema.com/pelicula/1999/said.htm> (28.04.2008).

[13] La película *14 Kilómetros* fue ganadora de la Espiga de Oro en la Semana International de Cine de Valladolid en 2007 y obtuvo el Premio al Mejor Largometraje Iberoamericano de Ficción, el principal galardón del Festival Internacional de Cine de Guadalajara de 2008.

protagonistas africanos. Resulta, por lo tanto, justificada la crítica de Rodríguez Chico al afirmar que es

> [...] precisamente en esa estilizada, cuidada, [...] artística puesta en escena [...] donde se encuentra la mayor contradicción de esta cinta social. [...] Parece que Olivares hubiera traicionado la realidad rodada con el posterior trabajo de postproducción, embelleciéndola, adulterándola (Rodríguez Chico 2007: s. p.).

Con una banda sonora de música étnica, una fotografía sobresaliente que incluye panorámicas e imágenes aéreas del Sáhara y un tratamiento de la luz que va variando a lo largo del viaje, el estilo estético del docudrama de Olivares se aleja del carácter documental que Soler logra en *Saíd*, acercándose más al cine ficcional.

El título de *14 Kilómetros*, que está rodada como una película de viaje, alude a la menor distancia que separa África de Europa. La película relata el recorrido de tres jóvenes que, desde el otro lado de la frontera natural que establece el Sáhara, inician un recorrido peligroso con un desenlace imprevisible para realizar el sueño de millones de africanos: llegar a Europa, algo que para ellos representa la única posibilidad de escapar del hambre y de la miseria, de tener una vida digna. Sus trayectos comienzan a miles de kilómetros de allí, en países como Camerún, Benín, Malí o Nigeria. A partir del viaje de los tres protagonistas de *14 Kilómetros* –Violeta Sunny y los hermanos Buba y Mukela Kanou– el espectador experimenta visualmente los peligros de la migración a través del Sáhara, desde una perspectiva poco habitual en los medios de comunicación. Su odisea les lleva de Níger, a través del Sáhara y del desierto del Teneré, al territorio de los tuareg, a las fronteras entre Argelia y Marruecos, que tienen que cruzar clandestinamente antes de llegar finalmente al Estrecho de Gibraltar. Mientras que Buba y Mukela huyen de la pobreza y de la falta de posibilidades, Violeta quiere escapar de un matrimonio forzado con un hombre mayor. Aparte de incluir –como hace Soler en *Saíd*– explicaciones didácticas de los motivos que empujan a la población africana a la emigración, Olivares se centra en su película en los múltiples obstáculos y peligros que implican las rutas migratorias: mafias, corrupción, redes de prostitución, la extrema dureza del Sáhara, del desierto y del mar.

De hecho, fue en el transcurso del rodaje de otro documental cuando Olivares descubrió las rutas migratorias que más tarde serían el tema central de esta película:

> En el año 2003 viajé a Níger para rodar un documental sobre las caravanas que atraviesan el desierto del Teneré transportando sal. En las montañas del Aïr me uní a la caravana de Ibrahim, un tuareg que cada año cruza el desierto en busca de la sal de las minas de Fachi. Un día nos cruzamos con dos increíbles camiones y subrayo lo de increíbles, porque el volumen de la carga que transportaban duplicaba el tamaño de los propios vehículos. Sobre la carga viajaban unas cien personas, casi todos subsaharianos. Ibrahim me contó que se dirigían a Libia y desde allí intentarían entrar a Europa (Olivares 2007a: s. p.).

A partir de ahí surgió la idea de rodar una película ficcional sobre las rutas migratorias más allá del Estrecho de Gibraltar o de las costas de las Islas Canarias, donde terminan los viajes en pateras por el Atlántico o el Mediterráneo y empieza el contacto de la inmigración irregular con los ciudadanos europeos[14]. A diferencia de Soler, que dice tener conocimiento de una historia como la de Saíd que ocurrió en la realidad (Castiello 2006: s. p.), Olivares escribe un guión imaginario: «Yo no les he acompañado [a los inmigrantes], yo hice previamente gran parte del viaje que hacen los subsaharianos que quieren llegar a Europa y sobre esa experiencia escribí un guión» (Olivares 2007b: s. p.). A partir de estas impresiones el cineasta recrea una historia ficcional que, si bien no se refiere a personas reales, tampoco contradice o traiciona el sentido de una realidad verificable. Para Olivares este entrelazamiento de realidad y ficción fue la única manera posible de realizar *14 Kilómetros* ya que, según él mismo, rodar un documental sobre estos hechos resultaría demasiado peligroso (Olivares 2007b: s. p.).

Durante el rodaje de la película, Olivares buscó actores no profesionales para conseguir mayor naturalidad en la actuación. A los protagonistas Violeta (Aminata Kanta) y Buba (Adoum Moussa) los contrató directamente en África, mientras que para el personaje de Mukela eligió a Illiassou Mahamadou Alzouma, quien ya había participado en el primer largometraje de ficción de Olivares, *La gran final* (2005) (Olivares 2007c: s. p.). A diferencia de los personajes que representan en esta película, los actores mismos nunca intentaron emigrar a Europa (Olivares 2007c: s. p.). La cámara tampoco acompaña a los protagonistas de *14 Kilómetros* durante todo el recorrido por el continente africano. Más bien retrata situaciones paradigmáticas, intentando acercarse de esta manera a

---

[14] En su última película, *Tamanrasset* (2007), el cineasta Merzak Allouach enfoca también la migración y la clandestinidad implícita a la que los afectados se ven expuestos ya en el propio continente africano.

la realidad de las migraciones y de las situaciones que tienen que afrontar todos aquellos subsaharianos que pretenden alcanzar territorio europeo. Por lo tanto, las diversas secuencias son puestas en escena de las rutas migratorias con sus riesgos, inseguridades e impedimentos, pero no reflejan la historia de personas concretas como lo haría un filme biográfico.

Para subrayar visualmente el carácter documental de los hechos narrados en su película, Olivares recurre al lenguaje escrito y a la animación. Un ejemplo de ello sería la cámara fija que durante 7 segundos muestra un cartel cofinanciado por la Comunidad Europea, advirtiendo en francés a todos aquellos que pretenden emprender el viaje migratorio de los riesgos inminentes: «Immigration clandestine vers l'Europe par le Sahara et la Méditerranée –La vérité– Banditisme. Agression [*sic*]. Viol. SIDA. Faim. Soif. Mort» (0:14:53-0:15:00). Con el fin de situar al espectador, Olivares intercala además mapas de la geografía de África indicando el lugar en el que se encuentran los protagonistas. En total aparecen diez ilustraciones a lo largo de la película: siguiendo una línea roja que avanza a medida que lo hace el trayecto, el espectador acompaña el viaje de los protagonistas desde Mopti (Malí) y Niamey (Níger), pasando por Tombuctú (Malí), Agadez y el desierto del Teneré (Níger), Tamanrrasset (Argelia), Tánger y Assilah (Marruecos), para llegar finalmente a Tarifa (España).

14 Kilómetros oscila, pues, entre docudrama –las rutas migratorias y las experiencias son verificables, pueden existir personas reales que hayan hecho las mismas experiencias que los protagonistas de *14 Kilómetros*– y cine de ficción –los personajes se deben a la ficcionalización de posibles destinos personales y el embellecimiento fílmico de las imágenes desvía de la tragedia real–. A pesar de que también Olivares cierra su película con un mensaje escrito para prestarle autenticidad –una frase de Rosa Montero: «Seguirán viviendo y seguirán muriendo, porque la historia ha demostrado que no hay muro capaz de contener los sueños» (1:31:51-1:31:59)–, *14 Kilómetros* es una clara muestra de la borrosa frontera entre realidad y ficción, como sostiene Derek Paget: «[...] the boundary between fact and fiction is both abundantly clear and impossibly muddled» (Paget 1998: 2).

Documental, ficción, docuficción: *Paralelo 36*

Paralelo 36 (2004) de José Luis Tirado lleva el subtítulo de «Documento y ficción en la frontera sur de Europa»:

> El Paralelo 36 es una línea imaginaria en un mapa, a la vez que un espacio real en el que transcurre el viaje de la emigración clandestina en el Estrecho de Gibraltar. En *Paralelo 36* los protagonistas son los emigrantes: documento y ficción, gestos y palabras, sueños y deseos. *Paralelo 36* es un relato, un cruce de micronarrativas que cartografían la frontera sur de Europa[15].

El tema principal de esta película es precisamente retratar la realidad con la que termina el recorrido de *14 Kilómetros* de Olivares: el constante flujo de africanos que llegan clandestinamente en pateras a las costas gaditanas, filmado y narrado a partir de los testimonios de los propios afectados que han conseguido atravesar el Mediterráneo y las dificultades de su legalización e integración[16].

Paralelo 36, una película producida con la colaboración del Instituto Transfronterizo del Estrecho de Gibraltar y del Área de Cultura del Ayuntamiento de Tarifa, es probablemente el mejor ejemplo de lo que se debería entender bajo «docuficción», es decir, la hibridación de ficción e imágenes de la realidad:

> Docufictions stand [...] at the blurred boundary between fiction and documentary, questioning the possibility of a clear distinction [...] between the codified but increasingly outmoded idea of a stable division between fiction and nonfiction in film and media (Rhodes/Springer 2006: 9).

Pero mientras una posible frontera entre realidad y ficción en *Extranjeras* no es evidente a primera vista, quedando relegada a factores pertenecientes a la subjetividad de la directora (la elección del tema, de los protagonistas y de la localidad, encuadres, sonidos, montaje, etc.), y tanto en *Saíd* como en *14 Kilómetros* resulta más o menos diluida, a nivel narrativo y a nivel de la filmación, en *Paralelo 36* la hibridación de elementos documentales y ficcionales es intencionada:

---

[15] Cf. el dossier de prensa de *Paralelo 36* que, gracias al propio director José Luis Tirado, está a disposición de la autora.

[16] Tanto *14 Kilómetros* como *Paralelo 36* podrían ser comparados con los documentales *Tarifa Traffic* (*Death in the Straigths of Gibraltar*) (2003) de Joakim Demmer o *Todesfahrt im Fischerboot – Afrikas Flüchtlinge und Europas Interessen* (*Deadly Journey on a Fishing Boat – Africa's Refugees and Europe's Interests*) (2007) de Michael Grytz y Klaus Martens. En este documental los dos cineastas enfocan la relación entre el mercado laboral en los países africanos y los movimientos migratorios. La película obtuvo el Premio Europeo de Televisión CIVIS de 2008.

> Docuficción [...] (n)o es una representación ficcionada de una realidad, sino la realidad ficcionada mediante recursos del lenguaje cinematográfico, o literario, etc. La emigración en el Estrecho, es un fenómeno tan complejo, que con imágenes documentales sólo no es posible aprehender. Hace falta recurrir a otros lenguajes, como la literatura, en este caso, para completar el mosaico de su complejidad[17].

La acción de la película transcurre básicamente en el puerto de Tarifa. Desde las primeras secuencias parece una historia relatada a modo de un diario que arranca un 21 de julio y termina un 23 de octubre, repitiendo una y otra vez, y aparentemente sin variaciones, la llegada de pateras con inmigrantes exhaustos. Al insertar fecha, hora y lugar de la filmación en las imágenes, Tirado pretende subrayar la autenticidad de lo que el espectador está viendo. Utilizando un estilo documental/televisivo, la cámara capta a los inmigrantes bajando de los cayucos o de las lanchas de la Cruz Roja y recibiendo los primeros auxilios, pero también las inmediatas detenciones efectuadas por la Guardia Civil y los transportes en autobuses. Las imágenes de estas llegadas incesantes se mezclan constantemente con «microrrelatos» de los propios inmigrantes que exponen sus vivencias a modo de entrevista sin entrevistador, como en *Extranjeras*. Un ejemplo de ello serían aquellas secuencias en las que el niño Ahmed Sefiani narra directamente a la cámara sus aspiraciones, sus nostalgias, los peligros del viaje, sus frustraciones por haber sido interceptado y deportado siete veces, así como también sus logros en España (36:30-40:43).

Los testimonios inmediatos de los propios inmigrantes se complementan con textos literarios (*Vengo buscando a Driss*, *La isla de las Palomas* e *Historia de Rais* de Juan José Téllez, e *Hicham el Invisible*, de Nieves García Benito) y con textos documentales (*Carta a mis padres*, de Khalid Ezzamani, y *Extractos de entrevistas en Tánger*, del Colectivo Aljaima)[18]. Estos relatos se entrecruzan con las escenas de la realidad que transcurren en el puerto de Tarifa y con las narraciones directas de los diversos protagonistas. En *Vengo buscando a Driss* el espectador se ve confrontado con una madre que, ante el paso de nubes de color rojo

[17] José Luis Tirado, citado a partir de un mensaje por correo electrónico dirigido a la autora el 4 de junio de 2008.

[18] Véanse los créditos al final de *Paralelo 36*. No obstante, en carta personal a la autora, el director afirma que solamente *Vengo buscando a Driss* es realmente un texto literario, mientras que todos los demás textos los califica como documentales, basados en «textos reales de los protagonistas».

encendido, pregunta en *off* por su hijo desaparecido –«vengo buscando a Driss, que cuando era niño olía a primavera y a duraznos»–. Mientras se percibe su voz, se insertan imágenes de listas de muertos, pateras vacías en las playas y cementerios con nichos cuyas lápidas recuerdan que aquí yace un «Inmigrante de Marruecos, 16 Mayo 2001» que podría ser Driss (07:30-09:13). En el texto documental *Carta a mis padres*, la voz en *off* de un inmigrante de Mauritania se dirige a su familia para relatar sus experiencias como inmigrante clandestino. Esta voz en *off* en árabe es paralelamente doblada por otra voz en *off* que narra lo mismo en español, mientras las imágenes vienen sobreimpresas con las letras arábigas de la carta escrita. Al comienzo de estas secuencias filmadas a modo de cámara subjetiva se alternan imágenes de color de las dunas en la costa con otras en blanco y negro, representando la inmediata llegada del mauritano a Europa. Cuanto más penetra al interior del país, tanto más borrosa se vuelve la cinta, pasando paulatinamente a una película en negativo, que enfatiza mediante este recurso fílmico el estado exhausto del inmigrante (16:56-18:40).

En contraste con la filmación de imágenes de la realidad y de entrevistas sin entrevistador y con la integración de textos documentales y literarios, José Luis Tirado recurre en *Paralelo 36* a una serie de estrategias técnicas como el uso de blanco y negro, pantallas negras y blancas, la muestra de partes del filme en negativo, la subtitulación o una banda sonora parcialmente integrada por música étnica. Para recalcar los elementos ficcionales en su película, el director, además, integra las nuevas tecnologías, incluyendo animaciones (*Vanitas del Estrecho* y *Camión de Ahmed* de Juan José Peralta) o dibujos documentales (*Camión de fruta* de Ahmed Iunuzi y *Autorretrato* de Hicham Mrabet). Para ello, Tirado también utiliza con frecuencia paralelismos: esto ya ocurre en las primeras secuencias filmadas aparentemente en blanco y negro, en las que introduce escenas de la pesca del atún para establecer luego un vínculo visual con los inmigrantes retenidos para ser repatriados, esperando en fila india en el puerto de Tarifa. Dichas imágenes se alternan con escenas en las que se ve el mar teñido de rojo, aludiendo al alto coste de vidas humanas que implica la inmigración clandestina. Esta metáfora viene reforzada mediante otras secuencias en las que un esqueleto animado camina por las playas desérticas y arroja constantemente minúsculos cadáveres en el mar (05:44-06:03). Otro paralelismo sería el contraste entre las costas como cementerio anónimo y como paraíso turístico. Las llegadas de las pateras desentonan con las imágenes de turistas que suben a bordo del *Tánger Jet* y con una publicidad en español, inglés y francés: «Excursión Tánger 1 día» (12:15-12:56). Estas secuencias alusivas a la contradicción de la «Fortaleza Europa», de la que cualquiera puede salir como viajante europeo, pero a la que apenas se puede entrar siendo africano, contrastan fuertemente con aquellas en las que un cartel anuncia irónicamente: «Un paraíso por descubrir» (45:00-46:23). Los bañistas en las playas y las constantes oleadas de inmigrantes que siembran de tragedias las costas españolas insinúan más bien un «paraíso perdido». Finalmente, cabe mencionar una secuencia en blanco y negro en la que un camión abandona un barco, seguido por otro camión dibujado y de color amarillo. Probablemente igual que el vehículo de la realidad, este último transporta frutas que bailan al compás de la música. Mientras el camión animado emprende su viaje por las carreteras del paisaje andaluz, el espectador puede percibir el cuerpo de un inmigrante irregular encima de la cabina del chófer (40:44-42:48). Al estilo del cine mudo, esta secuencia se cierra con un iris mientras que la siguiente secuencia se abre con otro iris.

La finalidad de esta mezcla de realidad y ficción tanto a nivel narrativo como a nivel visual en *Paralelo 36* es lograr «cortocircuitar ese registro documental de la realidad con la invención, con el tratamiento creativo de la realidad, con el fin de que la creación aporte lecturas diferentes a las imágenes de la inmigración»[19]. Mediante las estrategias narrativas, el lenguaje fílmico y el sonido –ya sea a través del estilo periodístico, de la infografía o de la animación–, Tirado construye con *Paralelo 36* una docuficción, traspasando la frontera entre la ficción cinematográfica y el realismo de noticias televisivas. De este modo, el cineasta logra aligerar la dureza de las imágenes de pateras, inmigrantes desesperados y cadáveres, convirtiendo al mismo tiempo la ficción a través de las animaciones y de los textos literarios en parte de la realidad.

Balance

Dada la medialización constante de la vida cotidiana, la diferenciación entre realidad y ficción en los medios de comunicación resulta cada vez más difícil. No obstante, registramos un aumento de películas de distintos géneros que abordan fenómenos sociales acuciantes, cuyas consecuencias suelen ser un tópico permanente en los noticiarios televisivos o en la prensa. Como acabamos de mostrar, la inmigración –uno de los grandes desafíos del siglo XXI– presta al

[19] Cf. dossier de prensa de *Paralelo 36*.

cine español un material por excelencia para documentar y ficcionalizar las causas y las consecuencias que acompañan las migraciones así como el encuentro real de culturas diferentes.

En el caso del cine de migración tanto el tema en sí como la realización fílmica de las películas analizadas mantienen el pacto de confianza entre la película y el público (Odin 1990: 134). De este modo, la construcción de la credibilidad se refuerza mediante las modalidades enunciativas y el pacto de lectura que se establece con el espectador. El efecto de realidad conecta los contenidos mostrados en la pantalla con el imaginario del público. A partir de las cuatro películas analizadas en este ensayo, se ve que incluso directores de cine con una larga trayectoria en realización de documentales, como Llorenç Soler o Gerardo Olivares, recurren a la película ficcionalizada basada en hechos verídicos. La diferencia entre realidad y ficción, así como las imágenes construidas, depende sobre todo de las estrategias aplicadas para re-presentar el mundo «lo más verosímil» posible. Mientras que el cine de ficción utiliza materiales que sólo existen en la película y para la película, los protagonistas del documental existen en la realidad (antes y después del rodaje). Los personajes del cine de ficción generalmente son representados por actores profesionales, el documental recurre a personas reales. No obstante, como han destacado Gérard Genette (1991: 46) y Christian Metz (1997: 167-169), la relevancia de la ficción y la relevancia de lo documental de aquello que se dice y se ve no puede ser fijada definitivamente con técnicas cinematográficas y estrategias narrativas. En general, puede decirse que las fronteras entre realidad y ficción, entre documental, docudrama o docuficción no permiten delimitaciones exactas.

Volviendo al esquema elaborado por Rhodes y Springer (2006: 4), *Extranjeras* merece ser clasificada como un documental que tiene como objetivo reflejar fielmente, en la medida de lo posible, hechos documentados y eventos de la realidad. *Saíd* y *14 Kilómetros* pueden ser denominados docudramas, ya que unen contenido documental con la representación fílmica a partir de la ficción. A la vez, ilustran que el docudrama puede destacarse por su mayor o menor cercanía al cine de ficción. Sin embargo, la película *Paralelo 36* de Tirado no podría ser claramente ubicada en este esquema. De las cuatro películas tratadas en este ensayo, es precisamente *Paralelo 36* la que más merecería ser designada como «docuficción», por la hibridación de la narración documental y ficcional con una estética realista mezclada con elementos de ficción visual. Si bien es cierto que el término «docuficción» puede abarcar géneros cinematográficos como el documental o el docudrama por enlazar realidad con ficción, el ejemplo de la cinta de José Luis Tirado revela nuevas perspectivas sobre su aplicación en los estudios fílmicos. Para concluir, pensamos por ello que, por un lado que, tomando en consideración películas como *Paralelo 36*, convendría completar las cuatro combinaciones acertadamente propuestas por Rhodes y Springer con un quinto nivel: «*documentary-fictional form + documentary-fictional content*». De este modo se describiría con más exactitud la hibridación a ambos niveles, narrativo y visual. Por otro lado, si bien el término «docuficción» puede ser aplicado como hiperónimo para todos estos géneros cinematográficos, podría también servir para calificar específicamente a las películas de este quinto apartado, en las que, como en *Paralelo 36*, la hibridación se presenta tanto a nivel de contenido como a nivel de la representación fílmica.

Filmografía

OLIVARES, Gerardo (2007): *14 Kilómetros* (95 min.).
SOLER, Llorenç (1998): *Saíd* (98 min.).
TABERNA, Helena (2003): *Extranjeras* (75 min.).
TIRADO, José Luis (2004): *Paralelo 36* (65 min.).

Bibliografía

BARTHES, Roland (1977): *Image-Music-Text*. London: Fontana Press.

BAUDRILLARD, Jean (2000): *Pantalla total*. Barcelona: Anagrama.

BAUDRY, Jean-Louis (1978): «Le dispositif: approches métapsychologiques de l'impression de réalité». En: Baudry, Jean-Louis: *L'effet cinéma*. Paris: Albatros, pp. 27-48.

BAZIN, André [1966] ([7]2001): *¿Qué es el cine?* Madrid: Rialp.

BERGER, Verena (2006): «Clandestinas: Illegale Migration aus der Karibik im spanischen Film der Gegenwart: *Princesas* (2005) und *Agua con sal* (2005)». En: *Quo Vadis Romania*, 28, pp. 117-138.

BERMEJO, Alberto (2003): «Voluntad de supervivencia». En: *Metrópolis*, 21 de noviembre. URL: <http://www.lamiaproducciones.com/extranjeras/textobermejo.htm> (06.04.2008).

BEYERLE, Monika (1997): *Authentisierungsstrategien im Dokumentarfilm: Das amerikanische Direct Cinema der 60er Jahre*. Trier: Wiss. Verlag.

BORDWELL, David (1996): *La narración en el cine de ficción*. Barcelona: Paidós.

BRANIGAN, Edward (1992): *Narrative Comprehension and Film*. London: Routledge.

BURCH, Noël [1995] ([5]2006): *El tragaluz del infinito*. Madrid: Cátedra.

CASTIELLO, Chema (2006): «Llorenç Soler, la cámara, un arma de denuncia». En: *Mugak*, 34. URL: <http://revista.mugak.eu/articulos/show/367> (06.04.2008).

FECÉ, Josep Lluis (2001): «El documental y la cultura de la sospecha». En: Hispano, Andrés/Sánchez-Navarro, Jordi (eds.): *Imágenes para la sospecha (Falsos documentales y otras piruetas de la no-ficción)*. Barcelona: Glenat.

GENETTE, Gérard (1991): *Fiction et diction*. Paris: Seuil.

HAASE, Marianne/JUGL, Jan C. (2007): «Irreguläre Migration». En: *Bundeszentrale für Politische Bildung: Migration*. URL: <http://www.bpb.de/themen/1QXIX7,0,0,Irregul%E4re_Migration.html> (06.04.2008).

HUTCHEON, Linda (1997): «Postmodern Film?» En: Brooker, Peter/Brooker, Will (eds.): *Postmodern After-images. A Reader in Film, Television and Video*. London/New York: Arnold Publishing, pp. 36-42.

JOLY, Martine (2002): *L'image et son interprétation*. Paris: Nathan.

KRACAUER, Siegfried (1964): *Theorie des Films. Die Errettung der äußeren Wirklichkeit*. Frankfurt am Main: Suhrkamp.

LIPKIN, Steven N. (2002): *Real Emotional Logic. Film and Television Docudrama as Persuasive Practice*. Carbondale, Illinois: Southern Illinois University Press.

MAMBER, Stephen (1974): *Cinema Verité in America: Studies in Uncontrolled Documentary*. Cambridge: MIT Press.

MAQUA, Javier (1995): «El estado de la ficción: ¿nuevas ficciones audiovisuales?». En: Palacio, Manuel/Zunzunegui, Santos (coords.): *Historia general del cine*, vol. XXII. Madrid: Cátedra, pp. 199-219.

METZ, Christian (1975): «Le signifiant imaginaire». En: *Communications*, 23, pp. 3-55.

— (1997): *Die unpersönliche Enunziation oder der Ort des Film*. Münster: Nodus.

MINH-HA, Trinh (1993): «The Totalizing Quest of Meaning». En: Renov, Michael (ed.): *Theorizing Documentary*. New York: Routledge, pp. 90-107.

NICHOLS, Bill (1991): *Representing Reality*. Bloomington: Indiana University Press.

— (2001): *Introduction to Documentary*. Bloomington: Indiana University Press.

NINEY, François (1994): «The Fiction of Reality». En: *DOX – International Documentary Magazine*, 3, pp. 18-23.

ODIN, Roger (1990): «Dokumentarischer Film – dokumentarisierende Lektüre». En: Blümlinger, Christa (ed.): *Sprung im Spiegel. Filmisches Wahrnehmen zwischen Fiktion und Wirklichkeit*. Wien: Sonderzahl, pp. 125-146.

OLIVARES, Gerardo (2007a): «Notas del director». En: *14 Kilómetros, Extras*. URL: <http://www.wandavision.com/> (06.04.2008).

— (2007b): «Encuentros digitales – Gerardo Olivares», realizados el 27 de noviembre de 2007. URL: <http://www.elmundo.es/encuentros/invitados/2007/11/2770/> (05.05.2008).

— (2007c): «Los actores». En: *14 Kilómetros, Extras*. URL: <http://www.wandavision.com/> (06.04.2008).

PAGET, Derek (1998): *No Other Way to Tell It: Dramadoc/Docudrama on Television.* Manchester: Manchester University Press.

PAYÁN, Juan Miguel (1999): *El cine español de los 90.* Madrid: JC.

PHILIP, Bruno (2008): «Tibet: La guerre de l'information». En: *Le Monde*, 30 de marzo. URL: <http://www.lemonde.fr/archives/article/2008/03/29/tibet-la-guerre-de-l-information_1028768_0.html> (06.04.2008).

RHODES, Gary D./SPRINGER, John Parris (eds.) (2006): *Docufictions. Essays on the Intersection of Documentary and Fictional Filmmaking.* Jefferson, N.C./London: McFarland.

RODRÍGUEZ, María Pilar (2003): «El nuevo documental: Julio Medem y Helena Taberna». En: *Pérgola*, 5 de diciembre, p. 6.

RODRÍGUEZ CHICO, Julio (2007): «Perdidos en el Sáhara». En: *La Butaca.* URL: <http://www.labutaca.net/films/58/14kilometros1.php> (06.04.2008).

SEGUIN, Jean-Claude (2007): «El documental español del tercer milenio: las formas de la transgresión». En: Pohl, Burkhard/Türschmann, Jörg (eds.): *Miradas* glocales. *Cine español en el cambio del milenio.* Madrid/Frankfurt am Main: Iberoamericana/Vervuert, pp. 55-69.

TRIANA-TORIBIO, Núria (2003): *Spanish National Cinema.* London: Routledge.

VATTIMO, Gianni (1992): *The Transparent Society.* Baltimore: Johns Hopkins University Press.

WINSTON, Brian (1995): *Claiming the Real: The Documentary Film Revisited.* London: BFI.

Más allá del documental y la ficción, la obra fílmica de Basilio Martín Patino

HARTMUT NONNENMACHER

«Seducción del caos. Documento y ficción en la obra de Martín Patino», éste fue el título de la exposición acerca de la obra del realizador Basilio Martín Patino organizada en 2004 por el Centro Cultural Conde Duque de Madrid. La yuxtaposición de los conceptos de «documento» y «ficción»[1] en este título bastaría para indicarnos que en un volumen dedicado al fenómeno de la «docuficción» en el ámbito hispánico no debería faltar una reflexión sobre la obra de este director. Nacido cerca de Salamanca en 1930, Martín Patino participa en 1955 en las famosas Conversaciones Cinematográficas de Salamanca, estudia luego en el Instituto de Investigaciones y Experiencias Cinematográficas de Madrid (Torreiro 2003: s. p.) y empieza su carrera cinematográfica con dos largometrajes de ficción: *Nueve cartas a Berta* en 1965 y *Del amor u otras soledades* en 1969 (Barroso/Gil-Delgado 2002: 148).

Sin embargo, a partir de los años setenta su creación cinematográfica se desarrolla sobre todo en el campo del documental, situándose muchas veces en el límite borroso entre el documental y la ficción y este aspecto de su obra fílmica es precisamente lo que más nos interesa aquí. Voy a centrarme en el análisis de tres películas suyas –*Canciones para después de una guerra*, *Madrid* y *Seducción del caos*– películas que pueden considerarse otros tantos hitos en la evolución de este particular afán de experimentar con técnicas de fusión entre documental y ficción que anima a Martín Patino a lo largo de toda su carrera. Para describir estas técnicas de fusión, recurriré a los conceptos narratológicos que viene acuñando Gérard Genette desde los años setenta y, sobre todo, a la distinción entre «récit factuel» y «récit fictionnel» que propone Genette en el capítulo homónimo de *Fiction et diction* (Genette 1991). Intentaré trasladar esas categorías a

[1] Carlos Martín recurre en su presentación de Patino en el folleto de la Muestra Cinematográfica del Atlántico de Cádiz en septiembre de 2006 a una variante de esta yuxtaposición: lleva el título «Ni ficción ni documental: fascinación Basilio Martín Patino» (Martín 2006: 53).

una descripción narratológica de las películas de Patino lo que, de paso, nos permitirá vislumbrar algunas diferencias esenciales entre la narración literaria y la narración fílmica.

1. Imágenes de archivo y canción popular: *Canciones para después de una guerra*[2]

En 1971, Martín Patino monta el documental *Canciones para después de una guerra.* Para construir el discurso visual de esta película recurre a escenas de documentales de los años cuarenta, principalmente provenientes del *NO-DO* franquista (Martín Morán 2005: 53), así como a «fragmentos de películas, fotografías, recortes de periódicos, [y] anuncios publicitarios» (Barroso/Gil-Delgado 2002: 152). Este *collage* visual lo combina con 45 canciones de éxito que datan de la misma época de la posguerra. Lo normal en un documental convencional es que el discurso verbal de un comentador en *off*, y eventualmente de la música en *off*, comente, explique y organice el discurso visual. Pero en *Canciones para después de una guerra* no hay ningún comentador, o solo un resto muy rudimentario, del cual vamos a hablar más en adelante[3]. La función del comentador la asume aquí casi completamente la música en *off*. Esta música –y eso es muy importante– no es música pura, o sea, música sin cante, sino música acompañada de unas letras que a su vez se pueden considerar como «relatos ficcionales». Por lo tanto, podríamos decir que en *Canciones para después de una guerra* el «relato ficcional» de las letras de las canciones transmitidas por la banda sonora se superpone sobre el «relato factual» de las imágenes auténticas extraídas de reportajes sobre la vida en la España de la posguerra.

La relación que mantienen las letras ficcionales de las canciones con las imágenes auténticas que comentan implícitamente varía bastante en cada uno de los capítulos de la película, cuyos límites quedan marcados precisamente por el principio y el final de las diferentes canciones. Hay, como dice Ana Martín Morán, «una dialéctica innovadora entre las músicas y las imágenes, [...] carga-

---

[2] Una versión ampliada de este capítulo se ha publicado bajo el título «L'interaction entre chanson populaire et images d'archives dans *Canciones para después de una guerra*» (Nonnenmacher 2009).

[3] Ana Martín Morán constata en su análisis de esta película de Patino «la ausencia de una única voz expositiva» (Martín Morán 2005: 53).

da de ironía, a veces de caricatura, pero también de melancolía y de dramatismo» (Martín Morán 2005: 55). Vamos a ver un poco más de cerca esa dialéctica: en algunos capítulos, la relación temática entre música e imágenes resulta bastante obvia. Así, el estribillo de la canción que acompaña algunas escenas de un reportaje sobre el futuro rey Juan Carlos todavía adolescente proclama que «se va el caimán», en clara alusión al dictador para cuya sucesión se estaba educando y preparando al futuro rey. Otro capítulo con una relación obvia entre canción e imágenes contiene una secuencia de elementos visuales que evocan la situación de la mujer en la posguerra española. A esta secuencia de imágenes se superpone la letra de la copla «Tatuaje», escrita por Rafael de León[4]. Esta canción relata en primera persona la historia de una mujer que se enamora «en el puerto al anochecer» de un marinero extranjero, «alto y rubio como la cerveza» como reza la variante de un verso, el cual a su vez está enamorado de otra, lo que no impide que la protagonista de la canción siga buscándole cada noche después de su partida. Parece obvio que para las mujeres de la posguerra el marinero rubio soñado compensaba las privaciones de la vida real. Como constata Manuel Vázquez Montalbán en su *Crónica sentimental de España*, «Tatuaje» era en aquel entonces

> una canción de protesta no comercializada, [...] su protesta contra su propia condición de Cármenes de España a la espera de maridos demasiado condenados por la Historia, contra una vida ordenada como una cola ante el colmado, cartilla de Abastos en mano y así uno y otro día, sin poder esperar al marino que llegó en un barco, al que muy bien hubieran podido encontrar en el puerto al anochecer (Vázquez Montalbán [1971] 1998: 40).

Además, Vázquez Montalbán comenta el famoso verso «Era alto y rubio como la cerveza» con la maliciosa exclamación: «¡Señores! En un momento en que la talla media del *homo hispanicus* era el 1,58» (Vázquez Montalbán [1971] 1998: 40). Superponiendo la letra de «Tatuaje» a las imágenes de la vida cotidiana de las mujeres españolas de la posguerra, Patino evidencia, pues, la fun-

[4] En una reseña sobre una antología de las poesías y letras de Rafael de León, Luis Antonio de Villena califica a este «amigo cercano en su juventud de García Lorca» (Villena 2004: 15) de «epígono brillante del posmodernismo y de la veta más clásica, barroca y sensual del 27» (Villena 2004: 15). Según De Villena, las letras de canciones escritas por éste fueron en la posguerra «la verdadera educación sentimental, contradictoria, de muchos españoles» (Villena 2004: 15).

ción compensatoria y escapista que tenía el «relato ficcional» popular de esta canción de éxito para las mujeres que vemos en las imágenes de archivo[5].

En cambio, la relación entre canción e imágenes es diferente en otra escena donde Patino contrasta la copla «La bien pagá» con imágenes que muestran la situación de los niños y los adolescentes durante los años de la posguerra. No aparecen en absoluto niños o adolescentes en el «relato ficcional» que recoge la letra de «La bien pagá» sino que se trata de un ajuste de cuentas cínico y despiadado de un «yo lírico» masculino frente a su antigua amante, culminando en el estribillo:

> si tú eres la bien pagá,
> porque tus besos compré
> y a mí te supiste dar
> por un puñao de parné
> Bien pagá, bien pagá,
> bien pagá fuiste mujer

Aunque no hay, por lo tanto, ninguna relación directa entre el contenido de la letra y las imágenes de los niños desamparados de la posguerra, sí se podría establecer una relación indirecta basándose en el tema de la frialdad y la dureza de corazón presentes tanto en el relato ficcional de la canción como en el relato factual de las imágenes de archivo. Además cabe relacionar el peculiar contraste entre canción e imágenes característica de esta escena del documental de Patino con la anécdota que relata Kracauer en su *Theorie des Films* sobre el pianista borracho que acompañaba en sesiones de cine mudo las películas con música inadecuada. Concluye Kracauer que fue justo ese contraste entre música e imágenes el que le hizo ver el argumento de la película bajo una nueva luz y darse cuenta de la ambigüedad y polisemia de la ficción cinematográfica (Kracauer [1960] 1985: 190). Gilles Deleuze cita en *Cinéma 2* la opinión de dos músicos que reivindican una función muy parecida para la música:

> la musique de cinéma doit être abstraite et autonome, véritable «corps étranger» dans l'image visuelle, un peu comme une poussière dans œil, et doit accompagner

[5] La obviedad del «mensaje» de este capítulo queda resaltado aún más por la voz en *off* femenina que interrumpe la canción para decir entre otras cosas: «Eran canciones para ayudarnos en la necesidad de soñar».

«quelque chose qui est dans le film sans y être montré ni même suggéré» (Deleuze 1985: 311).

Del mismo modo, la letra despiadada de «La bien pagá» nos hace ver las imágenes de los niños desamparados en *Canciones para después de una guerra* como documentos llenos de crueldad, malos tratos y violencia, es decir, como algo contrario a la intención de los cámaras franquistas al rodarlas.

Para una película como *Canciones para después de una guerra* caben dos tipos de recepción: la intencionada en primer lugar por el propio Patino pasa por evocar una época pasada mediante la exhibición auditiva y visual de una multitud de elementos característicos de la cultura popular de esta época como son –además de las canciones de éxito– fotos y anuncios de publicidad extraídos de revistas, titulares de periódicos y escenas tomadas tanto de reportajes como de largometrajes de ficción (Hamdorf 1992: 102). Todo este *collage* estaba pensado para provocar en el público de principios de los años setenta –el cuál en su mayoría había vivido la posguerra como niños o como adolescentes– un efecto de memoria, es decir, despertar en esos espectadores el recuerdo de escenas de su pasado. El propio Patino ha dicho que la clave que él se empeñaba en experimentar en *Canciones para después de una guerra* se podía derivar de la famosa escena de la magdalena evocadora en la novela de Proust y que lo que él pretendía era

> provocar ritmos internos no frecuentes, mezcla de imágenes y sonidos de campos semánticos, incluso opuestos, para que convulsionen nuestros sentimientos haciendo explotar en el subconsciente una desconocida riqueza de vivencias, emociones y signos insospechados (Patino s. a.: s. p.).

Este tipo de recepción, caracterizado por la emotividad, se encuentra reforzado por una voz, o mejor dicho, dos voces en *off*, una masculina y otra femenina que pronuncian en algunas escenas frases sueltas y fragmentarias[6], reforzando aún más el aire de nostalgia y desamparo que ya de por sí está irradiando esta película. Sin embargo, esas voces no llegan ni de lejos a asumir la función normal que tiene un comentador en *off* en un documental convencional[7].

---

[6] La voz femenina viene a interrumpir por ejemplo la canción «Tatuaje».

[7] Compárese lo que dice Ana Martín Morán a este propósito: «no hay más que algunos fragmentos aislados de voz en *off* y éstos actúan más como evocaciones provenientes de distintos

La peculiar estrategia empleada por Patino en *Canciones para después de una guerra* con el fin de evocar en la memoria de sus espectadores sus propios recuerdos de la posguerra gustó al público[8]. Sin embargo, el éxito no le llegó inmediatamente después de la producción de la película en el año 1971, puesto que fue prohibida y anatemizada por la censura franquista, no pudiendo ser estrenada hasta 1976. Ahora bien, en los primeros meses después del estreno alcanzó un enorme éxito, de lo que es testimonio un artículo publicado por el *Diario Vasco* el 5 de marzo de 1977 que constata en cuanto a *Canciones para después de una guerra*: «Ocho meses de proyecciones ininterrumpidas. Y parece tener todavía cuerda para rato...» (Jordán 1977: s. p.). El propio Patino comenta en cuanto al éxito que obtuvo su película en la fase inicial de la transición a la democracia:

> La acogida de la película cuando pudo estrenarse nos desfasó. Yo creo que la sociedad española de aquel momento estaba esperando esta escenificación del reencuentro en la llamada transición. Vino a ser otro factor de abrazo entre gentes de pensamiento contrario (Patino s. a.: s. p.).

El éxito de taquilla del documental de Patino, un fenómeno por cierto bastante inusitado en su carrera cinematográfica[9], se debería pues a que la estrategia de evocación emotiva del pasado que acabamos de describir facilitaba la reconciliación entre españoles procedentes de los dos bandos de la Guerra Civil, inscribiéndose en un proceso mental colectivo más amplio que sustentaba la transición política.

Pero también hay otro tipo de recepción de esta película, a la vez más distanciada y reflexiva y que es la única posible para un alemán nacido en 1965 pero, supongo, que también para los españoles de la generación joven actual, o dicho de otra manera, para todas aquellas personas ajenas por sus experiencias vitales a la posguerra española: en vez de entregarse a la evocación entre nostál-

---

narradores que apuntan a sus propias impresiones y sentimientos personales, a veces en forma de monólogos, que a una instancia unificadora del sentido final» (Martín Morán 2005: 53-54).

[8] Cf. Martín Morán (2005: 54): «Patino [...] apela no directamente al pasado como algo sellado, sino al tejido de la memoria, a su funcionamiento emotivo, virtual y continuo, más que a una reconstrucción objetiva y acumulativa de la experiencia colectiva».

[9] Cf. Martín Morán (2005: 59): «*Canciones para después de una guerra* es quizás la película de Patino más recordada por el público y se reconoce por parte de la crítica y los especialistas su valor de obra emblemática para la historia del cine español».

gica y sentimental de vagos recuerdos del propio pasado personal, lo que llama más la atención a este segundo tipo de espectador es la tensión que existe en este documental entre el relato ficcional de las letras cantadas y el relato factual de las imágenes. El particular enfoque que las letras de canción confieren a estas imágenes rodadas originalmente en su mayoría por cámaras que trabajaban para instituciones del régimen franquista como el *NO-DO* produce una especie de apropiación de estas imágenes por parte de ese crítico del régimen que era Patino en los años del tardofranquismo. Más allá de la potencialidad reconciliadora aludida por el propio director habría que resaltar, por lo tanto, también la carga de crítica antifranquista que contiene este documental. Lógicamente se trata de una crítica indirecta, típica también de las estrategias literarias empleadas en el tardofranquismo, como por ejemplo en *Cinco horas con Mario* (1966) por Miguel Delibes. Vázquez Montalbán habla retrospectivamente –y refiriéndose además de a *Canciones para después de una guerra* y a su propia *Crónica sentimental de España* a títulos publicados en los primeros años setenta como *Memorias de un niño de derechas* (1972) de Umbral o *El sadismo de nuestra infancia* (1970) de Terenci Moix– de un «intento limitado, doloroso y a la vez inquieto, de recuperar la desvergüenza cultural del franquismo sin que el franquismo pudiera considerarlo un ataque directo» (Vázquez Montalbán [1971] 1998: 19)[10]. El alejamiento de las pautas del documental tradicional y la integración del elemento ficcional de las letras de canción en *Canciones para después de una guerra* servía por lo tanto también para escamotear la carga crítica que conllevaba la película. Sin embargo, por lo menos en este caso, los censores del régimen no se dejaron engañar e impusieron una prohibición tajante.

Habría que añadir que *Canciones para después de una guerra* se puede considerar también como un precursor de la tendencia *retro* que a partir de los años ochenta cobra cada vez más importancia en la cultura popular de los países occidentales. Un ejemplo de esa tendencia en el ámbito alemán sería la película de compilación *Rendezvous unterm Nierentisch*, que evocaba en 1987 la posguerra alemana de los años cincuenta (Hamdorf 1992: 103). Lo interesante del caso español es que, como hemos visto, una primera ola *retro* de la posguerra se inicia ya en los últimos años del franquismo para desembocar un lustro más tarde en la amnesia reconciliadora de la transición. *Canciones para después de una guerra* sería un caso paradigmático de tal tendencia.

---

[10] En el prólogo a la reedición de *Crónica sentimental de España* publicada en 1998.

2. Un meta-documental mezclado de ficción: *Madrid*

A pesar de no corresponder del todo a las convenciones del documental clásico, la película *Canciones para después de una guerra* suele, sin embargo, ser clasificada bajo el rubro de documental. Mucho más difícil de clasificar es el proyecto fílmico en el que Patino se embarcaría quince años más tarde rodando la película *Madrid*. Lo que aquí llama la atención inmediatamente es, por un lado, la dimensión metafílmica y, por otro lado, la fusión de elementos ficticios y documentales[11]. En *Madrid* Patino combina un relato diegético ficcional con un relato metadiegético factual doble: el relato ficcional que se sitúa en el nivel diegético de la película cuenta la historia de Hans, un director de documentales alemán, que llega en 1986 a Madrid con un encargo por parte de la televisión pública alemana de producir un documental sobre las huellas de la Guerra Civil aún visibles en la capital de España cincuenta años después del inicio de la contienda. En este primer nivel narrativo se encuentra imbricado un relato factual que se sitúa por lo tanto en el nivel metadiegético y que además se duplica, puesto que forman parte de él, por un lado, escenas extraídas de reportajes y documentales sobre acontecimientos de la Segunda República y la lucha por Madrid en la Guerra Civil y, por otro lado, imágenes supuestamente rodadas por Hans y su equipo en el Madrid posfranquista de los años ochenta que recogen, por ejemplo, escenas de las manifestaciones contra la adhesión de España a la OTAN, el entierro de Tierno Galván o una aparición pública del rey. Esa triple dimensión de la película –la historia ficticia de Hans, las imágenes auténticas de los años treinta pero también las de los años ochenta– se plasma muy bien en una escena que se sitúa a unos cuatro minutos del inicio en la que Hans y Lucía, su ayudante y luego también amante madrileña, están viendo en dos pantallas paralelas de la mesa de montaje grabaciones que muestran los mismos escenarios de Madrid en los años de la Guerra Civil en una de las pantallas y en el presente de los años ochenta en la otra. Y es que Hans pretende montar su documental sobre Madrid recurriendo al material de archivo de los años treinta y a las imágenes actuales rodadas por él mismo en los años ochenta para tematizar la relación entre la memoria histórica y la actualidad de Madrid.

---

[11] «Madrid ist ein Film über Film [...]. Eine fiktive Geschichte [...] über die Produktion von Filmen. Fiktion und Dokumentation gehen fließend ineinander über, die Ebenen verschwimmen» (Hamdorf 1992: 113).

La idea de mostrar en el relato ficcional cómo un extranjero va descubriendo la historia y el presente de Madrid retoma una vieja estrategia literaria que se remonta a las *Lettres persanes* (1721) de Montesquieu y –en el contexto español– a las *Cartas marruecas* (1774) de Cadalso: la mirada ajena del extranjero descubre lo asombroso y lo original en una realidad que para los habitantes del país resulta banal e incuestionable[12].

Además de la mezcla de ficción y documental es evidente la dimensión metafílmica de *Madrid*: es una película que pone en escena cómo se produce una película, más precisamente un documental. O mejor dicho: pone en escena cómo fracasa la producción de un documental. Porque Hans finalmente no va a acabar su proyecto puesto que no se adapta a las exigencias de la productora alemana, a la que le gustaría que apareciesen personajes consagrados del mito español internacional, como son García Lorca y la Pasionaria. Hans se niega a montar un documental convencional, quiere indagar más, quiere cuestionar también el valor de las imágenes de archivo que supuestamente muestran lo que verdaderamente ocurrió, pero es precisamente por eso por lo que se le retira finalmente el encargo. La película de Patino confirma, por lo tanto, la observación hecha por Deleuze en *Cinéma 2* según la cuál la finalidad más profunda de la construcción metafílmica sería la reflexión sobre el condicionamiento de la creación cinematográfica por el dinero, que el productor tiene el poder de conceder o no[13].

Pero *Madrid* no sólo relata el fracaso de un documental concreto, el de Hans, sino que cuestiona el valor del género del documental en general. De hecho, hay una reflexión sobre el carácter de la fotografía y también del documental que sustenta toda la película. Así, cuando en una escena los miembros del equipo de Hans reunidos frente a la mesa de montaje ven unas imágenes de archivo que muestran la entrada de las tropas franquistas en Madrid al final de la Guerra Civil uno de los presentes dice: «Lo que no me gusta de los documentales, es que siempre acaban mal». Acto seguido otro argumenta que por

---

[12] Véase lo que dice el propio Patino sobre ese particular (citado por Hamdorf 1992: 109).

[13] «On remarquera que, dans tous les arts, l'œuvre dans l'œuvre a souvent été lié à la considération d'une surveillance, d'une enquête, d'une vengeance, d'une conspiration, ou d'un complot. [...] Le cinéma comme art vit lui-même dans un rapport direct avec un complot permanent, une conspiration internationale qui le conditionne du dedans, comme l'ennemi le plus intime, le plus indispensable. Cette conspiration est celle de l'argent; ce qui définit l'art industriel, ce n'est pas la reproduction mécanique, mais le rapport devenu intérieur avec l'argent» (Deleuze 1985: 103-104).

eso es preferible la ficción. Al evidente hecho de que la historia que cuenta el relato factual de la Guerra Civil acaba mal –por lo menos desde el punto de vista de los protagonistas del relato ficcional de la película, todos de ideología izquierdista– se añade el desplazamiento del enfoque del relato factual, y es que a las imágenes de archivo de los años treinta rodadas por operarios que trabajaban para instituciones de la República y que muestran, entre otras cosas, la proclamación de la República y los preparativos para la defensa de Madrid, las cuales aparecen al principio del trabajo de montaje, les suceden más tarde imágenes de los archivos del régimen franquista que muestran el triunfo de los nacionales. Así, en una escena grabada por operarios franquistas la cámara enfoca desde un camión en picado las caras de los madrileños hambrientos que rodean el camión de los vencedores para pedir pan. Ese cambio de perspectiva en las grabaciones de archivo plasma la derrota de los republicanos y refuerza el deseo de Hans de pasarse a la ficción. En la última escena de *Madrid*, cuando ya el proyecto del documental ha fracasado definitivamente, Hans dice que habría que rodar una película de ficción sobre la huella que han dejado los años treinta en el Madrid de los ochenta y añade: «Pero que sea de ficción, completamente de ficción. [...] Hay que contar la realidad fabulándola» (citado por Martín Morán 2005: 61).

Que el realizador alemán –que obviamente expresa aquí la opinión que es también la del propio Patino[14]– acabe por preferir la ficción al documental confirma en cierto sentido lo constatado por Siegfried Kracauer en cuanto al resurgimiento de la «acción dramática» en el género del documental[15]. Esta evolución ha sido también la de la obra cinematográfica de Patino en su conjunto. Después de producir varios documentales en los años setenta –además

---

[14] Véase Martín Morán (2005: 61): «se puede considerar a este personaje como un *alter ego* del propio Patino». Además, en una entrevista con Catherine Bizem Patino hace unas declaraciones que suponen un distanciamiento del documental muy parecido al de Hans en *Madrid*: «Se dice que los documentales son el gran testimonio de nuestro tiempo, pero habrá que ver si nuestro tiempo no quedará mejor objetivado en las invenciones de Dreyer, Strohein [*sic*], Murnau, Vidor, Renoir, Rossellini, Buñuel, lo mismo que el más fiable documental de nuestro Renacimiento se escribió en *La Celestina*, *El Lazarillo*, *Guzmán de Alfarache*, etc.» (Bizem 2005: s. p.).

[15] «Paradoxerweise entwickelt sich das Bedürfnis nach Handlung innerhalb eines Genres, das die Story als unfilmisches Element ablehnt. Auf der einen Seite schließt der Dokumentarfilm-Regisseur die Handlung aus, um in der Lage zu sein, sein Objektiv auf die Welt zu öffnen; auf der andern drängt es ihn, aus genau demselben Grunde dramatische Aktion wieder einzuführen» (Kracauer [1960] 1985: 283).

de *Canciones para después de una guerra* hay que citar títulos tan famosos como *Caudillo* y *Queridísimos verdugos*, que tematizan respectivamente la vida del propio dictador y la de los últimos verdugos oficiales de España–. Patino se reorienta con *Madrid* hacia la ficción. Pero no se trata de un retorno a la ficción simple y llano sino de la invención de un nuevo tipo de meta-documental mezclado de elementos de ficción.

Como ya fue el caso en *Canciones para después de una guerra* también en *Madrid* la música de la banda sonora cobra especial relevancia[16]. Aquí son canciones de zarzuelas famosas y unos *foxtrots* de los años de la II República los que acompañan a las imágenes. Incluso hay una escena en la que Hans asiste a una representación de zarzuela y reflexiona sobre este fenómeno musical típicamente madrileño. La omnipresencia de la zarzuela como música que expresa la esencia del pueblo de Madrid contrasta con el silencio total que acompaña a dos breves escenas de archivo en las que se ven los horrores de la Guerra Civil. Esas escenas «mudas» ilustran un fenómeno curioso ya descrito por Kracauer, a saber, que el enmudecimiento repentino de la banda sonora puede conferir particular relieve a las imágenes así «silenciadas»[17].

Dada la imbricación de un nivel diegético ficticio con un nivel metadiegético «auténtico» en *Madrid*, esta película no se puede clasificar claramente ni como largometraje de ficción ni como documental, convirtiéndose así en ejemplo obvio de docuficción cinematográfica. Hay casos estructuralmente análogos a *Madrid* en la literatura. Genette alude en *Fiction et diction* a la novela *Le médecin de campagne* de Balzac, en la que el personaje ficticio Goguelat cuenta la vida de Napoleón (Genette 1991: 83). Situado él mismo en un nivel diegético y ficcional, Goguelat asume por lo tanto la función de narrador de un relato metadiegético factual que recoge datos biográficos de un personaje histórico (cf. p. e. Balzac 1976: 169). Del mismo modo, el Hans ficticio (y defensor de la ficción) de *Madrid* asume la función de narrador de un relato factual destinado a recoger los acontecimientos históricos de la Guerra Civil española. Otro ejemplo de un texto literario con una estructura narrativa análoga a *Madrid* es, evi-

[16] Cf. Hamdorf (1992: 113): «Wie in *Canciones para después de una guerra* hat Patino auch hier eine musikalische Klammer gewählt: die Zarzuelas [...]».

[17] «Überraschenderweise wird diese Wirkung verstärkt, wenn die Musik [...] plötzlich aussetzt und uns mit den stummen Bildern allein läßt. [...] Man sollte erwarten, daß die verlassenen Bilder wirkungslos bleiben; was aber tatsächlich geschieht, ist, daß sie uns stärker fesseln als die ihnen vorangehenden, musikalisch untermalten Aufnahmen» (Kracauer [1960] 1985: 188).

dentemente, la celebradísima novela *Soldados de Salamina* de Javier Cercas. También allí un personaje ficticio asume como narrador[18] el relato factual de la vida, o por lo menos de algunos momentos esenciales de la vida de un personaje histórico, a saber, el escritor y cofundador de Falange Rafael Sánchez Mazas[19]. Puesto que la novela de Cercas y la película de Patino no sólo se basan en una estructura narrativa análoga sino que, además, ambas tematizan la memoria histórica de la Guerra Civil, sería, pues, interesante profundizar en una comparación de estos dos casos de docuficción literaria y cinematográfica. Rápidamente llegaríamos a preguntarnos si las imágenes auténticas no desentonan más en una docuficción cinematográfica que los elementos factuales en una docuficción literaria. Dicho de otro modo: ¿no es verdad que nos causan más impacto las imágenes de la Guerra Civil que sabemos auténticas que la narración escrita de los mismos acontecimientos aunque los sepamos también auténticos? Si eso es así, se debe sin duda al mayor grado de inmediatez de la imagen frente a la mediación que necesariamente supone y requiere la palabra escrita. Y si de veras el relato factual cinematográfico tiene una mayor afinidad a la realidad que el relato factual literario, esto confirmaría la tesis formulada por Kracauer acerca de la mayor afinidad a la realidad física, propia –según él– del medio cinematográfico en general[20]. Sin embargo, Basilio Martín Patino se encargará en los proyectos cinematográficos que llevará a cabo en los años noventa de cuestionar precisamente esa supuesta autenticidad de las imágenes y de demostrar que pueden ser falsificadas sin que el espectador se dé cuenta.

3. El falso documental: *Seducción del caos* y *Andalucía, un siglo de fascinación*

El tema de la virtual falsedad de las imágenes se encuentra estrechamente ligada a la tematización de la televisión que ya había sido un elemento novedoso en

[18] Que no haya que confundir al narrador autodiegético de esta novela con el autor Javier Cercas ya lo muestran los primeros párrafos de la novela: Este narrador es –además de novelista– periodista y no profesor universitario como Cercas. Además acaba de cumplir cuarenta años en 1994 mientras que Cercas nació en 1962 (Cercas 2001: 17-18).

[19] Cercas señala en una nota previa a la novela que, para desarrollar el relato factual sobre la vida de Sánchez Mazas se ha basado en la tesis doctoral de Mónica Carbajosa (Cercas 2001: 13).

[20] Cf. p.e. Kracauer ([1960] 1985: 55): «Filme sind [...] in einzigartiger Weise dazu geeignet, physische Realität wiederzugeben und zu enthüllen, und streben ihr deshalb auch unabänderlich zu».

Madrid. Esas dos temáticas –falsificación y televisión– son las principales en el falso documental *La seducción del caos* que Patino rueda en 1991, irónicamente por encargo de Televisión Española (Martín Morán 2005: 61).

En *La seducción del caos* Patino entreteje dos líneas argumentales. El conjunto se presenta como una programación de TVE, ocasionada por un crimen espectacular. Aunque no directamente vinculados al relato de este crimen, se emiten los ocho capítulos de una «serie en preparación, *Las galas del emperador*», supuestamente producida por el presunto asesino Hugo Escribano. Los capítulos de esta serie están intercalados entre las noticias y los reportajes que informan sobre los acontecimientos relacionados con el asesinato y su investigación. Estos formatos informativos se pueden caracterizar como relato ficcional disfrazado de relato factual, puesto que se trata de falsos o falsificados reportajes y noticias de TVE.

Este relato factual fingido recoge el siguiente argumento: Alberto Torres, hijo poco voluntarioso de un rico ganadero, y su amante, la actriz Yolanda Velasco son asesinados. La policía sospecha del comunicólogo Hugo Escribano, amigo de Torres y marido de Yolanda Velasco, le detiene y le interroga. Salen a la luz escabrosos detalles sobre la relación íntima que mantenían los dos asesinados. Mientras que Escribano está en la cárcel, el periodista Matías Gil publica un libro en el que desvela que los numerosos libros publicados por Hugo Escribano habían sido escritos en realidad por el asesinado Alberto Torres. TVE difunde esa tesis pero finalmente Hugo Escribano gana un pleito por calumnia a TVE y Matías Gil. Al final de la película resulta que el propio Hugo Escribano había sugerido la tesis de la falsa autoría para provocar el escándalo y cobrar las indemnizaciones por calumnia.

Patino multiplica en el relato audiovisual de esta historia medio policíaca y medio rocambolesca lo que podríamos llamar los indicios o marcadores de factualidad: emplea técnicas del reportaje televisivo como son, por ejemplo, la entrevista en vivo a amigos, familiares y testigos de los hechos. También se convierte en marcador de factualidad lo que Genette llamaría el «paratexto» de los formatos televisivos falsificados: así, se emplean la música y las imágenes introductorias de algunos programas televisivos reales como son las noticias de TVE 1 y el consabido programa informativo emitido las noches del sábado *Informe Semanal.* E incluso los presentadores son reales aunque presentan noticias que forman parte del relato ficcional.

Otro marcador de factualidad puede ser la posición de la cámara, por ejemplo en la escena del interrogatorio de Hugo Escribano por el juez de instrucción: aquí la cámara está situada a espaldas de Escribano y se mantiene fija en su posición aunque gira y opera *zooms* de vez en cuando. Si comparamos esta escena con una escena análoga en una de las numerosas películas del género del *courtroom drama* o drama judicial nos damos cuenta de que allí la cámara suele mostrar la cara de los protagonistas de frente, o sea, que indirectamente la posición de la cámara en esta escena de *La seducción del caos* nos hace creer que vemos una grabación documental, le confiere cierto «olor» a documental a esta escena.

Pero Patino no sólo echa mano de las técnicas del reportaje televisivo para acreditar su relato como auténtico: en uno de los reportajes o programas especiales dedicados supuestamente al caso Escribano aparece una escena de la boda de Escribano y Yolanda Velasco que se anuncia con la frase sobrescrita a las imágenes: «Otros testimonios documentales sobre la realidad» y es presentada como «vídeo familiar de la boda de Hugo Escribano, Campo de Criptana, 1987». No sólo esta ambientación exacta sino también el encuadre en ocasiones borrosos y la espontaneidad con la que se mueven los personajes durante esta escena contribuyen a conferirle credibilidad.

Sin embargo, hay otros elementos que desacreditan el carácter documental de los supuestos reportajes televisivos: por ejemplo, el simple hecho, como ha resaltado Ana Martín Morán[21], de que el espectador medio español conocía en 1991 a Adolfo Marsillach, el actor que asume el papel del protagonista. Aquí hay una diferencia fundamental entre la docuficción literaria y la docuficción fílmica: mientras que en el relato escrito son meros símbolos gráficos los que representan a un personaje, en el relato audiovisual –con la excepción de los dibujos animados– es un actor real el que representa a un personaje. Si éste le resulta conocido al público, su intervención se convierte en marcador de ficcionalidad[22]. Éste es justo el caso de *La seducción del caos.*

Algo parecido ocurre en una escena en la que la escritora auténtica Carmen Martín Gaite hace el papel de «la novelista Sofía Veloso». Evidentemente el espectador sabe que Carmen Martín Gaite no es Sofía Veloso, lo que supone un marcador de ficcionalidad, aunque la entrevista hecha a la escritora constituye

[21] «¿Por qué si realmente jugase a convencer al espectador de que está viendo un documental elegiría a un actor tan conocido como Adolfo Marsillach para interpretar al personaje de Hugo Escribano?» (Martín Morán 2005: 64).

[22] Sobre el aura de ficcionalidad que rodea inevitablemente a las estrellas del cine, cf. Genette (2004: 62-63).

en sí un formato televisivo que parece acreditar la factualidad de la escena. Cabe comparar esta escena con las entrevistas con las que Woody Allen acredita su falso documental *Zelig* (1983): allí aparecen conocidos intelectuales estadounidenses –entre ellos, por ejemplo, Susan Sontag– que son entrevistados bajo su nombre real[23]. El mismo truco lo utiliza también Patino en algunas escenas de *Seducción del caos* donde incorpora a profesionales de la televisión como Jesús Hermida o José María Íñigo, entre otros, que hacen de sí mismos (Martín Morán 2005: 64). Si Patino hizo asumir a Carmen Martín Gaite en la escena de la entrevista la identidad ficticia de Sofía Veloso, fue probablemente por su intención de confrontar al espectador con indicios contradictorios que le hagan reflexionar sobre los conceptos de autenticidad y ficción.

Tal reflexión es el tema implícito de toda la «serie en preparación *Las galas del emperador*» supuestamente producida por Hugo Escribano para su posterior emisión en TVE y el tema explícito del capítulo VI de esta serie que trata el tema de la autenticidad en general. Se encuentra integrada en este capítulo una entrevista en la que el comunicólogo ficticio Hugo Escribano interroga al falsificador bien real Konrad Kujau no sólo sobre su falsificación de los consabidos diarios de Hitler sino también sobre su falsificación de cuadros de Picasso, lo que le da ocasión a éste de justificar su actuación alegando los precios exorbitantes que los cuadros de Picasso suelen alcanzar sólo por ser auténticos. Hugo Escribano llega a equiparar la obsesión por la autenticidad de las obras de arte a la obsesión por la «pureza de sangre» en el Siglo de Oro. Aquí se esboza una reivindicación del derecho a la falsificación que Patino ha llevado a la práctica con su rodaje de *La seducción del caos*[24].

Por lo tanto, el tema del documental ficticio *Las galas del emperador* preparado por Hugo Escribano, que son precisamente los límites borrosos de lo auténtico y lo falso en el mundo audiovisual, se refleja también en la forma de la película *La seducción del caos* puesto que en ésta se mezclan constantemente marcadores de factualidad y de ficcionalidad.

---

[23] Genette cita toda una serie de casos de «présence réelle» de actores u otros personajes famosos que intervienen bajo su nombre real en películas de ficción (Genette 2004: 71-73).

[24] La estrategia de la falsificación afecta incluso a detalles de la película. Aparece por ejemplo un artículo de periódico falsificado sobre la antena parabólica que la «fundación Mac Luhan» supuestamente le costea a Hugo Escribano mientras éste se encuentra en la cárcel. Esta falsificación sólo es visible cuando se detiene la imagen y se constata que la parte falsificada del artículo ha sido integrada en el contexto de una página de periódico auténtica.

Patino vuelve a utilizar las técnicas del falso documental en la serie *Andalucía, un siglo de fascinación*, producida por su propia productora «La linterna mágica» para Canal Sur y estrenada en el canal autonómico andaluz en noviembre de 1997. Cada uno de los siete capítulos de esta serie trata una temática típica del imaginario andaluz: por ejemplo, «Carmen y la libertad», el tema de la consabida gitana fatal; «El jardín de los poetas», la poesía andaluza; «Desde lo más hondo I y II», el flamenco y «Ojos verdes», la copla, otra rama de la música andaluza menos conocida en el extranjero que el flamenco pero de capital importancia para la cultura popular española en su conjunto. En vez de producir documentales convencionales, para lo que la temática se hubiese prestado perfectamente, Patino «inventa en casi todos los casos una ficción que sirve como vehículo para el tratamiento de cada tema» (Martín Morán 2005: 67). Así, el eje de los capítulos sobre el flamenco lo constituye un magnate japonés amante de la música andaluza que es un personaje ficticio (Martín Morán 2005: 71). Como ya fue el caso en *Madrid*, al relato ficcional de la actuación de este personaje se mezcla un relato factual en forma de material de archivo auténtico relacionado con la historia del flamenco. Pero en esta serie Patino experimenta también con otras estratagemas más innovadoras como son la «generación de imágenes virtuales», posibilitada por la tecnología informática, «que pueden mezclarse con otras reales procedentes de documentos de la época» (Martín Morán 2005: 69), el rodaje de un falso *making-off*[25] o el recurso a «falsas reconstrucciones de los hechos» que «son introducidas como auténticos documentos de la época, como pruebas hasta el momento inéditas de lo que "realmente" ocurrió» (Martín Morán 2005: 77-78), por ejemplo, de lo que realmente ocurrió durante una insurrección anarquista que se produjo en el año 1933 en un pueblo gaditano, acontecimiento histórico que recoge Patino en el capítulo más controvertido de la serie *Andalucía* que lleva el título «El grito del sur: Casas Viejas».

Ya hemos mencionado que cabría relacionar los falsos documentales de Patino con obras de Woody Allen, quien ha utilizado esa técnica no sólo en *Zelig* sino también en *Take the Money and Run* (1969) y en *Sweet and Lowdown* (1999). Las tres películas relatan en forma de documental biografías inventadas, la primera la de un camaleón humano, la segunda la de un delincuente chapucero y la tercera la de un guitarrista de jazz. Si buscamos casos estructu-

[25] En «El jardín de los poetas» (cf. Martín Morán 2005: 72).

ralmente análogos a los falsos documentales en el ámbito de la narración literaria nos topamos con la novela *Marbot*, publicada por Wolfgang Hildesheimer en 1981, en la que el autor recurre a una amplia gama de marcadores de factualidad para hacer creer que su biografía de un tal Andrew Marbot, nacido en 1801, cuenta la vida de un personaje auténtico. Genette comenta que se trata de una «biographie ficitive d'un écrivain imaginaire, qui feint de s'imposer toutes les contraintes (et toutes les ruses) de l'historiographie la plus véridique» (Genette 1991: 90-91). Esa estrategia narrativa llega a afectar incluso al paratexto, puesto que la novela lleva como subtítulo la clasificación genérica «Eine Biographie». Además ya en el íncipit del texto vemos al personaje ficticio Marbot conversando con el personaje bien histórico de Goethe y para subrayar su estatus de biógrafo el narrador nos indica acto seguido la fuente por la que tiene noticia de esta conversación (Hildesheimer 1981: 7)[26].

Tanto la novela de Hildesheimer como los falsos documentales de Woody Allen y de Basilio Martín Patino surgen en las últimas tres décadas del siglo XX. Parecen inscribirse en una tendencia posmoderna común a toda la civilización occidental en esta época y se constituyen en subgénero de la docuficción. Lo que distingue a Patino no sólo de Hildesheimer sino también de Woody Allen, el cual recurre al falso documental más bien con una finalidad paródica y humorística, es el uso que hace el director español del falso documental para cuestionar la televisión y criticar una sociedad que vive abrumada por la confusión entre ficción y realidad que le impone el medio televisivo[27]. Transgrediendo el límite entre documental y ficción, Patino intenta apropiarse en *Seducción del caos* de las imágenes del presente al igual que intentaba apropiarse de las imágenes del pasado en *Canciones para después de una guerra* y de las del presente y del pasado conjuntamente tanto en *Madrid* como en la serie *Andalucía, un siglo de fascinación*.

---

[26] Cabría relacionar la técnica del falso documental también con el caso citado por Zipfel (2001: 282-283) de un falso reportaje sobre un drogadicto de ocho años supuestamente auténtico que se reveló posteriormente ser un personaje inventado. No deja de llamar la atención que los estatus jurídicos del falso documental y del falso reportaje –este último pasible de persecución penal– divergen considerablemente.

[27] Ana Martín Morán considera a *La seducción del caos* un «manifiesto antitelevisivo» (Martín Morán 2005: 66).

Bibliografía

Balzac, Honoré de (1976): *Le médecin de campagne.* Paris: Garnier.

Barroso, Miguel Ángel/Gil-Delgado, Fernando (2002): *Cine español en cien películas.* Madrid: Ediciones Jaguar.

Bizem, Catherine (2005): «Entretien avec Basilio Martin Patino». En: *Les rencontres du cinéma documentaire. Les Cahiers de Périphérie,* marzo. Paris, s. p. URL: <http://www.basiliomartinpatino.com/entrev.htm> (20.08.2008).

Cándido (1982): *Canciones para después de una guerra.* En: *ABC,* 18 y 20 de julio (citado según el folleto del DVD de *Canciones*).

Cercas, Javier (2001): *Soldados de Salamina.* Barcelona: Tusquets.

Deleuze, Gilles (1985): *Cinéma 2. L'image-temps.* Paris: Minuit.

Feenstra, Pietsie (ed.) (2009): *Mémoire du cinéma espagnol (1975-2007).* Paris: CinémAction, Corlet Publications.

Genette, Gérard (1991): «Récit fictionnel, récit factuel». En: Genette, Gérard: *Fiction et diction.* Paris: Seuil, pp. 65-93.

— (2004): *Métalepse.* Paris: Seuil.

Hamdorf, Wolfgang Martin (1992): «Madrid oder Das Schweigen der alten Bilder. Basilio Martín Patino und der Kompilationsfilm». En: Marsiske, Hans-Arthur (ed.): *Zeitmaschine Kino. Darstellungen von Geschichte im Film.* Marburg: Hitzeroth, pp. 94-115.

Hildesheimer, Wolfgang (1981): *Marbot. Eine Biographie.* Frankfurt am Main: Suhrkamp.

Jordán (1977): «El curioso caso de *Canciones para después de una guerra*». En: *El Diario Vasco,* 5 de marzo, s. p. (citado según el folleto del DVD de *Canciones para después de una guerra*).

Kracauer, Siegfried [1960] (1985): *Theorie des Films. Die Errettung der äußeren Wirklichkeit.* Frankfurt am Main: Suhrkamp.

Martín, Carlos (2006): «Ni ficción ni documental: fascinación Basilio Martín Patino». En: *Alcances. 38 Muestra cinematográfica del Atlántico Cádiz* (folleto de presentación del festival), pp. 53-54.

Martín Morán, Ana (2005): «La inocencia subversiva. Pistas falsas y alguna certeza sobre la producción audiovisual de Basilio Martín Patino». En: Ortega, María Luisa (coord.): *Nada es lo que parece: falsos documentales, hibridaciones y mestizajes del documental en España.* Madrid: Ocho y Medio, pp. 47-82.

Nonnenmacher, Hartmut (2009): «L'interaction entre chanson populaire et images d'archives dans *Canciones para después de una guerra*». En: Feenstra, Pietsie (ed.): *Mémoire du cinéma espagnol (1975-2007).* Paris: CinémAction, Corlet Publications, pp. 39-44.

PATINO, Basilio Martín (s. a.): «Sobre *Canciones para después de una guerra*»/«Filmar Madrid»/«Filmar las realidades invisibles». URL: <http://www.basiliomartinpatino.com/escritos.htm> (20.08.2008).

TORREIRO, Casimiro (2003): «Contra los tópicos. Conversación con Basilio Martín Patino». En: Heredero, Carlos F./Monterdi, Enrique (eds.): *«Los nuevos cines» en España. Ilusiones y desencanto de los años setenta. Festival Internacional de Cine de Gijón*. Valencia: Instituto Valenciano de la Cinematografía/Ediciones de la Filmoteca. URL: <http://www.basiliomartinpatino.com/entrev.htm> (20.08.2008).

VÁZQUEZ MONTALBÁN, Manuel [1971] (1998): *Crónica sentimental de España*. Barcelona: Grijalbo.

VILLENA, Luis Antonio de (2004): «Alma señorial del pueblo». En: «Babelia», *El País*, 11 de diciembre, p. 15.

ZIPFEL, Frank (2001): *Fiktion, Fiktivität, Fiktionalität. Analysen zur Fiktion in der Literatur und zum Fiktionsbegriff in der Literaturwissenschaft*. Berlin: Erich Schmidt.

Las huellas de una memoria del sufrimiento. Documento y ficción en el cine de Isabel Coixet

María Jesús Beltrán Brotons

La guionista y directora de cine catalana Isabel Coixet es autora de un documental y de un largometraje que tienen en común el relato de la tortura sufrida por unos seres humanos en diferentes partes del mundo. De 2002 a 2003, Isabel Coixet rodó en Copenhague y Sarajevo *Viaje al corazón de la tortura*, un documental de 72 minutos sobre la tortura, sobre las huellas que ésta deja en las víctimas y el trabajo de recuperación de las mismas realizado por el Consejo Internacional para la Rehabilitación de Víctimas de la Tortura. En este documental, emitido por La 2 de TVE el 31 de marzo de 2006, Coixet es la directora, guionista y narradora. Dos años después de aquel rodaje, se estrenó el largometraje *La vida secreta de las palabras*, película escrita y dirigida por la misma Isabel Coixet, en la que se presenta la relación amorosa que se establece entre un hombre y una mujer, se descubren sus dramas individuales y se plantea un final abierto en la solución del conflicto personal de la protagonista con respecto a su pasado como víctima de torturas. Este film fue galardonado en la vigésima edición de los Premios Goya que se otorgan anualmente en España.

Si bien la película nace del documental y contiene elementos del mismo, *La vida secreta de las palabras* está concebida, estructurada y realizada como respuesta a la cuestión de cómo vive la víctima de torturas el horror y sufrimiento pasados.

El hecho de que Coixet vuelva sobre el tema de la tortura desde la ficción plantea varias cuestiones: ¿es el documental un medio insuficiente y limitado a la hora de abordar el tema? ¿Lo es también la ficción cinematográfica? ¿Por qué aparecen elementos documentales en el largometraje? ¿Es que la ficción tampoco puede resolver por sí misma el enigma del sufrimiento y necesita apoyarse en el documento para conferirle credibilidad y veracidad? ¿A qué mecanismos responde la aparición de dichos elementos en la película y qué consecuencias estéticas y pragmáticas conlleva esta inserción? Y por último, aunque no menos importante: ¿por qué elige Coixet en la película la historia de una mujer víctima de violaciones en la guerra de los Balcanes? ¿Por qué necesita ponerle nombre propio a las mujeres violadas en el corazón de Europa?

1. El silencio de la víctima

El documental *Viaje al corazón de la tortura* está planteado –el mismo título lo indica–, como un viaje que resulta doble: por un lado Coixet se desplaza, e invita al espectador a desplazarse, a los lugares donde se encuentran las víctimas de torturas, Copenhague (Dinamarca) y Sarajevo (Bosnia-Herzegovina). Allí mantiene entrevistas tanto con las víctimas, como con médicos, fisioterapeutas, psicólogos e investigadores del Centro de Rehabilitación de Víctimas de la Tortura. Por otro lado, Coixet acompaña a Inge Genefke[1], neuróloga danesa que explica y comenta su trabajo. La autora catalana se interna en la biografía vital de la fundadora del IRCT.

En este viaje, Coixet rastrea las huellas de la tortura, entrevista a las víctimas, las visita en su entorno habitual, se informa sobre las secuelas preguntando a especialistas profesionales. Aunque el documental posee un componente de narración en tercera persona (el relato en *off* de la misma Coixet), la información temática se conoce gracias al diálogo que se establece entre la entrevistadora y los entrevistados, y las escenas de tortura aparecen de forma visual, en dibujos en blanco y negro, como imágenes instantáneas intercaladas durante las explicaciones y comentarios de las víctimas, médicos, fisioterapeutas, etc. Los impedimentos y dificultades que sienten algunas víctimas para recordar el dolor sufrido se trasluce en el documental, en el diálogo que Coixet mantiene con un superviviente de un campo de concentración: la autora, que lo visita en su casa, le pide que le cuente lo que le hicieron. Pero él responde: «Pregúnteme más bien lo que no me hicieron». El silencio que sigue a esta contundente petición invita a la reflexión: ¿por qué las víctimas mismas no quieren o no pueden hablar de su experiencia de sufrimiento?

En el ensayo *La razón de los vencidos*, el filósofo español Reyes Mate, que ha dedicado varios de sus estudios a las víctimas de la Historia, al olvido y la memoria, al referirse a la situación de las mismas, explica que «La primera difi-

[1] Inge Genefke es fundadora del Centro de Rehabilitación de Víctimas de la Tortura de Copenhague y fundadora del Consejo Internacional para la Rehabilitación de Víctimas de la Tortura (IRCT).

cultad con que topa el recuerdo tiene que ver con los sujetos que recuerdan. Las víctimas más sacrificadas no recuerdan, sea porque murieron sea porque no quieren recordar» (Mate 1991: 212-213).

¿Es este documental de Coixet un medio insuficiente y limitado a la hora de enfrentarse y actualizar el horror de la tortura? ¿Fue este mutismo del superviviente lo que condujo a la autora catalana a buscar otros medios de abordar el tema de cómo vivir con el recuerdo de la tortura?

2. La ficción cinematográfica y la construcción de identidad

La dificultad para recordar la tortura e identificarse como sujeto-víctima, el mutismo ante el recuerdo del horror, son los temas centrales de la película *La vida secreta de las palabras.*

Las imágenes iniciales de este largometraje presentan el escenario central que acogerá el relato de la tortura: una plataforma petrolífera en medio de la inmensidad del mar, un lugar simbólico de aislamiento y olvido. A lo lejos, se divisa la plataforma de la que sale humo, se ven entonces imágenes de una explosión y de unos trabajadores confundidos en las llamas. Luego se oye una voz infantil en *off* que comenta: «–En el fondo hay tan pocas cosas [...]. Hay muy pocas cosas: silencio y palabras» (Coixet 2005: 13-14).

En efecto, la protagonista de la película de Coixet se mueve entre el mutismo, la palabra y el silencio. Se trata de Hanna, una mujer víctima de violaciones y torturas en la pasada guerra de los Balcanes.

Las escenas siguientes a la explosión, nos trasladan a un nuevo escenario y presentan a Hanna (Sarah Polley), una joven rubia, delgada, en un lugar que podría estar ubicado en cualquier parte del mundo occidental. Se la ve en el transcurso de su cotidianeidad: trabaja en una fábrica, vive sola en un apartamento sombrío y semivacío. Sin radio, ni televisión. Va de la casa a la fábrica y de la fábrica a la casa. No mantiene contacto con nadie. Recibe cartas que no abre y llamadas telefónicas que atiende sin decir ni una palabra. La cámara muestra sus actividades cotidianas, hay pura visualización de su cotidianeidad sin comentarios, en silencio.

En la fábrica, la joven desarrolla su trabajo con extrema laboriosidad y empeño. Un día, la llaman a dirección por los altavoces de la nave donde trabaja. El director de la fábrica, acuciado por el sindicato, le sugiere que se tome unas vacaciones, cosa que no ha hecho en los últimos cuatro años. Hanna, entonces, se desplaza a un pueblo costero donde ha alquilado una habitación en un hotel. En un restaurante a la hora de comer, se entera de que alguien busca urgentemente una enfermera; ella se ofrece a hacer el trabajo, la contratan y la trasladan a una plataforma petrolífera situada en medio del mar y que lleva por nombre Inge Genefke[2]. Hasta este momento de la película se han planteado varios interrogantes sobre este personaje: ¿por qué no contesta las llamadas telefónicas ni abre las cartas que recibe? ¿Por qué revuelve con saña la ropa de cama en cuanto entra en la habitación del hotel y por qué se lava siempre con una pastilla de jabón recién empezada, que una vez usada tira a la basura? ¿Por qué no ha tomado vacaciones en cuatro años y cuando se las toma por fin se compromete a trabajar de enfermera? ¿Es que no soporta el vacío del ocio? Son preguntas sobre su anómalo comportamiento que quedan en el aire en esta primera parte de la película.

El rasgo principal de la actitud que mantiene Hanna es su mutismo, la distancia con respecto a sí misma y a los demás. Al silencio en el que se desenvuelve este personaje, se añade su sordera: lleva un aparato auditivo que sólo conecta cuando es imprescindible.

En la plataforma petrolífera, Josef (Tim Robbins) –el protagonista masculino de la historia–, ha resultado gravemente herido en la explosión. A la llegada de Hanna, él yace inmóvil y ciego en la enfermería de la plataforma. Una mujer joven, sorda y distante, va a cuidar a un hombre ciego y malherido: una combinación de circunstancias y características que serán determinantes en el momento de recordar la tortura.

Entre la enfermera y el herido se establece una relación a través de la palabra transformada en diálogos que ambos mantienen en la enfermería de la plataforma. De Josef se sabe que sufrió quemaduras por intentar salvar a un amigo en la explosión. En un primer momento, Josef se presenta ante Hanna con preguntas y afirmaciones a las que ella no responde. Ante el mutismo de Hanna, Josef se inventa respuestas, es decir, se va acercando a ella a través de la palabra inventada que la configura, pero que no coincide con su identidad. Le atribuye una imagen y una personalidad que Hanna acepta sin réplica: ella se oculta tras la imagen que él le otorga y acepta que él la llame con un nombre que no es el suyo.

Aunque la enfermera se muestra evasiva al principio, se la ve consciente de la situación, observadora, atenta al nuevo contexto humano y espacial en el que se encuentra.

[2] La película está dedicada también a esta mujer.

A pesar de que ella vive hundida en un mutismo deseado y él proyecta en la mujer sus deseos e ilusiones, estos dos seres comparten el interés por saber quién es el otro y por saber qué le ha llevado a estar donde está. En los primeros diálogos entre Josef y Hanna, donde se percibe la tensión del sufrimiento, patente en él y latente en ella, se ve que ella no quiere hablar de sí misma, sólo dará informaciones de su vida a cuentagotas. Cuando Hanna entra por primera vez a la enfermería para hacerse cargo del herido Josef le pregunta cómo se llama, y como ella no se lo quiere decir, él la llama Cora. En el segundo encuentro y diálogo, Hanna quiere saber quién es Cora. Josef le explica que en un cuento que leyó hace tiempo había una enfermera, muy joven y hermosa, que se llamaba Cora, y un chico de 14 años ingresado en el hospital. Cora se encargaba de él

> [...] y el chico está tan avergonzado de que ella le bañe y afeite y le traiga la cuña, tan avergonzado... y sueña con ella. Está pendiente todo el rato de ella y toda la habitación huele al perfume de almendras dulces que ella lleva. Aunque ella no le toma en serio, cree que es un niño, le trata como a un bebé... Y bueno, al final... hay complicaciones, fiebre, una infección..., el chico muere pronunciando su nombre... Cora... Y ella descubre que le amaba. Mientras lleva su cadáver por el pasillo. En un instante ante el cuerpo inerme del chico descubre que le amaba (Coixet 2005: 65-66).

Hanna reacciona visiblemente conmovida por esta historia. El cuento del que habla Josef es el relato del escritor argentino Julio Cortázar «La señorita Cora» (Cortázar 1976: 175-195). Es evidente que Josef ha leído el cuento y lo relata como si lo viviera, pues no sólo el resumen del cuento es exacto, sino que parece identificarse con el protagonista masculino, con su vergüenza de hombre inválido. Sin embargo, la diferencia formal fundamental, para entender la relación que se entabla entre la pareja, es que entre Cora y Pablo –personajes del relato de Cortázar–, no media la palabra dicha, no hay diálogos: ese relato está escrito en forma de monólogos interiores, es decir, que los personajes no llegan a dirigirse nunca la palabra. En la película, por el contrario, la relación entre Josef y Hanna se establece a través de la palabra dicha: los diálogos van configurando su relación.

La presencia de este elemento literario en la ficción cinematográfica cumple varias funciones: por un lado, en la construcción fílmica de la relación entre los personajes, la de caracterizar una incipiente relación con una historia de amor. Por otro lado, se muestra indirectamente la vergüenza de Josef en una situación de invalidez; y por último, a Hanna le permite esconderse tras otra identidad de la que adopta el nombre y se atribuye un aspecto externo que no se corresponde con lo que está viendo el espectador:

> JOSEF
> –¿En serio no va a decirme ni siquiera cómo se llama?
> Hanna está en la puerta. Duda un momento antes de contestarle.
> HANNA
> –Cora. Puede llamarme Cora. Y soy pelirroja
> (Coixet: 2005: 49).

Vemos pues que Hanna se esconde tras una fachada que él tendrá que ir desfigurando paulatinamente para conocer cómo es ella realmente y, sobre todo, quién es.

A lo largo de los diálogos entre Hanna y Josef se van creando las condiciones anímicas que hacen posible el relato íntimo, biográfico, en un reducido espacio como es el de la pequeña enfermería de la plataforma. El acercamiento es paulatino. Ella le confiesa que está sorda y que lleva un aparato, aunque no quiere explicar el origen de su sordera. Hanna pregunta a Josef por su pasado. Éste le cuenta un episodio traumático de su niñez en el que estuvo a punto de perder la vida por no saber nadar, relato que también la conmueve. Entonces se plantea una cuestión vital, esencial y central en el planteamiento de esta película: la pregunta de cómo vivir con las cosas que han pasado. Josef se pregunta a sí mismo, pero también en voz alta a Hanna «[c]ómo se vive con las cosas que han pasado» (Coixet 2005: 111). La respuesta de Hanna está cargada de dudas: «–No sé. Tendrá que seguir adelante. Supongo. Todo el mundo sale adelante. O no. También están los que no salen» (Coixet 2005: 111).

Ella no posee la certeza de cómo se vive con lo que ha pasado. Cuando afirma que «tendrá que salir adelante», no está segura, sólo lo supone. Cree que todo el mundo «sale adelante», pero luego lo niega y recuerda que también hay gente que no consigue superar vivir con las cosas que le han pasado. En esta afirmación divide a las personas en dos grupos: los que salen adelante y los que no salen, es decir, aquellos que siguen viviendo en la estela del sufrimiento. Hasta este momento de la película sólo se puede intuir a cuál de los grupos pertenece Hanna, pero aún no hay certeza.

La relación entre Hanna y Josef nace de un interés correspondido. Entre ellos se ha creado un vínculo basado en la complicidad de la palabra dicha, la palabra expresada en un lugar aislado del mundo, al margen de la sociedad. Las opiniones y confidencias, que van surgiendo en los diálogos que mantienen muestran el interés mutuo y la actitud conjunta de escucha, la atención a las palabras y los silencios. En este marco, estéticamente aislado, sin más sonido que las palabras dichas (no hay música de fondo), es donde Hanna rompe su mutismo. Coixet inventa un espacio y crea una situación anímica entre un hombre ciego e inválido y una mujer sorda que se esconde tras otra identidad. Es bajo estas condiciones personales, anímicas y espaciales donde resulta posible evocar la tortura de Hanna, donde ella ofrece la revelación de su historia, su detención a dos kilómetros de Sbrenica, el encierro en el hotel con otras mujeres, los soldados, las violaciones continuas, la muerte por tristeza de una mujer a la que habían obligado a matar a su propia hija. En este largo y tenso relato es Hanna misma la que plantea las preguntas, mientras Josef escucha en silencio, y es ella también la que da la respuesta:

> ¿Sabes lo que hacían con las que se atrevían a gritar? Decían: «ahora te daremos motivos para gritar» y las sujetaban entre cuatro hombres y con una cuchilla les hacían cientos de cortes, en el cuerpo y echaban sal en los cortes y luego a veces los cosían, los más profundos, con agujas de coser. Eso fue lo que hicieron con mi amiga... (Coixet 2005: 119-121).

Al relato de Hanna, que atribuye a una amiga, le sigue el momento en el que ella misma se desabrocha la blusa y toma la mano de Josef para que al tacto palpe las huellas de las cicatrices en su cuerpo. Este reconocimiento corporal del rastro de tortura, choca con el sujeto-víctima del relato de Hanna, puesto que el sujeto de su relato era «una amiga». Esto muestra su incapacidad para identificarse con las palabras como sujeto-víctima de la tortura sufrida: sólo consigue acercarse a la verdad a través del tacto y esto ocurre gracias a la ceguera de Josef. Es un momento de intensa intimidad, de ternura entre el hombre y la mujer, pero a la vez hay una enorme tensión por el descubrimiento de la identidad de víctima. Al reconocer por el tacto la verdad del pasado, al dejar palpar su cuerpo con las cicatrices, Hanna recupera su identidad de víctima, se hace dueña de su pasado: Josef le pregunta: «[¿C]ómo se llamaba? Tu amiga, ¿cómo se llamaba?» (Coixet 2005: 121). Hanna responde por fin con su propio nombre: «Hanna...». Las palabras unidas al tacto han conseguido unir la identidad de la Hanna víctima con la actual.

Esta narración de la tortura en la ficción de la película forma parte de la construcción del personaje en su relación con el otro y en el proceso de identificación de sí mismo con su pasado, actualizado gracias a la palabra y al silencio de los gestos. Funciona, asimismo, como respuesta a las confidencias de diálogos anteriores, es un acto de entrega que Josef percibe, gracias a la palabra y al tacto. Es así, además, como se resuelven para el espectador los interrogantes planteados sobre Hanna: al escuchar y ver, comprende el comportamiento anómalo de Hanna, el pasado aclara las actuaciones en el presente.

Coixet ha creado un espacio y unas circunstancias anímicas posibilitadores de la evocación del sufrimiento, tan difícil para aquellas víctimas que en su documental *Viaje al corazón de la tortura* no querían o no podían recordar. Es de nuevo el filósofo Reyes Mate quien ofrece en su ensayo *La razón de los vencidos*, un acercamiento al entendimiento de los instrumentos necesarios para la evocación del sufrimiento:

> [...] si resulta que los sujetos de la memoria son las víctimas y que éstas no quieren o no pueden recordar, la actualización de su recuerdo es casi una obra de evocación. Pero tenemos que ser conscientes de que evocando no llegamos al fondo del sufrimiento de las víctimas. Por eso el recuerdo tiene que ser vigilante, autocrítico, consciente siempre de la distancia entre la evocación y la experiencia. Es en ese estado de vigilia donde se produce el relámpago del recuerdo del pasado que ilumina todo el presente (Mate 1991: 212-213).

Coixet, en su largometraje, consigue reconstruir el recuerdo de una víctima en un espacio y atmósfera creados para facilitar la evocación. Ahora bien, la historia concreta de Hanna, superviviente de la tortura y la guerra de los Balcanes, es ficticia: Hanna no aparecía en el documental. Coixet otorga a la protagonista una identidad propia inventada. Entonces, ¿de dónde procede la credibilidad y veracidad del relato de la tortura en la ficción cinematográfica?

3. El documento en la ficción

La información sobre la tortura y sus consecuencias en la víctima se presenta en los dos medios cinematográficos de Isabel Coixet, documental y ficción, de manera diferente. En *Viaje al corazón de la tortura*, a través de los diálogos que funcionan como resultado de un impulso por conocer la verdad: se accede a la información de la tortura por las respuestas a las preguntas-impulso planteadas por Coixet directamente. En la película, los diálogos van dando forma a la relación de dos seres que experimentan un acercamiento mutuo. Constituyen el marco a partir del cual se construye el vínculo entre los personajes. Es en este espacio reducido de la enfermería y en la construcción ficticia de una relación basada en la palabra, donde se produce la evocación de la tortura.

Ahora bien, si el acceso a la información sobre la tortura es diferente en ambos medios cinematográficos, el trasfondo del relato ficticio de la tortura de Hanna es documental: recuérdese que la plataforma lleva el nombre de una terapeuta danesa especializada en terapia de torturados, Inge Genefke. En la plataforma, lo que está viviendo Hanna con Josef tiene para ella un efecto terapéutico de recuperación de identidad a través de la palabra y el silencio gestual.

Cuando después de la escena del relato Josef es trasladado a un hospital para ser operado, Hanna se niega a acompañarlo y regresa a su vida cotidiana en la fábrica y a la soledad de su austero apartamento. ¿Qué la lleva a tomar esta decisión? Hanna no ha asumido todavía su pasado. Se considera incapaz de dar un paso adelante, hacia el futuro. Josef, por su parte, decide buscar a Hanna. En efecto, el herido, cuando recupera la visión, se lanza a su búsqueda. A su salida del hospital le han entregado una mochila, olvidada por Hanna en el helicóptero, que contiene las cartas sin abrir a ella dirigidas. El remite de dichas cartas le da la pista: la dirección del IRCT en Copenhague. Coixet inserta aquí el único escenario real de la película. Este espacio transformado en escenario fílmico es el lugar que visita Josef, quien se entrevista con Inge Genefke (Julie Christie), a su vez único personaje real introducido en la ficción. En este momento el espectador relaciona a la directora del IRCT en Copenhague con la mujer que llamaba por teléfono a Hanna y que le escribía las cartas que no abría. Inge Genefke atiende la petición de Josef (quiere saber dónde está Hanna) y le muestra el archivo del Consejo Internacional en el que guardan en medios audiovisuales las declaraciones de los torturados. Es la inserción de estos elementos documentales en la ficción lo que otorga credibilidad y veracidad al relato de la tortura en la ficción cinematográfica.

La fundadora del centro y directora le habla a Josef de Hanna y de las Hannas de la Historia, le habla de los supervivientes. La guionista de la película *La vida secreta*..., pone en boca de Inge Genefke, en el largometraje, las siguientes palabras, en la conversación que ésta mantiene en el archivo con Josef: «¿Sabe por qué los grabamos? Han pasado 10 años y ¿quién se acuerda de lo que pasó en los Balcanes? Los supervivientes» (Coixet 2005: 133).

Se refiere a los supervivientes de las torturas, entre los cuales se encuentran los que Coixet entrevistó y aparecen en su documental. Para Inge Genefke existen supervivientes, para Coixet también. Para ellas hay un pasado que quiere ser recuperado del olvido. Para Josef existe Hanna en la actualidad, pues él no se interesa por el documento en video que contiene su historia, sino que lo que desea es encontrarla. En efecto, Josef encontrará a Hanna y ésta aceptará formar con él un hogar.

La visita al Archivo, que para Josef cumple una función práctica (localizar a Hanna), en la construcción fílmica tiene una función de recuperación de memoria histórica. En efecto, en este momento de la ficción, el espectador, debido a la inserción documental, percibe el relato de Hanna como verídico y se percata de la magnitud del sufrimiento de las víctimas de la tortura gracias a la creación ficticia acaecida en la plataforma petrolífera, un espacio distante y aislado.

La visualización del archivo y la aparición del personaje de Inge Genefke, no sólo forman parte de una etapa en el desarrollo de la trama ficcional, de la historia entre Josef y Hanna, sino que confieren a la ficción una dimensión de memoria del sufrimiento.

4. *Memoria passionis* o memoria del sufrimiento

La película, por su argumento, configura una historia ficticia de amor entre un hombre y una mujer. La presencia de los elementos documentales en el largometraje, sin embargo, proporciona a la ficción un elemento que desborda la historia personal de los personajes. Recupera del olvido el sufrimiento de miles de personas reales.

Este rescate del olvido, de marcado componente social, esta narración del sufrimiento, convierte el recuerdo en memoria y adquiere categoría de *memoria passionis*, una memoria que según el teólogo alemán Johann Baptist Metz, en una cultura anamnética, es decir, aquella en la cual se recuerdan los sufrimientos pasados, induce a reflexionar sobre el prójimo sufriente[3]. Éste es precisamente el efecto que produce en el espectador la inserción de los elementos documentales puestos en relación con la narración de la tortura en la ficción del largometraje de Coixet: percibir el sufrimiento ajeno como acto vinculante.

El discurso de la voz de los aplastados, transformado, convertido en narración, es conocido en la literatura española por la obra de José Jiménez Lozano.

---

[3] «Mitleidenschaft, als teilnehmende, als verpflichtende Wahrnehmung fremden Leids, als tätiges Eingedenken des Leids des Anderen» (Metz 2006: 166).

Este escritor de ensayos, pero sobre todo de relatos y novelas, nos ofrece la clave para entender la categoría de *memoria passionis* en el contexto de la narración: en su diario *Tres cuadernos rojos* de 1986: «¿cómo recuperar la historia y la voz de los explotados, los don nadie, los aplastados y sobre todo su biografía individual? Mediante la "memoria passionis" de la narración, desde luego; y ésta es la razón de narrar» (Jiménez Lozano 1986: 138-139).

El sujeto víctima de tortura se equipara al sujeto del ser explotado, el que no tiene nombre, como Hanna, que además esconde su biografía individual y se repliega en sí misma. La narración de la tortura que Coixet introduce en la película viene a recuperar la historia de Hanna y de todas las víctimas de tortura conviertiéndolas en memoria del sufrimiento.

José Ramón Ibáñez Ibáñez, en su estudio de la obra ensayística de José Jiménez Lozano, recurre a los escritos de Metz para explicar esta categoría de *memoria passionis.* Es una memoria de sufrimiento «[...] que puede acercar a la esperanza tan cercana de aquellos que se hallan inmersos en un sufrimiento causado por los poderes fácticos de la historia» (Ibáñez Ibáñez 2005: 324).

En el contexto de la obra de Isabel Coixet, la esperanza se ha transformado en palabra que cuenta la verdad del sufrimiento de unas víctimas de torturas acaecidas en el corazón mismo de Europa en época reciente. La autora crea en la película *La vida secreta de las palabras* un discurso con carácter emancipador y liberador: emancipador porque la protagonista víctima consigue salir de su mutismo; liberador porque acepta dar el paso adelante e iniciar una nueva vida. Hasta el momento del relato de su tortura en la película –la escena clave– Hanna guarda su secreto. En el título *La vida secreta de las palabras,* es «secreta» la vida de Hanna hasta el momento del relato. La actualización del recuerdo tiene lugar con palabras que descubren su secreto. A su vez, son las palabras las que contienen y expresan el sufrimiento, es –como el título indica– la vida de las palabras.

Los elementos documentales insertados en la ficción otorgan una dimensión histórica a un relato particular. Mediante la *memoria passionis* se ha recuperado la historia y la voz de las víctimas.

Pero ¿por qué elige Coixet en la película la historia de una mujer víctima de violaciones en la guerra de los Balcanes? ¿Por qué necesita ponerle nombre propio a las mujeres violadas en el corazón de Europa? Coixet se identifica en su obra de ficción con el trabajo realizado por la fundadora del IRCT. Elabora su propia propuesta de trabajo: el relato del sufrimiento en una ficción en la que las víctimas tienen nombre propio y recuerdan. Con el largometraje, Coixet consigue crear una obra nueva, acercarse al corazón de la tortura, actualizar el sufrimiento de las víctimas. La película es una obra que si bien nace del documental y contiene elementos documentales, se independiza y trasciende la ficción.

Bibliografía

COIXET, Isabel (2005): *La vida secreta de las palabras. El guión.* Prólogo de John Berger. Barcelona: Ediciones B.

CORTÁZAR, Julio (1976): «La señorita Cora». En: Cortázar, Julio: *Los relatos: 1. Ritos.* Madrid: Alianza, pp. 175-195.

IBÁÑEZ IBÁÑEZ, José Ramón (2005): *La escritura reivindicada. Claves interpretativas en los ensayos de José Jiménez Lozano.* Valladolid: Junta de Castilla y León.

JIMÉNEZ LOZANO, José (1986): *Los tres cuadernos rojos.* Valladolid: Ámbito.

METZ, Johann Baptist (2006): Memoria passionis: *Ein provozierendes Gedächtnis in pluralistischer Gesellschaft.* Freiburg: Herder.

REYES MATE, Manuel (1991): *La razón de los vencidos.* Barcelona: Anthropos.

Documentos dentro de la ficción: el impacto de la fotografía y la radio como elementos documentales en las películas sobre la infancia en la República española

Pietsie Feenstra

La conmemoración del período de la Guerra Civil o del franquismo se lleva a cabo a través de diferentes registros en las décadas posteriores a la dictadura[1]. El cine muestra que se pueden construir diferentes tipos de imágenes que representan períodos fundamentales de la historia española. El tema central de este artículo será el análisis de la interacción entre ciertos tipos de imágenes y el contexto histórico, y nos concentraremos en dos «docuficciones»[2] que representan la década de 1930[3].

Si estudiamos la topología de la memoria del cine español, vemos que a partir de 1975 muchas películas sobre la Guerra Civil española conmemoran ese período a través de la mirada de los niños, como por ejemplo *Las bicicletas son para el verano*, de Jaime Chávarri, de 1984, o *La lengua de las mariposas*, de José Luis Cuerda, de 1998. Estas dos obras se abren con unas fotografías que traen

---

[1] Al respecto, existen dos libros imprescindibles: *1936-1939: La guerra en la pantalla*, Madrid: Filmoteca Española, 1986, de Román Gubern; y *Cine y Guerra Civil española. Del mito a la memoria*, Madrid: Alianza, 2006, de Vicente Sánchez-Biosca. Estos dos textos fundamentales construyen una topografía sobre la memoria de la Guerra Civil a través del estudio cinematográfico. Véase también Feenstra (2009), donde trazo una topografía de la memoria del cine español entre 1975 y 2007, e incluyo puntos de vista transnacionales sobre el conflicto.

[2] Se trata más bien de películas de ficción que utilizan elementos documentales. Los términos se aclararán en lo que sigue.

[3] En la edición *Mémoire du cinéma espagnol (1975-2007)*, estudiamos el funcionamiento de las «*images-mémorielles*» a través de tres décadas. Se puede hablar de registros distintos que tienen una relación con los cambios políticos en España. Ya en 1975, Carlos Saura lleva adelante una conmemoración a través de la mirada infantil, con *Cría cuervos*, utilizando también la fotografía para representar las huellas y la historia de la familia. La fotografía tiene una función importante como símbolo de la realidad.

la huella de la realidad de los años treinta. El conjunto crea un contraste visual entre unos documentos «reales», acompañados por una historia imaginaria con presencia de niños que representan la memoria de la Guerra Civil. Hay un verdadero contraste entre el documento y el imaginario («docuficción»), porque el microcosmos de la infancia está, además, muchas veces mitificado como un mundo idealizado. Para demostrar cómo se puede leer el «dispositivo» de estas «docuficciones» como «imagen-memorial», se plantean dos preguntas: ¿cuál es el impacto de la fotografía y la radio dentro de este imaginario de la memoria? Y, ¿cuál es el sentido del mito de la infancia en estas dos películas de ficción?

1. Documentar el pasado: docuficción

Antes de formular nuestra definición de la «docuficción» para estas dos películas, queremos recordar algunos aspectos de los primeros debates dentro de los estudios cinematográficos que han sido determinantes para la conformación de nuestras reflexiones. Comentar unas ideas generales sobre la representación de la realidad a través de la imagen nos permitirá, luego, definir más precisamente el impacto de la fotografía y de la radio. Desde su nacimiento, se asoció tanto a la imagen fotográfica como a la cinematográfica con la representación de la realidad, por lo que consideramos pertinente definir estos enfoques para luego estudiarlos en su especificidad en la forma fílmica.

Desde su nacimiento, el cine siempre ha logrado ejercer un fuerte impacto sobre el espectador, tal como ha ocurrido con la recepción de la primera proyección del cine de Lumière en 1896, con la película *L'arrivée d'un train en gare de la Ciotat.* Al ver el tren que se acercaba hacia ellos, los espectadores abandonaron la sala. Por supuesto que en la actualidad somos conscientes de la manipulación de las imágenes como modo de representar la realidad, pero los primeros debates de los estudios cinematográficos subrayaron estos temas y se inspiraban en el carácter de la representación realista de la fotografía.

Dentro de los estudios cinematográficos, dos teóricos fundaron los debates de los primeros períodos: André Bazin y Siegfried Kracauer, que, además, introdujeron una relación entre la imagen fotográfica y el cine, como lo explica Casetti en su libro sobre *Les théories du cinéma depuis 1945:*

> Kracauer, comme Bazin, part d'une analyse de la photographie, considérée comme l'ancêtre le plus immédiat du cinéma: si ce dernier naît de la combinaison de plu-

sieurs éléments disparates, de la lanterne magique au phénakisticope, reste que la photographie, sorte d'instantané, a la priorité absolue parmi ces éléments, parce qu'elle est et reste indéniablement le facteur décisif pour déterminer la substance du cinéma dans la nature duquel elle survit (Casetti 1999: 41).

Kracauer define la naturaleza de la fotografía a partir de su capacidad para visualizar algo ya existente. Eso volverá a darse, luego, con las imágenes cinematográficas. Esta idea de otorgar visibilidad a las cosas se erige como la línea central del pensamiento de Kracauer, como lo expresa en *Theory of Film. The Redemption of Physical Reality*: «Film is essentially an extension of photography and therefore shares with this medium a marked affinity for the visible world around us. Films come into their own when they record and reveal physical reality» (Kracauer 1960: IX).

También Bazin considera que el germen de lo cinematográfico se encuentra en las características ontológicas de la fotografía, en la capacidad de sobrevivir al tiempo, de conservar lo existente, de ser la imagen de una realidad ausente. Así, el aspecto fotográfico inspira a estos dos teóricos a profundizar en la problemática de la representación de la realidad en el cine. Sería reduccionista intentar reponer estos dos enfoques en unas pocas líneas, pero sin embargo, podemos hacer mención de una importante diferencia entre ellos. Mientras Kracauer considera el cine como un documento de la realidad, dotado de la capacidad de otorgar visibilidad a lo que existe ya en el mundo; para Bazin el cine sería como una cámara que se abre hacia el mundo, el espectador mira por una ventana y ve la imagen cinematográfica como si fuera la realidad. Aunque desde estos debates muchas investigaciones han continuado reflexionando en torno a la idea de representación, no debemos perder de vista que estas dos visiones han inspirado en gran medida las discusiones sobre el tema.

La fotografía abre las historias de ficción en las dos películas que vamos a analizar y, también en ambos casos, las connotaciones de algunas imágenes son retomadas posteriormente desde la ficción. Así, el impacto de la realidad se coloca en un primer plano, aunque la referencia a la fotografía en ambos films es diferente.

Con el fin de estudiar los mecanismos de la lectura, proponemos volver al famoso texto de Bazin, «El montaje prohibido» (Bazin 1999a y 1999b), en el que el autor introduce conceptos sobre la realidad. Consideramos que este texto realiza un gran aporte para las reflexiones en torno a la interacción entre los documentos y el lenguaje de la ficción en estas películas sobre la infancia. Por eso es importante describir las convicciones de Bazin sobre el papel que desempeña el cine en el mundo.

En su publicación *Qu'est-ce que le cinéma?*, el autor francés considera que la fotografía y el cine brindan un homenaje al mundo, en el sentido de que crean una imagen que podría ser la realidad misma. Por esta razón, cuando se refiere al «cine total» o «la naturaleza del cine», propone que el realizador intervenga lo menos posible. Estos aspectos vuelven en su concepción de la realidad representada en el cine en su texto sobre «el montaje prohibido». Para evitar confusiones terminológicas, y antes de explicar algunas ideas de este texto, recordemos lo que significa lo real y la realidad dentro de una imagen. Citamos las definiciones de Michel Marie y Jacques Aumont en su *Dictionnaire théorique et critique du cinéma:*

> On désigne alors par «réel», conformément au premier sens du mot en français, à la fois «ce qui existe par soi-même», et «ce qui est relatif aux choses». La réalité, en revanche, correspond à l'expérience vécue que fait le sujet de ce réel; elle est entièrement du domaine de l'imaginaire. (Il est donc logique de parler, à propos du cinéma, d'«impression de réalité» et non d'impression du réel) (Aumont/Marie 2002: 172).

Si volvemos al texto antológico de Bazin sobre «el montaje prohibido», el autor explica unos mecanismos de la percepción en que el plano secuencia, por ejemplo, inspira al espectador a tener esta sensación de estar observando directamente la realidad. Ya lo hemos dicho, la metáfora de la ventana abierta está utilizada muchas veces en relación con sus ideas, aunque Bazin va más lejos al explicar el proceso de la percepción. En su teoría, el montaje debe seguir el movimiento de la cámara para no romper la observación que crea la imagen. El espectador es muchas veces consciente de que hay un truco, pero percibe aspectos dentro de la imagen como si hubieran sido reales, y así tiene la impresión de estar observando la realidad. Este mecanismo de la percepción es definido por Bazin como dialéctica del imaginario (Bazin 1999a: 16; 1999b: 55). Esto significa que existe una dualidad al interior de la imagen que se puede explicar por el contraste entre fotografías que representan lo real (por ejemplo, un documento de los años treinta), lo que contribuye a otorgarle interpretaciones realistas a la ficción que seguirá. El proceso dialéctica del imaginario consiste en que sabemos que estamos viendo una película de ficción, pero los documentos fotográficos que abren la película parecen reales, de manera que operan como formas fílmicas que contextualizan el imaginario dentro de la realidad histórica. Así, tenemos la impresión que esta historia puede haber sido posible.

En el capítulo cinco de este ensayo ilustramos esta interacción entre el documento fotográfico y la ficción a través de un análisis de las imágenes de la película. Por otra parte, en las partes 6 y 7 ilustramos el impacto de la radio dentro de la imagen fílmica relacionándolo con el mecanismo fílmico de fuera de campo y la construcción de un mito del paraíso sobre la infancia.

Hemos comentado anteriormente las tendencias generales de los primeros debates de los estudios cinematográficos, lo que nos permitirá observar la singularidad de las formas fílmicas al analizar las películas. Es importante subrayar que cada forma fílmica funciona a su manera y en relación con las demás formas fílmicas. El cine es capaz de combinar varias tradiciones artísticas, y en nuestro ensayo nos concentramos en la fotografía y la radio como elementos que documentan el imaginario construido. Pero no hay que olvidar que la representación fílmica de estos dos documentos es muy distinta: la radio está en relación con el fuera de campo y da información que no se ve. Es por ello que analizaremos el contraste entre lo no-visible de la violencia y el imaginario construido sobre la infancia. Por otra parte, la fotografía brinda una imagen directa, como un plano cinematográfico, y forma parte de las imágenes fílmicas, pero genera el efecto de ser percibida como real, por lo que resulta muy distinta a un plano tomado por la cámara. Por todas estas razones, es necesario respetar el dinamismo de la película dentro el análisis de las secuencias y estudiar las relaciones entre ellas. Lo haremos más adelante en detalle.

Se puede pensar, por ejemplo, que en la lectura de la película habrá que tomar la fotografía como una forma fílmica que interacciona con otros elementos, como lo explica brillantemente Philippe Dubois cuando analiza el papel de la fotografía en su libro *L'acte photographique*. El investigador distingue tres categorías: la fotografía como espejo de lo real, como transformación de la realidad y como huella (Dubois 1990: 21-50). El autor se inscribe en la tercera categoría analizando sobre todo el «acto fotográfico» como un «dispositivo». Propone relacionar la imagen con el proceso que la produce. Describe la fotografía como «image-acte» en que incluye su realización, su producción y su recepción. Precisamente, este «acte-photographique» nos brinda la posibilidad de analizar el dispositivo de la docuficción. El análisis de la interacción entre las diferentes formas fílmicas (fotografía, fuera de campo,...) permite ilustrar la función de la «docuficción» como un registro de una «imagen-memorial». La historia narrada por estas formas fílmicas nos muestra cómo se conmemora el pasado de la Guerra Civil española en ciertos períodos.

2. El registro de la infancia: preservar la memoria

Nos gustaría comenzar con unos conceptos sobre la Historia que se expresan a través de ciertas formas fílmicas en los años posteriores a la dictadura. La visión de la Historia tiene un impacto directo sobre los modos de conmemoración del pasado. Para explicar la presencia constante del mito de la infancia en el cine que trata la Guerra Civil española, es preciso volver a la Historia de los años treinta. Después de la Guerra Civil, la censura impuesta por Franco influyó sobre el cine español durante la dictadura. La representación del punto de vista republicano sobre los hechos de la Guerra Civil era imposible. La película *Raza*, de 1942, dirigida por José Luis Saenz de Heredia, se inspiró en un guión escrito por Franco y representa muy bien este punto de vista totalitario de la raza española y las causas de la Guerra Civil, mostrando a los militares como los héroes que salvaron a España para justificar el golpe de Estado[4]. La Guerra Civil era un tema tabú, a causa justamente de que los militares tomaron el poder después de las elecciones democráticas en que habían ganado legalmente los republicanos.

Después de la muerte de Franco en 1975, el cine retoma el tema de una manera nueva y observamos que dentro del período de la Transición se realizó una gran cantidad de películas que hacen referencia a ese período. Varios directores españoles nacidos durante la Guerra Civil sufrieron la censura, como Jaime Camino o Antonio Mercero. Ambos nacieron en 1936, al comienzo de la guerra y, por supuesto, esa historia monstruosa determinó sus infancias. Durante la Transición democrática, Jaime Camino dirige la película *Las largas vacaciones de 1936* y en 1977, Antonio Mercero realiza *La guerra de papá*. El protagonista es el niño y la focalización está dada por la exposición de su punto de vista sobre los acontecimientos de los años treinta.

Esta presencia del tema de la infancia tiene una relación directa con el concepto de Historia, que a partir de la muerte de Franco recibe un tratamiento diferente. Haciendo referencia al famoso texto de Walter Benjamin, «Sur le concept d'histoire», podemos definir el concepto de la Historia como una ruptura en el *continuum* de la Historia. Benjamin postula una ruptura causada por eventos traumáticos para una cultura (Benjamin 2000). Por tratarse de un conflicto

---

[4] Nancy Berthier ilustra esta importancia de la película *Raza*, estudiando la obra del director José Luis Sáenz de Heredia sobre varios períodos. Berthier estudia la relación entre el contexto político y el cine bajo el franquismo, analizando tres películas: *Raza*, 1942; *Franco ese hombre*, 1964; *El último caído*, 1975 (Berthier 1998).

civil, la Guerra Civil española es uno de los mejores ejemplos. El cine demuestra esta escisión en la Historia durante el franquismo presentando los aspectos totalitarios de la dictadura. Desde la muerte de Franco y después de la supresión de la censura en 1977, los directores crean nuevas imágenes sobre su cultura. Tomar el período de la infancia como tema implica esta ruptura: se trata de regresar hacia un período de dolor, a los años treinta, a los principios de sus vidas, a sus orígenes. A partir de 1975 numerosas películas de ficción sobre la Guerra Civil toman a los niños como protagonistas para representar el pasado. A pesar de la censura que los directores de cine habían sufrido, la memoria se mantuvo. Paul Ricœur describió de manera excelente la metáfora del «olvido de reserva», como un olvido que se preserva, en su libro *Historia, memoria, y olvido*:

> À quel titre, dès lors, la survivance du souvenir vaudrait-elle oubli? Mais précisément au nom de l'impuissance, de l'inconscience, de l'existence, reconnues au souvenir dans la condition du «virtuel». Ce n'est plus alors l'oubli que la matérialité met en nous, l'oubli par effacement des traces, mais l'oubli que l'on peut dire de réserve ou de ressource. L'oubli désigne alors le caractère inaperçu de la persévérance du souvenir, sa soustraction à la vigilance de la conscience (Ricœur 2000: 570).

La ruptura dentro de la percepción de la Historia y este «olvido de reserva» causado por la dictadura pueden explicar porqué los realizadores españoles hacen películas sobre la infancia con niños como protagonistas después de la muerte de Franco. En *Las largas vacaciones de 1936*, de Jaime Camino (1976), se muestra un período de vacaciones que dura tres años; y en *La guerra de papá*, estrenada en 1977 y dirigida por Antonio Mercero, se muestra a una familia y se hacen referencias a la guerra, con la violencia fuera de campo. Luego, en los años ochenta, se realiza la película *Las bicicletas son para el verano*, de Jaime Chávarri (1984), sobre un verano, con niños, y donde nuevamente se hace referencia a la Guerra Civil fuera de campo, como una amenaza que está presente. Lo mismo ocurre en una última película, *La lengua de las mariposas*, de José Luis Cuerda, filmada en 1998. Las cuatro películas son muy conocidas en España y recibieron la atención de un numeroso público[5]. Son películas que marcaron la historia del cine español.

---

[5] En el estudio del Ministerio de la Cultura se encuentra esta información: *Boletín Informativo. Películas, Recaudaciones, Espectadores, Madrid, 1975-1998*. Las películas nombradas ocupan los primeros sitios.

Pero las dos últimas mencionadas constituyen películas de ficción que se abren con la presencia de fotografías. Los dos realizadores nacieron durante el franquismo, en los años cuarenta, y tenían treinta años al final de la dictadura. En sus películas de ficción muestran un mito sobre la infancia haciendo referencia al mito del paraíso. Este mundo idealizado está introducido a través de una fotografía que (como documento de la «verdad» histórica) tiene un papel importante para la introducción del tema. Es precisamente el contraste (entre la película-ficción y la foto-documento) lo que merece el estudio para poder definir la función de la docuficción sobre este período.

3. Los arquetipos de la infancia

Como ya hemos dicho, los realizadores nacieron después de la guerra e introducen una referencia real de ese acontecimiento a través de la fotografía, para luego construir un imaginario sobre la infancia. Con el fin de definir el mito sobre la infancia que se crea, ofreceremos la definición que manejamos de ese término, para luego poder analizarlo en estas películas.

Existen muchas investigaciones sobre los mitos, y me inscribo en la escuela de Jung sobre los arquetipos (Jung 1964: 46), cuyo representante en Francia ha sido Gilbert Durand, quien trabajó sobre el imaginario (Durand 1992). El investigador italiano Bosetti se inscribe en este enfoque de Durand, en un libro cuya traducción al español es *Los mitos de la infancia en la literatura italiana* (*Les mythes de l'enfance dans la littérature italienne*). Tal y como lo explica Bosetti, la mitificación de la infancia está directamente relacionada con la ruptura en el *continuum* de la Historia (Bosetti 1987: 292-303). Precisamente, la experiencia de dos Guerras Mundiales en Europa reforzó la necesidad de crear mitos sobre la infancia a través de narraciones que evocan una historia sobre un paraíso perdido. Vemos estas imágenes de películas de ficción sobre niños que juegan en la naturaleza, que van a la escuela y que pronto descubren el mundo exterior. La infancia es un período arquetípico, originario, en el que se sitúa el principio de la vida. Jung introdujo este término describiendo también el papel del niño como narrador, muchas veces héroe, que deposita una mirada divina, casi sagrada, sobre los hechos (Jung 1994: 36-39). Por encima de las circunstancias, el niño es intocable, y por eso puede sobrevivir a una guerra a través de esta mirada del director que regresa a ese período. Es su «olvido de reserva» –tal como lo define Paul Ricœur–, el director de cine nos lleva a su universo, a su infancia.

Si nos fijamos en las formas fílmicas, en las películas de ficción, el cuerpo del niño permite viajar en el tiempo. Este punto de vista no podía haber sido ofrecido por el director tiempo antes, puesto que los parámetros de revisión del pasado de los años ochenta y noventa eran diferentes[6]. Son imágenes de la memoria que retornan a un tiempo mitológico, de origen, durante el período contemporáneo. El cuerpo del niño encarna estas dos nociones del tiempo: la infancia (un concepto que remite al origen, al principio de la vida), y los años treinta (el período de la Guerra Civil). Estas dos temporalidades no pueden volver en el presente, y por eso se hace referencia a los mitos, para poder retornar a ese pasado. Los mitos sirven para explicar nuestros orígenes. Además, permiten volver a un tiempo mitológico, al origen, al principio de la vida. El cuerpo del niño es una figura ejemplar de la memoria y un cuerpo que puede representar este mito de la infancia. La pregunta siguiente se impone: ¿cuál es la imagen del mito del paraíso representada a través de la mirada del niño?

4. Formas fílmicas: la tensión entre mito e Historia cuestionada

El mito de la infancia se basa muchas veces en una imagen idealizada, como si esa etapa de la vida debiera representar la inocencia y la protección. Es normal que esperemos que los niños vivan esta felicidad durante este período. Pero en las películas de ficción, esta imagen protectora está amenazada por un peligro real, por esta Guerra Civil, que no penetra directamente en el campo de la vida de los niños, pero se mantiene muy presente gracias a los efectos de fuera de campo. Al mostrar a los niños en imágenes de familia o en un ambiente rural, lejos de los campos de batalla, se refuerza esta lectura del mito del paraíso, la eterna imagen del origen de la humanidad, representada por esta «burbuja», que corre el riesgo de romperse, de fracturar esta imagen idílica, romántica. El joven protagonista teme una situación que no puede ver directamente. Y, precisamente, las películas de ficción utilizan formas fílmicas que refuerzan esta imagen del paraíso. Centraremos el análisis de las formas fílmicas en tres puntos: las fotografías que abren las dos películas y la función del fuera de campo con la presencia de la radio como dos elementos que documentan la realidad históri-

[6] En la mitología cinemática de la Transición dominaban los cuerpos marginados y disidentes bajo el franquismo: la mujer, el homosexual, el delincuente (Feenstra 2006: p. e. 37-40).

ca. Luego, como tercer punto, analizaremos los elementos de ficción, que toman la forma de imágenes románticas de lo rural y de niños jóvenes jugando entre ellos.

5. Las fotografías como huella de lo real

Antes de empezar las historias protagonizadas por niños, ambas películas se abren con fotografías que inscriben los relatos en un contexto histórico. *Las bicicletas son para el verano* se inicia con unas fotos que se refieren directamente a la guerra. Arriba, colgado sobre la calle, se puede leer el texto: «No pasarán. El fascismo quiere conquistar Madrid. Madrid será la tumba del fascismo». Las palabras, el «no pasarán», son el mensaje de los republicanos contra los nacionalistas, pero sabemos lo que ha ocurrido después: pasaron. El texto que se ubica sobre la imagen fotográfica está sobrepuesto y cumple la función de explicar las circunstancias históricas y el golpe de Estado de 1936.

> En febrero de 1936, la joven república española celebraba la victoria en las urnas del Frente Popular.
>
> Cinco meses más tarde, el 18 de julio de 1936, un golpe militar que ya se anunciaba desde unas acciones tomó cuerpo, con la sublevación de los militares de ideología derechista.
>
> Madrid durante tres años desde el estallido de la Guerra Civil en 1936 hasta que se declaró fin de la contienda el 1 de Abril 1939, sufrió duro asedio de las fuerzas nacionalistas bajo el lema de «no pasarán».

El contexto histórico está descrito y la foto es la prueba de autenticidad del acontecimiento. A continuación, entramos en una secuencia en la que los dos chicos evocan la imposibilidad de que haya una guerra en el lugar en el que ellos se encuentran. Pero, como un juego, empiezan a imitar la guerra, y el sonido de disparar un revólver acompaña la imagen. Después de este «juego», la película continúa: ellos se interesan por otras cosas, las chicas, el cine, Hollywood, etc.

Resulta indispensable comentar varios aspectos para ilustrar cómo el contraste entre fotografía y ficción tiene un peso importante en la manera de conmemorar este período. Cuando entramos en esta imitación de la guerra entre amigos, la secuencia reduce la velocidad, los movimientos y el color cambian; es como si el color se tornara más amarillo, como una vieja fotografía. Además, el efecto de reducir la velocidad de la secuencia y de hacer unos *arrêts sur image* de varios segundos de varios planos, tiene algunas connotaciones. El espectador fija su percepción en este momento preciso en que todo se ralentiza y se detiene; se llama su atención sobre el conjunto. El teórico ruso Poudovkine define este efecto de reducción de la velocidad recurriendo al término alemán de «Zeitlupe», una lente de aumento que focaliza el momento (Schnitzer 1966: 111-116)[7]. Es un enfoque directo en este instante, en esta imagen: los chicos dicen que una guerra sería imposible y la imitan en el juego, pero nosotros sabemos que esta guerra fue posible.

Y esta lectura de lo posible se refuerza por otro impacto fotográfico en una imagen que merece un análisis más profundo. Se trata de la puesta en escena del cuerpo dentro de la imagen, que nos impone la lectura en referencia a la mítica fotografía del republicano muerto tomada por Robert Capa. La referencia es evidente y, en nuestra lectura, debemos fijarnos en la similitud. Además, si comparamos este plano con los que siguen, esta imagen se detiene durante más tiempo. El impacto se puede explicar desde la terminología que Roland Barthes introduce en su libro *La chambre claire*, donde describe las fotos, por el *studium* y el *punctum*. El *studium* es la lectura de la foto, pero el *punctum* nos afecta más. Como dice Barthes: «[...] car punctum, c'est aussi: piqûre, petit trou, petite tache, petite coupure –et aussi coup de dés. Le punctum d'une photo, c'est ce hasard qui en elle, me point (mais aussi me meurtrit, me poigne)» (1980: 49).

La similitud de la imagen nos lleva a una referencia directa que forma parte del imaginario colectivo. Esta referencia a la foto de Capa, es una imagen migratoria que se instaura en este nuevo contexto, dentro de los recuerdos de la infancia: funciona como el *punctum*, llamando nuestra atención y actualizando una prueba de una realidad posible. La huella realista está así inscrita desde el principio en este recurso de la ficción al documento; la fotografía marca esta huella de la Historia de los años treinta. Como dice Roland Barthes, la fotografía subraya lo que ha sido: «c'est souligner ce qui a été» (Barthes 1980: 133).

> La photographie ne dit pas (forcément) qui n'est plus, mais seulement et à coup sûr, ce qui a été. Cette subtilité est décisive. Devant une photo, la conscience ne prend pas nécessairement la voie nostalgique du souvenir (combien de photographies sont

---

[7] Cf. Vsevolod Poudovkine, «Le temps en gros plan», de la revista *Proletarskoie Kino* [1932], cit. en Luda/Schnitzer (1966: 111-116).

hors du temps individuel), mais pour toute photo existant au monde, la voie de la certitude: l'essence de la Photographie est de ratifier ce qu'elle représente (Barthes 1980: 133).

En esta secuencia inicial vemos cómo una imagen nos afecta por el hecho de estar ralentizada, de estar detenida durante varios segundos, por la imagen migratoria [y la relación de intertextualidad con la fotografía-documento]. Varias connotaciones del tiempo se intensifican, porque para los niños es solamente un juego, pero en los años ochenta, en el momento en que se filma esta película, hacemos una lectura absolutamente diferente. Los niños juegan en este terreno y al final de la película, el protagonista, Luis, se encuentra en el mismo sitio con su padre, pero ahora sabe que una verdadera guerra está teniendo lugar en el afuera, que cinematográficamente toma la forma del fuera de campo. Así, si bien la batalla y la violencia forman parte de la extraescena, son absolutamente reales y, por tanto, están presentes. Las imágenes avanzan lentamente, tanto que un niño podría no notar que está sucediendo una guerra.

También la película *La lengua de las mariposas* se abre con fotografías, demostrando las huellas del pasado a través de imágenes en blanco y negro en una referencia a los años treinta. Son unas veinte fotos del entorno que muestran la poza del río que luego será retomado en la ficción, familias que se desplazan con carros y detrás observamos a un militar de espaldas. En esta serie de fotografías aparece dos veces una familia reunida: muchas personas juntas de generaciones diferentes que han sufrido aquel momento. Las fotos sitúan el contexto histórico antes de entrar en una historia que, nuevamente, será protagonizada por niños.

El papel de la fotografía es esencial. En los años treinta, estos dos realizadores no habían nacido todavía, pero sus padres, sí. Son hijos de la memoria de la Guerra Civil que nacieron poco tiempo después, en los años cuarenta (Chávarri, en 1943 y Cuerda, en 1947). La foto constituye esta huella de realidad de un tiempo que esta generación no ha vivido, pero que conocen a través de la memoria de sus entornos, de sus padres y familiares. Así, la realidad de estos realizadores puede ser pensada como metonimia de toda una generación que vivió una infancia en la que el miedo estaba en el aire. De esta manera, la fotografía traduce la ausencia del acontecimiento y lo actualiza en este filme.

Barbara Le Maître analiza la función de la fotografía en el cine, y la define como un «manque», una ausencia: lo que falta. La autora utiliza las teorías de Freud sobre la ausencia para comentar la función de la presencia de las fotos

(Le Maître 2004: 25-36). Estas fotos pueden ser consideradas como huellas de la memoria que no existía en la memoria de vida de los directores como parte de esta generación, pero como acontecimiento era una realidad propia del imaginario de su infancia. Así, la imagen de la infancia feliz contrasta con la amenaza que se podía sentir.

6. El mito del paraíso

Pero, ¿cómo entramos en la lectura del mito del paraíso? Después del prólogo, nos adentramos en unas historias sobre niños anticipadas por los títulos: *Las bicicletas son para el verano* y *La lengua de las mariposas* hacen referencia al período de las vacaciones o de la escuela. En *La lengua de las mariposas* la escuela tiene un lugar importante en la narración. El título se refiere a la enseñanza de la biología, impartida en plena naturaleza por el maestro, descubriendo la riqueza de ésta con un microscopio o con la mirada del niño. El protagonista, Moncho, admira a su maestro y le encanta ir a la escuela. El maestro está representado por Fernando Fernán Gomez, un famoso actor español fallecido en 2007. Vemos lo mismo en la película de Camino, *Las largas vacaciones de 1936*, en la que el papel del maestro está representado por Paco Rabal. Debido a sus intereses políticos (por supuesto del lado republicano), los maestros resultan carismáticos para sus alumnos. En este período político el mito es puramente republicano[8]. El mito tiene aspectos universales (los arquetipos), pero su manera de actualizarlos implica una historización: la interpretación del mito está determinada por la cultura y la época. Así, no hay dudas de que se trata de una lectura republicana del acontecimiento al interior de la película, determinada por el contexto político de los años ochenta y noventa[9].

---

[8] Pero como es sabido, durante el franquismo había otros mitos para justificar las guerras. En mi libro *Les nouvelles figures mythiques du cinéma espagnol (1975-1995)* analizo los mitos totalitarios de propaganda bajo el franquismo, por ejemplo, el que se transmite en la película *Raza*, de José Luis Saenz de Heredia. El mito se actualiza siempre. He estudiado este proceso en contextos políticos distintos, empezando con el franquismo, y luego concentrándome en el período posterior a la dictadura y hasta 1995 (Feenstra 2006).

[9] Dentro de las películas, analizo (Feenstra 2006) el mito, en las imágenes de los cuerpos que actualizan arquetipos. Así, el lenguaje actual está determinado por los contextos históricos y culturales. En la España posterior a 1975 se introducen nuevas ideas sobre la violencia, la delincuencia, la homosexualidad, las mujeres, etc. Así, la manera de estructurar el imaginario que se puede hacer

En *La lengua de las mariposas* hay una secuencia fundamental para ilustrar esta imagen del paraíso, filmada en el campo. La secuencia se inicia con muchas niñas bañándose en una poza y el maestro que le dice a Moncho que entre al agua. El niño le ofrece una flor a una de las chicas que se está bañando. Con todos estos elementos, se construye una imagen idílica de la naturaleza. La poza como lugar de encuentro, el descubrimiento del beso y los primeros sentimientos amorosos crean una imagen del paraíso.

Jean Delumeau estudió las diferentes imágenes del paraíso en diferentes culturas, frecuentemente, en relación con la infancia. Con esta idea analiza el cuadro *Le paradis* de Maurice Denis, de 1912, colgado en el Museo d'Orsay en París.

> Le jardin évoqué par le peintre est bien celui du bonheur éternel. Car on y aperçoit des anges, reconnaissables à leurs ailes. Le jardin des délices d'Adam et Ève est donc transporté dans l'au-delà. Il est selon une tradition déjà ancienne, rempli de fleurs et d'une végétation toujours verte. Les danses des anges et des enfants rappellent les compositions de Fra Angelico et d'autres artistes du XVe siècle. Toutefois, ce qui doit retenir l'attention dans cette scène touchante et presque suave c'est la place faite à l'enfance, les anges eux-mêmes atteignant à peine la taille adulte. Pour Maurice Denis, le paradis sera l'enfance et l'innocence retrouvée (Delumeau 2001: 94).

Esta idea corresponde a lo que dice Bosetti, haciendo una relación entre las imágenes angelicales de los niños con los mitos sobre la infancia en la literatura italiana (Bosetti 1987: 268; 273). *La lengua de las mariposas* apela a una referencia al mito del paraíso, con el Jardín del Edén como espacio donde se encuentran Adán y Eva, y donde la manzana supuso la pérdida del mismo. Esta imagen tiene una similitud con la de la poza con los niños bañándose, que parecen ángeles, seres humanos puros, inocentes, amables. Si avanzamos en la lectura del mito, el pecado entra en el paraíso cuando Eva le da la manzana a Adán, y esto revierte en que deben abandonar el Jardín del Edén. El paraíso ha quedado fijado en una noción idealizada de un mundo perfecto, en armonía, donde el pecado no tiene razón de ser. En la película, la amenaza no se muestra directamente, sino que el mundo idealizado está amenazado por los

---

a través de los mitos y los contextos culturales e históricos determinan sus construcciones. En última instancia, el arquetipo tiene una función universal y no-histórica, pero la manera de actualizar su mensaje mitológico significa que el mito se historiza.

efectos de fuera de campo. Precisamente después de este encuentro con la niña en la poza, la secuencia siguiente muestra que el peligro real se impone a través de la radio. Varias personas del pueblo están reunidas en el café y escuchan las noticias. Hay algo similar al mito del paraíso que llama la atención, porque después de esta secuencia, el peligro real penetra en este universo a través de la radio.

Obviamente, la radio genera un impacto importante, puesto que es *per se* un documento de la realidad. Introducida en España en 1923, su papel fue crucial ya durante la Segunda República y la Guerra Civil como instrumento de propaganda (Lorenzo Díaz 1997: 132). La historia de Moncho en *La lengua de las mariposas* empieza a comienzos de 1936. Pero ahora nos acercamos al comienzo de la Guerra Civil. El mensaje de la radio se refiere a la intervención de Gil-Robles en el Parlamento el 16 de junio de 1936. Varias personas del pueblo se encuentran en el café y escuchan la radio: un plano central de la radio filma la presencia central del aparato y la cámara retrocede, focalizando sobre el padre de Moncho, el maestro, y otras personas en el café. En contracampo, en un plano americano lateral, vemos a Moncho jugando con un amigo, en el mismo café. La radio protagoniza esta escena: el locutor comenta la conocida intervención histórica en que Gil Robles había planteado ante la Cámara el debate sobre cuestiones de orden público. En su comentario, el locutor recuerda que esta intervención provocó varias protestas. Gil Robles había dicho que un país puede vivir bajo varios sistemas (monarquías o repúblicas, sistemas parlamentarios o presidenciales, fascistas o soviéticos), pero que no se puede vivir en anarquía, y que España estaba asistiendo a los funerales de la democracia. En el café, se rechaza fuertemente este discurso, afirman que la República podrá con todo. Sin embargo, reconocen lo conflictivo de la situación.

La radio documenta directamente la realidad histórica refiriéndose a la intervención de Gil Robles que ha marcado la Historia. Después de estas palabras del locutor, el imaginario idílico de la infancia que había construido la película resulta lejano. Precisamente, este contraste entre las imágenes románticas y la amenaza de una Guerra Civil muestra la lectura de un mundo idílico que se encuentra dentro de una «burbuja», y que corre el riesgo de romperse. La radio sigue anunciando el peligro. Más adelante, Moncho y su hermano vuelven de la escuela y se encuentran con su padre sentado, mientras su madre destruye todos los objetos que pudieran referir a una idea política republicana. El padre abatido les explica que parece que los militares se han sublevado. Mientras tanto, de fondo, la radio comenta la situación política. Nuevamente, la realidad del peligro penetra a través de este medio de comunicación.

Como explica Lorenzo Díaz en su libro *La radio en España 1923-1997*, la radio cumplió un papel importante desde los principios de la Guerra Civil: «Los españoles descubren la radio gracias a la guerra. La insurrección militar se produce un sábado y los periódicos no hablan hasta el martes 21 del hecho histórico. Sólo la radio informa del evento» (Lorenzo Díaz 1997: 145).

Este dato histórico es fundamental para entender el impacto de la radio en este conflictivo contexto. Lorenzo Díaz comenta que los dos bandos se dieron cuenta rápidamente de que la radio era una excelente herramienta de propaganda, pero los nacionalistas dominaban mejor el medio (Lorenzo Díaz 1997: 143-145). Pero no es este impacto el determinante de la funcionalidad de la radio en estas películas. Aquí, este medio de comunicación opera en contraste con el período de la infancia anunciando el principio de la guerra.

Si observamos la representación de la violencia de la guerra, vemos una tendencia similar en las dos películas. En *La lengua de las mariposas* la «burbuja» del mito de la infancia se rompe al final de la película, en el momento en que los militares invaden el pueblo y toman prisionero al maestro. Moncho grita los nombres que el maestro le ha enseñado; en lugar de insultar, transmite el mensaje. Hasta ese momento, la existencia de la guerra sólo se había manifestado a través de la extraescena. En *Las bicicletas son para el verano* vemos la misma tonalidad, con imágenes de Madrid y un entorno natural en contraste con los campos de batalla que representan la amenaza y la violencia.

Así, la radio ha brindado la información sobre la sublevación de los militares, pero fílmicamente da un dinamismo sin mostrar nada directamente. La invisibilidad del peligro y la presencia de la voz crean esta forma fílmica que llamamos «fuera de campo», cuya funcionalidad está dada por la creación de tensión en el espectador. ¿Cómo se puede leer el impacto del documento histórico a través del fuera de campo? ¿Cuál es el peso de esta forma fílmica para realizar la lectura del mito?

7. Fuera de campo

Se puede definir el fuera de campo como este espacio diegético que no es visible en la pantalla, pero es sumamente importante para la narración. Como lo define Marie Thérèse Journot:

> Le hors champ est l'espace imaginaire en trois dimensions suggéré et caché par le cadre. Entre l'espace visible et cet espace non visible, notre esprit perçoit une continuité grâce à des données visuelles, des données sonores et des données narratives (Journot 2002: 64).

Fuera de campo implica, en este caso, que escuchamos la radio pero no vemos las verdaderas personas que hablan. Para ilustrar su impacto resulta funcional pensar en las múltiples películas de terror en que la víctima no ve a su asesino pero el espectador sí, y ve también que la víctima se da cuenta de algo pero no puede localizarlo. Aquí opera el mismo efecto. Acabamos de comentar la secuencia de la radio en la película *La lengua de las mariposas*, en la que después de estas imágenes románticas de una poza y niños, la guerra irrumpe en la comunidad rural. La radio ocupa un lugar importante para la narración y lo mismo ocurre en *Las bicicletas son para el verano*. Aquí, la definición del fuera de campo ilustra que la amenaza de la Guerra Civil en un ambiente de la infancia, se puede sentir a través de signos que representan la extraescena.

El hecho de sentir la amenaza pero no poder visualizar su origen refuerza el impacto sobre el imaginario de los niños, de los padres y de toda esta gente que se encuentra en ese entorno. El peligro proviene de alguna parte, de un no-lugar, y solamente penetra a través de la radio, de esta voz que habla desde el exterior.

En sus múltiples publicaciones sobre el sonido y la voz, Michel Chion subraya la importancia de la voz para la estética de la imagen. Este recurso imprime una identidad propia, que describe como un «acousmètre», que crea un personaje en el sonido sin que podamos conocer su fuente de origen (Chion 1982: 30). Chion describe la radio como *acousmatique* por naturaleza (Chion 1982: 32). Aunque la radio está presente en la imagen, el locutor humano es un personaje fuera de campo por excelencia, como lo son también, por supuesto, los acontecimientos que relata. Como acabamos de comentar, la radio ha dado las primeras noticias sobre la sublevación de los militares. Así, su presencia ejerce un tremendo poder sobre la familia que escucha los mensajes. La poca información, la ausencia de imágenes directas de la Guerra, la dependencia de una voz que informa, todo eso contrasta con las imágenes de la infancia, con esta burbuja que está seriamente amenazada por las informaciones que provienen del exterior.

Ya hemos analizado el contenido del discurso de la radio en *La lengua de las mariposas*, en que esta información ilustraba el fin del paraíso de la infancia. El fuera de campo es también decisivo en *Las bicicletas son para el verano*, donde la radio está en el centro del salón de la familia del protagonista. Llegan los vecinos y todos se reúnen para escuchar las noticias. Se toman varios planos de los personajes. Las noticias sobre la guerra provocan un sentimiento de angustia, de malestar. Se instaura el pánico, la angustia frente a un peligro que se acerca, que se disemina por todas partes en España, pero la verdadera violencia de la guerra es muy poco visible. Toda la familia se reúne en el salón y vemos el aparato de radio en el fondo. El padre sube el volumen, la cámara hace un *zoom* hacia el aparato, lo muestra en un primer plano y se adentra en la maquina. Inmediatamente, la voz de la radio anuncia el golpe de Estado de los militares del 18 de julio de 1936. Las connotaciones de verosimilitud del mensaje hacen que éste sea otra vez revelador:

> El gobierno no ha querido dirigirse al país hasta conseguir conocimiento exacto de lo sucedido y poner en ejecución las medidas urgentes e inexorables para combatirlo. Una parte del ejército, que representa España en Marruecos se ha levantado en armas contra la Republica.

El mensaje está interrumpido por la recepción del auditorio. En contracampo, la cámara filma las reacciones sobre las caras en varios primeros planos. Son varios planos cortos, comenzando por los chicos, luego la chica joven que limpia la casa, la hermana del protagonista, Manolita (Victoria Abril), para luego alternar sobre los padres. El pánico y el estrés cubren la escena. Estos breves fragmentos nos permiten comprender los sucesos históricos, signados por una reacción de indignación unánime de los españoles. La radio guía la secuencia, porque aunque el aparato queda en un segundo plano, en el fondo de la escena detrás de todas estas personas es él quien domina la escena. La protagonista de la secuencia no es sino la radio. Todo el mundo se siente incómodo por estas noticias, la angustia se puede leer en sus rostros.

Vemos que los documentos de la realidad histórica empiezan a dominar cada vez más la ficción, puesto que más adelante, la referencia a la fotografía del principio es retomada. Manolita tuvo un hijo con su novio y éste fue luego asesinado en el frente de batalla. Para darle un padre a su hijo, se casó con su vecino, pero éste también es asesinado. Estando de luto, Manolita, que es dos veces viuda, mira tristemente por la ventana, observa a unos niños que juegan con la banderola y ve el texto «No pasarán». El cartel con la frase, que al principio estaba colgado, se ha caído al suelo. La fotografía que abría la película mostraba este eslogan con mucha esperanza y mucha convicción, bien sostenido allí arriba, pero la narración de la película muestra otra realidad: la realidad de la Historia de la Guerra Civil española que se impone. Luego de que la radio ha transmitido las noticias sobre la insurrección militar, observamos que el terror se ha instaurado en todos los ámbitos. Cada entorno familiar se cubre de terror. La realidad del fuera de campo tiene consecuencias: esta realidad de la Guerra Civil española penetra definitivamente en la vida diaria, también en este pueblo o en Madrid.

8. Documentos para la ficción: conclusión

Para concluir, podemos decir que las dos películas cuestionan el mito de la infancia por ser formas fílmicas que muestran una amenaza real del exterior a través de la radio y la fotografía. Estos dos medios representan directamente la realidad histórica documentada en contraste con el fuera de campo, que es muy fuerte por su no-identificación, por su no-visibilidad, lo que influye directamente sobre nuestra imaginación. Si bien se pueden percibir los signos del peligro dominante, en esta comunidad la infancia se vive en lugares de vacaciones, en la naturaleza. Las imágenes románticas contrastan con la amenaza. Se trata de un mito de la infancia expresado por una generación de directores de cine que tuvieron que esperar mucho tiempo para poder crear estas imágenes que formaban parte de su imaginario, y que las introducen a través de fotografías que orientan nuestra lectura y las documentan a través de mensajes radiales que confirman lo que ya conocemos sobre la Historia de España.

El impacto de la fotografía y de la radio imprime una huella de la realidad; lo que resultaba inimaginable para un niño, se ha convertido en realidad. El niño como arquetipo –así definido por Jung– representa la mirada divina del héroe que sabe sobrevivir en un mundo que se destruye. El director, niño de esta memoria, nos transmite su imaginario a través de la cámara como una mirada divina, haciéndonos llegar este «olvido de reserva» que afortunadamente, después de mucho tiempo, le ha sido posible transmitir. La fotografía trae la huella, es –como dice Philippe Dubois– un «acte photographique», el acto de haber sacado una foto, y este hecho influye también en la recepción (Dubois 1990: 9), porque es una imagen que documenta la ficción imponiendo el enorme contraste entre la realidad de la Guerra Civil española y la infancia. La fotografía y la radio son los documentos de una realidad que han penetrado lentamente pero con pasos totalitarios en el pequeño mundo de la infancia. El dispositivo de la «docuficción» [como ficción que integra elementos documentales para establecer un contraste entre el mundo diegético ficcional y el contexto histórico documentado, tematizando, así, la relación entre los mitos personales y la verdad histórica] ha mostrado a través de sus formas fílmicas que la fotografía y la radio traen una huella de una realidad histórica, una realidad de la memoria de sus realizadores y de su generación, depositando también un peso importante sobre sus infancias.

Bibliografía

Aumont, Jacques/Marie, Michel (2002): *Dictionnaire théorique et critique du cinéma*. Paris: Nathan.

Barthes, Roland (1980): *La chambre claire. Note sur la photographie*. Paris: Gallimard.

Bazin, André (1999a): «Ontologie de l'image photographique». En: Bazin, André: *Qu'est-ce que le cinéma*. Paris: Éditions du Cerf, pp. 9-17.

— (1999b): «Le montage interdit». En: Bazin, André: *Qu'est-ce que le cinéma*. Paris: Éditions du Cerf, pp. 49-61.

Benjamin, Walter (2000): «Sur le concept d'histoire». En: Benjamin, Walter: *Œuvres III*. Paris: Gallimard, pp. 427-443.

Berthier, Nancy (1998): *Le franquisme et son image. Cinéma et propagande*. Toulouse: Presses Universitaires du Mirail.

Bosetti, Gilbert (1987): *Le mythe de l'enfance dans le roman italien contemporain*. Grenoble: Ellug.

Casetti, Francesco (1999): *Les théories du cinéma depuis 1945*. Paris: Nathan.

Chion, Michel (1982): *La voix au cinéma*. Paris: Cahiers du Cinéma.

Delumeau, Jean (2001): *Le paradis*. Paris: Éd. de la Martinière.

Díaz, Lorenzo (1997): *La radio en España 1923-1997*. Prólogo de Manuel Vázquez Montalbán. Madrid: Alianza.

Dubois, Philippe (1990): *L'acte photographique*. Paris: Nathan.

Durand, Gilbert [1969] (1992): *Les structures anthropologiques de l'imaginaire*. Paris: Dunod.

Feenstra, Pietsie (2006): *Les nouvelles figures mythiques du cinéma espagnol (1975-1995). À corps perdus*. Préface de Michèle Lagny. Paris: Harmattan.

— (ed.) (2009): *Mémoire du cinéma espagnol (1975-2007)*. Paris: CinémAction, Corlet Publications.

Gubern, Román (1986): *1936-1939: La guerra en la pantalla*. Madrid: Filmoteca Española.

JOURNOT, Marie-Thérèse (2002): *Le vocabulaire au cinéma.* Paris: Nathan.

JUNG, Carl Gustav (1964): *Dialectique du Moi et de l'inconscient.* Paris: Gallimard.

— (1994): *Oerbeelden. Structuur van de ziel, kindarchetype, geest en archetype in het sprookje.* Rotterdam: Leminiscaat.

KRACAUER, Siegfried (1960): *Theory of Film. The Redemption of Physical Reality.* Princeton: Princeton University Press.

LE MAÎTRE, Barbara (2004): *Entre film et photographie. Essai sur l'empreinte.* Paris: Presses Universitaires de Vincennes.

MINISTERIO DE CULTURA: *Boletín Informativo. Películas, Recaudaciones, Espectadores, Madrid, 1975-1998.* URL: <http://www.mcu.es/cine/MC/BIC/index.html> (16. 08.2008).

RICŒUR, Paul (2000): *La mémoire, l'histoire, l'oubli.* Paris: Seuil.

SÁNCHEZ-BIOSCA, Vicente (2006): *Cine y Guerra Civil española. Del mito a la memoria.* Madrid: Alianza.

SCHNITZER, Luda/SCHNITZER, Jean (1966): *Vsevolod Poudovkine.* Paris: Seghers.

2. Epistemología, Estética y ética de la docuficción

Una imagen fuerte: *Guernica* entre ficción y no-ficción

MATEI CHIHAIA

1. LA DOCUFICCIÓN EN EL CAMPO DE LA IMAGEN

1.1. *Ficción y no-ficción*

La anécdota, relatada por el propio Picasso, dice que después de la liberación se le propuso ir al frente como oficial del ejército francés: «¿Picasso, se imagina usted ir al frente como corresponsal de guerra? ¡Podría pintar otros *Guernicas* por allá!»[1]. Hablan del mural como si fuese un documento de la Guerra Civil. El éxito internacional de *Guernica* parece aprovechar la misma ambigüedad que, a finales del siglo XX, la llamada «docuficción»: en la medida en la que su recepción equipara el cuadro con el bombardeo de Guernica, se va desdibujando la diferencia entre documento y obra de ficción. En el campo del cine documental, una amplia discusión teórica acerca de esta diferencia llegó hasta a negar la existencia de criterios objetivos para distinguir la ficción de la no-ficción: el pacto con el público, es decir, el pacto de la recepción, puede incluso parecer más importante que las calidades objetivas de la obra. Por eso los investigadores se han centrado en el llamado pacto de veracidad, que permite leer una obra como «aserción» (Plantinga 1997: 19). Creer en un documental, por ejemplo, implica no solamente aceptar presuposiciones sobre la verdad de los objetos específicos que representa, sino también consentir los argumentos que aduce[2]. Sin embargo, de acuerdo con Carl Plantinga, la vigencia de esta afirmación performativa depende en gran medida del entorno social y cultural (Plantinga 1997: 20). Este contexto permite normalmente averiguar sin ambigüedad la

---

[1] «Picasso, qu'est-ce que vous diriez d'aller sur le front comme correspondant de guerre? Vous en pourriez peindre des *Guernica*, là-bas!» (Téry [1945] 1998: 43).

[2] «The truth claims of documentary exposition reach well beyond this level of specific, rendered appearences to encompass abstract propositional/argumentational matters» (Corner 1996: 18).

índole de una obra, según criterios de cierta objetividad. Por ejemplo, sería tan confuso negar que *Noche y Niebla* (1955) es un documental sobre el exterminio de los judíos (Plantinga 1997: 20) como afirmar que las películas de *La Guerra de las Galaxias* (1977) se basan en material auténtico (Plantinga 2000: 136-137). En otras palabras, Plantinga vuelve a constatar la existencia de pactos inherentes al género. Esta diferencia se plantea en relación a las «docuficciones» que se definen por una mezcla entre ficción y documento. Sin embargo, en el caso de *Guernica,* la mezcla no se localiza en la obra, sino en la historia de su recepción: a través de su canonización, el mural de Picasso se convierte en una imagen fuerte que prescinde de la diferencia entre obra de arte y documental.

Quiero mostrar, por medio de una lectura semiótica de *Guernica* y del fotoperiodismo de su época, que la convergencia entre obra de arte y documento se debe a un proceso histórico de recepción, en el que ambos resultan convertidos en imágenes poderosas. La imagen ya no es ni creación artística ni documental, borrando así la divergencia fundamental que se encuentra en su origen. El efecto conmovedor de tales imágenes no se explica por su calidad informativa como *aserciones acerca de la realidad,* sino por su *interacción eficaz con la realidad* en una forma que –de acuerdo con los conceptos de Ernst Cassirer– se calificaría como simbolismo mágico (Cassirer [1925] 2002). Por lo tanto llegan a prescindir de la diferencia entre ficción y no-ficción. La característica que el semiólogo francés Roland Barthes atribuye al documento histórico, viéndolo como una reliquia secular, se puede fácilmente extender al mural de Pablo Picasso (Barthes [1967] 1984: 166). En el mismo año de 1967, el crítico Claude Roy compara *Guernica* con las célebres fotos documentales sacadas por Robert Capa en la Guerra Civil: el mural de Picasso, dice Roy, narra lo que sucedió a la República, lo que le sucedió al artista, y hace que le suceda al espectador (Roy 1967: 214). Funciona, en este sentido, como un objeto mágico, cuya aura eclipsa todas las demás imágenes de Guernica y borra la diferencia de los géneros[3].

La conversión del cuadro y de la foto documental del miliciano, en «icono[s] en la tradición bizantina» (Gauthier 1995: 113), empieza con su recepción en los medios modernos: particularmente la difusión de la obra de Picasso implica numerosas fotos del artista, de los varios estados de *Guernica* la reproducción masiva en tarjetas postales y, sobre todo, la película *Guernica* de

[3] «[...] le dernier objet artistique archaïque dont l'aura pouvait condamner les autres images d'actualité à s'oublier très vite» (Dorléac 2005: 28).

Robert Hessens y Alain Resnais (1950), que mezcla imágenes documentales de la ciudad arrasada con una retrospectiva sobre la obra de Picasso, centrada en su mural. Como dice el autor Hessens, la película tiene su origen en «el bombardeo de la ciudad vasca Guernica y especialmente el célebre lienzo de Picasso» (Hessens 1992: 26). Se sobreentiende que la ficción da mejor cuenta de lo que pasó en Guernica que toda otra representación de los hechos históricos. Tanto más sorprende el acercamiento entre arte y documental cuando consideramos la opinión del propio artista, cuyas declaraciones explícitamente recalcan las divergencias entre su pintura y la fotografía.

1.2. *Divergencias*

En las declaraciones que Picasso hizo antes de la Guerra Civil y después de la Segunda Guerra Mundial destaca un escepticismo fundamental. Respecto a la discusión sobre el arte abstracto, el pintor no cree en una veracidad referencial de las imágenes. Más que una apariencia de verdad cuenta el poder persuasivo, un poder cuyo modelo Picasso encuentra en algunos retratos de Felipe IV. El retrato de Velázquez resulta verosímil, y no otros, dado que su visión es convincente. «Desde el punto de vista del arte, no hay formas concretas o abstractas, sino solamente mentiras más o menos convincentes» (De Zayas [1923] 1998: 18). Algunos años antes, Walter Benjamin había afirmado en su *Pequeña historia de la fotografía*, que el fotógrafo acabó sustituyendo al pintor en el oficio de retratista[4]. En este contexto las alabanzas que hace Picasso de Velázquez subrayan la visión estética del pintor; evocan el poder mágico que le permite transformar la realidad. «Hay pintores que transforman el sol en una mancha amarilla, pero hay otros que transforman una mancha amarilla en sol»[5]. El artista maneja la luz de otra manera que el fotógrafo, que se sirve de su máquina; en las propias formas abstractas hace del sol su objeto y logra representar cosas que se escapan a la fotografía. A través de estos elogios a su arte, Picasso se distancia deliberadamente de las exigencias de veracidad, de objetividad y de representa-

---

[4] «Im Augenblick, da es Daguerre geglückt war, die Bilder der camera obscura zu fixieren, waren die Maler an diesem Punkte vom Techniker verabschiedet worden» (Benjamin [1931] 1977: 53).

[5] «Il y a des peintres qui transforment le soleil en une tache jaune, mais il y en a d'autres qui transforment une tache jaune en soleil» (Picasso [1926] 1998: 24).

ción concreta que caracterizan el discurso sobre la fotografía documental en los años que preceden a la Guerra Civil.

También en los reportajes e informes sobre el bombardeo de Guernica, los testimonios fotográficos desempeñan un papel central. El debate sobre las causas de la destrucción de la ciudad vasca precisa elementos justificativos. No basta que los corresponsales de prensa que primero arribaron a la ciudad bombardeada testifiquen contra la aviación. Además de su testimonio verbal, las imágenes de coches volcados y de edificios bombardeados tienen que probar la acción de las bombas explosivas caídas desde el cielo[6]. Por eso, *The Tree of Guernica* (1938), el libro del periodista George L. Steer, incluye numerosas ilustraciones como prueba de la agresión alemana e italiana en el País Vasco. Sin embargo, el régimen franquista se sirve del mismo medio para probar lo contrario en la propagación de su historia oficial. Casi al mismo tiempo que el libro de Steer, se publica un «informe final» que concluye

> de las fotografías adjuntas, que las casas de Guernica no se destruyeron por explosiones sino por el fuego. [...] En numerosas fotografías se nota que, en la mayoría de los casos, las casas destrozadas quedan con los cables eléctricos indemnes y a menudo en una posición de equilibrio inestable que la mínima vibración hubiera estropeado. Además se puede notar que las paredes desmoronadas mantuvieron el orden de sus ladrillos, en el mismo sitio donde estaban antes, como si hubieran caído poco a poco, por el derrumbe de una viga o de un soporte de madera, consumida lentamente por el fuego [...][7].

En cualquier caso, la foto documental otorga a la versión de la historia que ilustra una veracidad engañosa. La imagen se confunde con la realidad como en

---

[6] Un buen ejemplo se encuentra en Chipp (1988: 35); el subtítulo de la imagen reza: «The wreckage of the overturned automobile is evidence of an explosion, not only of a fire»; cf. también Hensbergen (2004: 40).

[7] «Il ressort clairement des photographies jointes au rapport que les maisons de Guernica n'ont pas été détruites par les explosions mais par le feu. [...] On remarquera sur beaucoup de photographies que, dans la majorité des cas, les maisons détruites ont leurs branchements électriques intacts et souvent dans une position d'équilibre instable que la moindre vibration aurait compromis. De plus, on constate que les murs se sont écroulés en conservant leurs rangées de briques bien en ordre, dans la même position relative qu'elles occupaient auparavant, comme si elles étaient tombées peu à peu, à la rupture d'une poutre ou d'un support de bois consumé lentement par le feu» («Guernica: The Official Report» [1938], cit. en Ferrier 1977: 77).

el informe oficial, que deliberadamente usa la figura retórica de la metalepsis: en vez de comentar la representación fotográfica, habla directamente de «la piedra que se ha vuelto frágil y se convierte en polvo cuando la tocas», del «mortero que perdió toda su consistencia y se desagrega como si fuese arena»[8]. La conclusión de que «ninguna bomba cayó en esta zona incendiada»[9] es un engaño basado en una peculiaridad de la fotografía: el encuadre limitado. Limitar la mirada a la «zona incendiada» es ocultar la acción de bombas de explosión caídas en la mayor parte del terreno. Las bombas incendiarias, lanzadas después, servían precisamente para borrar las huellas. La fotografía como fragmento de realidad permite elegir un marco útil a la interpretación. El documento se integra perfectamente en un propósito propagandista, como en el caso de los numerosos retratos fotográficos de Franco, que transmiten la imagen de una guerra sin derramamiento de sangre (Bernecker/Brinkmann 2006: 156), o en el libro de José María Pemán sobre la Guerra Civil, que nivela las diferencias entre la destrucción de Guernica y los edificios afectados por la artillería republicana (Pemán 1967: 369-373).

La afirmación de la pintura como ficción, como mentira eficaz, se opone, pues, a la pretensión de objetividad y veracidad que permiten sacar provecho propagandístico a la fotografía documental. En vez de ilusionar al público con tales pretensiones, Picasso afirma su intención política, su visión parcial sobre los hechos. Cuando toma cartas en el asunto de Guernica, también niega la naturaleza fotográfica de la realidad y la capacidad de las imágenes de dar cuenta de la verdad. Sustituye la visión y el compromiso artísticos por la propaganda tapada del estilo documental. Por lo visto, cambia la actitud del artista entre 1933, cuando copia a pluma, de manera clasicista, el retrato fotográfico de *Ely, caudillo de Marruecos*, y la época de la ocupación alemana, cuando sus caricaturas cubistas deforman las ilustraciones de reportajes de propaganda[10].

Para su mural de 1937, Picasso elige, pues, un estilo cubista claramente distinto de los hábitos del fotoperiodismo. Basta señalar la diferencia de composi-

---

[8] «[...] la pierre est devenue fragile et tombe en poussière sous la main; le mortier a perdu toute consistance et se désagrège comme du sable» («Guernica: The Official Report», cit. en Ferrier 1977: 77).

[9] «[...] la preuve qu'aucune bombe aérienne n'est tombée dans cette zone incendiée» («Guernica: The Official Report», cit. en Ferrier 1977: 77).

[10] Este último artículo muestra a obreras francesas en fábricas alemanas (Baldassari 1995: 104; 109-111).

ción entre *Guernica* y las fotografías documentales sacadas por los corresponsales del *Times*. En éstas, una estructura simétrica permite destacar las piezas principales del testimonio. En una de las fotos, el centro muestra un muro desmoronado, rodeado por el vacío, señal de la destrucción masiva, como si no quedara nada de la ciudad sino este muro, en el marco de algunos árboles y armazones de madera (Steer 1938: 289). Todo lo contrario, lleno de formas y figuras más o menos discernibles, el cuadro de Picasso constituye una estructura más compleja. A pesar de su composición piramidal y casi clásica, *Guernica* carece de centro: en vez del único corte espacio-temporal, corte de gran relevancia en la fotografía documental, referida a un punto de vista definido, vemos una serie de cortes que atraviesan la superficie según el programa artístico del cubismo[11]. Para que ambos géneros converjan, las imágenes tienen que convertirse en emblemas, es decir, hacer olvidar las peculiaridades de sus respectivos encuadres.

1.3. *Convergencia*

Coincide el éxito de *Guernica* con el arranque de un nuevo género del fotoperiodismo. La Guerra Civil española es asimismo una guerra de los medios de comunicación, en la que las fotografías documentales no sólo sirven como argumento, sino que también permiten plantearse el problema de los límites entre ficción y no-ficción. El caso más célebre –el miliciano de Robert Capa– lleva a una discusión sobre la veracidad en la fotografía documental que continúa hasta el presente. Como se ha señalado, «con la Guerra Civil española nace un nuevo estilo de comunicación visual de los sucesos, marcada por el compromiso de los fotógrafos y por las nuevas posibilidades de la técnica fotográfica» (López Mondéjar 1997: 164). La nueva ética de la comunicación fotográfica implica el compromiso emocional y político del fotógrafo, mientras que las posibilidades técnicas casi exigen que se acerque a los acontecimientos que representa (López Mondéjar 1997: 166). El fotoperiodismo de Robert Capa es ejemplar para el nuevo papel del fotógrafo: «está al lado del miliciano abatido

[11] El crítico de arte Max Imdahl señala que el cuadro oscila entre una incoherencia que contrasta con tales composiciones escénicas o empíricas y una coherencia formal que contrasta con el imaginario de los sueños; pero esta última sólo resulta del ritmo de la microestructura (Imdahl 1996: 429-435).

en Cerro Muriano, es testigo de la despedida conmovedora de la Brigadas Internacionales, observa la triste cosecha de cadáveres en los campos desolados de Teruel» (López Mondéjar 1997: 166). Por eso, «su obra se ha convertido en la más importante y emblemática realizada durante la Guerra Civil» (López Mondéjar 1997: 166). Sin embargo, la difusión extraordinaria de la obra borra, en cierta medida, su aserción documental y abre el paso a dudas sobre su autenticidad.

Las mismas exigencias éticas excluían la utilización de guiones previamente marcados por los fotógrafos, la puesta en escena o el retoque ulterior de imágenes. Por eso, la noticia de que no hubo milicianos muertos en aquella fecha que Capa atribuyó a su foto, y que quizás se había sacado durante ejercicios y no en el frente, pareció mermar su relevancia (Mirzoeff 1999: 78). No bastaba el hecho de que, en otros días, hubieran muerto numerosos otros milicianos por la República: la fotografía se había convertido en el medio de la verdad moderna, ya no se aceptaban faltas de precisión[12]. La imagen fotográfica llevaba consigo la posibilidad –y por ende la necesidad– de averiguar identidades exactas. Por eso fue un alivio cuando otro historiador, en 1996, descubrió que sí había habido un muerto este día, y que la hermana de éste pretendió reconocerlo en la fotografía (Mirzoeff 1999: 78).

El problema que preocupa a los historiadores llama la atención sobre la importancia de la difusión y recepción del *Miliciano muerto.* Se publica por primera vez en el contexto de un fotorreportaje en *Vu*, junto a otras imágenes numeradas y organizadas en una secuencia poco espectacular que da testimonio gráfico de la Guerra Civil. Ulteriormente, se separa de las otras fotos y se hace célebre por su publicación en la revista estadounidense *Life*. Esta celebridad tardía se debe menos a su función testimonial que a su poder emblemático (Gauthier 1995: 113-114). Este poder de la imagen, relativo a la opinión política del observador, queda intacto aún poniéndose en duda su origen: «Tiene casi literalmente el estatuto del icono en la tradición bizantina, es decir, ya no se refiere a la realidad sino al mito (en el sentido de un relato de fundación)»[13]. Desde esta perspectiva, la fotografía de Capa y el mural de Picasso tienen mucho en común –más allá de la influencia hipotética que el periodismo de Capa pudo

[12] «Photography had become too central to modern life for such equivocations to be accepted» (Mirzoeff 1999: 78).

[13] «Elle a, quasi littéralement, le statut de l'icône dans la tradition byzantine, c'est-à-dire qu'elle ne se réfère plus au réel mais au mythe (dans le sens de récit fondateur)» (Gauthier 1995: 113).

ejercer sobre la creación de *Guernica*[14]–. Con el tiempo, la fotografía documental pierde su función inicial –atestiguar los hechos actuales– y se convierte en un objeto emblemático. En otras palabras, la historia de la recepción hace que se acerquen dos formas y dos medios que tradicionalmente, y aún en algunas declaraciones de Picasso, se oponen por su ética y estética.

La convergencia empieza con el proceso de producción, documentado en fotografías que muestran las varias etapas del mural y retratan al artista frente a su obra. Continúa en un proceso de reproducción masiva que difunde la imagen en forma de tarjetas postales, reproducidas fotográficamente. El propio pintor las distribuye sarcásticamente, según una anécdota, a los oficiales alemanes que vienen a verlo en su taller durante la guerra, como *souvenir* de las hazañas de su aviación en España («Emportez. Souvenir! Souvenir!», Téry [1945] 1998: 44). La reproducción del cuadro queda en la memoria colectiva como recuerdo del bombardeo de Guernica y de la violencia de la Segunda Guerra Mundial, junto a fotografías y películas documentales, como si funcionara con los mismos códigos que las imágenes de no-ficción. Pero en realidad, los códigos comunes resultaban de un cambio que afectaba a ambas formas, ficción y no-ficción, para transformarlas en imágenes fuertes.

La retórica de la imagen fuerte se puede analizar según las tres dimensiones semióticas establecidas por Charles Sanders Peirce. Estas dimensiones del signo, según Philippe Dubois, permiten no sólo analizar los discursos acerca de la fotografía, sino también identificar «tres posiciones epistemológicas acerca del realismo y del valor documental de la imagen fotográfica»[15]. A continuación trataré de explicar cómo la imagen fuerte, en la que se convierte *Guernica*, se aparta de estas posiciones. De signo icónico se hace profecía; de símbolo propagandista, emblema de violencia, y como índice, se transforma en objeto martirizado. Éstas son las tres dimensiones a partir de las que se puede definir la imagen fuerte, es decir, el punto de convergencia entre el mural de Picasso y la fotografía de Robert Capa.

---

[14] Influencia que afirma, por ejemplo, Gosselin (2000: 12).

[15] «[...] trois positions épistémologiques quant à la question du réalisme et de la valeur documentaire de l'image photographique» (Dubois 1990: 49).

2. Retórica de la imagen fuerte

2.1. *Dimensión icónica: profetismo*

De acuerdo con Peirce, el signo icónico expresa una relación de semejanza con la realidad. Por eso, predomina en los primeros discursos sobre la fotografía en el siglo XIX cuando el invento de Daguerre parece representar el mundo de manera tan realista y auténtica como un espejo (Dubois 1990: 49). Como implica una fiel imitación de sus objetos, la dimensión icónica de la imagen parece la más relevante para comunicar una realidad histórica. Sin embargo, en 1937, el gobierno español elige a un pintor cubista para evocar los martirios de la República en el pabellón de la Feria Internacional de París. Frente al retrato fotográfico de García Lorca, que recuerda el asesinato del poeta (Hensbergen 2004: 68), *Guernica* resulta poco icónico. El mural tiende hacia lo abstracto[16], y la referencia principal a la destrucción de la ciudad es su título. A pesar de los esfuerzos de leer el cuadro de modo realista –como representación del bombardeo de Guernica– su espacio y sus figuras esbozan un mundo desconcertante y ambiguo. Aun si logramos destacar una figura o un detalle de la capa densa de colores y formas, no se les puede identificar claramente. Evoca imágenes de transgresión y violencia que rompen el marco de la representación objetiva y verosímil, o sea, clara y distinta (Ginzburg 1999).

Mientras que el signo icónico se basa en la similitud con objetos colocados en un espacio empírico, la tendencia cubista borra la coherencia de este espacio para llegar más allá de la realidad experimentada (Imdahl 1996: 432). Los principios de identidad, imprescindibles para establecer un nexo entre la representación pictórica y cosas o personas del mundo real son puestos en duda. La manera de tratar la superficie colorada como orden primordial frustra nuestras costumbres de ver formas y figuras. De este modo, la poderosa ficción de Picasso logra eludir el interés específicamente romántico por las ruinas y un culto de héroes individuales que, en el siglo XX, caracteriza una estética conservadora, como la del franquismo: el mural se opone radicalmente a una visión del bombardeo que repara en el simbolismo de las ruinas o en algunos protagonistas

[16] Como declara, por ejemplo, Myfanwy Evans en un ensayo de 1937 (cit. en Hensbergen 2004: 77-79).

destacados, cuyos elogios encontramos, por ejemplo, en las páginas que José María Pemán dedica a Guernica[17].

Mucho más tarde, en su diálogo con el fotógrafo Brassaï, Picasso volvió a explicar su oposición a la fotografía como resistencia al arte figurativo. Como el objetivo de la cámara puede fijar la imagen del mundo mucho mejor, esto devuelve a la pintura toda libertad. Ya no tiene que imitar la realidad, representar historias[18]. Consecuentemente es improbable que los colores de *Guernica* imiten la fotografía en blanco y negro de los periódicos de entonces. No es la forma de los documentos fotográficos que determina la forma monocroma y los fuertes contrastes del cuadro. Más probables me parecen otras explicaciones, resumidas y ampliadas por Francisco Calvo Seraller: un efecto de sinestesia que rinde el estrépito como cegamiento, el carácter intelectual-crítico que enfatiza el color sobrio o, finalmente, una grisalla que se puede reproducir fácilmente en el cartel político (Calvo Serraller 1981: 27-28). A estas razones quisiera añadir otra más.

Los matices monocromos retoman una visión profética del paisaje urbano que se había visto confirmada en la Primera Guerra Mundial. A comienzos del siglo XX, el expresionismo alemán había hallado el tema del «paisaje apocalíptico», manifestación de las angustias despertadas por la gran urbe (Haskell 1993: 415-425). Como muestra el historiador Francis Haskell, tanto en los cuadros expresionistas como en algunas composiciones explosivas de Wassily Kandinsky se veía un anuncio de la Primera Guerra Mundial, una profecía explicable por la extremada sensibilidad de estos artistas (Haskell 1993: 426-427). Aún antes de 1914, pintores como Ludwig Meidner y poetas como Jakob van Hoddis habían enseñado el fin del mundo en forma de fachadas en derrumbe y calles despedazadas. Según Meidner, para representar una gran ciudad como Berlín cabe servirse solamente de líneas rectas, quebradas y de una gama limitada de colores: blanco y negro, algo de azul ultramarino y mucho color de sombra

---

[17] Me refiero en particular a la página en la que el retrato del coronel Alonso Vega, comandante de las fuerzas nacionales que ocuparon Guernica, está junto a una imagen romántica de las ruinas de esta ciudad, centrada en la ruina de una escalera de caracol (Pemán 1967: 370).

[18] «Pourquoi l'artiste s'obstinerait-il à rendre ce que à l'aide de l'objectif on peut fixer si bien? Ce serait une folie, n'est-ce pas? La photographie est venue à point nommé pour libérer la peinture de toute littérature, de l'anecdote même du sujet. En tout cas, un certain aspect du sujet appartient désormais au domaine de la photographie... Les peintres ne devraient-ils pas profiter de leur liberté reconquise pour faire autre chose?» (Brassaï 1964: 60).

(Haskell 1993: 425). Aquel pesimismo se manifiesta probablemente también en la monocromía de *Guernica*, cuyos «olores a blanco y negro de un mundo que está agonizando», describe Michel Leiris (cit. en Hensbergen 2004: 81). Más que un retrato realista establece una amenaza, el diagnóstico de una enfermedad que había de afectar a toda Europa. Es decir, la falta de similitud con el mundo presente esconde, para los cubistas, un afán típicamente vanguardista, dirigido hacia el futuro y una «realidad más "real"»[19].

Quince años separan a la obra Picasso de las de Meidner, pero tienen en común más que su tema y su gama de colores: el artista de 1937 puede servirse de un discurso que nace al comienzo de los años treinta y que comprende/conceptualiza el arte como presentimiento, visión y hasta profecía. En su *Construcción blanda con judías hervidas. Presentimiento de la guerra civil* (1936), Salvador Dalí usa una profecía retrospectiva parecida (Hensbergen 2004: 33). Inmediatamente después del estallido de la Guerra Civil española, se apresura a plasmar sus presentimientos históricos. La recepción de *Guernica* convierte a la obra desde el comienzo en un anuncio de la derrota republicana, de la victoria del fascismo y hasta de la Segunda Guerra Mundial. El poema de Paul Eluard «La victoria de Guernica», exhibido cerca del mural en el pabellón español, habla de «capullos del porvenir» (Hensbergen 2004: 80). El final de la película de Hessens et Resnais representa la llegada de un hombre que promete la paz, pero usa las obras de Picasso también para establecer el vínculo entre Guernica, Oradour e Hiroshima[20]. Prueba la importancia que se daba al pintor como visionario y hasta profeta de los horrores que nadie podía prever en 1937.

En particular en Inglaterra el cuadro se consideraba el anuncio de una nueva guerra mundial. El crítico de arte Herbert Read, uno de los defensores del arte moderno más comprometidos con la causa de *Guernica*, recuerda al público que el cuadro, epopeya de la guerra, no dependía de la actualidad o del

[19] «A far more "real" reality than the one that was accessible only to the eye» (Haskell 1993: 418).

[20] El crítico Henri Agel, en un comentario de la película, habla de «intuition d'une catastrophe cosmique, la venue d'une antigenèse qui démantèlera les structures même de l'être. En ce sens, cette œuvre prophétique annonce non seulement la guerre d'Espagne, mais le nazisme et la bombe d'Hiroshima» (cit. en Bernadac/Breteau-Skira 1992: 23); la comparación con Oradour y Hiroshima está en el texto que Eluard escribe para la película y que se publica ulteriormente en la revista *Europe* (cit. en Bernadac/Breteau-Skira 1992: 22).

punto de vista del artista: enseñaba «no sólo Guernica, sino España; no sólo España, sino Europa» (Calvo Serraller 2006: 218). Y el efecto de propaganda que tuvieron las varias muestras de *Guernica* en Inglaterra se basaba en el miedo que inspiraba el futuro en los años veinte y treinta. Libros como *Paris or the Future of War* (1925) de Lidell Hart habían difundido el temor de la destrucción de las grandes capitales de occidente (Hensbergen 2004: 84-86). *Guernica* confirmaba estas preocupaciones. Proporcionaba una imagen del terror que estaba amenazando al Reino Unido para acelerar el término de la política de no-intromisión. No parecía «auténtico» al público inglés por su realismo respecto al bombardeo de Guernica, sino por representar un futuro muy temido.

Luego, la estética del profetismo se establece como lugar común en los comentarios sobre *Guernica* que afirman que «el gran lienzo es testimonio del horror de la Guerra Civil española, así como la más certera premonición de los dramáticos acontecimientos de la ya cercana conflagración mundial» (Calvo Serraller 2006: 227). En estos comentarios, la «premonición» se distingue, normalmente, del «testimonio» periodista: «Picasso, como en un más allá de la actualidad que representan los medios visuales, transmite un mensaje de formidable angustia, que quedará en los espíritus como la quintaesencia de la agresión presente y anunciada»[21].

La imagen profética es un más allá de la ficción y del documento: mientras que la fotografía, según la fórmula de Roland Barthes, afirma que «esto aconteció» («ça a été») (Barthes [1980] 2002: 851-852), el cuadro vanguardista mira hacia el futuro. Expresa angustias o anhelos, avisa de crímenes contra la humanidad que aún no se han cometido. El cuadro se opone a la fotografía como un medio que refleja lo que aún no aconteció. Sus líneas y formas anuncian que «esto será». Hasta el propio Picasso se ve como «medio» para realizar la intención de una imagen más fuerte que su arte. En una declaración pronunciada dos años antes de *Guernica* dice:

> A menudo veo una luz o una sombra que después de ponerlas en mi cuadro, me esfuerzo por añadir un color que crea un efecto contrario para «quebrarlas». Me doy cuenta, cuando se documenta este trabajo por fotografías, que lo que introduje para

---

[21] «Picasso, comme au-delà de l'actualité couverte par les médias, transmet un message d'une formidable anxiété, qui restera dans les esprits comme la quintessence de la violence présente et annoncée» (Dorléac 2005: 28).

corregir mi visión inicial desaparece y que finalmente queda en la foto la imagen que corresponde a mi visión primera, antes de los cambios intencionados[22].

El artista define así la dimensión icónica de la imagen fuerte: en vez de imitar lo que fue, es una «visión», un espejo mágico que permite entrever la realidad de lo posible.

2.2. *Dimensión simbólica: simulación y propaganda*

Según Dubois, la imagen-símbolo se lee como transformación e interpretación de la realidad, como signo arbitrario en el marco de un código cultural, ideológico y perceptivo (Dubois 1990: 49). Consta que la imagen cubista se basa en tales convenciones culturales. Pero también en esta dimensión adquiere una significación adicional que la convierte en una imagen fuerte. Después de la guerra, Picasso recalca la peculiaridad que distingue *Guernica* del resto de su obra. Afirma que en este mural, el toro representaba la brutalidad y el caballo el pueblo, aunque no solía usar tal simbolismo en sus otros cuadros y dibujos: «Mi obra no es simbólica [...]. Mi *Guernica* es el único lienzo que es simbólico. En este caso se trata de una alegoría, y por eso puse el toro, el caballo, etc. Este cuadro es la expresión precisa y la solución de un problema, y de ahí viene mi uso del simbolismo»[23].

En el mismo diálogo, el artista explica por qué esta obra desempeña un papel distinto a las otras: «No hay intención propagandística en mi pintura. –¿A excepción de *Guernica*? insinué. –Sí, a excepción de *Guernica*. Hace un llamamiento al pueblo, tiene un sentido deliberadamente propagandista»[24].

---

[22] «Je vois souvent une lumière et une ombre, lorsque je les ai mises dans mon tableau, je m'évertue à les "casser" en ajoutant une couleur qui crée un effet contraire. Je m'aperçois, lorsque cette œuvre est photographiée, que ce que j'avais introduit pour corriger ma vision primaire disparaît, et qu'en définitive l'image donnée par la photographie correspond à ma première vision, avant les transformations apportées par ma volonté» (Zervos [1935] 1998: 31-32).

[23] «J'ai usé là de symbolisme, mais pas dans les autres. [...] Mon œuvre n'est pas symbolique, répondit-il. Mon *Guernica* est la seule toile qui soit symbolique. Dans ce cas, il s'agit d'une allégorie, c'est pourquoi j'ai pris le taureau, le cheval, etc. Cette peinture est l'expression précise et la solution d'un problème, d'où mon utilisation du symbolisme» (Seckler [1945] 1998: 46; 49).

[24] «Il n'y a pas d'intention voulue de propagande dans ma peinture. –Sauf dans *Guernica*? suggérai-je. –Oui, sauf dans *Guernica*. Il y a là un appel voulu au peuple, un sens délibérément propagandiste» (Seckler [1945] 1998: 51).

Como en el caso del miliciano de Robert Capa, la función simbólica borra la especificidad de las referencias. Esto significa también que la obra se desprende de la actualidad para comunicar un mensaje de orden más general; deja de pertenecer al orden de la no-ficción. Sin embargo, el compromiso político del artista y la retórica de la obra no la presentan como un asunto imaginario (como lo es, por ejemplo, *Sueño y mentira de Franco*), sino como una manifestación de lo cierto, de la significación política de la Guerra Civil. Como plantea un comentario más reciente, *Guernica* tiene que ser «testimonio del horror de la Guerra Civil española» (Calvo Serraller 2006: 227). Picasso se muestra convencido de que si el pintor «sólo enseña en su obra lo que intentó y buscó para hacer creer sus mentiras, nunca logrará nada»[25]. Consecuentemente, la necesidad de un compromiso político le aleja del elogio del arte abstracto con el que se deleitaba antes de la Guerra Civil y le apremia para desarrollar una teoría de la simulación. Para poder funcionar como propaganda, los símbolos tienen que establecer, es decir, aparentar, un pacto de veracidad. Aunque no tiene ninguna afinidad con un documento histórico, la ficción tiene que convertirse en un emblema de lo cierto.

Mientras que el pintor procura simbolizar, la propia historia profundiza aquellos símbolos, independientemente del compromiso político del artista. Otra vez recalca su diferencia frente al fotoperiodismo para explicar que el simbolismo de sus imágenes no se basa en motivos identificables:

> No pinté la guerra, dijo Picasso después de la liberación, porque no soy este tipo de pintor que va, como un fotógrafo, a la busca de un tema. Pero no cabe duda de que la guerra exista en los cuadros que hice entonces. Luego, quizás un historiador probará que mi pintura cambió bajo los efectos de la guerra[26].

En el caso de *Guernica*, aunque el artista logra «descartar los motivos fácilmente identificables con la situación bélica concreta de España» (Calvo Serraller 2006: 218-219), desde el comienzo la recepción del mural se centra en su

---

[25] «S'il ne montre dans son œuvre que ce qu'il a cherché, et re-cherché, pour faire passer ses mensonges, il ne parviendra jamais à rien» (Zayas [1923] 1998: 17).

[26] «Je n'ai pas peint la guerre, a dit Picasso après la Libération, parce que je ne suis pas ce genre de peintres qui va, comme un photographe, à la quête d'un sujet. Mais il n'y a pas de doute que la guerre existe dans les tableaux que j'ai fait alors. Plus tard peut-être, un historien démontrera que ma peinture a changé sous l'influence de la guerre» (Vallentin 1957: 355).

contenido. Los críticos remiten a la «mitología española» para explicar los emblemas del toro y el caballo[27], preguntan por su intención ideológica, y finalmente, para completar la equiparación con la fotografía documental, buscan los orígenes de sus motivos en los fotorreportajes sobre la Guerra Civil y sobre el bombardeo de Guernica (Chipp 1988: 45-69). La posición particular de *Guernica* dentro de la obra de Picasso no resulta de una dimensión simbólica inherente a la obra, sino también de las transformaciones de su simbolismo en un proceso de recepción que le confiere un compromiso político, un sentido emblemático y hasta un valor testimonial[28]. De esta manera, su función simbólica une la ficción y la no-ficción.

2.3. *Dimensión indexical: huellas de creación y destrucción*

El análisis de Philippe Dubois acaba por acentuar una peculiaridad de la fotografía que antecede a su mimetismo y su sentido simbólico: su dimensión indexical. Este vínculo directo con la realidad, las huellas de la luz en los haluros de plata, desempeña un papel central en el pacto de veracidad. «Un objeto», escribe Pascal Bonitzer, «no grita de la misma manera en un cuadro y en una foto»[29]. Es como si el nexo físico entre un objeto y su foto hiciera de ella una especie de huella digital. Señala una situación única mediante un proceso físico (la apertura del obturador) y químico (la modificación de la película). Por eso, como dice Dubois, «la foto sirve también de testimonio; prueba la existencia (pero no el sentido) de una realidad»[30]. Sorprendentemente, el mismo planteamiento explica, para Picasso, el vínculo entre su arte y la realidad. Aun cuando parece abstracta, la imagen tiene un origen concreto. «Puede quitársele luego toda apariencia de realidad; no hay peligro, porque la idea del objeto dejó su huella digi-

[27] Por ejemplo Seckler ([1945] 1998: 46).

[28] El crítico que mejor señala la dimensión de estas transformaciones es Chipp (1988: 192-199).

[29] «L'objet ne crie pas de la même façon sur une toile et sur une photo» (Bonitzer, cit. en Dubois 1990: 43).

[30] «On a déjà assez évoqué le principe de base de la connexion physique entre l'image photo et le référent qu'elle dénote: c'est tout ce qui fait d'elle une empreinte. La conséquence d'un tel état de fait, c'est que l'image indicielle ne renvoie jamais qu'à un seul référent déterminé: celui-là même qui l'a causée, dont elle résulte physiquement et chimiquement. [...] la photo est aussi témoignage: elle atteste de l'existence (mais non du sens) d'une réalité» (Dubois 1990: 48).

tal imborrable»[31]. Picasso y sus contemporáneos ven la obra artística como huella de una actividad creadora que merece ser documentada. Esto vale para las huellas de la mano del genio sobre el papel, los estados de preparación como huellas de un itinerario artísticos, los esbozos que tienen valor de cuadro.

En un primer movimiento, el cuadro se convierte en objeto y sujeto de testimonios gráficos. Una serie de fotografías documentan las varias etapas de su obra mientras el artista la va plasmando; Gijs van Hensbergen considera *Guernica* la creación mejor documentada en la historia del arte (Hensbergen 2004: 45). Sin embargo, esta práctica lleva consigo un problema: no puede ser la pintura a la vez huella de la mano del artista y huella de la realidad objetiva. En este sentido, la serie de testimonios fotográficos sobre la obra no corroboran sus afinidades con el género documental. Su reproducción apoya un proceso que convierte el medio en el mensaje; la imagen en el centro de la atención, como ocurrió con la célebre fotografía de Robert Capa.

Pero en un segundo movimiento, el nexo físico va directamente a la realidad que se imprime en la obra. Se cuenta la anécdota de un visitante nazi que le preguntó a Picasso en su taller, frente a una postal de *Guernica*, si ésta era su obra. Y el pintor replicó: «No, la suya» (Téry [1945] 1998: 44). Como el bombardeo se plasmó indirectamente en el mural, la Guerra Civil amenaza crear pero también dañar otras obras. El impacto indexical de la violencia es doble: hace y deshace el arte. Su declaración contra el franquismo insiste en el hecho de que los rebeldes bombardearon el museo del Prado, que fusilaron a García Lorca, es decir, que su agresión se dirige contra el arte y la cultura (Picasso [1937] 1998: 38). La obra de arte, en estas condiciones, puede convertirse en un testimonio directo de los martirios de la República: un cuadro que –de acuerdo con las palabras de Picasso– podría derramar sangre (Hensbergen 2004: 53) sustituye la violencia real de la guerra. Es uno de los aspectos más interesantes de la recepción de *Guernica*: el mural se transforma de una representación de la violencia en un objeto que recibe los impactos de la guerra. Más explícitamente que las «huellas digitales imborrables» de las que habla Picasso, la película *Guernica* de Hessens y Resnais muestra cómo la metralla deshace las figuras plasmadas por el artista (Bernadac/Breteau-Skira 1992: 22). Al final de

[31] «Il n'y a pas d'art abstrait. Il faut toujours commencer par quelque chose. On peut ensuite enlever toute apparence de réalité; il n'y a plus de danger, car l'idée de l'objet a laissé une empreinte ineffaçable» (Zervos [1935] 1998: 33).

los años sesenta, una serie de montajes creados por el Equipo Crónica muestra *Guernica* como objeto de varias formas de agresión: en uno de estos cuadros, *Túnel de tiro*, las figuras del mural sirven de blanco acribillado por balas, como ocurre en la película de Hessens y Resnais con otras obras del pintor (Dalmace 2002: 108). En ambas historias de recepción, la obra que funcionaba como representación de la Guerra Civil se convierte en un testimonio que encarna las heridas que el bombardeo dejó en la cultura española.

Así pues, en la dimensión indexical se encuentran la mano del artista y la violencia de la guerra. El cuadro deja de ser ficción para convertirse en un testimonio del acontecimiento histórico; al mismo tiempo, las huellas del genio y de la agresión pertenecen al campo del imaginario, y por eso no coincide con la lógica del documento. En cuanto a la obra de Robert Capa, ésta recibe su sello indexical por la muerte del periodista en el frente, su cercanía a los hechos que muestra. No es lo que representa la imagen, sino el impacto de una realidad fatal que hace del miliciano un monumento de la fotografía documental. La herida del espectador, el «*punctum*» definido por Roland Barthes como el detalle que no cabe en los códigos de la representación, no es sino un reflejo pálido de la destrucción de la obra o del ojo que la vio[32]. Este choque caracteriza la dimensión indexical de la imagen fuerte; ésta llega a ser el substituto real de las víctimas, es decir, arte martirizado.

3. Imagen fuerte vs. docuficción

Paradójicamente el mural de Picasso, por negarse a mostrar la actualidad se convierte en un espejo de su futuro, en una visión de otra realidad, y por descartar los motivos específicos a la Guerra Civil, se convierte en un testimonio emblemático de su sentido. A pesar de haber sido creada como ficción lejos del frente, parece llevar el impacto de la violencia y las huellas del bombardeo en su imagen. En todas las dimensiones semióticas la retórica de la imagen fuerte estriba en una recepción particular, que la lleva más allá de la diferencia de ficción o no-ficción. En resumidas cuentas, no es ni ficción ni documental, y su impacto político se debe también a su carácter excepcional, inadecuado a los

---

[32] Es interesante que Barthes llegue a su teoría del «*punctum*» por medio de dos fotografías de prensa halladas en una revista, es decir, fotografías documentales como las de Capa (Barthes [1980] 2002: 805-809).

pactos de recepción habituales. En todo caso, esa ambigüedad de la imagen fuerte no se debe solamente al intento del artista, sino que emerge en el curso de su recepción. Todo lo contrario, la llamada «docuficción» oscila deliberadamente entre el juego de la ficción y la aserción del documental: la ambigüedad forma parte de su propósito artístico. Pero dejo la cuestión a los que tratarán las obras llamadas de docuficción, y contribuyen así a un proceso de recepción que las acercará, quizás, a las imágenes canónicas de Picasso y de Capa[33].

Bibliografía

Baldassari, Anne (1995): *Picasso et la photographie. Paris: Musée Picasso 3.10.-31.12. 1995.* Paris: Réunion des Musées Nationaux.

Barthes, Roland [1967] (1984): «Le discours de l'histoire». En: Barthes, Roland: *Le bruissement de la langue. Essais critiques IV.* Paris: Seuil, pp. 153-166.

— [1980] (2002): «La chambre claire. Note sur la photographie». En: Barthes, Roland: *Œuvres complètes. V (1977-1980).* Ed. Eric Marty. Paris: Seuil.

Benjamin, Walter [1931] (1977): «Kleine Geschichte der Photographie». En: Benjamin, Walter: *Das Kunstwerk im Zeitalter seiner technischen Reproduzierbarkeit. Drei Studien zur Kunstsoziologie.* Frankfurt am Main: Suhrkamp, pp. 45-64.

Bernadac, Marie-Laure/Breteau-Skira, Gisèle (eds.) (1992): *Picasso à l'écran.* Paris: Centre Pompidou/Réunion des Musées Nationaux.

Bernecker, Walther L./Brinkmann, Sören (2006): *Kampf der Erinnerungen. Der spanische Bürgerkrieg in Politik und Gesellschaft 1936-2006.* Nettersheim: Graswurzelrevolution.

Brassaï (1964): *Conversations avec Picasso.* Paris: Gallimard.

Calvo Serraller, Francisco (1981): *El Guernica de Picasso.* Madrid: Alianza.

— *et al.* (eds.) (2006): *Picasso, tradición y vanguardia. 25 años con el «Guernica».* Madrid: Museo Nacional del Prado.

Cassirer, Ernst [1925] (2002): *Philosophie der symbolischen Formen II: Das mythische Denken.* Ed. Claus Rosenkranz. Hamburg: Meiner.

Chipp, Herschel B. (1988): *Picasso's «Guernica». History, Transformation, Meanings.* Berkeley: University of California Press.

Corner, John (1996): *The Art of Record: A Critical Introduction to Documentary.* Manchester/New York: Manchester University Press.

[33] Debo agradecer, finalmente, a la Dra. Andrea Kottow, que ha tenido la amabilidad y la paciencia de corregir las citas traducidas del francés y de revisar la totalidad del texto.

DALMACE, Michèle *et al.* (2002): *Equipo Crónica. Catálogo razonado.* Valencia: IVAM.

DORLÉAC, Laurence Bertrand (2005): «La Résistance?». En: Dorléac, Laurence Bertrand *et al.* (coords.): *Picasso. L'objet du mythe.* Paris: École Normale Supérieure des Beaux-Arts, pp. 27-34.

DUBOIS, Philippe (1990): *L'acte photographique et autres essais.* Paris: Nathan.

FERRIER, Jean-Louis (1977): *Picasso. Guernica.* Paris: Denoël-Gonthier.

GAUTHIER, Guy (1995): *Le documentaire. Un autre cinéma.* Paris: Nathan.

GINZBURG, Carlo (1999): *Das Schwert und die Glühbirne – Picassos «Guernica».* Traducido del inglés por Reinhard Kaiser. Frankfurt am Main: Suhrkamp.

GOSSELIN, Gérard (2000): «Picasso, la politique et la presse». En: Gosselin, Gérard *et al.* (eds.): *Picasso et la presse.* Paris: L'Humanité & Cercle de l'art, pp. 9-25.

HASKELL, Francis (1993): *History and its Images. Art and the Interpretation of the Past.* New Haven/London: Yale University Press.

HENSBERGEN, Gijs van (2004): *Guernica. The Biography of a Twentieth-Century Icon.* New York/London: Bloomsbury.

HESSENS, Robert (1992): «Guernica». En: Bernadac, Marie-Laure/Breteau-Skira, Gisèle (eds.): *Picasso à l'écran.* Paris: Centre Pompidou/Réunion des Musées Nationaux, p. 26.

IMDAHL, Max (1996): «Zu Picassos Bild *Guernica.* Inkohärenz und Kohärenz als Aspekte moderner Bildlichkeit». En: Imdahl, Max: *Gesammelte Schriften I. Zur Kunst der Moderne.* Frankfurt am Main: Suhrkamp, pp. 398-459.

LÓPEZ MONDÉJAR, Publio (1997): *Historia de la fotografía en España.* Madrid/Barcelona: Lunwerg.

MIRZOEFF, Nicholas (1999): *An Introduction to Visual Culture.* London/New York: Routledge.

PEMÁN, José María (1967): *Comentarios a mil imágenes de la guerra civil española.* Barcelona: AHR.

PICASSO, Pablo [1926] (1998): «Lettre sur l'art». En: Bernadac, Marie-Laure/Michael, Androula (eds.): *Picasso. Propos sur l'art.* Paris: Gallimard, pp. 21-25.

— [1937] (1998): «Picasso, statement rejecting the fascist position on the Franco rebels». En: Bernadac, Marie-Laure/Michael, Androula (eds.): *Picasso. Propos sur l'art.* Paris: Gallimard, pp. 38-39.

PLANTINGA, Carl (1997): *Rhetoric and Representation in Nonfiction Film.* Cambridge: Cambridge University Press.

— (2000): «The Limits of Appropriation. Subjectivist Accounts of the Fiction/Nonfiction Film Distinction». En: Bondebjerg, Ib (coord.): *Moving Images, Culture and the Mind.* Luton: University of Luton Press, pp. 133-141.

ROY, Claude (1967): «Le peintre et l'histoire». En: Fermigier, André *et al.* (eds.): *Picasso.* Paris: Hachette, pp. 205-228.

SECKLER, Jérôme [1945] (1998): «Picasso explains». En: Bernadac, Marie-Laure/Michael, Androula (eds.): *Picasso. Propos sur l'art.* Paris: Gallimard, pp. 46-52.

STEER, George L. (1938): *The Tree of Guernica. A Field Study of Modern War.* London: Hodder & Stoughton.

TÉRY, Simone [1945] (1998): «Picasso n'est pas officier dans l'armée française». En: Bernadac, Marie-Laure/Michael, Androula (eds.): *Picasso. Propos sur l'art.* Paris: Gallimard, pp. 43-45.

VALLENTIN, Antonina (1957): *Picasso.* Paris: Albin Michel.

ZAYAS, Marius de [1923] (1998): «"Picasso speaks". Entrevista a Picasso». En: Bernadac, Marie-Laure/Michael, Androula (eds.): *Picasso. Propos sur l'art.* Paris: Gallimard, pp. 17-20.

ZERVOS, Christian [1935] (1998): «Conversation avec Picasso». En: Bernadac, Marie-Laure/Michael, Androula (eds.): *Picasso. Propos sur l'art.* Paris: Gallimard, pp. 31-37.

La Movida madrileña, documento y ficción de una nueva realidad

Julia Nolte

Por el año 1980, la Movida madrileña surge del *underground* y con ella, una nueva actitud hacia la vida y el arte. Pelo teñido de verde, cuero y remaches, estado de embriaguez y ganas de experimentar se mezclan con formas de expresión como son la pintura, la fotografía, el cine, la literatura y la música. Esta combinación explosiva causa sensación y trae consigo productos tan diversos que es problemático agruparlos bajo un mismo nombre. En palabras de Pedro Almodóvar: «No éramos ni una generación, ni un movimiento artístico ni un grupo con una ideología concreta, éramos simplemente un montón de gente que coincidimos en uno de los momentos más explosivos del país, y de Madrid en particular» (Almodóvar, cit. en Cervera 2002: 14).

Sin embargo, parece justificado decir que, tras la palabra «movida», se esconde un fenómeno de la Transición que renueva la práctica social y artística del país traspasando y rompiendo barreras.

Una de las barreras que se está borrando en los productos artísticos de la Movida es la que existe entre lo documental y lo ficticio. Analizaré primero cómo la transgresión de esta barrera posibilita un nivel de lectura crítica. El segundo aspecto del análisis se ocupará de cómo con la combinación de elementos documentales y ficticios se documenta, a la vez que se recrea, la realidad social subyacente. El fin de mi contribución será aplicar los resultados del análisis de textos al fenómeno sociocultural que es la Movida para describirla como documento y ficción. Como ejemplos sirven el primer largometraje de Almodóvar, *Pepi, Luci, Bom y otras chicas del montón* (1980) y *Peor Imposible* (1985) de Ouka Lele[1], una fotografía coloreada para la portada de un disco.

[1] Pseudónimo de Bárbara Allende; desde 2000 se escribe «Ouka Leele».

1. La Movida madrileña

Hablar de la Movida nos traslada al Madrid de los años setenta y ochenta. A una ciudad que se está liberando de las reglas y tradiciones de casi cuarenta años de dictadura franquista.

La liberación tiene lugar primero en el *underground*: en casas privadas, en pequeños bares, en puestos del Rastro. Se articula a través de publicaciones hechas a mano (fanzines) y otros canales alternativos como son las emisoras y productoras de discos o galerías de arte independientes. Estamos hablando del período de tiempo entre el 77 y el 80.

En 1980 estos actos de liberación reciben un nombre cuando los medios de comunicación oficiales empiezan a hablar de una «movida». El término procede del ambiente, donde es utilizado inicialmente para referirse al consumo de drogas. Ana Curra –protagonista central de la Movida como teclista de los grupos musicales Pegamoides, Parálisis Permanente y Seres Vacíos– relata: «Para mí la movida era una expresión. Para mí originariamente decir movida era: "Vamos a hacernos una movida", sobre todo: "Vamos a coger algo de droga", "Vamos a pillar". Una movida era hacer algo o incluso: "Vamos a hacer algo divertido"» (Nolte 2006a: 2).

Sin embargo, cuando los presentadores y periodistas a partir de 1980 utilizan la palabra «movida», están hablando de los acontecimientos en la vida nocturna y artística de Madrid, es decir, utilizan el término en un sentido más amplio. En esta segunda fase de desarrollo, la de la difusión masiva de la Movida, el ayuntamiento socialista, bajo el alcalde Enrique Tierno Galván, subvenciona actos culturales vinculados a la escena. Hispavox da contratos a grupos madrileños como Radio Futura, Alaska y los Pegamoides y Nacha Pop. Abre la sala de conciertos Rock-Ola (1981) y se crea la revista *La Luna de Madrid* (1983). Así se institucionaliza la Movida. Esta segunda fase abarca del 80 al 85.

Después, en el 85, la Movida no muere –como se suele decir en la literatura especializada–, pero sí se escinde: sus componentes «aceptables» perduran en la sociedad española, mientras que los elementos «no aceptables» desaparecen de nuevo en el *underground*. Con componentes aceptables me refiero, por ejemplo, a la libertad de expresión, la marcha, la homosexualidad, la música pop española, la organización de conciertos gratis por el ayuntamiento (hasta mediados de los noventa) y a la actividad de protagonistas conocidos de la Movida, como Almodóvar, Alberto García-Alix, Ouka Lele, Alaska[2] o Ana Curra. Los compo-

[2] Pseudónimo de Olvido Gara.

nentes no aceptables que regresan a la subcultura son: el consumo de drogas duras, las prácticas sado-masoquistas, la exhibición pública de travestismo, etc.

La fase que aquí nos ocupa es la de mayor visibilidad de la Movida, la del 80 al 85, cuando emerge del *underground*. Con la Movida aparece entonces una nueva práctica social y artística. Los cambios sociales se reflejan más evidentemente en el aspecto de los jóvenes. Primero, en cómo llevan el pelo: largo como los *hippies*, moldeado como los rockeros, teñido como los *punks*; segundo, en la vestimenta: la gente joven se trae chaquetas de cuero y esmalte negro desde Londres, utiliza pulseras de plástico de mil colores, cinturones y collares con remaches y otros accesorios para crear su propio *look*. «Quitarte el pantalón raído de pana y querer ser guapo, querer ser distinto era una actitud en sí misma» (Nolte 2006a: 6). Esta «actitud» que menciona Ana Curra incluye arriesgarse, experimentar con el cuerpo y las drogas, estar abierto para la gente que viene de fuera y para gente de todas las clases sociales, atreverse a romper con las convenciones.

Al mismo tiempo aparece una nueva práctica artística. En el 77 la censura es oficialmente abolida. La Constitución del 78 garantiza, entre otras cosas, la libertad artística. La política cultural centra sus actividades en enmendar los males cometidos durante el franquismo: otorga premios, reintegra a los artistas exiliados, etc. Por lo tanto, no se fija en los artistas jóvenes y desconocidos. El mercado cultural queda aún por elaborar. En este ambiente de libertad y falta de regulación, los integrantes de la Movida encuentran un vacío que les permite actuar como les da la gana. A pesar de no tener una formación artística se atreven a pintar, cantar, diseñar ropa, dibujar cómics, escribir música y letras de canciones, redactar fanzines... Y la gente no se limita a una sola de estas formas de expresión, sino que se atreve con varias o incluso con todas. La práctica artística de la Movida es interdisciplinaria. El modelo tradicional del artista virtuoso que se dedica a conseguir la máxima perfección en un campo artístico desaparece para ser sustituido por el «artista que toca muchas cosas». Esta expresión procede de Ouka Lele, hoy conocida principalmente como fotógrafa, pero que se ha sentido más bien «artista que toca muchas cosas» (Nolte 2006b: 4). Ella pertenece a la gran mayoría de integrantes de la Movida que son autodidactas: Almodóvar, Alaska, Alberto García-Alix, Eduardo Benavente o Fabio McNamara, por nombrar solamente los más conocidos. La negativa al virtuosismo equivale a una declaración en favor del dilettantismo, un principio que no se oculta en la Movida sino que incluso se demuestra con orgullo (piénsese en el dúo paródico *punk* Almodóvar & McNamara)[3].

[3] Diletantismo como principio del arte, cf. Nolte (2009: 61-62; 100-109).

Hemos visto que los protagonistas de la Movida rompen y traspasan barreras convencionales que habían estado vigentes en la sociedad y el mundo del arte que les precedía, y más concretamente del franquismo. La ruptura de barreras, de hecho, es el rasgo fundamental de la Movida. Podemos definirla entonces de la siguiente manera: bajo el concepto de la Movida se agrupa gente («integrantes de la Movida») que actúa en Madrid entre el 77 y el 85 renovando la práctica social y cultural del país al romper barreras.

Una de las barreras que se está traspasando en la Movida es la que existe entre lo documental y lo ficticio. Con esto llegamos al análisis de la calidad «docu-ficticia» de la Movida.

2. Documento y ficción de una nueva realidad

La combinación de elementos documentales y ficticios en las actividades artísticas de la Movida empeña dos funciones: primero, posibilita y marca un nivel de lectura crítica; segundo, documenta a la vez que recrea realidades sociales subyacentes.

Para ilustrar esta práctica veremos dos ejemplos que son representativos. Representativos no *del* arte plástico, de *la* música o *el* cine de la Movida. Esto no existe. Son representativos de una práctica cultural. La Movida, en este ensayo, se analiza como entidad y no separando por campos artísticos porque sólo así se puede llegar a la esencia de esta práctica que es la Movida, discutida pero todavía no explicada.

2.1. *Ouka Lele,* Peor Imposible *(1985)*

El primer ejemplo sirve para ilustrar cómo los integrantes de la Movida crean obras de arte partiendo de una base histórica. Se trata de *Peor Imposible,* una fotografía de Ouka Lele en blanco y negro que la artista luego coloreó con acuarelas[4].

[4] Otros ejemplos son las obras que parodian formas de expresión artísticas existentes como la pintura *Cristo de la Vega* (1981) de Juan y Enrique Costus (parodia de una pintura de Jesús) o la canción *Gran ganga* (1982) de Almodóvar & McNamara que utiliza un elemento narrativo del drama antiguo, el coro, para hablar de una cosa tan «profana» como es el estrés social de la existencia urbana; cf. Nolte (2009: 96-100).

Ouka Lele, *Peor Imposible*, 1985[5].

En este caso, la base histórica es una pintura de Velázquez: *Las meninas*. Ouka Lele imita la famosa escena en que se está arreglando a la infanta Margarita que Velázquez pintó en el 1656 y la traslada a una playa de Mallorca, con personas del siglo XX y colores chillones.

Tenemos aquí dos niveles de recreación de la realidad: por una parte, la fotografía documenta el original de Velázquez y añade elementos ajenos. Por otra parte, la obra de Velázquez también se puede entender como un documento: es

[5] Fuente: Lele (1987: 53).

Diego de Silva y Velázquez, *Las meninas*, 1656[6].

[6] Fuente de la reproducción: <http://www.phil.uu.nl/staff/rob/2005/hum243/velazquez-las-meninas.jpg> (5.3.2007).

una pintura histórica que documenta la realidad de la nobleza en el siglo XVII. Elementos documentales son todas las figuras y la sala con su mobiliario (una sala o un estudio en El Escorial)[7]. Michel Foucault ha escrito acerca de esta pintura: «El cuadro en su totalidad ve una escena para la cual él es, a su vez, una escena»[8]. Él advierte que Velázquez juega con el punto de vista de la persona que observa el cuadro. Y efectivamente se le impone la pregunta de quién está mirando a quién. La escena que se encuentra fuera del lienzo la vemos en el espejo: el rey Felipe IV y su esposa Mariana, posando. Pero en esta escena fuera del lienzo estamos nosotros también y todos los demás observadores de la pintura. Velázquez juega con lo real y lo ficticio. Ouka Lele, al utilizar este cuadro como base de su obra *Peor Imposible*, retoma este juego creando un juego en el juego.

Veamos como Ouka Lele juega con la realidad. Los elementos que corresponden al original son los elementos que podemos llamar documentales:

- el número de figuras casi corresponde al modelo de Velázquez, son diez si no contamos a los reyes en el reflejo del espejo[9],
- la forma de su ropa,
- su posición en la imagen;
- la estructura de la imagen también imita el original: el *punk* se encuentra en el plano de la imagen más cercano al observador. Con la expresión de su cara parece estar comentando la escena a su espalda: «peor imposible». Las figuras en el segundo plano de la imagen están congeladas en poses poco naturales. Están como solidificadas al igual que las figuras en el original.

Los elementos de la fotografía que Ouka Lele ha alterado son los ficticios:

- en vez de un interior tenemos aquí el mar y el horizonte como trasfondo de la imagen. Aunque estos elementos reflejan la realidad extratextual son ficción al reconocer la pintura de Velázquez como original;
- el perro del original se transforma en un hombre que está en cuclillas en la arena y enseña los dientes. Lo único que lo adorna es un corte de pelo

[7] Cf. Foucault (1966: 19-31; esp. 22).

[8] «Le tableau en son entier regarde une scène pour qui il est à son tour une scène» (Foucault 1966: 29).

[9] Supongo que el número de figuras se debe al simple hecho de que en el grupo de música que es retratado aquí había diez miembros y no doce.

punk –a parte de eso está desnudo–. Su pose, su desnudez y la vívida expresión en su cara le distinguen de los demás;
- la mayoría de las otras figuras también lleva cortes de pelo *punk* que contrastan con los peinados del original. En vez de terciopelo y seda llevan sábanas de algodón.

Los componentes ficticios añaden y marcan un nivel de lectura crítica. La obra se puede interpretar como comentario de la sociedad española del momento: en el plano más cercano a la fotógrafa tenemos a una minoría que se distingue de la norma por su aspecto y su comportamiento (el perro/el *punk* desnudo/los integrantes de la Movida). En los planos más alejados se encuentra una mayoría solidificada, que intenta mantener normas e ideales antiguos. El pintor, reconocible por el pincel y la paleta, representa el sistema de arte tradicional[10]. Él está observando a la fotógrafa fuera de la escena fotografiada y pintada, que con su práctica intermedial combinando fotografía, pintura, diseño de ropa e instalación, está rompiendo las barreras entre las distintas formas de expresión. Mirando el espectáculo están también la policía o el orden antiguo (una reinterpretación del aposentador de palacio que en el original se encuentra en la puerta) y la Iglesia (representada por las dos figuras en el tercer plano a la derecha). Los únicos que han desaparecido de la escena son los reyes, que en el original se reflejan en el espejo.

Cuando en mayo del año 2006 entrevisté a Ouka Lele en Madrid, ella decía que su fotografía no era crítica, que el grupo con el nombre autoirónico «Peor Imposible» había querido quedar como las meninas en la portada de su disco, nada más (Nolte 2006a: 2). Tuviese o no esa intención, *Peor Imposible* se puede interpretar como forma de «apropiación» (Lucie-Smith 1999: 368), una técnica que parafrasea obras de arte existentes con una intención subversiva. En este caso, la pintura de Velázquez es parafraseada con el resultado de que expone estructuras sociales y estéticas anticuadas, anacrónicas. La función de la mezcla de elementos documentales y ficticios en este ejemplo es generar una parodia con el efecto de posibilitar y marcar un nivel de lectura crítica.

---

[10] Ouka Lele no imita a Velázquez tanto como para haberse puesto en el lugar del pintor.

2.2. *Pedro Almodóvar,* Pepi, Luci, Bom y otras chicas del montón *(1980)*

El segundo ejemplo es el primer largometraje de Almodóvar, *Pepi, Luci, Bom y otras chicas del montón*. Esta película del año 80 contiene tantos elementos documentales que se puede decir que es una «copia en pantalla» (Walter 2004: 736) de la Movida.

Punto de partida es la realidad vivida por los integrantes de la Movida: crear, divertirse, experimentar con drogas y sexo, luchar contra prejuicios, liberarse de las tradiciones. Almodóvar integra esta realidad en la historia ficticia de tres mujeres que actúan en contra del papel que la sociedad ha previsto para ellas. Pepi (Carmen Maura) es una mujer joven que no se dedica a nada en especial, pero lo que hace lo hace con ganas y drogas en las venas. Luci (Eva Siva)[11] es la mujer cuarentona y masoquista de un ex policía franquista (Félix Rotaeta) que se hace novia y *groupie* de Bom (Alaska), dado que su marido no la trata lo suficiente mal para su gusto. Bom tiene dieciséis años y es la guitarrista sádica de un grupo *punk*.

Uno de los elementos documentales es el hecho de que Almodóvar muestra a personas en el papel que tienen también en la Movida. Bom es interpretada por Alaska, quien se interpreta a sí misma: la guitarrista de un grupo *punk* que viste de manera espectacular. En la película toca y se viste como suele hacerlo en la realidad extratextual. De hecho, está convencida de que sólo consiguió el papel porque era la que tenía la vestimenta adecuada. Su grupo, con el nombre significativo «Bomitoni» (la pronunciación recuerda al verbo «vomitar»), es representado por su grupo del momento, los Pegamoides. Una de las dos canciones que tocan en la película es «Murciana». Los componentes del grupo cuentan que cuando la tocaron en un concierto real en Murcia, los echaron de la sala a golpes y gritos; la letra de esta canción dice: «Te quiero porque eres sucia, guarra, puta y lisonjera, la más obscena de Murcia y a mi disposición entera. Sólo pienso en ti, murciana, porque eres una marrana, [...]».

Es posible que la película aluda a este acontecimiento cuando la cámara muestra el cartel para el concierto de Bomitoni, dibujado por Ceesepe[12]. En él se incluye la irónica información: «Después de una desastrosa gira por provincias vuelven a Madrid. Bomitoni Grup».

---

[11] Eva Siva es el pseudónimo de Mercedes Guillamón, hoy en día directora del Teatro Calderón en Valladolid, como me ha confirmado en su *email* del 3 de julio 2007.

[12] Pseudónimo deducido de las iniciales de Carlos Sánchez Pérez (Ce-Ese-Pe).

Fabio McNamara y Alaska y los Pegamoides.

Fabio McNamara, el más famoso travestí de la Movida, actúa como tal cuando visita la Casa Costus o cuando presenta a los Bomitoni en el escenario durante su concierto. Haciéndolo actúa acorde con su papel en la Movida[13]: solía presentar a los Pegamoides también en sus conciertos no filmados, tal y como documenta esta fotografía tomada por Pablo Pérez-Mínguez en el 81 (Manrique 2005: 47): en ella se ve a Fabio McNamara en el vestuario de la sala Marquee con Alaska y los Pegamoides.

El segundo elemento documental consiste en que la película es rodada en lugares auténticos. «Auténtico» quiere decir que el lugar con sus habitantes, su decoración, etc. existe en la realidad extratextual. En varias secuencias de la película vemos la Casa Costus. En la realidad extratextual ésta es la casa de Enrique Naya y Juan Carrero, dos pintores gays que firmaban sus obras con el pseudónimo Costus.

Aquí iban los integrantes de la Movida para pasar el tiempo, charlar, posar, tomar drogas, pintar o rodar una película. En *Pepi, Luci, Bom y otras chicas del*

[13] En su existencia burguesa Fabio McNamara se llamaba Fabio de Miguel y trabajaba en un taller de Pegaso.

Enrique Naya,
Carmen Polo, Viuda de Franco,
1978.

Escena de *Pepi, Luci, Bom y otras chicas del montón.*

montón, Bom vive en la Casa Costus junto con los dos pintores. Cuando Luci deja a su marido, se va a vivir con ellos. En la película se ve a Juan y Enrique Costus, se ve el interior de la casa completo, con muebles, decoración y pinturas originales en las paredes[14], y hasta se puede observar a la perra afgana de

[14] Se ven las obras de Enrique Naya *Caños de Meca 2,* acrílico/aglomerado, 240 × 120 cm, 1979 y *Caños de Meca 5,* acrílico/aglomerado, 100 × 122 cm, 1980. Además varias pinturas de la serie de Costus *La Marina te llama,* todas acrílico/aglomerado, 244 × 122 cm, 1980 (para reproducciones cf. Carrero/Naya 1992).

Costus, Lala. Como espectadores de la película somos testigos de un trozo de realidad en la Casa Costus.

De las pinturas que se ven en el trasfondo quiero comentar el retrato de *Carmen Polo, Viuda de Franco* (acrílico/aglomerado, 150 × 150 cm) (Carrero/Naya 1992: 46). Fue pintado por Enrique Naya en el 78 siguiendo un estilo que recuerda el arte pop norteamericano: la pose artificial, la exageración, el uso de color, el haber utilizado la fotografía de una revista del corazón como modelo (el retrato es parte de una serie de pinturas llamada *Paso trascendental: del Diez Minutos al Hola*). Mediante estas estrategias un icono del franquismo es convertido en icono pop. Como la pintura hace referencia al franquismo trae un hecho histórico al nivel de la ficción.

El retrato de Carmen Polo está colgado encima del sofá en la Casa Costus. Esto tiene el efecto de que cuando Bom y Pepi se sientan en él (y Luci en el sofá de al lado), parece que la viuda de Franco les está mirando por encima del hombro[15]. Y no las observa tomando té. Las observa leyendo revistas de pornografía, esnifando cocaína y hablando de hacer una película de su propia vida. Es decir, el sofá como lugar de tertulia de señoras, como encarnación de lo burgués, es derrumbado y reinventado como sitio de formas alternativas de vivir.

Un tercer elemento documental en *Pepi, Luci, Bom* son las técnicas documentales que utiliza Almodóvar, sea deliberadamente o por necesidad. Pepi, por ejemplo, desempeña la función de un locutor que introduce a los protagonistas y añade el hilo conductor a la historia. La película contiene secuencias improvisadas que no salen en el guión (p. e. Fabio McNamara intentando seducir al cartero en la puerta de la Casa Costus). Luego hay secuencias como las de la fiesta, el bar y el concierto de Bomitoni que parecen improvisadas pero que en realidad corresponden exactamente al guión, tal y como Paul Julian Smith ha descubierto (Smith 1995: 27). Esto significa que separar lo documental de lo ficticio en *Pepi, Luci, Bom* no es fácil. El efecto de «documento auténtico» procede en buena parte de sus características técnicas, que demuestran «defectos espeluznantes», como Nuria Vidal ha escrito (1989: 271): la imagen es granulosa porque el formato fue alargado del 16 al 35 mm; el sonido es poco claro; hay una secuencia en la que se oye hablar al actor, se le ve el cuerpo, pero la cabeza sale solamente durante un segundo, después es cortada por el margen de

---

[15] Fuente del fotograma: de una escena de la película, en: <http://www.clubcultura.com/clubcine/clubcineastas/almodovar/pepi/images/pepigr4.jpg> (28.6.2007); a la izquierda Bom (Alaska), a su lado Pepi (Carmen Maura).

la imagen[16]. Todo esto da la impresión de espontaneidad, de no construcción, al estilo que caracteriza una película documental frente a una de ficción.

Para terminar, cabe destacar que en *Pepi, Luci, Bom* el componente documental tiene función al tiempo que no la tiene[17]. Por un lado, es resultado de la simple necesidad: Almodóvar no tenía más remedio que rodar con actores aficionados que no sabían interpretar más que a sí mismos, rodar en casa de amigos y con defectos técnicos. Le faltaban el dinero[18], el equipo técnico y quizás todavía también la capacidad; como sabemos, Almodóvar es autodidacta e iba aprendiendo mientras rodaba. Por otro lado, la combinación de elementos documentales y ficticios ocurre seguramente con intención: la combinación de figuras ficticias con prácticas subculturales y una reproducción de la primera dama del franquismo, como ocurre en la secuencia del sofá, no surge de la necesidad: es una provocación calculada. Almodóvar dice posteriormente: «En el pase de televisión comprobé lo corrosiva que podía ser todavía. Y pensé ¿cómo nos atrevimos a hacerla en 1980?» (Almodóvar, cit. en Vidal 1989: 15). Aparte de provocar, la docuficción en *Pepi, Luci, Bom* tiene la función de transportar la realidad vivida por Almodóvar y la gente de su entorno durante la Movida[19]. Además, sirve para diseñar una nueva realidad, porque en la historia de las tres mujeres vemos estilos de vida posibles.

3. Conclusión

Hemos visto que el uso de elementos documentales y ficticios en los productos artísticos de la Movida posibilita una lectura crítica (ejemplificado en *Peor*

---

[16] Se trata de la secuencia de la fiesta que se realiza para un *voyeur* gay, y el actor mencionado es Almodóvar, que actúa como presentador de un concurso llamado «Erecciones Generales». Este concurso, en el que se determina el pene más grande, se puede entender como parodia de las elecciones democráticas, otro elemento documental de la película; cf. Walter (2004: 736-737).

[17] Smith problematiza la intencionalidad de las técnicas cinematográficas en *Pepi, Luci, Bom* (1995: 26).

[18] Desde el comienzo del rodaje, el problema económico se fue acrecentando, por lo que éste tardó dos años en llegar a su fin; cf. Holguín (1994: 213-214).

[19] El director dice: «Al estar rodeado de todos aquellos amigos, *Pepi...* representa ese momento de Madrid de una manera especial. Yo no me aprovechaba de nada, simplemente reflejaba lo que sucedía a mi alrededor. [...] La película ha quedado como un documento y se aguanta muy bien» (cit. en Vidal 1989: 15).

Imposible, Carmen Polo y *Pepi, Luci, Bom*). También hemos visto en el ejemplo de *Pepi, Luci, Bom* cómo esta técnica documenta y a la vez diseña una nueva realidad social.

Pero la docuficción tiene otra función más: en la Movida sirve como medio de salir a la luz para una subcultura. La mezcla de lo documental y lo ficticio sitúa las obras artísticas de esta subcultura entre realidad y fantasía. Los espectadores que no quieren creer lo que ven pueden opinar que es ficción. Esta actitud los protege de una realidad que no es la suya y que no quieren o no pueden ver. Los que reconocen en estas obras elementos de la realidad que viven o han vivido saben que son reales y valoran el producto artístico como obra de culto dentro de la escena de la que surge. Así sucedió con *Pepi, Luci, Bom*, y también con *Arrebato* (1979) de Iván Zulueta, por nombrar otro ejemplo[20].

Si aplicamos estos resultados a la Movida como entidad de prácticas culturales y sociales, se puede concluir que la Movida no sólo recurre a la manera de representar que es la docuficción. Ella misma *es* docuficción. La Movida es un documento y es una ficción. En sus prácticas, es decir, en las actividades culturales y el comportamiento de sus agentes, documenta el cambio de la sociedad y de la creación de arte a partir del 77. Pero también la Movida es una ficción en el sentido de que diseña una visión de cómo pueden ser el arte y la vida. Cómo puede ser el arte cuando cada persona es reconocida como artista, independientemente de si tiene una formación artística o de la forma de expresión que elija. Y cómo puede ser la vida cuando cada persona elige libremente con quién se relaciona, qué discurso político sigue, cómo se viste o se peina, qué música escucha, qué pintura le gusta, cómo vive.

Bibliografía y filmografía

CARRERO, Juan/NAYA, Enrique (1992): *Clausura. Exposición Antológica.* Madrid: Comunidad de Madrid.

CERVERA, Rafael (2002): *Alaska y otras historias de la movida.* Barcelona: Plaza & Janés.

[20] Ambas películas formaron parte de la serie de DVD que el periódico *El País* editó en el 2004 bajo el título «Un país de cine». Este hecho señala que, a pesar de sus defectos técnicos, están consideradas representativas del cine español (por lo menos por los redactores de *El País*). En el texto promocional del DVD de *Arrebato* se la llama «película de culto para toda una generación». Acerca del estatus de culto cf. Zulueta en Seisdedos (2005: 59).

FOUCAULT, Michel (1966): *Les mots et les choses. Une archéologie des sciences humaines.* Paris: Gallimard.

HOLGUÍN, Antonio (1987): *Fotografía 1976-1987.* Madrid: Ministerio de Cultura.

— (1994): *Pedro Almodóvar.* Madrid: Cátedra.

LUCIE-SMITH, Edward (1999): *Bildende Kunst im 20. Jahrhundert.* Köln: Könemann.

MANRIQUE, Diego A. (2005): «Lo que hicimos con la movida». En: *El País Semanal,* 1492, 5 de mayo, pp. 44-48.

NOLTE, Julia (2006a): *Protocolo inédito de la entrevista con Ana Curra del 24 de mayo del 2006.* Madrid/Passau, pp. 1-18.

— (2006b): *Protocolo inédito de la entrevista con Ouka Lele del 7 de mayo 2006.* Madrid, pp. 1-11.

— (2009): *Madrid bewegt. Die Revolution der Movida 1977-1985.* Frankfurt am Main: Vervuert.

SEISDEDOS, Iker (2005): «Perfiles de gente de la Movida». En el artículo de portada: «Lo que hicimos con la movida». En: *El País Semanal,* 1492, 1 de mayo, pp. 49-61.

SMITH, Paul Julian (1995): «*Pepi, Luci, Bom* and *Dark Habits*: Lesbian Comedy, Lesbian Tragedy». En: Vernon, Kathleen M./Morris, Barbara (eds.): *Post-Franco, Postmodern. The Films of Pedro Almodóvar.* Westport: CT Greenwood Press, pp. 25-39.

VIDAL, Nuria (1989): *El cine de Pedro Almodóvar.* Barcelona: Destino.

WALTER, Klaus-Peter (2004): «Die spanische Kinokultur der Gegenwart». En: Bernecker, Walther L./Dirscherl, Klaus (eds.): *Spanien heute. Politik, Wirtschaft, Kultur.* Frankfurt am Main: Vervuert, pp. 725-765.

Credibilidad del yo en el universo narrativo

ENCARNACIÓN GARCÍA DE LEÓN

«Madame Bovary, c'est moi».
Flaubert

El lector, desde el mismo momento en que elige un libro, deposita su confianza en el escritor de quien espera el relato de una historia. En este mismo acto, la credibilidad del sujeto se pone en juego de modo fehaciente, cuando la focalización se hace en primera persona, cuando el intimismo o la memoria personal hacen acto de presencia en el texto y dan lugar con ello a que el yo ficticio y el autor se confundan. Es esta focalización en primera persona, la que constituye el modelo narrativo que con mayor fuerza se adapta al perfil de la sociedad actual. Partimos, sin embargo, de una paradoja, la expresada por Javier Marías en su novela *Negra espalda del tiempo* (1998), quien apela a la credulidad del lector a pesar de que asegure que lo que cuenta no tiene por qué ser creído: «Y al advertirlo me doy cuenta de que estoy poniendo en tela de juicio la veracidad de cuanto aquí estoy diciendo y seguiré contando, pero debo correr ese riesgo y apelar a la credulidad pese a todo» (Marías 1998: 28).

Frente a la idea de que la vida es fruto del azar, y por tanto no existe en ella un orden previo, no la guía un autor, la ficción exige la estructuración, la coherencia, para que el narrador goce de credibilidad en lo que cuenta. Contar por tanto una vida, la propia, se parece notablemente a la ficción, y en ocasiones la supera. Es curioso cómo la historia real del escritor John Gawsworth, que relata Javier Marías, pareció en principio a sus lectores un episodio novelesco y ficticio, dando lugar a un ambiguo territorio en el que realidad y ficción parecían coquetear. Pero lo que en la vida real no es admisible, en el relato de ficción encaja perfectamente, de manera que el único camino, sugerido por determinados escritores, para recuperar la vida es transformarla en literatura; «la ficción es ficción», dice Nabokov, «calificar un relato de historia verídica es un insulto al arte y a la verdad», porque en definitiva, todo gran escritor es un gran embaucador (Nabokov 1983: 4).

El lector, suspicaz, tiende a interpretar como hechos verdaderos los que se describen bajo la denominación de ficción, y por el contrario, sospechará que se ocultan experiencias deformadas bajo la denominación de «autobiografía». Ésa es la razón que aclara la focalización novelesca de un narrador, no memorialista, que presenta sus recuerdos de manera ficcionalizada. En este sentido, aduce Javier Marías respecto a la postura del lector[1]:

> Por un lado, el relato se le ofrece como ficción, pero de una forma en absoluto ficcionalizada, lo cual le hace desconfiar de esa presunta ficción y pensar que *en realidad* se trata de un narrador y de una historia que bien pueden identificarse con el autor y con *su* historia. Por otro lado, sin embargo, y una vez que el lector ha decidido que el autor habla de sí mismo y maneja un material «verídico» aunque no lo indique de manera explícita, se encontrará con la permanente sospecha de que ese autor esté aprovechando tal creencia para pasarla como «verdadera» una información totalmente ficticia acerca de sí mismo: una información «inventada» (Marías [1987] 1993: 68-69).

Propone claramente que los hechos biográficos deben parecer una confesión transparente para el lector y aunque se presenten en una novela, no deben tener la apariencia de estar ficcionalizados. Javier Marías, en estas declaraciones, no sólo anticipa lo que más tarde desarrollará en sus novelas, a partir de *Todas las almas* (1989), sino que además se hace eco de lo que está sucediendo en la narrativa española de las últimas décadas. La proliferación de novelas con contenidos autobiográficos, en ningún caso denominadas autobiografías o memorias, plantea el estudio de un espacio ambiguo aún no bien determinado, sin una denominación precisa de género, cuyos límites entre realidad y ficción son difusos, y con la presencia de un yo narrativo que no es del todo creíble[2]. Pla-

---

[1] Coincide con él, por poner un ejemplo, Félix de Azúa en *Historia de un idiota contada por él mismo* (1986).

[2] Manuel Alberca (1996) recoge 25 de estas novelas, aparecidas entre 1975 y 1995. Incluye en esta relación las siguientes: *Las ninfas* (1975), de Francisco Umbral; *Ya no es ayer* (1976), de Francisco García Pavón; *Autobiografía de Federico Sánchez* (1977), de Jorge Semprún; *El cuarto de atrás* (1978), de Carmen Martín Gaite; *Los helechos arborescentes* (1980), de Umbral; *Paisajes después de la batalla* (1982), de Juan Goytisolo; *El hijo de Greta Garbo* (1982), de Umbral; *Penúltimos castigos* (1983), de Carlos Barral; *Todos los comienzos* (1983), de Paco Ignacio Taibo; *Dafne y ensueños* (1983), de Gonzalo Torrente Ballester; *El hermano bastardo de Dios* (1984), de José Luis Coll; *Historia de un idiota contada por él mismo* (1986), de Félix de Azúa; *La otra Sonia* (1987), de Sonia García Soubriet; *Todas las almas* (1989), de Javier Marías; *Bruna* (1990), de Sonia García Sou-

neando sobre todo ello, un «no sé qué» que las aleja del reportaje periodístico o de la literatura memorialista y las acerca al género «novela». Como consideraba Wittgenstein, la retórica y la persuasión andan a la par para que el producto final sea fundamentalmente seductor, es decir, ese «algo» atractivo que fluye en estas novelas gana la voluntad del lector más que la denominada «literatura literal». Leemos en Vargas Llosa que «no se escriben novelas para contar la vida sino para transformarla, añadiéndole algo» (Vargas Llosa 1990: 7)[3]. En *Soldados de Salamina* de Javier Cercas, por ejemplo, leemos cómo el narrador, sorprendido por los detalles que trae a su memoria el anciano entrevistado, se cuestiona la veracidad de los mismos, «ignoro si el tiempo ha puesto en la escena un barniz novelesco», afirma; no está seguro de ello, porque no sólo duda de que el personaje tenga tal imaginación, sino que tampoco obtendría beneficio de «inventar una escena así» (Cercas 2001: 119).

Hay un neologismo francés que nombra estas producciones, «autoficción». Philippe Lejeune, en 1975, se plantea un interrogante en el que reside el germen del concepto: «¿El protagonista de una novela puede tener el mismo nombre del autor? Nada impide que así sea y es tal vez una contradicción interna de la que podríamos sacar efectos interesantes» (Lejeune 1975: 31). Será en 1977 cuando el francés Serge Doubrovsky utilice por primera vez el término «autoficción» para nombrar la transgresión, que él mismo lleva a cabo, al definir el punto de vista de su novela *Fils*, tal como se recoge en la contraportada de la novela:

---

briet; *Volver a casa* (1990), de Juan José Millás; *El palomo cojo* (1991), de Eduardo Mendicutti; *Estatua con palomas* (1992), de Luis Goytisolo; *Contra Paraíso* (1993), de Manuel Vicent; *El dueño del secreto* (1994), de Antonio Muñoz Molina; *Una vuelta por el Rialto* (1994), de Marcos Ordóñez; *Escenas de cine mudo* (1994), de Julio Llamazares; *Tranvía a la Malvarrosa* (1994), de Manuel Vicent; *La plaza de la memoria* (1995), de Antonio Prieto; *La propiedad del paraíso* (1995), de Felipe Benítez Reyes. En otra relación posterior añade a la lista cinco novelas publicadas en 1998: *El año que viene en Tánger*, de Ramón Buenaventura; *Ceremonia por un teniente abandonado*, de Fernando Arrabal; *Negra espalda del tiempo*, de Javier Marías; *La foto de los suecos*, de Juan Cruz; y *Los detectives salvajes*, de Roberto Bolaño. Curiosamente, según Alberca, no es más que una breve muestra porque afirma tener inventariadas más de cien novelas, en el período de 1975 a 1998. Y no sólo ofrece esta intersección ficción/autobiografía en la novela española, sino que cita escritores hispanoamericanos como Cabrera Infante, Lezama Lima, Carlos Fuentes o Vargas Llosa, quienes también utilizan estos procedimientos autoficcionales; un buen ejemplo es *La tía Julia y el escribidor* (1977) de Vargas Llosa.

[3] Julia Urquidi, ex mujer de Mario Vargas Llosa, se sintió retratada e injustamente tratada en *La tía Julia y el escribidor*, sobre todo en la versión preparada para la telenovela. Vargas Llosa explica cómo fantaseó y fue infiel a la realidad de algunas de sus experiencias (Comas 1990).

> Al despertar, la memoria del narrador, que rápidamente toma el nombre del autor, cuenta una historia en la que aparecen y se entremezclan recuerdos recientes (nostalgia de un amor loco), lejanos (su infancia, antes de la guerra y durante la guerra), y también problemas cotidianos, avatares de la profesión [...] ¿Autobiografía? No. Es un privilegio reservado a las personas importantes de este mundo, en el ocaso de su vida, y con un estilo grandilocuente. Ficción, de acontecimientos y de hechos estrictamente reales; si se quiere, *auto-ficción*... (Doubrovsky 1977: contraportada).

Otros escritores de la misma tendencia literaria, como Alain Robbe-Grillet, Claude Simon, Nathalie Sarraute o Marguerite Duras investigarán, en la década siguiente, diversas formas de narrar desde el mismo enfoque creativo. Desde 1982 hasta 1994 Jacques Lecarme, intenta sistematizar el concepto proponiendo la siguiente definición: «l'autofiction est d'abord un dispositif très simple: soit un récit dont auteur, narrateur et protagoniste partagent la même identité nominale et dont l'intitulé générique indique qu'il s'agit d'un roman» (Lecarme 1994: 227).

En esta definición se da especial relevancia a la identidad del autor y de su personaje, pero nada se dice de ninguna de sus posibilidades expresivas. Con todo ello, el término ya ha nacido y tiene un contenido conceptual concreto, a partir del cual se cuestiona la intensidad de la dicotomía verdad-ficción de los textos que responden a esta denominación.

Al quite sale en 1991, Gérard Genette, en *Ficción y dicción*, distinguiendo las autoficciones verdaderas que suponen la aceptación de la verdad expresada, frente a las falsas, una especie de «autobiografías vergonzosas», nada serias. No acepta Genette, desde el punto de vista de los géneros, que se pueda sistematizar un tipo de relatos en los que se presente la personalidad del personaje como auténtica, y sin embargo su evolución biográfica sea ficticia, y se burla de esta contradicción, «Yo, autor, voy a contaros una historia, cuyo protagonista soy yo, pero que nunca me ha sucedido» (Genette [1991] 1993: 70). De esta manera, considera incoherente la identidad autor-narrador si el texto se denomina de ficción.

Hay desde luego, en las autoficciones, un compromiso del autor hacia el lector, quien acepta como verdadera la identificación entre el autor y el «yo» narrativo[4]. Además, hay otro compromiso acerca del referente novelesco, de la

---

[4] En EE. UU., se denomina *memoir* (memoria) a un fenómeno similar del que Gore Vidal comentará: «un *memoir* es como uno recuerda su propia vida, mientras que la autobiografía es historia; requiere investigación, fechas y chequear los hechos» (Enríquez 2006: 1).

correspondencia entre el texto y la realidad enunciada en él, de manera que puede ser comprobada en cualquier momento. Sin embargo, la autoficción puede alterar las claves narrativas de la novela y las claves biográficas de la autobiografía con mayor libertad que cada uno de esos géneros, y borrar los límites entre el relato «verdadero» y el relato «ficticio», siempre sin decantarse en exceso por uno de los dos sentidos, para no poner en peligro la credibilidad del narrador.

En 1995 Anna Caballé percibió la presencia de lo autobiográfico en distintos medios: el cine y la música se dirigen claramente hacia lo autobiográfico, la presencia del yo y el dominio discursivo de la autoalusión impregna el arte en general. Es obvio que, en la actualidad, cualquier relato que se presente como evidencia de auténtica experiencia atrae extraordinariamente la atención del receptor; ya sea en un soporte literario o a través de cualquier otro medio de comunicación de masas, el interés se dirige hacia lo íntimo como dimensión de lo humano (Raabe 1983). La autoficción, «autofiction biographique», como la denominó Vincent Colonna, evoca la idea de escribir/fabular/novelar sobre sí mismo («l'affabulation de soi»). Pero esta concepción originaria del término, ha sufrido la evolución en su interpretación. Términos como «l'autofiction fantastique», en la cual el autor ocupa el centro como si se tratara de una autobiografía, pero transfigura su vida y su identidad en una historia irreal, ajena a la verdad (Colonna [1982] 2004: 75), «l'autofiction spéculaire», apoyada básicamente en un reflejo del autor (Colonna [1982] 2004: 119), y «l'autofiction intrusive» en la que el autor es un relator, o un comentador (Colonna [1982] 2004: 135), todas ellas posturas e interpretaciones matizadas del concepto, no son más que variaciones acerca de la fabulación del autor sobre sí mismo.

El potencial semántico de la palabra es mayor; la autoficción, como variante posmoderna de la autobiografía, amplía sus límites, al considerar que el yo narrativo se puede fragmentar, es múltiple e inasible. Surge en la actualidad, especialmente influido por la tendencia transmediática de la cultura española, el término «docuficción» que, como género de radio, cine y televisión, trata de hechos reales propios de un documental, con técnicas dramáticas, es una representación de hechos reales, la dramatización de los mismos. En el ámbito literario, el nuevo término amplía la perspectiva de lo que se venía denominando «autoficción», como un amplio contenedor que incluye categorías intermedias, es decir, aquellas que excluyen el yo biográfico como núcleo generador de la historia; el autor está en el texto presente en la persona verbal, que no ha de ser necesariamente la primera, está presente a través de su criterio subjetivo y está presente en su calidad de investigador, lector de documentos, o sujeto activo de la memoria histórica. No habla de sí mismo sino que reproduce la realidad y la ficcionaliza, e incluso se ficcionaliza a sí mismo porque el escritor posmoderno no queda fuera del mundo ficcional; por el contrario, penetra en él y se transforma en lector (en la oposición escritor/lector), o en narrador y personaje (en la oposición autor/narrador personaje). El escritor (que pertenece a la realidad) delega en el narrador (que pertenece a la ficción) la responsabilidad de narrar. De este modo se socavan los límites entre ficción y realidad; los escritores plantean en sus narraciones el juego con las categorías de autor, narrador y personaje, instalándose en el terreno de la docuficción, concepto que identifica a las narraciones en primera persona y a aquellas que incorporan datos biográficos comprobables extratextualmente, ambientes y personajes reconocibles. Son novelas ensambladas hábilmente con material documental.

El incremento de la investigación narrativa sobre historia de vidas puede responder a nuestra actual coyuntura posmoderna: en un mundo caótico y desordenado, sólo queda el reflejo en el propio yo. De modo paralelo al *fin de siècle* anterior, la pérdida de fe (crisis del positivismo) en el racionalismo ilustrado y en las explicaciones totales del mundo («l'incrédulité à l'égard des métarécits» de que hablaba Lyotard 1979: 7), han abocado a refugiarse en auténticas narrativas personales. Emerger con fuerza la palabra «sujeto» como constituyente de sus vivencias, memoria e identidad. Contar las propias vivencias y «leer» (en el sentido de interpretar) hechos/acciones, se ha convertido en una perspectiva peculiar de investigación. La narrativa es un modo de construir realidad.

La docuficción se introduce en el ámbito documental-histórico, en el sentido de que se reconstruyen historias del pasado, relacionadas y complementadas con historias del presente narrativo[5]. Su especificidad se basa en la exclusión de todo rastro ficticio, pero la exclusión no es garantía de veracidad; el rechazo escrupuloso de todo elemento ficticio no es un criterio de verdad, porque una proposición, por el hecho de no ser ficticia, no se convierte automáticamente en verdadera. La verdad no es, en ningún modo, lo contrario de ficción. Si atribuimos a la verdad el campo de la realidad objetiva, y a la ficción, la dudosa expresión de lo subjetivo, persistirá siempre la clave del problema, es decir, la indetermina-

[5] A este género de moda, muchos han venido a llamar *non-fiction* (Truman Capote, Norman Mailer). En el ámbito anglosajón, a principio de la década de los ochenta, Stone utiliza el término *faction* para designar una «novela de hechos estrictamente reales, donde la fusión entre lo verdadero y lo inventado debe ser al menos tan perfecta como sugiere la unión de las palabras (factual fiction) que le dan nombre» (Alberca 1996: 10).

ción de la supuesta verdad objetiva y de los fenómenos que pretenden representarla. Alicia Molero advierte la transgresión de fronteras que se da entre la autografía en la que hay «efectos de ficcionalidad» y la novela autobiográfica que es una ficción absoluta que incorpora «efectos de factualidad» (Molero 2000: 32).

El autor de la docuficción trata el universo a su manera, y busca, mediante afirmaciones reiteradas, la constatación de la verdad de lo que cuenta, y parejamente la credibilidad del narrador. Javier Cercas, autor-narrador de *Soldados de Salamina*, insiste en declarar que la historia que cuenta es real, «esto no es una novela, sino una historia real» (Cercas 2001: 37), «un relato cosido a la realidad, amasado con hechos y personajes reales» (Cercas 2001: 52), «será como una novela, solo que, en vez de ser todo mentira, todo es verdad» (Cercas 2001: 68), un relato en torno al fusilamiento fallido del falangista Sánchez Mazas, y de las circunstancias que lo precedieron y lo siguieron.

El autor-narrador describe primero su investigación periodística para averiguar la verdad de lo que lee en una libreta-diario. Su insistencia en declarar que la historia es real, da a la novela una nueva dimensión: es la propia historia real la que juzga implacablemente a los personajes. Desde el relato del protagonista (un falangista en apuros) y el relato de un escritor desorientado entre la literatura y el periodismo (el autor), se reivindica a los héroes anónimos.

La indagación en el libro comienza con la entrevista a Sánchez Ferlosio (hijo del falangista no fusilado), y termina con la entrevista a Antoni Miralles, el miliciano anónimo que le salvó la vida, viejo, recluido en un geriátrico. Y termina aquí la historia porque, como el propio Cercas afirma, la novela se construye «porque uno no escribe acerca de lo que quiere, sino de lo que puede» (Cercas 2001: 143), es decir, la realidad es la que se impone y domina al yo narrador. El escritor no es más que el instrumento que ejecuta la memoria de esa realidad, porque «para escribir novelas no hace falta imaginación [...]. Sólo memoria» (Cercas 2001: 151), y de eso precisamente se trata en toda la novela, de la indagación de la historia a través de la memoria de los personajes. «Un escritor no escribe nunca acerca de lo que conoce, sino precisamente de lo que ignora» (Cercas 2001: 143-144). La búsqueda inicial varía de este modo su perspectiva, enfocando el final hacia una profunda reflexión sobre la condición humana y los extraños mecanismos que conducen a la naturaleza humana hacia comportamientos heroicos, y sobre esos «momentos inconcebibles en que toda la civilización pende de un solo hombre» (Cercas 2001: 209).

En estas palabras textuales recogidas en el párrafo anterior, está el germen de la docuficción. Y además, desde esta historia que insistentemente se confirma como real y que podría constituir un excelente reportaje periodístico, podemos extraer una serie de elementos que ofrecen las pautas para dotar a la anécdota del sentido literario que indudablemente prevalece sobre el histórico, elementos como los siguientes: la disposición de los materiales, la organización del tiempo, el espacio, la revelación en unos casos u ocultación de datos en otros, las entradas y salidas de los personajes, y sobre todo la fuerza persuasiva del lenguaje empleado. Todos ellos constituyen un sólido artificio para la construcción novelesca.

La estrategia detectivesca e indagatoria del protagonista resulta muy atractiva, de manera que en un momento determinado en que la historia se paraliza y de nuevo se reactiva tras el hallazgo de una nueva pista, reside una de las claves de la magnífica organización novelesca de los materiales por parte del autor. Como afirma Mario Vargas Llosa: «Este libro, que se jacta de no fantasear, de ceñirse a lo estrictamente comprobado, en verdad transpira literatura por todos sus poros» (Vargas Llosa 2001: 11).

Cercas entra directamente en la novela («autoficción intrusiva»), expresando su vocación literaria frustrada, que despierta en el intento de contar esta historia de Sánchez Mazas. El hecho de que la vocación del narrador se desarrolle paralela a la historia que va rehaciendo conforme conoce datos, duplica el interés de la novela, porque la intrusión de Cercas la contagia de vitalidad y la convierte en una historia llena de expectativas que el lector ansía despejar a lo largo de su desarrollo y por supuesto en el desenlace. El anónimo héroe es el personaje más novelesco, porque de todos los demás personajes, sobre todo de los escritores citados que además son los de mayor presencia, tenemos certeza de su existencia: Sánchez Ferlosio[6] revela el episodio inicial, Roberto Bolaño[7] reactiva la historia al final con una nueva pista, Andrés Trapiello[8] y su relato «Los amigos del bosque», basado, como la novela de Cercas, en la historia que le contó Liliana Ferlosio, la mujer del mismo Sánchez Mazas.

[6] Rafael Sánchez Ferlosio, hijo de Rafael Sánchez Mazas, escritor de novelas como *El Jarama* (Premio Nadal, 1955) e *Industrias y andanzas de Alfanhui* (1951), ambas de referencia obligada.

[7] Roberto Bolaño, narrador chileno, afincado en España y desconocido hasta los años noventa en que surge con obras publicadas en España como *La Literatura Nazi en América* (1996), y *Estrella distante* (1996). A partir de *Los detectives salvajes* (1998) está presente en sus novelas su reiterada obsesión por entreverar la historia, la realidad con la ficción, introduciéndose él mismo en sus novelas. *Nocturno de Chile* (2000), *Putas asesinas* (2001) son buena muestra de ello.

[8] Andrés Trapiello (1953), escritor leonés, autor de una extensa obra ensayística. Es además novelista y poeta. Fue director de la editorial Trieste. Ganador del Premio Nadal de la Crítica en 1993 y del Premio Nadal 2003.

De lo anteriormente estudiado, podemos afirmar que uno de los rasgos que identifican este tipo de narración es precisamente su carácter «experiencial»: se narran experiencias vividas por el autor-narrador, recordadas, o conectadas con otras, pero siempre relacionadas con el yo narrativo. De esta manera, el autor construye un «héroe» que es él mismo, en torno al cual se desarrollan una o varias historias, de mayor o menor peso en la obra respecto a la historia del «héroe», y que convergen entre sí. Es ésta la función literaria más clara del relato. Otro rasgo clave es que son «relatos», porque el autor le da una estructura propia de narración, con un desarrollo de los hechos claramente narrativo, y con una obvia voluntad narrativa. El narrador escoge el orden de relatar sus vivencias, su memoria selecciona cuales interesan, y esa «verdad», esa realidad recordada es la que conecta narrativamente según convenga a la presencia del yo narrativo. El proceso de la memoria está en la base del proceso literario. Un tercer rasgo característico es que estos relatos son socialmente interesantes. Las experiencias vividas, sobre todo si son generacionales, se comparten con los lectores y despiertan su interés; es más, si además de la propia experiencia se inserta un hecho real poco conocido, que el narrador descubre a los demás, estamos ante una clara docuficción.

Por último, el yo narrativo cuenta «su» verdad. El mero hecho de contar una realidad, lo que supone al menos una selección subjetiva de los datos y materiales que la componen, ya la deforma y tergiversa, por lo que la credibilidad del yo narrativo está inevitablemente sometida al equilibrio, a la tensión entre la realidad real y la realidad contada. Ese procedimiento de distorsión, aúna realidad y ficción en una mezcla verosímilmente literaria.

En conclusión, podemos considerar la docuficción como un texto escrito con interés estético, que combina realidad documentada con la realidad de la imaginación. Esta consideración le dota de caracteres de género de intersección, no solo literario sino también mediático; a diferencia del docudrama (impulsado por los realizadores británicos de los años sesenta), la docuficción no se ocupa de la reconstrucción dramática de determinados sucesos, sino que es una reconstrucción histórica documentada, en la que la ficción interviene y articula, y además da juego para estimular el debate[9].

---

[9] Curiosamente hemos podido advertir la presencia, sobre todo entre los escritores iberoamericanos, de la variante masculino/femenino del término, el/la docuficción. Pensamos que el masculino hace especial referencia al producto cinematográfico televisivo, el docuficción, semejante al documental, docudrama, etc. En cambio el femenino, la docuficción hace referencia a la categoría genérica.

Nos vamos a detener en uno de los elementos consustanciales al relato en primera persona, el yo narrativo, y sus posibilidades de multiplicidad y fragmentarismo. La presencia explícita del autor no es nueva en la historia de la literatura. El sujeto narrativo se va a revalorizar extraordinariamente en la segunda mitad del siglo XX, con el crecimiento progresivo del intimismo y en particular de la memoria personal, tendencia que va a favorecer la producción de textos en los que yo ficticio y autor se confunden, desencadenando el ya conocido debate en torno a la veracidad autobiográfica. Estas novelas, bajo la presión del individualismo, muestran la tendencia que siente el escritor de autorrevelarse, de autorrepresentarse, formando parte del acto literario. El escritor es objeto de la propia narración y escribe un texto cuyas referencias se articulan sobre sí mismo, aunque ciertamente el grado de semejanza del autor y del narrador dependerá de su propia elección. De ahí que algunos novelistas como Francisco Umbral, Carmen Martín Gaite, etc., reescriban abiertamente sus propias vivencias, y otros como Antonio Muñoz Molina en *El jinete polaco* (1991), o Antonio Prieto en *La plaza de la memoria* (1995), construyan una solapada docuficción. Otras veces pasan desapercibidas bajo inesperados títulos como *Memorias de un bufón* de Albert Boadella (2001), o *El guitarrista* (2002) de Luis Landero, que cuenta sus andanzas como *tocaor* en un grupo de flamenco. Incluso, en ocasiones, va más allá la presencia del sujeto narrativo, mediante un juego de perspectivas plurales, como ocurre en novelas como *Penúltimos castigos* (1983) de Carlos Barral, en *Dafne y ensueño* (1983) de Gonzalo Torrente Ballester, en *Estatua con palomas* (1992) de Luis Goytisolo y en *Negra espalda del tiempo* (1998) de Javier Marías (por citar una muestra interesante de los ochenta y de los noventa).

Encontramos en estas producciones, una serie de características relacionadas con el «yo» biográfico, que comentamos a continuación: una de ellas, destacable sin duda, es el tratamiento irónico que el narrador aplica sobre sí mismo o sobre otros personajes. La novela es el soporte estético más adecuado para recontextualizar e ironizar un discurso (Bajtín 1986). Por esta razón, se puede considerar el mejor medio para cuestionar los principios que fundamentan el género autobiográfico en la imitación de la vida de quien escribe. En *Todas las almas*, Javier Marías identifica casi absolutamente al narrador sin nombre y al autor con nombre, el suyo. En *Negra espalda del tiempo* afirma que «narrador y autor sí coincidimos y por tanto ya no sé si somos uno o si somos dos» (Marías 1998: 16); a pesar de la ironía, esa coincidencia aceptada explícitamente por el narrador, otorga credibilidad al yo narrativo, por el préstamo que supone «del autor al personaje» según palabras del propio Marías (Marías 1998: 17). Esa credibilidad se ve potenciada en los fragmentos en que el autor trae a colación personas con las que tuvo alguna relación en su vida literaria y a los que ataca con su particular sarcasmo, por ejemplo las conversaciones con Francisco Rico, representado como personaje en la novela, los enfrentamientos con el productor Elías Querejeta a propósito de la versión cinematográfica de *Todas las almas*, o las agrias relaciones con el editor Jorge Herralde. El humor procede de la deformación, en la ficción, de los personajes y del propio autor.

De las narraciones autonovelescas se infiere casi siempre una necesidad de recuperar el pasado, una especie de búsqueda de la identidad. El pasado puede ser revivido mediante la ficcionalidad, entendiendo por ficción el resultado de un proceso de narrativización, no necesariamente lo que se opone a la verdad. Torrente Ballester (*Dafne y ensueño*) recupera las voces de su infancia, mezclando el recuerdo histórico con su propia biografía. La docuficción permite rehacer la propia vida; en este sentido, José Saramago, en su discurso de recepción del premio Nobel de Literatura en la Academia Sueca, el 7 de diciembre de 1998, explicó cómo, a través de la ficción literaria, había podido recuperar la memoria que tenía de sus abuelos: «Tuve conciencia de que estaba transformando las personas comunes que ellos habían sido en personajes literarios» (Saramago 1998: 4).

El yo es una construcción artificial-ficticia que manipula la narración y la sinceridad de los recuerdos para acomodarlos a una intención significativa. La docuficción se ofrece con plena conciencia del carácter ficcional del yo, aunque el referente es asumido existencialmente por el yo, a diferencia de lo que ocurre en la literatura ficticia. Sin embargo, los elementos históricos junto con los biográficos, que resultan imprescindibles para comprender en toda su extensión la problemática del sujeto, quedan relegados a segundo plano, sobrepasados por la intención prioritariamente estética de la docuficción. De este modo, se desdibujan los límites entre el discurso histórico y el discurso ficticio; las evocaciones y reflexiones personales, desarrolladas dentro del espacio novelesco, acercan el enunciado a la ficción. «Basta con que alguien introduzca un "como si" en su relato; aún más, basta con que haga un símil o una comparación o hable figuradamente [...] para que la ficción se deslice en la narración de lo sucedido y lo altere o falsee» (Marías 1998: 10).

Es lo que ocurre en *Negra espalda del tiempo*, en la que Marías habla en su propio nombre, ajeno a las voces fingidas de la novela. El yo narrativo es fuertemente reflexivo, hasta el punto de transformar una digresión en parte esencial del discurso. De esta agudeza en la técnica y de la universalidad de los temas sobre los que reflexiona el escritor-narrador (muerte, amor, tiempo, etc.) se deriva la fuerza y credibilidad del yo narrativo. El propio título de la novela, *Negra espalda del tiempo*, procedente de una frase de Shakespeare[10], que examina el concepto de lo no acaecido como parte de la realidad, está relacionado con las ideas que nos ocupan. Es decir, aparte de los datos históricos y biográficos ineludibles en una docuficción, hay una parte del ser humano que configura su trayectoria, y es, según explica Marías, exactamente «lo que no hemos hecho, aquello a lo que hemos renunciado, aquello a lo que no nos hemos atrevido, aquello que se nos frustró, aquello que salió mal, aquello que intentamos y fracasamos, aquello que soñamos hacer y no lo conseguimos» (Sierra 2006: s. p.). El narrador valora lo que podría suceder, es la dimensión irreal de la realidad, la dimensión no acaecida.

Javier Marías combina lo histórico y lo inventado, primero de manera implícita en *Todas las almas*, después explícitamente en *Negra espalda del tiempo*, novela claramente referencial. La textualización de lo autobiográfico y de lo inventado en esta última refleja la transmutación del narrador biográfico en un fabulador, de modo apenas perceptible, en una narración que no vendrá marcada por capítulos, y con unos personajes ficcionalizados que mutan en sus vidas. El hecho de que en el material biográfico sea prioritaria la intencionalidad estética, y no al revés, incide en el planteamiento semántico de la docuficción, de modo que no es necesario incluir todas las etapas ordenadas de una vida, porque el sujeto crece, independiente de la amplitud y alcance temporal concebidos por un autobiógrafo (desde el pasado al presente). La infancia y la adolescencia no aparecen en ficciones autobiográficas como *Negra espalda del tiempo*, aunque aparecen momentos retrospectivos. Marías, a pesar de su insistencia en la plena identificación autor-narrador, no construye un personaje que reproduzca el transcurso vital completo, sino que la autorreferencia se limita al relato de algunas acciones y reflexiones personales. Sólo en contadas ocasiones se citan episodios de su propia vida, por lo que su protagonismo en el relato se ciñe a hechos de índole literaria, apenas referenciales. Pero también encontramos el proceso contrario, en el que los recuerdos alejados en el tiempo sean el objeto

[10] En el primer acto, segunda escena de *The Tempest*, Próspero dice a Miranda: «[…] But how is it/That this lives in thy mind? What seest thou else/In the dark backward and abysm of time?/If thou rememb'rest aught ere thou cam'st here,/How thou cam'st here thou mayst» (Shakespeare [6]1958: 12).

de la narración; así en *Dafne y ensueño*, Torrente Ballester bucea en su pasado para dar con la clave de su identidad literaria, en ocasiones mediante los recuerdos, en otros casos encadenando actitudes del presente del personaje-narrador-escritor con actitudes del pasado.

Los procedimientos de autorrepresentación nacen directamente de la intención del autor, por lo que el modo seleccionado para ello por el autor, conlleva un desarrollo de procedimientos estéticos. De la voluntad estética procede la narrativización en la estructura del discurso de algunas novelas: así encontramos la forma de entrevista al autor para justificar el relato en *Estatua con palomas* (Luis Goytisolo), o el informe que el personaje dirige al psiquiatra después de morir el autor en *Penúltimos castigos* (Carlos Barral), por lo que hay un desdoblamiento en dos sujetos narrativos. Y una voz fingida, que está en lugar del autor es la que se escucha en *Negra espalda del tiempo* (Javier Marías). Y en *Enterrar a los muertos* (2005, Ignacio Martínez de Pisón) se cuenta el enfrentamiento entre Ernest Hemingway y John Dos Passos como una historia narrada con tal grado de eficacia que muchos lectores la identifican con una novela precisamente por su voluntad de narrativización.

Como vemos, el acercamiento al pasado reciente a través de la realidad y la ficción es muy diferente; y podemos citar otros procedimientos como la reconstrucción de datos históricos en *Las trece rosas* (2003, Jesús Ferrero), o testimonios refundidos escuchados por los personajes de una historia, personajes que no son reales pero sí la historia que les rodea, en *La voz dormida* (2002, Dulce Chacón), y *Los girasoles ciegos* (2004, Alberto Méndez).

Otros escritores prefieren jugar con los géneros; así Vila-Matas en *París no se acaba nunca* (2003), utiliza varios (cuento, relato autobiográfico, crónica periodística, etc.) para concluir en la afirmación de que «es un fragmento de la novela de mi vida en el que todo es verdad porque todo está inventado», y es que «un relato autobiográfico es una ficción entre muchas posibles» (Pàmies 2003: s. p.). El constante proceso de mutación de géneros vuelve a ser núcleo de reflexión en otra de sus novelas: «Así fueron las cosas ayer por la noche en este cuarto de hotel donde ahora yo escribo este diario que se me está volviendo novela» (Vila-Matas 2002: 32).

Algunos géneros, especialmente la novela, tienen límites que se retuercen y falsean. Es una manifestación de la voracidad de este género: «El rasgo principal de las novelas es su condición flexible, su capacidad inclusiva y hasta su voracidad con respecto a los géneros limítrofes y a todo cuanto se proponga, como representación de la realidad» (Mainer 2005: 200).

En *El mal de Montano* (2002), podemos identificar cinco bloques, correspondientes cada uno de ellos a un género y a continuación se permite su transgresión. Son: un relato breve («El mal de Montano»), un diccionario de escritores de diarios («Diccionario del tímido amor a la vida»), una conferencia sobre teatro («Teoría de Budapest»), un diario personal del narrador («Diario de un hombre engañado») y, por último, el libro va más allá del diario y entra en una escena atemporal, una escena final en lo alto de una montaña suiza («La salvación del espíritu»). Podemos considerarlo, por todo ello, según diferentes perspectivas, un libro de viajes, un ensayo, un estudio sobre los diarios, una débil trama con argumento, etc., de manera que reúne una serie de géneros cuyas fronteras se difuminan. Es un espacio que elimina fronteras entre los géneros y entre la realidad-ficción, y que presenta abiertamente la lógica en la docuficción del escritor, de modo que funciona como un «dispositivo de funcionamiento, una compleja red de instrucciones, modos de figuración y criterios de escribir sobre ese tema tan inasible como es la propia vida» (Ferro 2003: 3). Cuando el narrador afirma: «Me gustaría ser visitado por los recuerdos personales de Alan Pauls, por los recuerdos del día en que escribió *Segunda mano*, un capítulo de su libro *Factor Borges...*» (Vila-Matas 2002: 119), está con ello retratando la poética de su escritura, es decir, ante la dificultad insalvable de alcanzar la autenticidad original se recurre a la posibilidad de reconstruirla ficcionalmente.

Es este un modo de disgregación del yo en el que el sujeto se fragmenta o se duplica. Así, Javier Marías (*Negra espalda del tiempo*), en ocasiones, sustituye a los personajes reales por otros novelescos que usurpan su identidad y proyectan la voz narrativa en múltiples narradores-personajes, con los que estructura una compleja red de citas literarias. El fragmentarismo del narrador en primera persona lo dota de verosimilitud, precisamente porque no tiene certeza absoluta de casi nada, porque utiliza constantemente la disyuntiva y la duda, para expresar el convencimiento de que uno no tiene la historia completa de las otras personas.

La docuficción utiliza diferentes técnicas novelescas para dotar al yo de diferentes perspectivas. En la segunda secuencia de *Negra espalda del tiempo*, habla de esos muertos reales a los que no ha conocido, pero de cuya vida real tiene certeza, y de este modo, afirma: «seré memoria suya sin haberlos visto [...] seré su fantasma» (Marías 1998: 15). Vila-Matas encabeza *El mal de Montano* con la cita de Maurice Blanchot, «¿Cómo haremos para desaparecer?», poniendo de relieve la problemática de mayor interés, que no tiene que ver con la realidad o no del referente del texto, sino con la presencia/desaparición del escritor. En la novela, el novelista enferma de literatura[11]. Él mismo lo manifiesta explícitamente (Vila-Matas 2002: 35), y el síntoma recurrente inmediato de su enfermedad es el deseo de desaparecer, de manera que el narrador se encarna en la literatura misma y desaparece en las citas de los libros que lee. El narrador de *El mal de Montano* se enmascara bajo el matrónimo de Rosario Girondo, en un doble juego paródico, por una parte sacrifica al padre, por otra hace un guiño referido al escritor argentino vanguardista Oliverio Girondo. Vila-Matas reinventa su vida, después de perderse en la vida y en la literatura, igual que en un juego de espejos. En varios pasajes de la obra de Vila-Matas aparece un personaje obviamente real, Ricardo Piglia[12], en torno al cual circula, en los arrabales del mundo literario argentino, la leyenda de que toma la forma que quiere quien lo cita, asume cambios, reaparece, se olvida, etc.; el álter ego de Piglia es Emilio Renzi, personaje de los textos que escribe, de manera que el escritor cede al actor la representación pública de la figura. El caso de Renzi fascinó a Vila-Matas, tanto que lo introduce en su novela considerándolo un modelo especular ideal, «quizá la literatura sea eso: inventar otra vida que bien pudiera ser la nuestra, inventar un doble» (Vila-Matas 2002: 16). En la primera parte de *El mal de Montano*, el narrador mantiene un diálogo alucinado con alguien a quien confunde, en primer momento, con Ricardo Piglia, pero que resulta ser el mismo narrador; enseguida concluye la conversación con esa imagen especular porque afirma el propio narrador, «le he mirado y ya no era Piglia ni era yo» (Vila-Matas 2002: 98). La idea del sujeto doble está presente en otras novelas de Vila-Matas; en la *Historia abreviada de la literatura portátil* (1985) habla de la conspiración «shandy», una secta secreta de caprichosos atributos (espíritu innovador, sexualidad extrema, ausencia de grandes propósitos, nomadismo infatigable, etc.), y especialmente en «tensa convivencia con la figura del doble» (Vila-Matas 1985: 13), permanente obsesión en la literatura vilamatiana[13].

En ocasiones, el sujeto llega incluso al extremo de desaparecer. En *El mal de Montano*, Rosario Girondo, el narrador, va cambiando de personalidad y lo

---

[11] Mal de Montano: enfermedad literaria que consiste en pensarlo todo en términos literarios. El sujeto acaba asfixiado por la literatura, aplastado por las citas, perdido en una telaraña de libros, atrapado en una red de citas (p. e. Vila-Matas 2002: 21-22; 35; 64-65).

[12] Ricardo Piglia: novelista, crítico y ensayista, nacido en Buenos Aires en 1941.

[13] La denominación «shandy» parece, al comienzo de la novela, referido al personaje de Laurence Sterne (Vila-Matas 1985: 10), pero más adelante se desvela como un anagrama con el siguiente significado: Si Hablas Alto Nunca Digas Yo (Vila-Matas 1985: 40). Este anagrama hace clara referencia a la crisis del sujeto en las vanguardias de comienzos del siglo XX.

encontramos, al final de la novela, convertido en Robert Walser[14]. Todos los pasos del narrador conducen a su deseo, a su aspiración a disolverse a través de las palabras. Pero la desaparición en todos los sentidos literarios, la desarrolla junto a la soledad Vila-Matas en *Doctor Pasavento.* La historia va narrando en primera persona, la escapada del doctor por distintos lugares de Europa, desde la *rue* Vaneau de París, y cómo se va abismando en la soledad y la locura ambas alentadas por el hecho de que «nadie pensaba en mí» (Vila-Matas 2005: 167), nadie lo busca, lo que le lleva a recuperar a Robert Walser, que asimismo desapareció después de estar encerrado veintitrés años en un manicomio en Herisau sin escribir nada. Si en Montaigne resultaba harto interesante la búsqueda de la construcción de su identidad, lo curioso en Pasavento es justamente el procedimiento inverso, la pretensión de desaparecer como sujeto; el escritor secreto irá cambiando de nombre (de Pasavento a doctor Pynchon), de identidad y de ciudad. Pasavento toma una frase de Walser para construir un microrrelato muy corto: «No estoy aquí para escribir, sino para enloquecer» (Vila-Matas 2005: 193-94). El tema de la desaparición del sujeto ya aparece en «El arte de desaparecer», relato recogido en *Suicidios Ejemplares* en el que se narra una historia basada en la vida del escritor italiano Gesualdo Bufalino, una historia que casi concluye con una reflexión: «La obligación del autor es desaparecer» (Vila-Matas 1991: 76).

A pesar de la duplicación o segmentación intencionada del sujeto, mediante modalizaciones, construcción laberíntica o juegos de espejos, la docuficción ratifica la subjetividad del relato, de manera que la reconstrucción biográfica sería, en este sentido, un juego de intersubjetividades que procede del testimonio oral/escrito del personaje. De esta manera, el narrador, por ejemplo Vila-Matas, puede escribir una especie de biografía literaria, algo así como explicar su vida a través de sus actos y de sus lecturas. En escritores como Muñoz Molina, la subjetividad marca un eslabón en su evolución literaria; en *El jinete polaco* se descubre la voz del narrador, voz que habla de él y como él, aunque todavía se oculte tras los nombres ficticios de *Beatus ille* (1986), y se afianza con *El dueño del secreto* (1994), para hablar ya en nombre propio en *Ardor guerrero* (1995). Es en estas últimas donde el sujeto plantea su personal visión del mundo de manera explícita.

---

[14] Robert Walser: escritor suizo (1878-1956), excepcional, en sentido literal. Escribe microgramas, titulados *Escrito a lápiz.* Vila Matas, en *Doctor Pasavento* lo convierte en héroe moral por su «afán de librarse de la conciencia, de Dios, del pensamiento, de él mismo» (Vila-Matas 2005: 248).

De la idea de la multiplicidad esencial del ser humano se infiere implícitamente el concepto que el autor tiene del propio sujeto al pretender establecer relación entre la pluralidad de voces procedentes de la infancia, que alimentaron su imaginación y predispusieron su actividad creadora. «Tal vez sería fructífero poner en relación la voz narrativa y la focalización utilizadas, puesto que se puede focalizar desde quien narra o desde quien recuerda o desde el personaje que se fue en el pasado; obviamente, el resultado será muy diferente en cada caso» (Martín González 1993: 289).

En *Dafne y ensueño* el narrador se ficcionaliza en personajes literarios o históricos, en *Penúltimos castigos* Carlos Barral divide al sujeto en dos «yo», doblez que pretende representar el final de una vida y el principio de otra, eliminando a un personaje para que otro le sobreviva. Lo mismo ocurre con Javier Marías, para quien lo esencial del individuo es «transcurrir», idea que conlleva la relación del individuo con el mundo y las huellas que deja en este tránsito; es por ello por lo que el narrador remite insistentemente al recuerdo de los muertos (su madre, su hermano, Benet, etc.), considerando que recupera sus vidas perdidas, al transformarlas en literatura. Tanto en la actitud de las personas que se sintieron protagonistas de *Todas las almas* al apropiarse de esos personajes, como en las distintas adopciones de los «héroes» literarios por su biografía, se encuentra ficcionalizada la noción de multiplicidad por usurpación de la identidad.

De cualquier manera, el sujeto de estas producciones novelescas siempre será parcial (y deformado). El sujeto novelesco se suele desvincular del sujeto histórico, dando lugar a una variedad de discursos entre los que se permite incluir fantasías y deseos, ambos dramatizados libremente respecto a la intimidad del autor, hecho que permite los desdoblamientos del sujeto. El personaje literario contiene, además de lo que el autor cree de sí mismo, lo que piensa que los demás ven en él, «e incluso lo que sabe que no tiene ni ha sido pero considera que querría, podría o desearía ser o tener» (Molero de la Iglesia 2004: 330). En este sentido, la autorrepresentación se realiza en la frontera entre fantasía y realidad, en la que el escritor se reconstruye en el personaje literario, a través de una identidad fingida, y creando un personaje en el que armoniza cualidades propias con atributos deseados, y con el que sufre transparentando sus temores, dudas e incluso experiencias que no ha vivido realmente, mediante innovadores procedimientos narrativos. Goytisolo (*Estatua con palomas*), a través de una narración especular, recupera unos libros perdidos de Tácito, cuya voz en la novela produce la duplicación narrativa de la personalidad del narrador; la presencia de esta voz, trastorna el contenido autobiográfico y pone en duda la credibilidad del «yo». Barral (*Penúltimos castigos*) elabora un sujeto a partir de su fragmentación interior, y narra su propia muerte. Igualmente, la naturaleza novelesca de la docuficción hará posible que Marías combine en su narración el propio discurso con otros referidos, que dispersan el objeto del relato, o que el texto reescriba nuevas atribuciones a los personajes de *Todas las almas*, provocando la confusión cuando alude a las personas reales por el nombre que toman en la ficción.

Con frecuencia se impone la necesidad de lo real, con detalles tan minuciosos, tan precisos que avalan un verismo casi documental, de manera que a veces es difícil distinguir qué es ficción y qué no lo es. La memoria de Vila-Matas en *París no se acaba nunca*, opera con la imaginación para evocar unos años de juventud. Realidad-ficción es un binomio, tan antiguo como la propia literatura. Mainer centra la función de la ficción en estas novelas en el hecho de que ayudan a comprender la realidad. La ficción pura no existe realmente, siempre hay un punto de partida que es la experiencia de la realidad; lo que cambia es la necesidad de acentuar la verosimilitud. A estas novelas las denomina «novelas a noticia» (Mainer 2005: 200).

Hay sin embargo muchos referentes que no tienen nada que ver con la realidad conocida. Son rupturas del personaje novelesco con el que podemos denominar «biográfico», rupturas que desenfocan al autor como referente, y lo enmascaran mediante alguna de las fórmulas antes citadas. Así, en *Negra espalda del tiempo*, el narrador reclama continuamente su identidad con el autor, lo que requiere una atención más minuciosa de la zona de ficcionalización que aparece ante el lector. Javier Marías muestra abiertamente su intención de relatar vidas ajenas, dispersando su voz entre el discurso del yo y la cita de otros narradores, reales o ficticios. El discurso narrativo de este narrador-fabulador, se convierte en escaparate de curiosidades históricas y librescas. La fantasía en esta narración de Marías, corre pareja con la historia, desdibujando los límites; así nos acostumbramos a la aparentemente artificial convivencia entre una historia inventada por el narrador, por ejemplo a propósito de un hombre y una mujer que esperan el autobús y que él contempla desde la ventana, junto a la legitimidad que vocea la historia que representan las fotografías, que como documentos incluye el autor buscando un efecto de realidad.

También hay factores de deformación que afectan a los nombres propios y otras claves personales, como ocurre en *El jinete polaco* donde el autor solapa la propia identidad y la del escenario de sus primeros años tras las ficciones de Manuel y Mágina.

Todas estas docuficciones muestran la identidad plural y dispersa del sujeto actual. Además temáticamente describen los valores del yo posmoderno: el amor, la amistad, el sentido de la existencia o la muerte..., aunque con frecuencia se manifiesten radicalizados en forma de erotismo, desarraigo e incluso presentando la esencia del yo textualizado. En este sentido, podemos encontrar lejos de los condicionantes sociales, los valores auténticos del ser humano mediante la búsqueda de los valores atemporales, hallazgo de la conciencia que reflexiona, por ejemplo, Luis Goytisolo en *Estatua con palomas*. En cambio Javier Marías, cuyas novelas presentan un yo accidental, incide en la interpretación de que el sujeto está en permanente transformación, idea que pone en entredicho las categorías temporales del pasado, el presente y el futuro. Motivado por la idea de que «es» todo aquello que «está escrito», considera que la existencia se sitúa en una «esfera que no es temporal propiamente», ya que sólo puede fijarla la escritura o «quizá solamente la ficción» (Marías 1998: 363).

La clave de la docuficción deriva del hecho de que el objetivo del novelista está en hablar de sí mismo sin responsabilizarse del enunciado. El narrador tiene la posibilidad de narrarse de distintas formas o desde distintas perspectivas. Por su carácter híbrido, permite subvertir el discurso biográfico mediante la ironía, la desfiguración, el fragmentarismo, etc.; es este aspecto el que, tras publicarse *Negra espalda del tiempo*, produjo entre los lectores la confusión entre la consideración de si era una falsa novela o no. Para algunos lectores es la novela más verdadera de Javier Marías, por los pensamientos directamente vertidos en ella a modo de confesión de un escritor narrador que cuenta de qué modo su vida se enriquece a causa de los hechos imaginados y no acaecidos, y que declara contar la realidad de la ficción. De esta declaración surge el interrogante acerca del autor, ¿inventor, fabulador, constructor organizador del texto? Es obvio sin embargo, que el autor-narrador sabe qué va a contar porque ya ha sucedido y la novela recoge el trayecto de vida no finalizada, con los episodios y detalles correspondientes, ensamblando documentos y textos de distinta naturaleza, haciendo cuantos incisos, a modo de glosas, decide incluir en este trayecto de vida del autor.

Se emparenta la docuficción más con la novela que con las memorias, especialmente por su carácter narrativo temporal menos atento a lo anecdótico que a lo argumental. Ambas coinciden en que el punto de vista y la focalización son análogos, por lo que sólo la relación del texto con las creencias del lector, permite distinguir la autenticidad de la ficción. Es un fruto relevante de nuestra literatura actual por el uso de la autorreflexividad como fundamento artístico, el enmascaramiento como procedimiento narrativo y la reescritura como necesidad renovada de explicar la identidad del sujeto escritor y la de su literatura. Entre novela y autobiografía se han intercambiado técnicas, articuladas por el «yo», que es el punto de atención literaria, en ese retorno actual del sujeto. La suma de referencialidad personal, verdad/memoria, y de invención sobre sí mismo construye el personaje que representa al escritor en su novela. Importantes declaraciones avalan la credibilidad del yo narrativo; de ellas elegimos, para concluir este trabajo, las de Jorge Luis Borges, quien afirma: «Mi relato será fiel a la realidad o, en todo caso, a mi recuerdo personal de la realidad, lo cual es lo mismo» (Borges 1975: 25).

Bibliografía

Novelas

Barral, Carlos (1983): *Penúltimos castigos.* Barcelona: Seix Barral.

Cercas, Javier (2001): *Soldados de Salamina.* Barcelona: Tusquets.

Comas, José (1990): «La Tía Julia sin el Escribidor». En: *El País*, 3 de junio. URL: <http://www.elpais.com/articulo/cultura/VARGAS_LLOSA/_MARIO/PERu/Tia/Julia/Escribidor/elpepicul/19900603elpepicul_4/Tes/> (07.09.2009).

Goytisolo, Luis (1992): *Estatua con palomas.* Barcelona: Seix Barral.

Marías, Javier (1989): *Todas las almas.* Barcelona: Anagrama.

— (1998): *Negra espalda del tiempo.* Madrid: Alfaguara.

Torrente Ballester, Gonzalo (1983): *Dafne y ensueño.* Barcelona: Destino.

Vila-Matas, Enrique (1985): *Historia abreviada de la literatura portátil.* Barcelona: Anagrama.

— (1991): *Suicidios Ejemplares.* Barcelona: Anagrama.

— (2002): *El mal de Montano.* Barcelona: Anagrama.

— (2003): *París no se acaba nunca.* Barcelona: Anagrama.

— (2005): *Doctor Pasavento.* Barcelona: Anagrama.

Bibliografía General

Alberca, Manuel (1996): «El pacto ambiguo». En: *Boletín de la Unidad de Estudios Biográficos*, 1, Universitat de Barcelona, pp. 9-19. [Reproducido en: Rico, Francisco (2000): *Historia y Crítica de la Literatura Española. Los nuevos nombres (1975-2000). Suplemento 9/1.* Ed. Jordi Gracia. Barcelona: Crítica, pp. 425-430.]

BAJTÍN, Mijaíl Mijáilovich (1986): *Problemas de la poética de Dostoievski.* México: Fondo de Cultura Económica.

BORGES, Jorge Luis (1975): «Ulrica». En: Borges, Jorge Luis: *El libro de arena.* Buenos Aires: Ultramar/Emecé, pp. 23-31.

CABALLÉ, Anna (1995): *Narcisos de tinta.* Madrid: Megazul.

COLONNA, Vincent [1982] (2004): *Autofiction et autres mythomanies littéraires.* Auch: Tristram.

DOUBROVSKY, Serge (1977): *Fils.* Paris: Galilée.

ENRÍQUEZ, Mariana (2006): «*Los libros de la memoria*». En: *Página 12.* «Suplemento Radar Libros», 2 de julio. Diario digital. URL: <http://www.pagina12.com.ar/diario/suplementos/radar/subnotas/3094-494-2006-07-02.html> (10.08.2008).

FERRO, Roberto (2003): «*El mal de Montano* de Vila Matas. ¿Homenaje a Emilio Renzi?». En: *Hispanista. Primera Revista electrónica de los hispanistas de Brasil,* 18. URL: <http://www.hispanista.com.br/revista/artigo157.htm> (07.09.2009).

GENETTE, Gérard [1991] (1993): *Ficción y dicción.* Barcelona: Lumen.

LECARME, Jacques (1994): «Autofiction: un mauvais genre?». En: Doubrovsky, Serge/Lecarme, Jacques/Lejeune, Philippe (eds.): *Autofictions & Cie. (Colloque de Nanterre, 1992).* Nanterre: Université Paris X, pp. 227-249.

LEJEUNE, Philippe (1975): *Le pacte autobiographique.* Paris: Seuil.

LYOTARD, Jean-François (1979): *La condition postmoderne.* Paris: Minuit.

MAINER, José-Carlos (2005): *Tramas, libros, nombres. Para entender la literatura española, 1944-2000.* Barcelona: Anagrama.

MARÍAS, Javier [1987] (1993): «Autobiografía y ficción». En: Marías, Javier: *Literatura y fantasma.* Madrid: Siruela, pp. 62-69.

MARTÍN GONZÁLEZ, Salustiano (1993): «Hacia una tipología de las estructuras de la instancia enunciativa en la escritura autobiográfica». En: Romera, José *et al.* (eds.): *Escritura autobiográfica.* Madrid: Visor, pp. 289-294.

MOLERO DE LA IGLESIA, Alicia (2000): *La autoficción en España: Jorge Semprún, Carlos Barral, Luis Goytisolo, Enriqueta Antolín y Antonio Muñoz Molina.* Bern: Peter Lang.

— (2004): «El sujeto complementario de la autoficción». En: *Religión y Cultura,* L, pp. 327-350.

NABOKOV, Vladimir (1983): *Curso de literatura europea.* Trad. F. Torres Oliver. Barcelona: Bruguera.

PÀMIES, Sergi (2003): «Autobiografía y ficción: Enrique Vila-Matas» [Entrevista]. En: *El País,* «Babelia», 18 de octubre, s. p. URL: <http://www.elpais.com/articulo/semana/Vila-Matas/_Enrique/escritores/acaban/solos/acaban/mal/elpeputec/20031018elpbabese_1/Tes> (07.01.08).

RAABE, Juliette (1983): «Le marché du vécu». En: Delhez-Sarlet, Claudette/Catani, Maurizio (eds.): *Individualisme et autobiographie en Occident. (Actes du Colloque tenu à Cerisy-la-Salle du 10 au 20 juillet 1979).* Bruxelles: Université de Bruxelles, pp. 235-248.

SARAMAGO, José: «Discurso de aceptación del premio Nobel de literatura en la Academia Sueca. 7 de diciembre de 1998. Estocolmo, Suecia». URL: <http://www.literaturas.com/sarmagodiscursonobel.htm> (03.10.2008).

SHAKESPEARE, William (^{6}1956): *The Tempest.* Ed. Frank Kermode. London: Methuen & Co.

SIERRA, Ana Luisa (2006): «La realidad "irreal"» [Entrevista]. En: *El Nuevo Día. La Revista,* Puerto Rico, 5 de noviembre. URL: <http://www.javiermarias.es/2006/11/la-realidad-irreal.html> (10.08.2008).

VARGAS LLOSA, Mario (1990): *La verdad de las mentiras.* Barcelona: Seix Barral.

— (2001): «El sueño de los héroes». En: *El País,* 3 de septiembre, pp. 11-12.

La transhistoria en la textualidad escrita y visual: Unamuno, Auster, Cercas

Gonzalo Navajas

El tema de la docuficción está íntimamente vinculado a la cultura mediática y al discurso de la comunicación digital a través de Internet así como a las formas de la transmisión cultural visual y auditiva. La hibridez y la ruptura de fronteras genéricas propias de la cultura «hipermoderna», en la acepción de Gilles Lipovetsky, y la «dromoscopia» o la versatilidad irrefrenable y autodestructiva del lenguaje de la imagen, según la acepción de Paul Virilio, son propicias a esta forma narrativa nueva en la que se disuelven las demarcaciones y las divisiones de la comunicación y se fusionan formas aparentemente incompatibles en entidades estéticas nuevas. Las múltiples variantes de las composiciones de vídeo y del film digital son ilustraciones emblemáticas de ello. Voy a referirme al final de mi trabajo a algunos casos de esta modalidad de la ficción documentalizada actual, pero mi propósito central es retrotraerme al pasado (siglos XIX y XX) y considerar algunos modos en que la forma de la ficción se ha interrelacionado con lo que Kant denomina el no-yo, el objeto *in re*, ajeno e impenetrable a la intencionalidad de la conciencia, y Jean-Paul Sartre denomina, peyorativa y críticamente, el *en-soi*, la realidad viscosa a la que se adhieren las conciencias inauténticas del *pour-soi*. En la temporalidad previa a la era digital, en la que la literatura carece de la inserción visual y auditiva que es ineludible en la actualidad, la ficción se define a partir de la mayor o menor presencia del yo narrador frente a lo narrado, en otras palabras, a partir de lo que Erich Auerbach denomina la referencialidad mimética y Northrop Frye califica como los modelos arquetípicos. Mi trabajo se centra en el modo en el que el medio autobiográfico define y determina la creación fantasmática que es la ficción. En particular, estudio la interconectividad y la distancia que media entre el yo subjetivo, identificado como autobiográfico, y sus álter egos y *Doppelgänger* en la textualidad. Hago esto dentro de un contexto cultural, el español, que tradicionalmente ha sido reacio a la forma autobiográfica y ha opuesto obstáculos diversos entre el yo objetivo, documentable e histórico y las construcciones ficcionales que ese yo hace de sí mismo.

1. El medio autobiográfico

No existen en la literatura española obras comparables a las *Confessions* de Rousseau (1782), la *Autobiography* de Bertrand Russell (1967-1969) o *Les mots* de Sartre (1946). Es cierto que son escasas las obras estrictamente autobiográficas pero sí existen textos que utilizan componentes de la forma autobiográfica para definirse y realizarse. Mi análisis utiliza como referencias primordiales varios autores del siglo pasado (y alguno del incipiente siglo XXI) en los que se refleja más apropiadamente el medio autobiográfico. El primero de estos autores es Miguel de Unamuno.

2. Versiones del yo

La posición epistemológica de Unamuno es de las más ilustrativas respecto a la delimitación del medio autobiográfico. Unamuno adopta en una de sus primeras obras, *Paz en la guerra* (1897), la forma autobiográfica convencional en la que el yo narrador coincide con el autorial sin que, en apariencia, medien divisiones entre ellos. Ese texto está concebido todavía según una visión empírica de la identidad en la que, de acuerdo con la psicología pre-freudiana, el yo se desarrolla como una entidad unidimensional y según una trayectoria temporal lineal y progresiva. Es consecuente con esta visión el que el relato de la infancia del autor progrese según un concepto cronológico y representacional de un segmento de la vida de Unamuno. Ese relato revela todavía una confianza kantiana en el poder de la razón para descifrar satisfactoriamente los enigmas del mundo. Contar la vida propia es así un proceso previsible y sin sorpresas inesperadas.

No dura, no obstante, mucho la adhesión de Unamuno a esa visión objetivista del yo y la existencia y del método más apropiado para aprehenderlas.

Paz en la guerra responde todavía filosóficamente a una epistemología analítica y racionalista y a un marco estético que no difiere fundamentalmente del realismo. Pero Unamuno –como los otros integrantes de su grupo intelectual, la llamada generación del 98– necesita separarse del pasado, emprender freudianamente el parricidio estético de sus predecesores (en especial, Galdós) para definir diferencialmente los parámetros de su propio yo intelectual y artístico. Devorar al Padre para, de ese modo, eliminar todos los vestigios de su influencia. Se inicia de ese modo en Unamuno la ruptura existencial, el *splitting* de su yo y, a través de ellos, la emergencia de uno de los proyectos más amplios de reconstitución y narración del yo de toda la literatura española. La obra posterior de Unamuno, desde *Niebla* (1914) a *La vida de don Quijote y Sancho* (1905) y *El Cristo de Velázquez* (1920), implica un proceso de reconstitución del yo frente a lo Otro, que se identifica de manera amplia como aquello que obstaculiza la creación de un yo existencial genuino. Utilizando diversos procedimientos formales –desde el ensayo al poema altamente personalizados– Unamuno emprende una ininterrumpida narración de su vida, que se concentra en la conflictividad del yo con un medio cultural –la España histórica–, que es en un principio hostil y se convierte luego en su aliado más fiable en su empresa de eliminación de lo que destruye al yo genuino (Navajas 2004: 121). Se realiza así la transición del yo autobiográfico objetivo al yo dialéctico y subliminal. De ese modo nos trasladamos de *Paz en la guerra* a *Amor y pedagogía* (1902), *Niebla* y *San Manuel Bueno, mártir* (1933).

Unamuno significa la ruptura abierta con la marginación del yo en el discurso cultural español, como lo es Proust en el francés o Joyce en el anglófono. Las ramificaciones, aunque esporádicas, son notables y prolongadas. Ramón Pérez de Ayala en *AMDG* (1910) y Manuel Azaña en *El jardín de los frailes* (1927) ponen al descubierto sus experiencias juveniles en colegios de religiosos y, a través de la revelación del proceso personal, hacen una disección de los ritos de iniciación pedagógica que afectaron a una mayoría de la intelectualidad del país. Pérez de Ayala aprovecha la oportunidad para hacer una crítica inequívoca de la Compañía de Jesús y llega a abogar la conveniencia de su supresión para promover la salud espiritual y psicológica del país. Azaña es igualmente acerbo con la educación religiosa que tuvo que experimentar en un colegio de padres agustinos pero, finalmente halla en la sublimación cultural a través de la grandeza del arte religioso clásico –desde El Greco a Zurbarán– una posibilidad de reconciliación con esa parte de su pasado. En ambos casos, la revelación del dolor de la experiencia personal tiene un propósito catártico para el yo personal y, por extensión, para otros sujetos que han sufrido un proceso similar.

En Unamuno, la textualidad es una prolongación ininterrumpida del yo que se realiza en la escritura a través de una reinterpretación subjetiva de la cultura nacional y universal. En Pérez de Ayala y Azaña la revelación del yo es parcial y temporal. Cubre el período de la primera parte de la vida. Superada la necesidad de testimonio del dolor de la adolescencia –de modo paralelo al Joyce de *A Portrait of the Artist as a Young Man* (1916)–, el yo se realiza a través de la crítica de la normativa moral tradicional en el caso de Pérez de Ayala y de la transformación pragmática del país a través de la acción política en el caso de

Azaña. La utilización en ambos autores del yo como un espacio público, un escenario en el que se dramatizan los inveterados problemas nacionales, no es común. La posición más generalizada es que las circunstancias colectivas son juzgadas como demasiado apremiantes como para que pueda parecer legítimo que el artista se dedique a la contemplación y análisis de sí mismo. La excepción más notable a esta característica general definitoria es la reflexión en torno a la experiencia de la exclusión del medio nacional que conlleva el exilio forzoso. Luis Cernuda constituye un ejemplo particularmente ilustrativo por la intensidad de su orientación y porque conlleva, además, una conexión directa con la literatura posterior a la Guerra Civil.

El yo de Cernuda se revela sin reservas como condicionado negativamente por un medio cultural y humano opuesto a sus propósitos. Cernuda no acepta los compromisos estetizantes que son patentes en la reconversión cultural absoluta de Unamuno o en la sublimación de Azaña. La especificidad de la experiencia de Cernuda consiste en no aceptar ningún recurso sustitutorio, haciendo de la completa revelación de un yo maltratado y de su oposición a un sistema cultural menospreciado el centro de la generatividad de la textualidad. Esa marginación voluntaria y abiertamente proclamada hace que su obra destaque de manera singular por encima de otras posiciones más ambiguas. Frente a los subterfugios y justificaciones mediatizados ideológicamente, que son típicos de la literatura del franquismo –desde Pemán a Gironella–, su discurso destaca por la absoluta transparencia de su territorio personal: un yo que se niega a trivializar cualquiera de los privilegios de su yo. Es más. Su independencia insobornable se extiende –en un impulso que precede al discurso de la otredad de Derrida, De Man y Lacan– a todos los condicionamientos de la herencia cultural ajena al yo, la confrontación contra la imposición paternalista de los sistemas de los demás:

> Pero algo más había, agazapado / dentro de ti, como alimaña en cueva oscura, / que no te dieron ellos, y eso eres: / fuerza de soledad, en ti pensarte vivo, / ganando tu verdad con tus errores. / Así tan libremente, el agua brota y corre, / sin servidumbre de mover batanes, / irreducible al mar, que es su destino (cit. en García Jambrina 2000: 116).

El poema «La familia», del que procede este pasaje, pertenece al poemario *Como quien espera el alba*, que recoge los poemas del período comprendido entre 1941 y 1944. Son los años apocalípticos en Europa de los ataques contra los principios del valor inviolable del sujeto individual frente a la opresión de sistemas totalitarios. En 1946, aparece *L'existentialisme est un humanisme* de Jean-Paul Sartre, que es una reafirmación de una libertad individual que emerge precisamente a partir de la nada y el *Angst* absoluto como único horizonte de expectativa colectivo. En consonancia con este contexto cultural y ético, Cernuda proclama en su poema la afirmación de la libertad en general y la recuperación de los atributos del yo individual. No existe en el medio peninsular del momento ningún discurso paralelo. Cernuda hace del examen personal sin reservas –censurando a sus padres tanto biológicos como culturales– el procedimiento capital del poema. Una confesión sin restricciones y sin excusas. En un principio, la ejemplaridad antipedagógica de esa confesión pudo filtrarse sólo tímidamente a través de los múltiples impedimentos del hermetismo cultural del país. Sus consecuencias plenas ocurren más tarde, hasta el punto de que la poesía de Cernuda llega a ser una fuente principal de los poetas de los años sesenta y el posfranquismo hasta la actualidad. No es sorprendente, por tanto, que de las figuras del exilio sea él una de las que aparece como más emblemática para el proceso de aserción de un yo personal auténtico, que caracteriza la literatura posterior al período de los años sesenta.

La referencia a un paralelo fílmico/literario es iluminadora. *El desencanto* (1976) de Jaime Chávarri lleva a la imagen el proceso desmitificador con el examen crítico de la familia Panero, haciendo de la disección despiadada de todos los miembros de esa familia un alegato de la cultura y literatura públicas del franquismo a partir de una de sus figuras prominentes. El ataque de los hijos de Leopoldo Panero contra su padre, ataque que es secundado por su propia mujer, responde al propósito de derribar las referencias monumentales de la pseudo-cultura del período. La película de Chávarri es un docudrama autobiográfico con múltiples niveles de significación y con varias voces narrativas, que está dirigido al análisis de un objetivo ideológico predominante: el autoritarismo y la represión que sustentaron la cultura franquista.

En el cine, la obra de Almodóvar en general y *La mala educación* (2004) en particular cumplen una función crítica afín a la que emprende Juan Goytisolo en el medio escrito. La diferencia entre ambas es el espacio cultural que ocupan. En Goytisolo se trata de toda la historia cultural española mientras que en Almodóvar deliberadamente se hace *tabula rasa* de un pasado que se considera como un lastre para las posibilidades creativas actuales. La fijación de la narración de Almodóvar en el presente más inmediato es una posición ostensiblemente diferencial con relación a la cultura del cine español de posguerra que, incluso en las obras de sus directores más destacados –desde *Calle mayor* (1956) de Juan Antonio Bardem a *La prima Angélica* (1973) de Carlos Saura y *El espíritu de la colmena* (1973) de Víctor Erice–, había estado centrada, de manera justificada pero abrumadora, en los episodios más traumáticos de la historia nacional. La novedad del cine de Almodóvar es que, al renunciar al estudio de un pasado excesivamente condicionante, libera el discurso nacional de la necesidad aparentemente ineludible de volver a abrir la historia y volver a someter al texto u obra estética al imperativo fatalista de la continuidad lineal de la temporalidad. Almodóvar libera esa temporalidad de unos vínculos limitadores y logra la renovación de un discurso lastrado por las culpabilidades y resentimientos colectivos (Santos 2004: 315). No es que su cine niegue la existencia de ese pasado o su impacto directo o sublimado sobre el presente. Lo considera más bien *sous rature*, ubicado parentéticamente, y de ese modo asume la libertad de explorar posibilidades distintas que permiten nuevas lecturas de la temporalidad y, por extensión, proponen una aproximación distinta a lo que es uno de los temas más urgentes de la historia intelectual española: ¿cómo reabrir productivamente el diálogo con el pasado cultural desde una perspectiva crítica pero inclusiva, que eluda la división infranqueable entre las dos Españas y trate la cultura nacional como un corpus móvil y diverso en el que no establecer exclusiones y condenas inapelables?

Almodóvar intenta en *La mala educación* una exploración del pasado pedagógico nacional, incidiendo en una idea central que se extiende desde Jovellanos a Julián Sanz del Río y Manuel Azaña: la experiencia educativa colectiva de la infancia es determinante para la creación de unas normas cívicas consensuadas sobre las que asentar una convivencia efectiva. *La mala educación* es particularmente devastadora con relación a una metodología educativa hiper-ideologizada y represiva. El fracaso flagrante de sus procedimientos se produce en la película precisamente a partir de la irrupción de un presente en el que la fluidez de la identidad sexual –el que no haya nada fijo y definitivo en las preferencias sexuales– se erige como la más poderosa descalificación de un modo educativo que marcó de manera profunda a varias generaciones nacionales. La franqueza y desinhibición con que Almodóvar presenta ese pasado responde a la necesidad de producir un *shock* y crear un impacto en la conciencia del espectador que suscite la necesidad de replantearse los modos de inserción del sujeto individual dentro del sistema educativo. La negación sexual de la educación religiosa convencional se contrarresta en el film de Almodóvar con la invasión de la sexualidad en todas las relaciones humanas y culturales en las que los personajes de la película se ven implicados. La educación tradicional negaba la sexualidad como procedimiento más efectivo para controlar sus consecuencias. De otro modo, Almodóvar propone la pansexualización, la presencia ubicua del sexo como contrapartida de su negación. La desintegración de las vidas humanas que investiga el discurso visual está causalmente vinculada con la imposibilidad de la expresión de la sexualidad por cauces naturales.

La nueva condición de la cultura global y los profundos cambios estructurales en la situación del país tienen consecuencias para el concepto y posicionamiento del yo con relación a la textualidad. Los casos de Paul Auster y Javier Cercas son ilustrativos.

Paul Auster elimina las fronteras convencionales entre la historia objetiva externa al yo y ese mismo yo disolviendo de ese modo las demarcaciones esencializadas de la personalidad. En *Leviathan* (1993), por ejemplo, la trayectoria del *Unabomber*, figura histórica del terrorista ecológico y antitecnológico de finales del siglo XX en Estados Unidos que aterrorizó a la población por medio de sus paquetes postales con bombas, es adoptada por el protagonista de la novela, Sachs, como modelo para convertirse en el Fantasma de la Estatua de la Libertad. A partir de su nuevo álter ego, Sachs se dedica a destruir algunas de las numerosas réplicas de la famosa estatua que da entrada a Manhattan en Nueva York y de ese modo puede obtener perversamente una renovada pureza de su yo personal. La epifanía y el éxtasis de la destrucción masiva de bienes icónicos de la comunidad aparecen como una nueva religión absolutamente regeneradora. De manera que anticipa la hibridez de la bomba mediática, el hiperespectáculo, el terror absoluto de los ataques contra las Twin Towers en 2001, Sachs o el Fantasma de la Estatua de la Libertad se eleva a un estado místico y utópico en su vida:

> All of a sudden, my life seemed to make sense to me. Not just the past few months, but my whole life, all the way back to the beginning. It was a miraculous confluence, a startling conjunction of motives and ambitions. I had found the unifying principle, and this one idea would bring all the broken pieces of myself together. For the first time in my life, I would be whole (Auster 1993: 256).

> [De súbito, mi vida parecía haber adquirido sentido. No sólo en los últimos meses, pero toda mi vida, desde el principio al final. Era una confluencia milagrosa, una conjunción asombrosa de motivos y ambiciones. Había encontrado el principio unificante y esa idea precisamente recompondría todas las piezas de mi yo. Por primera vez en mi vida, sería y estaría completo.]

En *The Brooklyn Follies* (2006), el protagonista de la novela emplea datos de la biografía de Ludwig Wittgenstein de su época de juventud como referente contramodélico de su propia vida. El protagonista revela que Wittgenstein fue un maestro brutal en su juventud en Austria y que, cuando ya convertido en filósofo famoso, intentó reparar el mal cometido contra sus estudiantes ninguno de ellos quiso perdonarlo: «The pain he had caused had gone too deep, and their hatred for him transcended all possibility of mercy» (Auster 2006: 62). [«El dolor que él había causado había calado demasiado profundamente y su odio hacia él había trascendido toda posibilidad de compasión».]

Lo que ese personaje destaca es que los palimpsestos emotivos e intelectuales de la vida de las grandes figuras de la historia pueden descalificar o minimizar los hechos posteriores que les dieron la fama. En ambos casos, la historia documentable se inserta sin solución de continuidad en los datos del yo personal borrando las divisiones y distancias entre ellos.

Soldados de Salamina (2001) de Javier Cercas emprende una reconstrucción histórica de la Guerra Civil, pero no al modo de crónica testimonial y crítica, según los parámetros vigentes hasta ese momento en la tradición del país. La Guerra Civil está percibida ahora desde la posición de un vencedor en la contienda que paradójicamente acaba siendo derrotado existencial y éticamente, y ese giro lógico permite la visión de ese acontecimiento determinante desde una perspectiva que agrega complejidad a una historia aparentemente fijada de manera definitiva. El narrador aparece con diversos grados de proximidad con relación al autor y esa variabilidad en la distancia entre ellos crea una dimensión autobiográfica diferencial y renovada ya que el lector se ve situado en una posición de indecidibilidad con relación a la identidad precisa del narrador/autor.

La velocidad de la luz (2005), del mismo autor, significa un avance en el proceso de confluencia entre el narrador y el autor. La narración en primera persona y la aparente equiparación entre el yo narrador y el autor conducen al lector a una primera definición del texto como un relato en el que el espacio autobiográfico es predominante y definidor. La novela adopta episodios de la biografía de Javier Cercas correspondientes con su estancia en la Universidad de Illinois y parece transcribirlos de manera literal con referencias a nombres y lugares que se corresponden con los de la trayectoria biográfica del autor. El relato paralelo en torno a la guerra del Vietnam se aleja del espacio autobiográfico ya que traslada el foco de la narración desde el autor a un amigo suyo directamente afectado por el desarrollo trágico de esa guerra. Sin embargo, la parte final de *La velocidad de la luz* asume de nuevo con mayor énfasis el inicio personalizante de la novela y lo convierte en un examen desenmascarador de una fase excepcional de la vida del autor: su ascensión al estatus de escritor de éxito mayoritario.

Como ocurre con Cernuda, el yo es en *La velocidad de la luz* el material central sobre el que elaborar el texto. Y en los dos autores, además, el yo se expone al desnudo para revelar sus contradicciones, insuficiencias y falsas coartadas psicológicas. Con una diferencia notable. En el caso de Cernuda, el yo se autoconfigura en su relación conflictiva con el medio nacional y se presenta a sí mismo como una opción potencialmente más genuina frente a la artificialidad y represión de un entorno cultural limitador. De modo diferente, en *La velocidad de la luz*, el yo ya ha dejado de enfrentarse con el país propio y sólo lo hace con relación a su propia situación personal que él juzga comprometida por su nueva situación dentro del medio literario. La trayectoria de análisis autobiográfico procede, por tanto, no por referencia a un contexto supraindividual sino por un proceso de crisis existencial en el que el sujeto, según un modelo heideggeriano, se cuestiona a sí mismo para delimitar formas más auténticas del yo.

La agudeza implacable con que el yo diseccionaba la duplicidad y la deshonestidad sistémicas del país en los otros autores mencionados se aplica ahora a las tramas que el yo del autor/narrador urde para obtener unos beneficios ilegítimos y en última instancia ilusorios:

> Yo intuía que aquélla era una vida perfectamente irreal, una farsa de dimensiones descomunales parecida a una enorme telaraña que yo mismo segregaba y tejía, y en la que me hallaba atrapado, pero, aunque todo fuera un engaño y yo un impostor, estaba deseoso de correr todos los riesgos con la única condición de que nadie me arrebatara el placer de disfrutar a fondo aquella patraña (Cercas 2005: 191).

Ese análisis de las coartadas del yo le conduce, por asociación, al enjuiciamiento de los procedimientos viciados de la vida literaria en la que la imagen pública de un autor se valora por encima de las cualidades intrínsecas de sus obras. La ambigüedad entre el yo biográfico y el yo narrador no se resuelve y la novela deja deliberadamente esa indeterminación abierta e irresuelta. A diferencia de otros yos autobiográficos, que son un vehículo para el testimonio crítico de un tiempo, el espacio autobiográfico en esta novela se convierte en un instrumento de crítica de la banalización de la historia que la cultura contemporánea segrega. Frente a la crítica del paradigma de la historia cultural occidental que Unamuno acomete, Cercas, un siglo después, emprende un periplo más restringido de crítica de una realidad en la que la cultura literaria se presenta disminuida y devaluada.

3. Conclusión

Tradicionalmente, la literatura española ha tenido una relación marginal con el espacio autobiográfico. El yo autorial ha tendido a estar ausente de la textualidad o se ha presentado mediado y filtrado a través de otros fines y objetivos. El condicionamiento de las circunstancias nacionales ha sido excesivamente oneroso como para que el yo haya podido manifestarse abiertamente y se haga un documento dramático de sí mismo, un docudrama. Unamuno es un caso atípico en el que el yo irrumpe en la textualidad de manera absoluta caracterizándola de manera indeleble. Su posición es, no obstante, una excepción. La realización más común y característica del yo se produce a través del enfrentamiento de ese yo con un medio hostil e implacable. En las últimas dos décadas del siglo XX y el inicio del nuevo siglo se desarrolla un cambio cualitativo. Por primera vez en la historia moderna del país, le es posible al yo concentrarse en sí mismo sin culpabilidad y de modo legítimo. El yo rousseaniano, que hace de la identidad individual y subjetiva un espejo de la humanidad, ha emergido en el discurso cultural español de manera destacada abriéndolo a configuraciones más universales que están orientadas hacia una mayor convergencia con el discurso supranacional.

Bibliografía y filmografía

AUSTER, Paul (1993): *Leviathan.* New York: Penguin Books.
— (2006): *The Brooklyn Follies.* New York: Picador.
AZAÑA, Manuel [1927] (1988): *El jardín de los frailes.* Madrid: Alianza.
CERCAS, Javier (2001): *Soldados de Salamina.* Barcelona: Tusquets.
— (2005): *La velocidad de la luz.* Barcelona: Tusquets.
GARCÍA JAMBRINA, Luís (ed.) (2000): *La promoción poética de los 50.* Madrid: Espasa-Calpe.
GOYTISOLO, Juan (1985): *Coto vedado.* Barcelona: Seix Barral.
NAVAJAS, Gonzalo (2004): *Unamuno desde la posmodernidad.* Madrid: Biblioteca Nueva.
PÉREZ DE AYALA, Ramón [1910] (1990): *AMDG.* Madrid: Cátedra.
SANTOS, Juliá (2004): *Historias de las dos Españas.* Madrid: Taurus.
UNAMUNO, Miguel de [1897] (1976): *Paz en la Guerra.* Madrid: Espasa-Calpe.

Docuficción biográfica: *Las esquinas del aire* (2000), de Juan Manuel de Prada y *Soldados de Salamina* (2001), de Javier Cercas

CHRISTIAN VON TSCHILSCHKE

1. ¿MÁS ALLÁ DE LA (META-)FICCIÓN?

Paralelamente a la transformación y a la reevaluación de las relaciones entre las formas representativas ficcionales y documentales se observa desde hace algunos años –y esto tanto en España como en otros países– una moda biográfica, un creciente interés por todo lo biográfico y un auge del género de la biografía. Estos dos hechos tienen mucho en común. Convergen –entre otras cosas– en un fenómeno que podría denominarse «docuficción biográfica»: la narración de historias factuales y ficticias a través de un modo de representación en el que elementos, procesos y estrategias ficcionales y documentales se entrelazan de un modo que imponen sobre el receptor una incertidumbre sobre el estatus ontológico del texto: el lector ya no puede estar seguro de tener en sus manos un texto ficticio o uno factual[1]. Si bien es cierto que aquí se trata –al menos en la literatura española– de una nueva forma usada frecuentemente en el contexto cultural específico del recuerdo actual de la Guerra Civil y la historia anterior y posterior a ésta, también se reconoce en dicha forma un cambio funcional muy revelador de la narración biográfica en general que sobrepasa los límites contextuales de la situación contemporánea de la cultura española.

Esta tesis será ilustrada con dos novelas que pueden ser tomadas como ejemplos particularmente característicos de la «docuficción biográfica» en España. La primera de ellas es *Las esquinas del aire. En busca de Ana María Martínez*

---

[1] Consúltese, sobre el interés resucitado en la biografía (literaria) y su investigación académica, entre otros a Zimmermann (2000), Klein (2002) y Gumbrecht (2008), así como también sobre sus relaciones en el contexto español a Romera Castillo/Gutiérrez Carbajo (1998) y Romera Castillo (2006: esp. 143-199). Una clasificación de ficción biográfica según su «contenido de realidad» se encuentra en Jacoby (2005: 38).

Sagi (2000), de Juan Manuel de Prada, y la segunda, *Soldados de Salamina* (2001), de Javier Cercas, quien con esta novela –que entre tanto se ha ganado ya el estatus de «clásico» en la literatura española contemporánea– logró consolidar un extraordinario éxito de ventas[2]. Quien conoce estas novelas podría preguntarse por qué no se habla de una «metabiografía ficcional» o de una «metaficción biográfica», en lugar de –frente a una situación de definiciones ya de por sí enrevesada– introducir además el término «docuficción biográfica»[3]. Por eso cabe destacar que mi interés aquí no es establecer un nuevo concepto de género. Más bien deseo señalar una erosión sintomática de la metaficción biográfica que conserva todavía su aspecto formal pero experimenta una nueva orientación funcional manifestada en el favorecimiento de un modo de representación particular –la «docuficción»– que aclara dicho proceso sintomático de manera muy eficiente.

El modo representativo de la docuficción crea en el caso presente un vínculo entre la memoria y la metaficción o, dicho de otro modo, a través de ésta se entrelazan y transmiten el discurso memorialístico, biográfico y estético-literario[4]. En su potencial para crear una capacidad de integración y conexión yace

---

[2] Juan Manuel de Prada se destacó ya como narrador biográfico con la «biografía novelada» *Las máscaras del héroe* (1996), así como también con una colección de retratos narrados de escritores llamada *Desgarrados y excéntricos* (2001). Consúltese Moreno Hernández (1998) y Dorca (2004) sobre la escritura biográfica de Prada. Javier Cercas se doctoró con un trabajo de estudios literarios sobre la metaficción llamado *La obra literaria de Gonzalo Suárez* (1993). Ambos autores se desempeñan como periodistas.

[3] Ansgar Nünning define la metabiografía ficcional/metaficción biográfica –emplea ambos conceptos como sinónimos– en conexión con el término «*historiographic metafiction*» usado por Linda Hutcheon para la novela histórica contemporánea de la manera siguiente: «Las metabiografías ficcionales enfocan el proceso de la reconstrucción imaginativa y la presentación de la vida de una persona (más o menos) famosa y se caracterizan por un alto nivel de auto-reflexividad estética, historiográfica y biográfica» (Nünning 2000: 19). El ejemplo clásico de ello es *Flaubert's Parrot* (1984) de Julian Barnes. No obstante, para hablar específicamente de «metabiografía ficcional» o «metaficción biográfica» en el contexto presente, tuvo que ajustarse la «mirada para formas innovadoras» (Nünning 2000: 32) que Nünning utiliza justificadamente para la construcción de sus conceptos. Como alternativa terminológica sería en todo caso posible usar los términos «metabiografía docuficcional» o «docuficción metabiográfica» (compárese Hertrampf 2009: 276), que acentúan la conservación de la metadimensión de los textos. El estado de la investigación sobre la metabiografía ficcional es tratado por Nadj (2006: 6-12). Compárese con Pulgarín (1995) sobre la relación entre metaficción historiográfica y posmoderna en el mundo de habla hispana.

[4] Por eso, la desaprobación de Hans Felten (2007: 93) frente a Hans-Jörg Neuschäfer con respecto a la evaluación adecuada de *Soldados de Salamina* resulta insuficiente. Para Felten, *Solda-*

posiblemente una de las razones del éxito actual de este modo de representación. Por otro lado, la reorientación funcional mencionada anteriormente se manifiesta en diversos aspectos: en el alejamiento de la crítica de la ideología y el juego deconstructivo como también en un interés menguante en la problematización del proceso de narración o escritura o en el desenmascaramiento del carácter constructivista de la narrativa biográfica.

Si bien estos motivos siguen presentes, se sobreponen con el afán de asistir a una «memoria performativa»[5] que permite a las figuras y al lector relacionar de manera identificativa el presente con el pasado y la vida propia con la de otros. Detrás de la docuficción biográfica se encuentra el deseo de superar el universo textual ilimitado de la postmodernidad, así como también el autoconfinamiento moderno y reflectivo de la literatura. En lugar de eso, desde hace algunos años, ha venido cobrando vigencia el empeño de expresar o al menos de estimular una nueva «nostalgia por la realidad». Frente a una «retórica de la anti-ficcionalidad» (Gómez López-Quiñones 2006: 16) y la marcada ausencia artística de la forma presentes en las obras de Prada y Cercas, es posible incluso argumentar que para ellos se trata menos de sondear una vez más los «límites de lo literario» que de sobrepasar simbólicamente a «la literatura» misma, puesto que la ficción ha sido desde siempre el criterio privilegiado de la literariedad[6].

---

dos de Salamina es meramente una «novela-metaficcional realizada diestramente a base de materiales de la Guerra Civil». A Neuschäfer le reprocha, por el contrario, haber malinterpretado la novela como postura ideológica en la disputa sobre la Guerra Civil. Al enfocar precisamente el aspecto de la docuficción lo hago con el propósito de sobrepasar el antagonismo que aquí se manifiesta entre una lectura estética y una temática. Textos híbridos como *Soldados de Salamina* o *Las esquinas del aire* pueden ser clasificados adecuadamente sólo cuando se les sitúa más allá de esta dicotomía. Si las estructuras metaficcionales se dejan fuera de consideración se vuelve imposible comprender lo específico de la relación con el pasado; si uno se concentra solamente en la metaficción se pasará por desapercibido un alejamiento determinante de funciones tradicionales de la metaficción. También Nünning (2000: 30) subraya que las metabiografías ficcionales «asumen activa y productivamente funciones como medios del recuerdo cultural, de la trascendencia de lo biográfico y de la auto-reflexión metabiográfica».

[5] Véase el artículo de Ulrich Winter en este tomo, en el que se considera la «memoria performativa» como un síntoma del reciente giro en el discurso del recuerdo en España cuya característica vigente es el intento de transformar la memoria de la historia y del pasado en actualidad real.

[6] Véase a Kablitz (2008) sobre la discusión más reciente del nexo entre literariedad y ficcionalidad.

2. La novela de camino a la realidad

Como paso inicial para la comprobación de esta hipótesis en las novelas en cuestión es necesario resumir primeramente su trama. Juan Manuel de Prada cuenta en *Las esquinas del aire* la historia de un escritor en ciernes, joven y proveniente de provincias que se entera por medio de un literato anciano y fracasado de la existencia de una poetisa, deportista, periodista y feminista catalana que publicó sus primeros poemas en la década de los veinte del siglo pasado: su nombre es Ana María Martínez Sagi (1907-2000). Sin embargo, según el anciano, esta mujer es una invención suya y de sus colegas escritores. No obstante, el narrador, intrigado, encuentra en una revista un artículo de Martínez Sagi que prueba su existencia. Junto con un librero llamado Tabares y la joven asistente bibliotecaria Jimena comienza la búsqueda de pistas que aclaren la existencia de la poetisa catalana. Poco a poco se van juntando las piezas que conforman la imagen de una mujer excepcional y sumamente interesante. Se alcanza el clímax cuando el trío detectivesco logra encontrar a Ana María Martínez Sagi y consigue que narre su historia. Al final del relato el lector se topa con una nota a pie de página insertada posteriormente que informa que Martínez Sagi murió –realmente– alrededor de las seis de la mañana del dos de enero del año 2000 en un asilo de ancianos en Barcelona, o sea, el día exacto en que el autor terminó la corrección de las galeradas de la novela.

La segunda novela, *Soldados de Salamina*, de Javier Cercas, aborda igualmente la España de los años veinte y treinta del siglo XX, solo que esta vez enfoca de manera singular a una prominente figura de la derecha de aquel entonces: el escritor y dirigente ideológico del movimiento falangista español, Rafael Sánchez Mazas (1894-1966). La novela gira en torno a la anécdota –corroborada históricamente– del asombroso y doble salvamiento de Sánchez Mazas, quien cayó en mano de los republicanos y cuando estaba a punto de ser fusilado, logró escapar y fue auxiliado en su huida por un miliciano republicano desconocido que le perdonó la vida. Incitado por esta anécdota, un periodista (que se llama Javier Cercas, al igual que el autor de la novela) se propone investigar y relatar la vida de Sánchez Mazas. Dado que el resultado de este intento biográfico –que después de todo asciende a sesenta páginas– resulta decepcionante como biografía ficticia, el autor emprende al azar la búsqueda del soldado republicano desconocido. Esta búsqueda termina en un asilo de ancianos de Dijon, donde el periodista encuentra a Antoni Miralles, veterano catalán de la Guerra Civil española y de la Segunda Guerra Mundial, y que el primero asume o por lo menos desea intensamente que sea el soldado desconocido que, en su tiempo, le salvó la vida a Sánchez Mazas.

2.1. Plot *detectivesco y pacto documental*

La mayor característica estructural en común entre estas «dobles» biografías de escritores y al mismo tiempo el distintivo en que el documento y la ficción se entrecruzan más claramente es el hecho de que éstas se presentan no como el resultado de una investigación sobre personas que existen realmente –ya sea Ana María Martínez Sagi o Rafael Sánchez Mazas–, sino que la investigación de estas personas se vuelve en sí el objeto del argumento[7]. La trama detectivesca o detectora es entonces fingida, pero pretende al menos ser idéntica a las investigaciones biográficas realizadas por el autor real que preceden a la redacción de la novela. Esto significa que las visitas a bibliotecas y archivos, así como la consulta a expertos y testigos de aquellas épocas que se describen en la novela reflejan el esfuerzo del autor real.

Es propio también de esta construcción que en los niveles argumentativos de las novelas se entremezclen tres tipos de figuras: figuras puramente ficcionales, figuras que poseen una serie de características de personas reales –por ejemplo los nombres, como en el caso del narrador Javier Cercas, que se llama exactamente igual que el autor–, y figuras que se presentan como completamente auténticas, o sea, personas que el autor ya ha consultado anteriormente en sus investigaciones personales; entre éstas se encuentran por ejemplo personajes famosos como el poeta catalán Pere Gimferrer en *Las esquinas del aire* o el escritor chileno Roberto Bolaño en *Soldados de Salamina*, que realizan en ambos casos apariciones de *cameo*[8].

No obstante, la confirmación definitiva de que es así debe ser deducida por el lector en los textos que gozan la menor restricción ficticia, y éstos son los paratextos. Javier Cercas menciona en una «Nota del autor» preliminar al texto

[7] Las novelas son biografías de escritores «dobles» porque cuentan no sólo respectivamente la biografía de un escritor o una escritora, sino que también los narradores en primera persona en ambos casos abrigan ambiciones de escritores. En las docuficciones biográficas de Prada y Cercas encontramos de esta forma un doble renacimiento del sujeto: el de la figura y el del autor.

[8] Véase sobre esta problemática y sobre el «cortocircuito ontológico» asociado con ella el capítulo «Personas reales en contexto ficcional» en Jacoby (2005: 129-141).

sus extensos preparativos documentarios, y también Prada utiliza el prefacio a su novela *Las esquinas del aire* para cerrar un tipo de «pacto documentario» con el lector. Éste asevera ya en la primera oración que ha invertido más de dos años de investigación en su novela y que su trabajo está vinculado a una aspiración científica[9]. Por eso Prada no desea calificar su relato simplemente como «novela», sino como «biografía detectivesca» (Prada 2000: 11) o lo que los británicos llamarían «*quest*» (Prada 2000: 11). Él se remite aquí explícitamente al ejemplo de la novela experimental-biográfica de A. J. A. Symon llamada *The Quest for Corvo. An Experiment in Biography* (1934). Javier Cercas emprende también un intento parecido de autodefinición. Cercas hace uso en su novela del término «relato real» (Cercas 2001: 52; pássim) y lo define como «un relato cosido a la realidad, amasado con hechos y personajes reales» (Cercas 2001: 52).

Con la elección de un género tan híbrido como éste, Prada y Cercas participan en una forma de autorreferencia novelesca que constituye una aparición común en la modernidad: el *mise en abyme*, el reflejo interno-ficcional del proceso de la producción de un texto[10]. Paralelamente, éstas se respaldan –Prada lo menciona explícitamente– en la «biografía *quest*» –estudiada, entre otros, por Ina Schabert (1990)– o la «novel of biographical quest, or bioquest novel» (Thiem 2000: 421) conceptualizada por Jon Thiem, cuyas tres características principales –el informe sobre las investigaciones biográficas, la representación de la vida de la figura biografiada y la consideración de los cambios en la vida del biógrafo a causa de la indagación– están presentes en las obras en cuestión[11]. Sin embargo, a diferencia de la función del *mise en abyme* en la literatura de la modernidad, aquí no se refleja el proceso de escritura o narración con el objetivo de aislar el texto frente a la realidad para señalar así su autonomía estética. Aquí se refleja mucho más el proceso de la recopilación de materiales –que antecede y trasciende a la escritura–, o sea exactamente lo contrario: la apertura

[9] Hans-Jörg Neuschäfer (2003: 507) habla por eso también de una «novela-investigación».

[10] Compárese esto con el estudio fundamental de Dällenbach (1977).

[11] También en lo concerniente a este último momento ambas novelas corresponden a lo que dicta su género: mientras que el yo-narrador ficticio de Javier Cercas en *Soldados de Salamina* experimenta el encuentro final con Antoni Miralles como una catarsis personal, los detectives históricos de *Las esquinas del aire* terminan sus investigaciones con el reconocimiento de haberse convertido en mejores personas: «Podíamos decir que el itinerario nos había hecho mejores» (Prada 2000: 539). El ocuparse de investigar la historia de la vida de otros tiene, para las figuras de ambas novelas, un efecto terapéutico y curativo.

de la novela al mundo. Y, comparado con el modelo de la metaficción biográfica, al que puede ser también adjudicada la tradicional biografía *quest*, el momento del cuestionamiento y la deconstrucción de lo biográfico y del biógrafo (hasta ahora prevaleciente) se relega al trasfondo, para beneficio de las figuras biografiadas y de un gran e irreflexivo deseo de identificación para con sus vidas[12].

2.2. *Nostalgia por la personificación*

La necesidad de dinamitar el universo ficcional y abrir la novela a la «realidad» se manifiesta a nivel argumentativo de manera especialmente enfática en una nostalgia por la personificación, en el desplazamiento al plano real de personas existentes solamente en el papel o en la imaginación. Este motivo desempeña un papel fundamental en ambas novelas, aun cuando éstas lo tratan de manera muy distinta. En la novela de Prada, el empeño de las figuras se concentra en comprobar que Ana María Martínez Sagi no es una mera invención literaria sino que existió en realidad. El deseo que impulsa a las figuras es el de «otorgar corporeidad a una quimera» (Prada 2000: 18). Si al principio el objeto de interés de los protagonistas se presenta como «aquella sombra llamada Ana María Martínez Sagi» (Prada 2000: 15), al final del décimo capítulo se dice que «el personaje literario se iba revistiendo de carne y hueso» (Prada 2000: 338). En este sentido, la agudeza peculiar de la novela de Prada se desprende de la certeza de que la ficción literaria en la construcción de la historia de Ana María Martínez Sagi se puede respaldar documentalmente.

Es evidente que el propósito del joven autor no es urdir otra vez un juego metaficcional sobre obras apócrifas y personalidades poéticas ficticias al estilo de Jorge Luis Borges («Examen de la obra de Herbert Quain», 1941) o Vladimir Nabokov (*The Real Life of Sebastian Knight*, 1941; *Pale Fire*, 1962). En el trabajo de Prada el documento no se muestra como ficción sino que la ficción se expone como documento. Su novela está construida de tal manera que el mensaje es claro y fuerte: la literatura debe abordar la realidad. La pretensión

---

[12] Para la diferenciación necesaria entre la biografía *quest* según Schabert y la metabiografía ficcional véase Nadj (2006: 10) como también las observaciones, en la misma fuente, del capítulo III.1.

performativa y creadora de realidad de la literatura no puede expresarse de manera más clara que con el retorno –más que simbólico– a «la vida» de Ana María Martínez Sagi. Al fin y al cabo fue la novela de Prada la que expuso de manera enfática y por primera vez al público la existencia de esta mujer tan peculiar.

En la novela de Javier Cercas, por otro lado, parece ocurrir lo contrario. En dicho relato la ficción biográfica se convierte en el punto de fuga del argumento. Pero esta ficción está provista de tal fuerza sugestiva que tanto el narrador como el lector están dispuestos a aceptarla como real. Si bien es cierto que Cercas presenta en la segunda parte de su novela una biografía auténtica de Rafael Sánchez Mazas que cubre desde su juventud, pasando por sus éxitos literarios hasta llegar a su muerte en 1966, a ésta le continúa en la tercera parte la biografía imaginada del miliciano republicano Antoni Miralles, quien le perdonó la vida a Sánchez Mazas. Esto sucede en nombre de una justicia superior garantizada solamente por la literatura y no por la historia, como Cercas lo pone en labios de su narrador haciendo una referencia (implícita) a Aristóteles[13]. Aunque Cercas le otorgue al fin y al cabo primacía a la ficción, éste considera, como Prada, que la literatura está al «servicio de la realidad», solo que el primero reinventa el pasado de un plumazo con el pretexto de devolverle a la historia su potencial utópico, mientras que Prada se limita a reconstruirla[14]. Ciertamente, al final ambos autores coinciden en el hecho de que cada uno, a su manera, logra realizar su deseo de confeccionar el pasado según sus propias necesidades.

2.3. *Acentuación de la contingencia*

El «servicio a la realidad» asume en ambos autores la forma de un sometimiento simbólico de la ficción a la realidad. Un elemento importante de esta estrategia documental frecuente se encuentra en la utilización del azar. Prada aplica este motivo incluso en la primera oración de su novela: «Aceptemos que el azar es una expresión terrenal de la irreprochable lógica divina» (Prada 2000: 15).

[13] La referencia pasajera a la diferenciación aristotélica entre literatura e historiografía es, sin embargo, engañosa, ya que contradice el desempeño narrativo de Cercas, que evade deliberadamente este límite.

[14] La novela de Cercas entra en contacto con la temática de la biografía virtual, o de la historia alternativa, paralela o contra-factual; véase para ello a Salewski (1999) y Jacoby (2005).

Este patrón interpretativo corresponde a una composición de la trama que da la impresión, desde el principio, de no estar sometida a un plan estructural fijo al que debe adaptarse el material –anticipando ya un sentido imputado, aunque éste sea solo reconocible en retrospectiva–. En lugar de esto, en el transcurso de la novela el argumento parece depender de factores extraliterarios, de hallazgos y encuentros casuales –condición también aplicable al éxito de la obra misma, que parece estar en juego una y otra vez–. Así, en las figuras de Prada cunde el miedo cuando se dan cuenta de que Martínez Sagi realmente existe, pues podría tratarse de una persona sin interés. Y por lo mismo su alivio se vuelve aún mayor cuando se dan cuenta de que ésta es muchísimo más interesante de lo que ellos se habían aventurado a imaginar. La coincidencia de que Ana María Martínez Sagi muera poco después de que se termine de escribir la novela y de que esta noticia pueda ser incorporada todavía en el relato tiene el efecto de una confirmación inesperada de la estética docuficcional de Prada por la misma realidad: solo la realidad extra-textual le otorga irónicamente a la ficción literaria aquella unidad composicional que la literatura reclama habitualmente como suya –ante la realidad– para derivar su diferencia estética. Javier Cercas no está en posición de ofrecer tal agudeza; no obstante, arriesga en cierto modo más que Prada. Lo que Cerca arriesga es que la frustración –tematizada dentro de la misma ficción– de su narrador ante la insignificancia de la biografía factual de Rafael Sánchez Mazas fomente a corto plazo la frustración del lector real ante la insignificancia literaria de *Soldados de Salamina*, una frustración que Cercas atrapa y aleja merced a la fascinante y ficticia biografía del miliciano republicano expuesta en el último tercio de la novela.

2.4. *Incorporación de material documental*

No obstante, el carácter documental de ambas novelas se manifiesta con más claridad en su vasta incorporación de todo tipo de materiales. *Las esquinas del aire* contiene 65 ilustraciones: fotografías que muestran a Martínez Sagi, siempre haciendo deporte, u otras en grupo con sus compañeras de deporte, retratos de amigas y contemporáneos, portadas de revistas y libros, así como también facsímiles de cartas y manuscritos. En el texto se incluyen muchas citas minuciosas e impresas en letra cursiva que reproducen fuentes como artículos de periódicos, entrevistas, poemas, etc. En un anexo se encuentra una antología de sus poemas. También *Soldados de Salamina* se basa en material textual histórico.

Además se describen imágenes y documentos fílmicos de la época; incluso se reproduce y se transcribe la fotografía de una página del diario de Sánchez Mazas. Por otro lado, ambas novelas recurren al dispositivo comunicativo de la «oral history». Así, la segunda parte de *Las esquinas del aire* (del capítulo II al IX, un fragmento que abarca por lo menos 120 páginas) consta casi en su totalidad de un monólogo de Ana María Martínez Sagi, presentado como la transcripción de una grabación[15]. Ocurre algo semejante en *Soldados de Salamina*, en cuya tercera parte se narran en diálogo escénico dos conversaciones largas (y ficticias) entre el narrador y el veterano de guerra Antoni Miralles[16].

En este contexto, la manera en que se forman las relaciones entre documento de imagen y de texto se elucida mejor mediante un ejemplo de *Las esquinas del aire.* En el cuarto capítulo de la primera parte («La chica republicana») se imprime una fotografía que muestra a Ana María Martínez Sagi lanzando la jabalina en el primer Campeonato femenino de atletismo de 1931.

Prada 2000: 103.

[15] Según la tipología de Annegret Maack (1993: 172-173), que distingue entre tres formas de (auto-)biografías ficticias, aquí se trata de un caso de «figura histórica como auto-biógrafo», en el que al biografiado se le dota con su propia voz.

[16] Véase a Albert (2006) sobre la «oralidad fingida» vinculada con el discurso de la memoria en Juan Manuel de Prada y Javier Cercas, donde se estudian otros ejemplos.

Prada 2000: 395.

En el texto que sigue se nombra la fuente de las fotografías, la revista *Crónica,* y se encuentra una descripción detallada de la página en que está impresa. Además, la fotografía da lugar a una corta caracterización de Martínez Sagi, en la que se entrelazan descripciones pictóricas neutrales con apoteosis poéticas:

> Era una muchacha que rondaría la veintena, de rostro despejado y ebrio de futuro, la melena muy corta y sostenida en el equilibrio velocísimo de la carrera, la piel atezada por el hábito de la intemperie, el perfil fornido y como esculpido en bronce (Prada 2000: 102).

En el primer capítulo («Salmodia y letanía») de la segunda parte del libro, que cuenta el encuentro directo de los personajes con una Martínez Sagi que fue considerada por mucho tiempo como figura ficcional, se encuentra esta misma imagen de nuevo, pero esta vez encuadrada y colocada sobre una mesa, como parte de otra fotografía que muestra a Martínez Sagi en 1998 en su apartamento, poco antes de su muerte.

La fotografía de la joven deportista, pues, sirve no solamente para la ilustración y acreditación del texto, sino que también se acredita por el texto y por otra fotografía, a saber, por la fotografía en la que aparece como objeto. Hacen falta disonancias entre texto e imagen que podrían ser consideradas como indicios para una problematización de la intervención medial. Dado que la imagen se presenta anexionada al medio simbólico del lenguaje, una circunstancia enfatizada por el uso de lenguaje poético («ebrio de futuro»), se destaca aun más un aspecto de su presencia –como también su carácter testimonial y su *pathos* peculiar– imposible de captar lingüísticamente.

De la segunda ilustración se desprende un efecto muy similar. En vez de cuestionar la calidad de referencia en la supuesta imagen documental con su intrigante estructura de imagen-en-imagen y presentar su aparición como escenificada, esta *mise en abyme* –en este caso fotográfica– se revela inesperadamente como garante de autenticidad: mediante el hecho de que la anciana Martínez Sagi sea retratada junto con una fotografía de su juventud se demuestra con posterioridad la «autenticidad» de las primeras fotografías. Que aquí parezca de nuevo que la «realidad» le gana a la ficción con los propios medios de la última (*mise en abyme*) es al final solamente un efecto adicional al que se le da la bienvenida.

2.5. *El impacto de la ficción*

Después de haber aclarado el carácter documental de las novelas, queda pendiente el interrogante de la función del marco ficcional para la representación biográfica. La tarea principal de las estructuras ficcionales, o sea, la combinación de tanto un argumento detectivesco como biográfico y la elección de un narrador protagonista relativamente joven que hace las veces de representante interno-ficcional tanto del autor como del lector, consiste –aparte de su valor de entretenimiento– en estimular el interés del lector y de transmitirle una perspectiva y un sistema de valores determinados en lo referente a las biografías representadas, o sea, un tipo de manual de instrucciones sobre cómo abordar el mundo documentado. Al mismo tiempo se mantienen constantemente presentes, merced al marco perspectivo, las necesidades individuales y contemporáneas de las que surge el interés de ocuparse con el pasado a través de la historia de otros. No obstante, esto sucede (y aquí es necesario volverlo a recalcar) no con el fin de causar en el lector una recepción crítica del interés y de las necesidades que rigen en las representaciones biográficas. Muy por el contrario, aquí se intenta hacerle una oferta de identificación al lector (en lo posible sugestiva) que si bien no exime a la construcción de lo biográfico de toda importancia, la relega a un plano secundario, pero sin crear una distancia en que la huella de la necesidad que el biógrafo deja en la historia del biografiado se desvanezca por completo[17].

Lo que ambas novelas comunican sobre su base argumentativa ficcional es el significado de la empatía y la identificación. En la novela de Prada impera «una indivisible empatía» (Prada 2000: 361) tanto entre el narrador-detective y sus ayudantes como también en su relación con Martínez Sagi. Cuando encuentran a la poetisa poco antes de su muerte les parece «el momento más importante de nuestras vidas» (Prada 2000: 395). Pero también Martínez Sagi profesa principios humanistas. Ella califica su obra como «poesía de lealtad humana frente al arte deshumanizado, cálida y vibrante frente al frío caligrama del versificador intelectual» (Prada 2000: 350). En estas palabras se descubre un rechazo explícito a la poética vanguardista y autorreferencial de la modernidad, como la representa José Ortega y Gasset en su famoso ensayo *La deshumanización del arte* (1925). Es evidente que también Prada rechaza el modelo de una modernidad crítico-analítica y heroicamente desafectada que es además inconciliable con el concepto de la docuficción biográfica aplicado en *Las esquinas del aire*. El *modus operandi* de Javier Cercas es distintivamente más irónico que el de Prada, pero también él no solamente introduce un protagonista con una identidad débil, motivado por la empatía y la identificación, sino que también incluye con premeditación el rol del lector de manera correspondiente.

El hecho de que los elementos documentales tanto en Prada como en Cercas se mantengan integrados en la ficción, o sea, que el acercamiento a lo documental se desarrolle en un argumento ficcional, parece sugerir la idea de que ninguna tentativa de narración biográfico-documental pudiese escapar de las trampas de la retoricidad –tanto más que el medio de la literatura posee una sensibilidad particular para la mediación imprescindible de la inmediatez–. No obstante, es decisivo que el propósito de la docuficción biográfica de Prada y de

[17] Por eso me parece que el momento de acentuación de la radical historicidad no pertenece al primer plano, tal como afirma Antonio Gómez López-Quiñones (2006: 61) con referencia a *Soldados de Salamina*: «La inclusión del contexto en el texto, es decir, la plasmación explícita de las circunstancias, motivaciones y fases que mantienen en pie y dan sentido a un relato sobre el pasado, conlleva en *Soldados de Salamina* un esfuerzo por recuperar la radical historicidad no sólo de cualquier episodio histórico sino también del instante y del acto de la escritura».

Cercas no tenga ya más como prioridad la difusión de este discernimiento, sino que intenta trabajar con un interrogante muy distinta, a saber: si la promesa de ponerse en contacto con la realidad, con el pasado o con la vida de otros quizás no se perciba aún más intensamente ante el hecho fundamental de que se trata de una promesa que nunca llegará a cumplirse.

2.6. *Función ética de la literatura*

Tomando en cuenta estas observaciones resulta evidente que mediante el aspecto ficcional de la docuficción biográfica se rinde una descripción funcional muy oportunista de la literatura según la cual su tarea principal recae en su desempeño con la memoria y el recuerdo. A esta descripción funcional se le puede llamar oportunista por dos razones: porque complace un interés extendido actualmente no sólo en el público español (y las ciencias culturales) y porque al mismo tiempo reivindica una legitimación social de la literatura como medio del recuerdo y guardiana de la memoria cultural, lo que debe ser comprendido como un intento de compensación –muy bienvenido, por cierto– ante la pérdida universal de significación de la literatura[18].

El escándalo ético que la novela de Prada denuncia teniendo en mente esta tarea puede formularse de la siguiente manera: ¿cómo puede ser posible que una personalidad tan famosa y excepcional como fue en su tiempo Ana María Martínez Sagi, que, entre otras cosas, fue presidenta del F. C. Barcelona en 1934, haya podido perderse de tal manera en el olvido que la prueba de su existencia física tenga que presentarse como una ficción literaria? Y ésta es la misión tanto de Prada como de Cercas: restituir a aquellas personas de la memoria colectiva amenazadas de dos maneras: por el franquismo y por el olvido de la posteridad. La fórmula que utiliza Prada para esto, o sea «rectificar la Historia» (Prada 2000: 145), podría encontrarse también en el caso de Cercas. Sin embargo, Cercas desea expandir el imperativo de la memoria también al lado fascista, y esto se manifiesta en el hecho de que su narrador se dedica inicialmente a una biografía de Rafael Sánchez Mazas.

Otro punto de los autores, además de la preservación de los destinos individuales, es la exposición de constelaciones históricas que podrían llegar a ofrecer a

[18] Véase, sobre esto, limitándose a Cercas, Tschilschke (2005: 144-145 y 2008: 282-283).

la conciencia actual valiosos vínculos para la constitución de la identidad colectiva. De hecho, aquí la constitución de la identidad es la noción clave. En vez de realizar un esfuerzo por la verdad histórica se satisfacen necesidades narcisistas e imperativos estéticos: las historias de otras vidas son valoradas primariamente por su capacidad para complacer cierta necesidad de identidad o sentido –y sobre todo deben ser interesantes–. Es obvio que la biografía del escritor fascista Sánchez Mazas no cumple ninguna de estas exigencias. Pero las biografías del simple soldado republicano llamado Miralles y de Ana María Martínez Sagi, «una mujer nueva» (Prada 2000: 266) que como poetisa, izquierdista y homosexual sufrió múltiples tipos de marginalización, cumplen estas exigencias perfectamente[19]. Frente a este anhelo masivo –no de realidad como tal, sino de un tipo particular de realidad; y no de pasado, sino de un tipo en especial de pasado– la diferenciación entre hecho histórico y ficción literaria pierde significado: el deseo de realidad se convierte en realidad, el recuerdo del pasado se vuelve idéntico al pasado mismo. Esto se expone en la novela de Cercas, ya que la biografía puramente ficticia del soldado republicano se antepone, después de todo –y por motivos éticos y emocionales– a la biografía factual del escritor fascista.

En Prada, este hecho se da a conocer paradójicamente en la supuesta parte auténtica de la novela, o sea, el testimonio autobiográfico de Ana María Martínez Sagi, «testimonio de su vida» (Prada 2000: 388). Esta parte es la que pareciera más ficticia ya que ostenta los mismos distintivos estilísticos de los pasajes del joven yo-narrador, que al mismo tiempo son idénticos a la retórica exuberante y virtuosa del mismo Juan Manuel de Prada[20].

Aquí, hablar con intención sentenciosa o reveladora de una (auto-) biografía fingida no es compatible con la observación de que aparentemente a los autores les parece importante registrar de manera absolutamente afirmativa el deseo de los biógrafos para con las biografías. En lo concerniente al identificativo «docuficción biográfica» en las novelas de Cercas y Prada, es decisivo que las características descritas no se refieran solamente al plano argumentativo, sino también a la estética de las novelas. Esto sucede en la medida en que el modo

[19] Desde el 8 de junio de 2008 hay un artículo en Wikipedia sobre Ana María Martínez Sagi.

[20] Esto también es señalado, aunque con una justificación distinta, por Hans-Jörg Neuschäfer (2006: 148): «Por cierto: la primera parte, o sea la reconstrucción por el narrador y sus amigos, produce en el lector, precisamente por el carácter fragmentario del material encontrado y por las vivencias, éxitos y fracasos de los jóvenes investigadores, un efecto más auténtico que la segunda parte, en la que nos tenemos que fiar de una Ana María cuyo relato resulta demasiado concluyente».

de representación docuficcional satisface las necesidades articuladas en el texto a través del texto o que –como en el caso de Sánchez Mazas– son defraudadas.

3. Docuficción biográfica como tendencia y síntoma

Esta constatación no debería darse por concluida de esta manera sin antes cuestionar las razones posibles para la actualidad y el atractivo del modo docuficcional que presentan las novelas de Prada y Cercas. Ante todo es imprescindible tener en cuenta que, aproximadamente desde el cambio de milenio, se ha formado una alianza particularmente estrecha entre la narración de historias personales o biografías y la elección de medios representativos docuficcionales: la narración biográfica indica hoy en día una clara tendencia hacia la docuficción así como el interés de la docuficción se destaca por una notable afinidad a todo lo biográfico. Eso se muestra, por ejemplo, en la forma investigativa usada en la misma medida por Prada y Cercas.

Por otra parte, para explicar la coyuntura de la docuficción biográfica se pueden ofrecer más o menos las mismas razones que desarrollamos en la introducción de este tomo para la explanación de la coyuntura en general de la docuficción. Primeramente se puede nombrar la aptitud para participar en debates sociales actuales en vinculación con vivencias colectivas. El debate del pasado llevado a cabo en España durante los últimos años –en especial sobre la Guerra Civil y la dictadura– es un ejemplo clásico de esta primera causa.

Segundo, debe responsabilizarse también a un cambio discursivo marcado por un interés redescubierto por experiencias reales e imágenes biográficas concisas «más allá de la (meta-)ficción». En este marco, términos como «autenticidad», «presencia», «evidencia», etc., no son los únicos enfocados por la reflexión teórica, sino que también se advierte el regreso al discurso científico de categorías como «sujeto» y «autor», consideradas hasta hace poco como obsoletas.

Tercero, no hay que negar que el modo representativo docuficcional –y en particular su enlace con la forma biográfica– es, simplemente, popular y se vende bien, puesto que satisface las necesidades de entretenimiento, identificación y reflexión; por otro lado, ésta se adecua mejor a la experiencia de una realidad medial compleja en la que la literatura ya no es el medio principal que fue por mucho tiempo.

Sobre este trasfondo, parece ser que la emergencia de formas híbridas, docuficcionales y biográficas podría ser tomada como síntoma de la incertidumbre de la literatura sobre su estatus, su valor y su futuro. La docuficción permite, por un lado, la continuación de la tradición posmoderna del juego metaficcional bajo condiciones modificadas; por otro lado proporciona una capacidad incrementada de enlace entre la literatura y discursos culturales, sociales y políticos. Nos queda preguntarnos si deberíamos considerar la docuficción biográfica al estilo de *Las esquinas del aire* de Juan Manuel de Prada y de *Soldados de Salamina* de Javier Cercas como un programa de regeneración literaria que responde a la fatiga de formas de percepción y representación tanto ficcionales como tradicionales, o si deseamos reconocer en ella una capitulación estética de la literatura, ya que ésta extrae sus modelos de referencia más decisivos de los campos extraliterarios del periodismo, la biografía y los libros de divulgación histórica.

Bibliografía

ALBERT, Mechthild (2006): «Oralidad y memoria en la novela memorialística». En: Winter, Ulrich (ed.): *Lugares de memoria de la Guerra Civil y el franquismo. Representaciones literarias y visuales*. Madrid/Frankfurt am Main: Iberoamericana/Vervuert, pp. 21-38.

CERCAS, Javier (1993): *La obra literaria de Gonzalo Suárez*. Barcelona: Quaderns Crema.

— [2001] (2003): *Soldados de Salamina*. Barcelona: Tusquets.

DÄLLENBACH, Lucien (1977): *Le récit spéculaire. Essai sur la mise en abyme*. Paris: Seuil.

DORCA, Toni (2004): «Juan Manuel de Prada o el arte de la biografía». En: *Symposium* 58, pp. 108-121.

FELTEN, Hans (2007): «Fragmente aus einem Campus-Roman». En: Ertler, Klaus-Dieter (ed.): *Romanistik als Passion. Sternstunden der neueren Fachgeschichte*. Wien/Berlin: Lit, pp. 83-98.

GÓMEZ LÓPEZ-QUIÑONES, Antonio (2006): *La guerra persistente. Memoria, violencia y utopia: representaciones contemporáneas de la Guerra Civil española*. Madrid/Frankfurt am Main: Iberoamericana/Vervuert.

GUMBRECHT, Hans Ulrich (2008): «Die Rückkehr des totgesagten Subjekts». En: *Frankfurter Allgemeine Zeitung* 106 (7 de mayo), p. N3.

HERTRAMPF, Marina (2009): *Der PHOTOgraphische ROMAN in der französischen Gegenwartsliteratur. Photographie und photographische Schreibweisen im Werk von Patrick Deville*. Regensburg (Diss. Manuskript).

JACOBY, Nathalie (2005): *Mögliche Leben. Zur formalen Integration von fiktiven und faktischen Elementen in der Literatur am Beispiel der zeitgenössischen fiktionalen Biographie*. Bern: Lang.

KABLITZ, Andreas (2008): «Literatur, Fiktion und Erzählung – nebst einem Nachruf auf den Erzähler». En: Rajewsky, Irina O./Schneider, Ulrike (eds.): *Im Zeichen der Fiktion. Aspekte fiktionaler Rede aus historischer und systematischer Sicht*. Stuttgart: Steiner, pp. 13-44.

KLEIN, Christian (ed.) (2002): *Grundlagen der Biographik. Theorie und Praxis des biographischen Schreibens*. Stuttgart/Weimar: Metzler.

MAACK, Annegret (1993): «Das Leben der toten Dichter: Fiktive Biographien». En: Maack, Annegret/Imhof, Rüdiger (eds.): *Radikalität und Mäßigung. Der englische Roman seit 1960*. Darmstadt: Wiss. Buchgesellschaft, pp. 169-188.

MORENO HERNÁNDEZ, Carlos (1998): «La biografía novelada como ejercicio de estilo(s): *Las máscaras del héroe*, de J. M. de Prada». En: Romera Castillo, José/Gutiérrez Carbajo, Francisco (eds.): *Biografías literarias (1975-1997). Actas del VII Seminario Internacional del Instituto de Semiótica literaria, teatral y nuevas tecnologías de la UNED. Casa de Velázquez (Madrid), 26-29 de mayo, 1997*. Madrid: Visor, pp. 537-547.

NADJ, Julijana (2006): *Die fiktionale Metabiographie. Gattungsgedächtnis und Gattungskritik in einem neuen Genre der englischsprachigen Erzählliteratur. Theorie – Analysemodell – Modellinterpretationen*. Trier: WVT.

NEUSCHÄFER, Hans-Jörg (2003): «Hacer memoria investigando. Un nuevo paradigma de la narrativa española». En: Plocher, Hanspeter/Kuhnle, Till R./Malinowski, Bernadette (eds.): *Esprit critique und Engagement. Festschrift für Henning Krauß zum 60. Geburtstag*. Tübingen: Stauffenburg, pp. 501-509.

— (2006): «La memoria del pasado como problema epistemológico: Adiós al mito de las "dos Españas"». En: Winter, Ulrich (ed.): *Lugares de memoria de la Guerra Civil y el franquismo. Representaciones literarias y visuales*. Madrid/Frankfurt am Main: Iberoamericana/Vervuert, pp. 145-153.

NÜNNING, Ansgar (2000): «Von der fiktionalen Biographie zur biographischen Metafiktion. Prolegomena zu einer Theorie, Typologie und Funktionsgeschichte eines hybriden Genres». En: Zimmermann, Christian von (ed.): *Fakten und Fiktionen. Strategien fiktionalbiographischer Dichterdarstellungen in Roman, Drama und Film seit 1970*. Tübingen: Narr, pp. 15-36.

PRADA, Juan Manuel de (2000): *Las esquinas del aire. En busca de Ana María Martínez Sagi*. Barcelona: Planeta.

PULGARÍN, Amalia (1995): *Metaficción historiográfica: La novela histórica en la narrativa hispánica posmodernista*. Madrid: Fundamentos.

ROMERA CASTILLO, José/GUTIÉRREZ CARBAJO, Francisco (eds.) (1998): *Biografías literarias (1975-1997). Actas del VII Seminario Internacional del Instituto de Semiótica literaria, teatral y nuevas tecnologías de la UNED. Casa de Velázquez (Madrid), 26-29 de mayo, 1997*. Madrid: Visor.

— (2006): *De primera mano. Sobre escritura autobiográfica en España (siglo XX)*. Madrid: Visor.

SALEWSKI, Michael (ed.) (1999): *Was Wäre Wenn. Alternativ- und Parallelgeschichte: Brücken zwischen Phantasie und Wirklichkeit.* Stuttgart: Steiner.

SCHABERT, Ina (1990): *In Quest of the Other Person. Fiction as Biography.* Tübingen: Narr.

THIEM, Jon (2000): «Cultural Memory in the Novel of Biographical Quest». En: Gorp, Hendrik van/Musarra-Schroeder, Ulla (eds.): *Genres as Repositories of Cultural Memory.* Amsterdam/Atlanta: Rodopi, pp. 421-432.

TSCHILSCHKE, Christian von (2005): «(Anti-)Helden wie wir? Konstruktion und Destruktion des Heroischen im Film über den Spanischen Bürgerkrieg. André Malraux' *Sierra de Teruel* (1939), Carlos Sauras *La caza* (1965) und David Truebas *Soldados de Salamina* (2003)». En: Treskow, Isabella von *et al.* (eds.): *Bürgerkrieg – Erfahrung und Repräsentation.* Berlin: Trafo, pp. 127-151.

— (2008): «Zusammenwirken und Konkurrenz der Medien in der Erinnerung an den spanischen Bürgerkrieg: *Soldados de Salamina* als Roman und Film». En: Bandau, Anja *et al.* (eds.): *Literaturen des Bürgerkriegs.* Berlin: Trafo, pp. 269-285.

ZIMMERMANN, Christian von (2000): «Einleitung». En: Zimmermann, Christian von (ed.): *Fakten und Fiktionen. Strategien fiktionalbiographischer Dichterdarstellungen in Roman, Drama und Film seit 1970. Beiträge des Bad Homburger Kolloquiums, 21.-23. Juni 1999.* Tübingen: Narr, pp. 1-13.

La mentira de las verdades: una crítica de la docuficción

JOCHEN MECKE

1. LA DOCUFICCIÓN, UN DESAFÍO PARA LA TEORÍA LITERARIA

En el año 2000 Juan Manuel de Prada publica *Las esquinas del aire*, una docuficción que relata, como indica el subtítulo, la «busca de Ana María Martínez Sagi» por el autor. Un año más tarde se publicó *Soldados de Salamina*, la docuficción de más éxito hasta el presente, escrita por Javier Cercas (2001). Asimismo, por citar algunos ejemplos más recientes, conviene mencionar también el caso de *Muertes paralelas*, una novela docuficcional de Fernando Sánchez Dragó, publicada en 2007, así como *Nocilla Dream*, de Agustín Fernández Mallo (2006) seguida de *Nocilla Experience* (2008) y *Nocilla Lab* anunciada para 2009, *novelas reales* que forman parte de una trilogía docuficcional con el título *Nocilla Project* y que contienen una mezcla de escenas ficticias y reales que se refieren a la situación actual. En este mismo año volvió a la carga Javier Cercas con una docuficción ambiciosa consagrada al fracasado golpe de Estado de 1981 (*Anatomía de un instante*, 2009).

Al ver solamente esta pequeña selección de algunos títulos se puede comprobar la idea de que la docuficcional no es una mera moda efímera y marginal de la producción literaria actual, sino que constituye un fenómeno literario importante. El número de publicaciones aparecidas, el éxito de todos estos libros en el mercado, la crítica literaria y también el número impresionante de premios con los que fueron galardonados una gran parte de los libros en cuestión –a manera de ejemplo me limito a mencionar el premio Fernando Lara obtenido por *Muertes paralelas* y la elección de *Nocilla Dream* como mejor novela del año 2006 por la revista *Quimera*– todos estos fenómenos son una prueba de que la docuficción constituye un verdadero centro de las preocupaciones literarias en España y no solamente en este país.

Los casos referidos anteriormente plantean algunos problemas para la teoría literaria, para la estética y también para la ética de la literatura: autoficción y docuficción se sitúan por definición entre los géneros referenciales y ficticios o más bien deconstruyen deliberadamente la frontera entre los dos. Es obvio que gracias a este procedimiento la docuficción tiene un estatus híbrido que impide al lector determinar nítidamente si los acontecimientos narrados son reales o ficticios, si una novela es autobiográfica o autoficticia, si es ficción o realidad.

¿De qué manera se puede distinguir una docuficción de un texto factual o documental por un lado y de un texto puramente ficticio por el otro? Para operar esta distinción, ¿es imprescindible conocer la realidad o es suficiente basarse solamente en el código literario? Si la última hipótesis se prueba justa, ¿de qué manera y a través de qué signos señala el propio texto la diferencia entre las referencias a la realidad por un lado y las referencias al mundo ficticio por el otro? Pero la pregunta más importante es: ¿cuáles son los motivos y las consecuencias de esta mezcla entre ficción y realidad para el valor estético de la obra? ¿De qué puede ser un indicio este nuevo anhelo de realidad en la ficción? ¿Qué cambio de valores literarios sugiere?

En lo que sigue voy a concentrarme en la novela de Javier Cercas, puesto que es el caso más conocido de una docuficción y puede, por consiguiente, servir de punto de referencia. Sin embargo, no emprenderé un análisis completo de la novela. Más bien me serviré de ella como síntoma de un cambio en el campo literario actual que intentaré enfocar desde el punto de vista teórico de una teoría estética de la mentira.

2. Estructuras de la docuficción

2.1. *Un estatuto ontológico ambiguo*

¿Cuáles son las señas que colocan la obra de Cercas en el marco de la docuficción? Por un lado estamos claramente confrontados con los rasgos típicos de un texto referencial o factual, ya que el autor evoca personajes, acontecimientos y lugares reales, como por ejemplo, los conocidos escritores Sánchez Ferlosio, Trapiello o Bolaño, ciudades como Gerona, lugares como El Colell o acontecimientos conocidos de la Guerra Civil, a saber, la batalla del Ebro, la caída de Barcelona, etc., que forman parte del saber histórico en España. Así, por sus referencias históricas, el texto se sitúa en la realidad y se presenta como texto documental. Además, el argumento relata el caso real de una investigación emprendida por el propio autor que se entera de un acontecimiento real de la

Guerra Civil y de un soldado republicano que, después de un fusilamiento fallido, salva la vida al conocido literato y falangista Rafael Sánchez Mazas. El autor reproduce en el texto mismo, a título de prueba documental, una página entera de las noticias escritas del diario íntimo redactado a mano con un lápiz por Sánchez Mazas en los días después del fusilamiento del que se había escapado y cuando erraba por el bosque (Cercas 2001: 59). A estos elementos cabe añadir que muchos párrafos del libro están escritos en un estilo que se parece a los textos históricos. Así, el primer párrafo de la segunda parte de *Soldados de Salamina*, donde se relata la historia de Sánchez Mazas, adopta los procedimientos historiográficos de la narración:

> El 27 de abril de 1939, justo el día en que Pere Figueras y sus ocho compañeros de Cornellà de Terri ingresaron en la prisión de Gerona, Rafael Sánchez Mazas acababa de ser nombrado consejero nacional de Falange Española Tradicionalista y de las JONS y vicepresidente de su Junta Política; aún no había transcurrido un mes desde el hundimiento definitivo de la República, y todavía faltaban cuatro para que Sánchez Mazas se convirtiera en ministro sin cartera del primer gobierno de la posguerra (Cercas 2001: 77).

La indicación precisa de fechas, lugares y personajes, el estilo neutro y prosaico del párrafo, la ausencia de juicios morales o éticos y la observación estricta de la regla de no-intervención por parte del autor crean la impresión de que nos encontramos ante un texto historiográfico. Todo incita entonces al lector a creer que se trata de una historia real y no inventada.

Si estos elementos sitúan el relato claramente en el dominio de un texto factual, existen, sin embargo, otros que indican que se trata también de una novela: de hecho, el autor es también un narrador literario que nos cuenta desde una perspectiva autobiográfica o testimonial la historia de su investigación en un episodio –para él clave– de la Guerra Civil. Y este narrador inventa también personajes y acontecimientos ficticios. Así introduce por ejemplo el personaje de Conchi, la compañera del narrador, una mujer que es de clara hechura literaria, ya que su carácter contiene todos los clisés de la mujer inculta, superficial y vulgar:

> [...] Conchi era un poco especial. Recuerdo el primer día que la llevé a mi casa. Mientras yo forcejeaba con la cerradura del portal dijo:
>
> –Menuda mierda de ciudad.
>
> Le pregunté por qué.

> –Mira –dijo y, con una mueca de asco infinito, señaló una placa que anunciaba: «Avinguda Lluís Pericot. Prehistoriador»–. Podían haberle puesto a la calle el nombre de alguien que por lo menos hubiera terminado la carrera, ¿no? (Cercas 2001: 45-46).

La exageración de los rasgos característicos del personaje y de los episodios vividos con él indican que se trata de un ser de ficción. Estos indicios de fictividad crean la impresión de que el personaje no existe independientemente de la narración, una impresión que se intensifica gracias a algunos elementos estilísticos de la narración.

Según la teoría de la ficción desarrollada por Gérard Genette en *Fiction et diction*, el relato fictivo se caracteriza por algunos efectos del discurso narrativo como por ejemplo la presencia de escenas muy detalladas, de diálogos relatados *in extenso* y descripciones extensas en la dimensión temporal (Genette 2004: 149-150), y –en cuanto al modo narrativo (la categoría de «mode» según Genette)– todos los elementos relacionados con la expresión de la subjetividad de los personajes, como por ejemplo, los verbos del sentir y del pensar, el monólogo interior o el discurso indirecto libre (Genette 2004: 151-152):

> [...] Transcurre entonces un instante eterno, durante el cual Sánchez Mazas piensa que va a morir. Piensa que las balas que van a matarlo vendrán de su espalda, que es de donde ha brotado la voz de mando, y que, antes de que muera porque las balas lo alcancen, éstas tendrán que alcanzar a los cuatro hombres que forman tras él. Piensa que no va a morir, que va a escapar. Piensa que no puede escapar hacia su espalda, porque los disparos vendrán de allí; ni hacia su izquierda, porque correría de vuelta a la carretera y los soldados; ni hacia delante, porque tendría que salvar una muralla de ocho hombres despavoridos. Pero (piensa) sí puede escapar hacia la derecha, donde a no más de seis o siete metros un espeso breñal de pinos y maleza promete una posibilidad de esconderse. «Hacia la derecha», piensa. Y piensa: «Ahora o nunca.» [...] (Cercas 2001: 101-102).

Los verbos del pensar señalan la presencia de un texto fictivo, que sólo permite entrar directamente en el interior de los personajes, un procedimiento que el narrador lleva casi hasta la intimidad del discurso indirecto libre, si tomamos en cuenta la puesta entre comillas de uno de los verbos del pensar. Se puede ver claramente que el texto de Cercas mezcla elementos y procedimientos ficticios y factuales. Sin embargo, se puede objetar a lo dicho antes que esta mezcla puede encontrarse también en una novela realista o naturalista, puesto que ella se refiere igualmente a personajes, acontecimientos y lugares reales y ficticios. No son suficientes para determinar el estatuto de un texto ni los procedimientos discursivos ni la referencia a la realidad. En efecto, el elemento esencial que decide sobre el estatuto ontológico de un texto es la vinculación entre el sistema de comunicación literaria y el sistema de comunicación exterior, en este caso, concretamente la vinculación entre el narrador y el autor. Si narrador y autor son idénticos, nos encontramos delante de un pacto «documental» o «factual» que permite leer el texto como referencia a la realidad[1]. Si el narrador y el autor son diferentes, se trata de un pacto novelesco y el texto puede considerarse como ficción.

Pero aquí reside justamente la ambigüedad fundamental de *Soldados de Salamina*, ya que se trata de un relato en primera persona, cuyo narrador, Javier Cercas, lleva el mismo nombre y el mismo apellido que el autor. Además, como el autor, el narrador trabaja también como periodista y ha publicado algunos textos literarios, con lo cual un lector normal debe concluir que se trata de una historia verdadera. Sin embargo, un lector más curioso y advertido averiguará que esta identidad de autor y narrador no es tan perfecta como parece, ya que el Cercas auténtico es profesor de literatura española y si bien trabaja de veras como periodista, sus contribuciones se limitan a artículos para la edición del domingo del periódico *El País*. El libro no hace mención alguna de la enseñanza de la literatura en la Universidad de Gerona. Así, la posición del narrador, y por consiguiente la del texto entero, oscila constantemente entre ficción y realidad: a veces la identidad sugerida entre autor y narrador se diferencia en dos partes distintas, efecto del famoso desdoblamiento de las instancias de la comunicación literaria según Roman Jakobson, y a veces ambas instancias se funden en una sola (Jakobson [1960] 1979: 110-111).

2.2. *El concepto del «relato real»*

Además, esta ambigüedad se desdobla en el propio texto mediante una reflexión poetológica sobre lo que el narrador llama un «relato real», género literario que se opone diametralmente a la ficción literaria. Varias veces el narrador u

---

[1] Las denominaciones de pacto ficcional y pacto factual se inspiran de la teoría del pacto autobiográfico desarrollada por Philippe Lejeune. El pacto autobiográfico definido por este crítico aparece como un caso especial del pacto factual o referencial, ya que en ambos casos autor y narrador son idénticos, mientras que el pacto autobiográfico añade una condición suplementaria que exige que haya una identidad también con el personaje principal del relato (Lejeune [1975] 1996: 26).

otros personajes explican lo que entienden por relato real: el historiador Aguirre, refiriéndose a un artículo escrito por Cercas sobre los casos de Sánchez Mazas y Antonio Machado, explica lo que él entiende por un relato real: –«También lo era el artículo –dijo Aguirre–. ¿Te dije que me gustó mucho? Me gustó porque era como un relato concentrado, sólo que con personajes y situaciones reales... Como un relato real» (Cercas 2001: 37).

Se trata, por consiguiente, de una historia que posee todas las características estéticas de una historia ficticia, pero que habría sucedido en la realidad. Y el propio narrador, Cercas, retoma este concepto de relato real para darle la forma que se convertirá en el hilo conductor: «[...] decidí que el libro que iba a escribir no sería una novela, sino sólo un relato real, un relato cosido a la realidad, amasado con hechos y personajes reales, un relato que estaría centrado en el fusilamiento de Sánchez Mazas y en las circunstancias que lo precedieron y lo siguieron» (Cercas 2001: 52).

Como se puede ver en la cita, este relato es concebido en oposición antitética respecto a la novela o las obras clásicas de ficción. Un poco más tarde, Cercas añade una explicación que se sirve curiosamente de la clásica crítica platónica de la literatura como mentira:

> –¡De puta madre! –gritó Conchi, que estaba deseando añadir uno más a los libros que escoltaban en su salón a la Virgen de Guadalupe; con un pedazo de pan de pita untado de *tzatziqui* viajando hacia su boca, añadió–: Espero que no sea una novela.
>
> –No –dije, muy seguro–. Es un relato real.
>
> –¿Y eso qué es?
>
> Se lo expliqué; creo que lo entendió.
>
> –Será como una novela –resumí–. Sólo que, en vez de ser todo mentira, todo es verdad.
>
> –Mejor que no sea una novela.
>
> –¿Por qué?
>
> –Por nada –contestó–. Es sólo que, en fin, querido, me parece que la imaginación no es tu fuerte (Cercas 2001: 68).

Como podemos ver en la cita, el relato real, como lo concibe el narrador, se opone a la supuesta «mentira» de las ficciones. Se puede, por consiguiente, deducir de esta oposición que la noción de mentira contiene un indicio o una pista importante para comprender los objetivos y los motivos no solamente de Javier Cercas, sino de todo el género de la docuficción, y que merece la pena analizar la docuficción desde este enfoque teórico. De hecho, no resulta completamente forzada le relación entre la problemática de la mentira y la novela de Cercas, puesto que el narrador se acusa a sí mismo de ser mentiroso ya en la tercera frase del texto:

> [...] Miento. La verdad es que, de esas tres cosas, las dos primeras son exactas, exactísimas; no así la tercera. En realidad, mi carrera de escritor no había acabado de arrancar nunca, así que difícilmente podía abandonarla. Más justo sería decir que la había abandonado apenas iniciada. En 1989 yo había publicado mi primera novela; como el conjunto de relatos aparecido dos años antes, el libro fue acogido con notoria indiferencia, pero la vanidad y una reseña elogiosa de un amigo de aquella época se aliaron para convencerme de que podía llegar a ser un novelista y de que, para serlo, lo mejor era dejar mi trabajo en la redacción del periódico y dedicarme de lleno a escribir [...] (Cercas 2001: 17).

De hecho, si hay mentira, ésta es por lo menos doble, a saber, es una mentira de la mentira, ya que el descrito fracaso en la literatura tampoco corresponde a la verdad, ya que para el Javier Cercas real las cosas se han presentado de una manera un poco diferente, pues él ya había obtenido cierto reconocimiento con sus primeras obras publicadas. Sin embargo, más importante aún es el hecho de que desde el principio de la novela, y no solamente después de la reflexiones poetológicas sobre el relato real desarrolladas más tarde, la mentira desempeña un papel importante en la novela. De ahí que parece legítimo y quizás también prometedor analizar la docuficción de Cercas desde la perspectiva de una teoría de la mentira.

3. Literatura y mentira

3.1. *Definición y teoría de la mentira*

Que el narrador de *Soldados de Salamina* repita en el siglo XXI un reproche clásico que ya Platón dirigió contra la literatura puede parecer curioso. Quisiera recordar que, según el filósofo griego, es preciso excluir a los poetas del Estado ideal porque mienten, y más concretamente, porque inventan historias que dan por reales cuando no lo son (Platón 1988: 404-405)[2]. Cercas sorprende

[2] De hecho, los párrafos correspondientes en el libro consagrado al estado son un poco más complicados. El destierro de los poetas del estado se justifica no solamente por el reproche de que

con la repetición de este reproche ya que esta condenación de la literatura estaba íntimamente vinculada con las bases epistemológicas y metafísicas del platonismo. De hecho, la crítica de la literatura está basada en la convicción de que las ideas son lo único verdaderamente real mientras que el mundo de la supuesta realidad sensorial ya no es más que un reflejo débil de esta realidad. Por consiguiente, una literatura que copia este débil reflejo no puede pretender verdad alguna.

Sin embargo, en estos momentos ya no vivimos en los tiempos dorados de la metafísica platónica. Enfocada de una manera neutra y sin juicios de valor, la mentira se puede definir sencillamente como discrepancia encubierta entre opinión o creencia, por un lado, y expresión, por otro; como divergencia oculta entre convicción y declaración, divergencia que sirve para lograr objetivos que, en general, también quedan encubiertos (Dietz 2003: 25). Sobre las bases de esta definición se ve inmediatamente que el reproche de ser mentiroso no se le puede hacer a la literatura seriamente, pues, en realidad, la ficción literaria no oculta nada, ni la discrepancia entre la convicción de que, por ejemplo, Ana Ozores nunca había existido, por un lado, y su historia inventada por Clarín, por otro lado, ya que la novela lleva consigo siempre señales de que se trata de una mentira. Pero una mentira que se declara de manera abierta como mentira deja de funcionar como tal y no puede constituir una mentira, ya que la discrepancia entre convicción y declaración no está encubierta. Por esta razón Friedrich Nietzsche afirma: «El arte trata la apariencia como apariencia, y, por consiguiente, no intenta engañar, es verdad» (Nietzsche 1999: 632-633)[3].

3.2. *El ejemplo del* Don Quijote

De ahí que ya la primera novela, en el sentido moderno de la palabra, se tome la libertad de jugar con el reproche platónico. Como es sabido, el primer autor del *Quijote* tiene que abandonar su cuento en pleno combate de don Quijote con un vizcaíno, ya que el manuscrito que sirve de base a su historia se había agotado de repente. Afortunadamente, encuentra en el mercado de Toledo la

---

mienten (Platón 1988: 404-405) sino por su tendencia a representar las debilidades de los Dioses, lo que puede perder a los hombres (Platón 1988: 405; pássim).

[3] En el original alemán, la cita dice: «Kunst behandelt den Schein als Schein, will also gerade nicht täuschen, ist wahr».

continuación de la historia de su héroe. Sólo que esta continuación tiene un defecto considerable. Después de haber insistido en la veracidad del manuscrito encontrado, el primer autor añade:

> Si a ésta [historia, J.M.] se le puede poner alguna objeción cerca de su verdad, no podrá ser otra sino haber sido su autor arábigo, siendo muy propio de los de aquella nación ser mentirosos; aunque, por ser tan nuestros enemigos, antes se puede entender haber quedado falto en ella que demasiado. Y ansí me parece a mí, pues, cuando pudiera y debiera extender la pluma en las alabanzas de tan buen caballero, parece que de industria las pasa en silencio: cosa mal hecha y peor pensada, habiendo y debiendo ser los historiadores puntuales, verdaderos y no nada apasionados, y que ni el interés ni el miedo, el rencor ni la afición, no les hagan torcer del camino de la verdad, cuya madre es la historia, émula del tiempo, depósito de las acciones, testigo de lo pasado, ejemplo y aviso de lo presente, advertencia de lo por venir (Cervantes 2004: I, 120).

A partir de este momento de la historia, y a pesar de los argumentos débiles del primer autor en favor de la veracidad del manuscrito o de su autor, el lector tiene que contar con un autor que miente. Pero es justamente esto lo que hace que el lector no se sienta engañado o traicionado por el autor, ya que él admite abiertamente su mentira. Lo que hace Cervantes aquí es un juego con el pacto de la ficción que consiste, por parte de la novela, en señalar abiertamente la mentira, y, por parte del lector, en una suspensión voluntaria de su incredulidad. No obstante, no hace falta en absoluto que el autor siempre admita el carácter mentiroso de su historia de una manera tan obvia, aunque la novela indique, incluso hoy día, su carácter mentiroso, como bien se puede comprobar en el ambiguo título *Mentira* (2004), una novela de Enrique de Hériz. Pero en general, esta indicación no es necesaria porque el propio género novelesco crea ya un horizonte de expectativas más allá de la mentira y de la veracidad.

4. Los motivos estéticos y éticos de la docuficción

4.1. *Crítica de la estética falangista: estetizar la política*

Pero si éste es el caso, podemos preguntarnos a justo título si Cercas –y con él, todos los adheridos a la docuficción– no combate una vez más molinos de viento, es decir, una literatura como mentira que no existe en la realidad. Visto desde esta perspectiva, uno se puede sentir inclinado a objetar al autor: «Mire vuestra merced [...] que aquellos que allí se parecen no son gigantes, sino molinos de viento» (Cervantes 2004: I, 103). Pero, si no queremos calificar la docuficción de intento quijotesco y absurdo de combatir una supuesta mentira literaria que en realidad no existe, el verdadero motivo de su defección de la literatura ficcional debe encontrarse en otro lugar. Y es de suponer que podemos encontrar este motivo en el campo estético. Así, uno de los rasgos más característicos de *Soldados de Salamina* consiste en la introducción de la contingencia en la narración, dado que el narrador no sabe o pretende no saber cómo terminará su relato. La novela se transforma en una metanovela que relata la historia de la investigación en un episodio de la Guerra Civil y la formación de las estructuras de su representación literaria. De esta manera el nacimiento de la idea del «relato real» se cuenta en el texto mismo: «"Un relato real", pensé, pero no lo dije. "Eso es lo que voy a escribir"» (Cercas 2001: 53). Esta concepción de la novela se desarrolla en clara oposición a lo «novelesco» (Cercas 2001: 41) de las representaciones míticas de la contienda. Además, el proyecto o más bien las formas de su ejecución cambian varias veces, sobre todo al principio de la tercera parte, en el momento en el que el narrador –¿y también el autor?– se da cuenta de que el libro «seguía estando cojo» (Cercas 2001: 144). En este caso, la realidad y el tiempo real de la escritura intervienen en el tiempo ficticio de la historia contada, otro rasgo más de la docuficción. Pero, el verdadero interés reside en otra dimensión, la que aparece si se toman en cuenta algunas particularidades del estilo empleado por Cercas. De vez en cuando, la aparente negligencia o el descuido ostentativo por cuestiones de estilo –como se nota por ejemplo en el párrafo ya citado más arriba con sus repeticiones poco elegantes del mismo verbo que expresa el pensamiento de Sánchez Mazas en el momento del fusilamiento («piensa»)–, todas estas técnicas en conjunto con la negación de ser un escritor en las primeras líneas del libro («mi carrera de escritor no había acabado de arrancar»; Cercas 2001: 17) y con la profesión de periodista, contribuyen a crear algo que Roland Barthes, en un conocido artículo, denominaba «grado cero» de la escritura, una escritura que anula voluntariamente los rasgos literarios o más bien de «literaricidad» (Barthes 1972: 62).

De hecho, esta falta de señales de literaricidad tiene una función precisa en el libro, ya que un estilo que quiere evitar formas reconocibles como «literarias» pretende ganar en espontaneidad, veracidad y autenticidad lo que pierde en literaricidad[4]. De esta manera, la forma de escritura misma subraya el carácter docuficcional de la obra. Existe, sin embargo, otro motivo incluso más importante aún para esta técnica de *Soldados de Salamina*. En realidad, la veracidad del relato real está también motivada por la oposición radical a una estética cuya crítica se hace en el propio texto. El relato real subraya su veracidad mediante la crítica de una estética mentirosa, ya que su anhelo de veracidad se ve confrontado con un serio problema, puesto que en la mera afirmación de la autenticidad de lo contado se sospecha también una mentira. La afirmación de la verdad es una de las técnicas frecuentemente utilizadas por los mentirosos, lo que le confiere la misma fuerza de convicción que un mentís. Esta estética criticada por Cercas es, como es sabido, la de la Falange, cuyo ideólogo es el protagonista y el objeto de la investigación de la novela, es decir, Sánchez Mazas. Así, el narrador critica el esteticismo falangista como una de las verdaderas causas del estallido de la Guerra Civil con las palabras siguientes:

> [...] los jóvenes parten al frente y matan y se hacen matar por palabras que son poesía, y por eso son los poetas los que siempre ganan las guerras, y por eso Sánchez Mazas [...] supo urdir una violenta poesía patriótica de sacrificio y yugos y flechas y gritos de rigor que inflamó la imaginación de centenares de miles de jóvenes y acabó mandándoles al matadero [...] (Cercas 2001: 51).

Cercas describe esta estética en la segunda parte de su novela como «mística exaltación de la violencia y el militarismo y de cursilerías esencialistas» (Cercas 2001: 85). En su análisis deja muy claro que la fascinación ejercida por el fascismo sobre Sánchez Mazas consistía en la ilusión de poder «*realizar* su poesía, de hacer realidad el mundo melancólicamente evocado en ella, el mundo abolido, inventado e imposible del Paraíso» (Cercas 2001: 82).

Ahora bien, si Sánchez Mazas intenta realizar su poesía en favor de una acción política –lo que significaría poetizar la realidad–, y más concretamente en favor de crear una política llena de objetivos que son en realidad estéticos, el intento del narrador se encuentra exactamente en el polo opuesto, ya que lo que el narrador intenta es hacer entrar la realidad en la literatura o, más bien, desestetizar la novela. Efectivamente, los términos con los que se puede describir la estética de Cercas corresponden exactamente a los mismos con los que

[4] Para un estudio más amplio de la problemática y de la historia de la autenticidad véase Trilling (1972) y Mecke (2006).

Walter Benjamin esboza el proyecto de «politizar la estética» en contra del proyecto fascista de «estetizar la política» (cf. Benjamin [1936] 1977a: 44).

4.3. *La estética como ética de la memoria*

Sin embargo, lo que como mero proyecto político puede parecer de una quijotesca ingenuidad que caracteriza, quizás también, el desamparo de la izquierda alemana de los años treinta y prefigura también su derrota, no carece en absoluto de sentido en el contexto de una política de la memoria. Y éste es exactamente el propósito del narrador de *Soldados de Salamina*, sólo que el proyecto de Cercas, a diferencia de la historia de los vencedores que está definida por la ideología y estética falangistas, según las cuales los hechos históricos son los efectos de las supuestas grandes acciones de los llamados grandes hombres, consiste en salvar del olvido los hechos de los hombres insignificantes. Así, Miralles dice de sus compañeros que murieron en la Guerra Civil: «Nadie se acuerda de ellos, ¿sabe? Nadie. Nadie se acuerda siquiera por qué murieron» (Cercas 2001: 200). El narrador contesta más tarde y para sí mismo, en ausencia ya de Miralles:

> [...] allí [en el tren de vuelta] vi de golpe mi libro, el libro que desde hacía años venía persiguiendo, lo vi entero, acabado, desde el principio hasta el final, [...] allí supe que, aunque en ningún lugar de ninguna ciudad de ninguna mierda de país fuera a haber nunca una calle que llevara el nombre de Miralles, mientras yo contase su historia Miralles seguiría de algún modo viviendo y seguirían viviendo también, siempre que yo hablase de ellos, los hermanos García Segués –Joan y Lela– y Miquel Cardos y Gabi Baldrich [...] Vi mi libro entero y verdadero, mi relato real completo [...] (Cercas 2001: 208-209).

La historia contada por este libro construye una historia alternativa, la historia de los vencidos, o mejor dicho, la historia de los que no figuran en la historia, la memoria de los que no pueden pretender ser recordados. Así pues, Cercas se hace cargo de la realización de una tarea que Walter Benjamin ya formuló en sus tesis sobre la filosofía de la historia, que nos dice que cada época del pasado tiene su índice de redención en sí misma y que las épocas siguientes tienen la obligación de «redimir» los deseos no realizados de las épocas pasadas (cf. Benjamin [1939] 1977b: 251). Si bien Miralles, en su diálogo con el narrador, objeta que las historias del pasado ya no interesan a nadie y que la mitad de ellas son mentiras involuntarias y la otra mitad mentiras voluntarias (Cercas 2001: 177), esto concierne solamente a la historia clásica, pero no a la historia como la concibe Cercas en su relato real.

En resumidas cuentas, podemos decir que Cercas incluye en su novela su diferencia, es decir el modelo estético al que se opone y que considera mentiroso, una estrategia que le confiere más veracidad o más autenticidad y que la constituye como verdad opuesta a las mentiras de las novelas esteticistas tradicionales.

Así, con *Soldados de Salamina* Cercas se encuentra en la corriente de la memoria, intentando rescatar del olvido todo un aspecto pasado por alto en la historia de España. Es obvio que el anti-esteticismo y la política de la memoria no son los únicos motivos para la creación de un relato real. La docuficción se inscribe también en el marco de una duda epistemológica de la realidad y de la historia real que es característica de la época posmoderna. Si la historia es también construcción poética, tesis defendida sobre todo por Hayden White en su famoso libro *Metahistory* (1973), la novela puede, en el proceso de esta reconstrucción de las oposiciones entre ficción y hecho, pretender a la realidad. No obstante, la docuficción se basa también en una compleja motivación puramente literaria. Su éxito indica una transformación que tiene su base en el propio campo literario, un cambio que se puede analizar a la luz de la teoría de la mentira.

5. La verdad de las mentiras literarias

De hecho existe una mentira específicamente literaria que tiene un fondo antropológico diferente de la mentira en la vida cotidiana. En la literatura, la mentira nace también de una discrepancia oculta entre convicción y expresión literaria. En este caso la discrepancia no se debe a una intención como, por ejemplo, la de engañar al lector, sino a la obvia incapacidad del autor de encontrar una forma literaria adecuada para expresar su convicción, sea por falta de capacidad o por falta de esfuerzo. En efecto, desde la época moderna, es decir, lo más tarde a partir de la mitad del siglo XIX, la literatura se convierte en un campo de producción artística con una autonomía relativa que desarrolla un sistema propio de valores, liberándose de la trinidad clásica de las ideas metafísicas de lo bueno, lo bello y lo verdadero. Desde esta época decisiva, la literatura se sitúa nítidamente más allá de los valores sociales para desarrollar su propio sistema de referencia: la verdad es suplantada por la autenticidad, lo bueno, por formas apropiadas de lectura y lo bello, por la coherencia y armonía interna de una obra. Ahora bien, lo que caracteriza la forma literaria de la autenticidad es una visión específica que prescinde completamente de las buenas o malas intenciones del autor (cf. Mecke 2006). Y efectivamente, la autenticidad de su obra no depende en absoluto de sus buenas o malas intenciones, sino de su capacidad de encontrar una expresión propicia para sus convicciones, para la historia narrada o para las ideas que tiene. Y esta capacidad depende –mucho más que de su quehacer– del estado de la literatura contemporánea en relación con su obra, de la diferencia que es capaz de marcar con respecto a ella y de la originalidad de su escritura. Y de ahí viene también la moral literaria de la modernidad, ya que el imperativo categórico de la literatura sería algo análogo al imperativo categórico formulado por Immanuel Kant, que ya no indica contenidos concretos para la conducta personal, sino una forma pura de toda ley. Transpuesto al dominio de la literatura, obtendríamos algo como: «Escribe, compone y pinta de manera que la máxima de tu estética personal pueda servir como regla universal en un momento determinado».

En este contexto serían mentirosas todas las obras que no obedecieran este imperativo de la autenticidad, que utilizaran palabras viejas y gastadas, historias contadas muy a menudo, y técnicas narrativas retóricas. En cuanto a la ficción literaria, como en la novela por ejemplo, un texto mentiroso sería un texto incapaz de crear un mundo propio y convincente que ejerce una fascinación sobre los lectores, una fascinación parecida a la fascinación del mundo real. En una conferencia titulada «La verdad de las mentiras», Mario Vargas Llosa insiste en esta diferencia específica de la mentira literaria: «Toda buena novela dice la verdad y toda mala novela miente. Porque "decir la verdad" para una novela significa hacer vivir al lector una ilusión y "mentir" ser incapaz de tal superchería» (Vargas Llosa 1990: 10).

Ahora bien, de lo antes dicho resulta claramente que las nociones de mentira estética y mentira cotidiana son diametralmente opuestas la una a la otra: mientras que una mentira en la vida cotidiana depende únicamente de la voluntad del sujeto hablante de decir lo que él tiene por verdad, el autor literario, al contrario, miente cuando no hace más que copiar una historia que ha acontecido en la realidad[5]. Concretamente: no pensaríamos que Clarín escribió una

[5] Para una discusión más amplia de este término de la mentira literaria véase Mecke (2007).

obra mentirosa si descubriéramos que inventó completamente la historia de Ana Ozores, pero sí lo pensaríamos si descubriéramos que una gran parte de la obra consiste en el diario recién aparecido de una mujer que ha vivido exactamente la historia contada por Clarín en su novela.

6. La mentira de las verdades

Si la verdad estética consiste en crear un mundo ficticio coherente y contundente que incite al lector a suspender su incredulidad para dejarse sumergir en el mundo novelesco, ¿qué significa entonces la aparición de la docuficción en el dominio de la literatura? Visto desde la perspectiva de una teoría de la mentira, el surgimiento de la docuficción puede, en efecto, interpretarse como un síntoma de que la novela empezaría a descreer en su propia capacidad de crear esta fascinación por un mundo puramente creado por ella misma. De ahí que se pueda formular la hipótesis de que la novela se convierte en relato real porque desconfía de su propia capacidad de ser auténtica en el plano estético. La docuficción nacería por consiguiente del crepúsculo de la ficción, a saber, en el momento en el que la literatura empieza a dudar de sí misma, de su capacidad de fascinar al lector por razones puramente estéticas, de contarle una historia contundente. En este caso una literatura disminuida anda apoyada en las muletas de la realidad o bien la realidad misma sirve como salvavidas a una literatura que descree de sus genuinas capacidades. Si las mentiras literarias tienen una verdad estética más profunda, se podría concluir que estos anhelos de la literatura de convertirse en un relato real esconden una profunda inautenticidad, una *mauvaise foi* institucionalizada que, en el marco de lo que solemos llamar «literatura», corresponde a la mentira. Una época en la que las mentiras literarias contenían una verdad más profunda sería sustituida por otra en la que las verdades reales esconderían una mentira estética.

Es obvio que esta sospecha no se puede comprobar empíricamente. Sin embargo, se perfila de manera más clara cuando la proyectamos sobre el telón de fondo de un libro recién publicado que también trata de la Guerra Civil, quizá incluso más sintomático aún de la situación actual. En 1999 el joven escritor Isaac Rosa publicó una novela, cuyo título, *La malamemoria*, ya indicaba que se trataba, una vez más, de una investigación en las turbias aguas de la Guerra Civil. La novela cuenta –esta vez en forma puramente ficticia y completamente ajena a la docuficción o al relato real, pero con una estructura argumental parecida a la de *Soldados de Salamina*–, la historia de la investigación emprendida por el escritor Julián Santos, a quien la viuda del suicidado político Gonzalo Mariñas ha pedido escribir su biografía para rechazar todas la calumnias que incitaron a su marido a suicidarse. Y como era de esperar, Santos descubre hechos que ensucian la imagen del impecable hombre político. Sin embargo, en marzo de 2007, Isaac Rosa vuelve a la carga con otra novela cuyo título también es revelador, ya que *¡Otra maldita novela sobre la guerra civil!* no es otra cosa que una reedición de *La malamemoria* de 1999, pero esta vez comentada por un lector muy crítico que sospecha del autor, de todas las formas de inautenticidad y le acusa directamente de mentiras reales y literarias:

> *El primer capítulo ya se apresura a plantear el que seguramente será el hilo conductor de la novela: la búsqueda –«la busca» –, como titula esta primera parte, la investigación desde el presente (aunque ese presente sea de 1977) sobre hechos del pasado, a partir de algún elemento casual, dudoso y enigmático […]. Todo lo cual, siguiendo el previsible esquema común a tantas novelas de los últimos años (la investigación a partir de un hallazgo fortuito) de algún episodio oculto del pasado) desemboca en el inevitable descubrimiento de… ¡Un secreto de la guerra civil! […] Demasiado visto. Me vienen a la cabeza decenas de ejemplos sólo entre las novelas de los últimos años* (Rosa 2007: 24; cursiva del original).

El lector estigmatiza el carácter convencional y previsible de la trama y por consiguiente la inautenticidad de la novela. La técnica narrativa de la metalepsis –tan apreciada por Miguel de Unamuno– y la incursión del lector en la novela no es sino la encarnación de la sospecha, compartida por muchos autores, de que la literatura ya no es capaz de presentar un mundo coherente y una historia original y convincente. De esta manera, la metalepsis del lector comentarista destruye la supuesta inautenticidad de *La malamemoria* para llegar a lo que el lector considera como la realidad del texto y también de la historia.

Sin embargo, en realidad las relaciones entre *La malamemoria* y *¡Otra maldita novela sobre la guerra civil!* son más complicadas, ya que *La malamemoria* no es tan «mala» como pretende el lector. De hecho, la primera novela criticada contiene elementos estéticos notables y experimenta con varias perspectivas narrativas y formas de narración. Si tomamos en cuenta la existencia de los logros estéticos de *La malamemoria*, las críticas del lector sobrepasan la novela concreta y traducen un malestar que concierne a la literatura actual que puede aportar una explicación del apogeo actual de la docuficción y de la metanovela. En resumidas cuentas, el relato real, la docuficción o la metanovela pueden interpretarse como diferentes manifestaciones de un mismo proceso de transformación de la novela actual. Desde una perspectiva moderna, este proceso se podría describir como el pasaje de la «verdad de las mentiras» a la «mentira de las verdades». Puesto que el texto de la docuficción es a la vez medio referencial y medio ficticio, no sabemos cuáles podrían ser los criterios para juzgarlo –criterios que, dicho sea de paso, están completamente opuestos los unos a los otros–. Así pues, nos vemos confrontados a un nuevo género de textos que constituye, visto desde la perspectiva de una teoría de la mentira, una contradicción en sí mismo, ya que la lectura presupone a la vez criterios de juicio estrechamente relacionados, por un lado, con la originalidad de la invención y de la imaginación cuya autenticidad presupone cierto alejamiento de la realidad, y por otro lado, una lectura y un juicio cuyos valores radican en la veracidad del documento literario, en su fidelidad a los hechos y las fechas.

En un artículo ya antiguo pero recién publicado como libro de gran éxito, Harry G. Frankfurt desarrolla una teoría de lo que él llama *bullshit*, lo que correspondería, en español, a los términos de «perorata» o «pelambre», es decir una forma de discurso que justamente se sitúa más allá de la veracidad o de la falsedad, un discurso que no requiere ser tomado en serio. Según Frankfurt, el *bullshit* es una forma de discurso más allá de la veracidad y de la mentira, un discurso que, sin embargo, tampoco pretende llegar a la ficción. Por eso carece completamente de fundamento, de conocimiento o de pretensión alguna de aportar informaciones, ideas o teorías:

> It is impossible for someone to lie unless he thinks he knows the truth. Producing bullshit requires no such conviction. A person who lies thereby responding to the truth, and he is to that extent respectful of it. [...] For the bullshitter, however, all these bets are off: he is neither on the side of the true nor on the side of the false (Frankfurt 2005: 55-56).

El *bullshit* nace cuando la palabra deja de tener un sentido o una referencia. En una entrevista, Frankfurt confesó que, en una primera versión de su artículo, había comprendido también la literatura como forma de pelambre, justamente porque carece también de toda referencia a la realidad o porque es palabra sin información que carece de veracidad. Frankfurt corrigió este error antes de la publicación del artículo, porque se había dado cuenta de que la literatura es ficción y que, por consiguiente, no pretende hacer referencia alguna a la realidad o a una información (cf. Moll 2005: s. p.). Ahora bien, la tesis sobre la literatura de ficción que Frankfurt rechazó se podría aplicar muy bien a la docuficción, ya que obviamente se trata de un discurso que no es referencial, pero que no cumple tampoco con las exigencias de la ficción. Y éste es el riesgo que corre una literatura conversa que ha abandonado el campo de la estética para cambiarlo por un asiento en la realidad a la que tampoco puede pretender.

Sin embargo, se puede enfocar la apariencia de la docuficción también de una manera diferente. De hecho, si ampliamos el horizonte de la investigación a otros géneros, nos damos cuenta de que la docuficción forma parte de un cambio profundo que está transformando todo el campo de la literatura actual. Desde este enfoque no se trataría de nada menos que de una transformación de lo que llamamos «literatura». De hecho, si nos concentramos en tres criterios con los que solemos caracterizar la literatura en el marco discursivo actual, a saber, la desautomatización del lenguaje convencional, la ficcionalidad y la despragmatización de la comunicación, es obvio que el estatuto ambiguo de la docuficción entre un discurso referencial y un discurso ficticio se integra en una corriente más larga que concierne también a otros géneros. Así, la «postpoesía», para retomar una noción acuñada por Agustín Fernández Mallo (2009), renuncia deliberadamente a los procedimientos habituales de la lírica clásica o moderna:

> al llegar a casa pusiste el CD de Organ y, vestida aún de fiesta, al salir del baño dejaste la sortija de brillantes y las lentillas sobre la mesa desierta [de la cocina también desierta]. Símbolos que no puedo explicar. Me sobrepasan. Podría llamarlos pixelazo no 2, pero aquella noche devino puramente analógica, y la más bella analogía fue la contraída entre aquellos dos objetos que abandonaste y los dos horizontes de tu cuerpo: el vivo y el muerto. Así hasta el amanecer trabajó tu sexo (Fernández Mallo 2008: 23).

Lo que destaca en el poema citado es la ausencia de los habituales procedimientos de la lírica moderna. Se describe una escena cotidiana con objetos banales y si el poema contiene cierto simbolismo, este simbolismo se presenta de manera explícita, como si el poema quisiera ser completamente transparente. Pero lo que más sobresale, es la falta obvia de técnicas de desautomatización del lenguaje. De hecho, Fernández Mallo se sirve de una lengua cotidiana, neutra y prosaica, lo que tiene como consecuencia la deconstrucción de la frontera entre poesía y prosa. De la misma manera la docuficción procede con la línea de demarcación que separa la ficción del discurso referencial o factual. Podríamos añadir, para completar el cuadro, ciertas formas de teatro interactivo como por ejemplo el teatro en la calle o el teatro invisible de Augusto Boal, que deconstruyen la frontera entre la comunicación despragmatizada del escenario y la comunicación pragmática de la comunicación cotidiana, incitando a veces al «espectador» a participar e intervenir de manera activa en la escena. En esta perspectiva más amplia, la docuficción aparece como un género, cuya estética forma parte de una corriente actual muy amplia que afecta y transforma profundamente lo que solemos llamar la literatura.

Bibliografía

Barthes, Roland [1953] (^{2}1972): «Le degré zéro de la littérature». En: Barthes, Roland: *Le degré zéro de la littérature suivi de Nouveaux essais critiques*. Paris: Seuil, pp. 7-65.

Benjamin, Walter [1936] (1977a): «Das Kunstwerk im Zeitalter seiner technischen Reproduzierbarkeit». En: Benjamin, Walter: *Das Kunstwerk im Zeitalter seiner technischen Reproduzierbarkeit. Drei Studien zur Kunstsoziologie*. Frankfurt am Main: Suhrkamp, pp. 7-44.

— [1939] (1977b): «Über den Begriff der Geschichte». En: Benjamin, Walter: *Illuminationen: Ausgewählte Schriften*. Frankfurt am Main: Suhrkamp, pp. 251-261.

Cercas, Javier (2001): *Soldados de Salamina*. Barcelona: Tusquets.

Cervantes, Miguel de (1989): *Don Quijote de la Mancha I*. Ed. de John Jay Allen. Madrid: Cátedra.

Dietz, Simone (2003): *Die Kunst des Lügens: Eine sprachliche Fähigkeit und ihr moralischer Wert*. Reinbek bei Hamburg: Rowohlt.

Fernández Mallo, Agustín (2008): *Carne de piel*. Barcelona: DVD Ediciones.

— (2009): *Postpoesía: Hacia un nuevo paradigma*. Barcelona: Anagrama.

Frankfurt, Harry G. (2005): *On Bullshit*. Princeton/Oxford: Princeton University Press.

Genette, Gérard (2004): *Fiction et diction. Précéde de Introduction à l'architexte*. Paris: Seuil.

Jakobson, Roman [1960] (1979): «Linguistik und Poetik». En: Jakobson, Roman: *Poetik. Ausgewählte Aufsätze 1921-1971*. Frankfurt am Main: Suhrkamp, pp. 83-121.

Lejeune, Philippe [1975] (^{2}1992): *Le pacte autobiographique*. Paris: Seuil.

Mecke, Jochen (2006): «Der Prozess der Authentizität». En: Knaller, Susanne/Müller, Harro (eds.): *Authentizität*. Paderborn: Fink, pp. 82-114.

— (2007): «Lüge und Literatur – Perspektivenwechsel und Wechselperspektive». En: Müller, Jörn/Nissing, Hanns-Gregor (eds.): *Die Lüge – Ein Alltagsphänomen aus wissenschaftlicher Sicht*. Darmstadt: WBG, pp. 57-86.

Moll, Sebastian (2005): «Alle Politiker reden Bullshit». En: *Die Welt*, 28 de agosto, s. p. URL: <http://www.welt.de/print-wams/article131569/Alle_Politiker_reden_Bullshit.html> (07.10.2009).

NIETZSCHE, Friedrich (1999): *Kritische Studienausgabe. Nachlass 1869-1870.* Ed. de Giorgio Colli/Mazzino Montinari. München: DTV.

PLATON (1988): *Der Staat.* En: Platon: *Sämtliche Dialoge.* Band V. Hamburg: Meiner.

ROSA, Isaac (1999): *La malamemoria.* Badajoz: Del Oeste Ediciones.

— (2007): *¡Otra maldita novela sobre la guerra civil! Lectura crítica de la Malamemoria.* Barcelona: Seix Barral.

TRILLING, Lionel (1972): *Sincerity and Authenticity.* London: Oxford University Press.

VARGAS LLOSA, Mario (1990): «La verdad de las mentiras». En: Vargas Llosa, Mario: *La verdad de las mentiras. Ensayos sobre literatura.* Barcelona: Seix Barral, pp. 5-20.

WHITE, Hayden (1973): *Metahistory: The Historical Imagination in Nineteenth Century Europe.* Baltimore: Johns Hopkins University Press.

Eduardo Labarca: política y ficción

ENRIQUE RODRIGUES-MOURA

La novela *Cadáver tuerto* de Eduardo Labarca comienza en el momento en que un juez va a dictar una «orden de captura» contra el «General en Jefe», que a esa hora está siendo operado en el «Reino de la eterna llovizna», para después centrarse en la narración del exilio de Lautraro, actor extremadamente hábil a la hora de mutarse en otras personalidades, quien tuvo que abandonar el «País que se cae del mapa» debido a un golpe de Estado. Lautraro encontró refugio en «Acullá», a «más de 12.000 kilómetros de nuestro País», donde «las nieves y penumbras del invierno duraban seis o siete meses», y pasó a trabajar en un programa de radio, «Escucha Allá», que emitía «miles de horas de guerrilla radial contra el General en Jefe» (Labarca 2005a: 9-16). Las referencias son claras: juez Garzón, Pinochet, Reino Unido, Chile, la Unión Soviética y el programa de radio «¡Escucha, Chile!», que ejerció desde Moscú, entre los años 1973 y 1990, una importante oposición al régimen militar.

Estando en su exilio, Lautraro recibe el encargo de mejorar el *Diario de un general diferente*, que «parecía salido de la torpe imaginación del más burdo falsificador» (Labarca 2005a: 48). Como él mismo describe, tenía entre sus manos una «treintena de páginas» que contenía el diario de un «militar que había precedido en el puesto al General en Jefe», quien «lo había mandado eliminar de la faz de la tierra» por medio de un atentado llevado a cabo por «su *serial-killer*» (Labarca 2005a: 47). Gracias a su habilidad metamorfósica, Lautraro consigue entrar en la personalidad del general y en tres semanas ha redactado «los escritos de un militar bondadoso que preveía la traición del General en Jefe, a quien consideraba una de las alimañas más siniestras de la creación» (Labarca 2005a: 49). Este diario presente en la novela *Cadáver tuerto* propugna una amplia alianza entre civiles y militares –«incluido el uso de las armas» (Labarca 2005a: 49)–, con la finalidad política de expulsar al «General en Jefe». Algunos párrafos después, mientras Lautraro abandona «Acullá» y vuela camino de otro exilio geográfico, empieza a redactar una carta en la que confiesa a los deudos del

«General diferente» su autoría del diario falso, su papel de falsificador. No obstante el deseo de confesar su culpa, no logra acabar su redacción: «y así durante el resto del viaje y así en los meses que siguieron y en los años que vinieron después» (Labarca 2005a: 57). Lautraro sólo concluirá esta carta mucho tiempo después y doscientas páginas más adelante, cuando definitivamente vuele hacia «Allá», su país de origen. Entonces la confesión epistolar logrará salir a flote.

> *Es apócrifo de pe a pa. Yo lo escribí, señoras. Aunque otros metieron también mano en el asunto, no escabulliré el bulto culpando a terceros: yo lo escribí, yo soy el único autor del Diario, yo tengo la exclusividad de la culpa. He dicho «culpa», sí, porque considero que la hay* (Labarca 2005a: 256; cursiva del original).

El lector que se ubique en la reciente historia de Chile recuerda sin demasiadas dificultades la existencia del diario *Una vida por la legalidad*, publicado en 1976 (México: Fondo de Cultura Económica) y atribuido al general Carlos Prats, que había sido asesinado el 30 de septiembre de 1974 en un atentado financiado por altos cargos militares chilenos. Se infiere, pues, que el escritor Eduardo Labarca ha decidido valerse de la ficción para confesar que participó en la redacción de este diario apócrifo. El personaje Lautraro se presenta, y el lector informado así lo reconoce, como un trasunto ficcionalizado del autor Eduardo Labarca. Puesto que las *Memorias* auténticas del general Prats sólo se publicaron en 1985 (Santiago de Chile: Pehuén), el falso diario ejerció funciones de genuino a lo largo de nueve años. Durante esos nueve años, muchos fueron los autores que consideraron que el diario falso era auténtico, y así lo citaron en sus textos o discursos públicos, pero el nombre de su autor permaneció oculto hasta su voluntaria e indirecta confesión[1]. Eduardo Labarca recurrió a su

[1] Orgulloso, Eduardo Labarca ha dicho que le metió «un gol de media cancha a la propia CIA» (cf. Rodríguez 2005). Sólo en parte es cierto. Nathaniel Davis, embajador norteamericano en Santiago de Chile durante los dos últimos años del Gobierno de Salvador Allende –«I left Chile about seven weeks after the coup» (Davis 1985: xiii)–, publicó en 1985 el libro *The Last Two Years of Salvador Allende*, donde en no pocos pasajes cita profusamente el diario falso del general Prats. A pesar de que el diario falso fue utilizado como importante fuente de información por Davis, éste no deja de recoger la opinión de que su autenticidad había sido cuestionada por algunas personas, que infelizmente no cita. Quizás esas personas eran funcionarios de la CIA que sabían, o por lo menos tenían la posibilidad de saber, que una copia del manuscrito original estaba en posesión de las hijas, en Santiago de Chile, y que el original restaba en un banco en Buenos Aires (cf. Kornbluh ^{2}2004: 334; 373 y 539; y la «Presentación» firmada por las tres hijas del general Prats, en

novela *Cadáver tuerto* para aportar suficientes pistas y los lectores avezados tiraron del hilo y lo hicieron público. Después, cuando preguntado por los medios de comunicación, Eduardo Labarca confirmó que él había sido el redactor principal del diario apócrifo del general Prats y que éste había sido concebido, en su momento, como un ataque político contra el dictador Pinochet. Los logros de esta estrategia opositora fueron nulos: el régimen ni siquiera se tambaleó[2]. Si acaso, sirvió para conseguir cierto apoyo internacional a favor de la restauración democrática y propició algún consuelo al exiliado chileno, que veía que uno de los principales ministros de Salvador Allende, y durante años comandante en jefe del Ejército de Chile, se había mantenido fiel a la Constitución que había jurado defender y describía sin reparos la traición y cobardía del dictador:

> 21 de septiembre de 1973
>
> [...]
>
> Ahora los acontecimientos empiezan a demostrar quién es en realidad Pinochet. Es el bellaco de luces limitadas y ambición desmedida, capaz de pasar una vida arrastrándose o agazapado a la espera del instante de cometer un crimen a mansalva,

---

Prats 1985: 12). Davis sólo concede que el diario haya podido ser expurgado, pero lo considera auténtico. Eduardo Labarca había logrado, pues, un texto aristotélicamente necesario o verosímil. Las palabras de Davis son muy precisas: «Prats's intelligence and sophistication were reflected in his diary, published in Mexico City after his death, under the title *A Life for Legality*. The title is apt, because Prats really did give his life for Chilean constitutionality. Some have questioned the authenticity of the book, but it has the ring of truth, even if a few entries may have been excised. Prats's political insight seems utterly genuine in these writings» (Davis 1985: 115).

[2] Uno de los objetivos principales del diario apócrifo era divulgar entre los militares chilenos la idea de que el general Pinochet era un vil traidor, pues no sólo no había respetado su juramento de obediencia a la Constitución de Chile, sino que era el máximo responsable de las atrocidades cometidas desde el golpe de Estado. Tras el golpe, además, los militares chilenos se repartieron pronto casi todos los cargos de poder del Estado: «El caso de Chile sobresale en la experiencia comparada de los regímenes militares por la amplia participación de los uniformados en los principales cargos de autoridad, especialmente de oficiales del Ejército. [...] En efecto, fueron ministros y subsecretarios, embajadores, intendentes y gobernadores, e incluso rectores de las universidades, excediendo esta participación castrense, tanto en magnitud como en profundidad, a la que hubo en los otros casos de nuevo autoritarismo en América Latina» (Huneeus [2]2002: 175). El 11 de octubre de 1973 la Junta Militar había hecho pública su voluntad de permanecer en el poder por un tiempo indefinido. Esta voluntad política se afianzó por medio de la *Declaración de Principios*, entregada a la opinión pública el 11 de marzo de 1974. Por otro lado, el dictador Pinochet no parecía dispuesto realmente a compartir entre sus pares la dirección del país: «Chile's regime was afraid that Prats would attract the loyalty of military personnel disaffected with Pinochet's expanding dictatorship» (Kornbluh [2]2004: 335).

que le permita cambiar su destino por un golpe de audacia. Tengo la convicción de que sólo se subió al carro de los golpistas en el último minuto, pero no dudo que se aferrará al poder, cueste lo que cueste.

Quedará como el gran traidor de nuestra historia. El que condujo al ejército y a las fuerzas armadas a cometer un error mayúsculo e irreparable. Porque las noticias que nos llegan de nuestro dolido Chile, muestran que el golpe del 11 de septiembre ha sido sólo el comienzo de una gran tragedia colectiva (Prats [en realidad, Labarca] 1976: 90; 92-93).

* * *

Las páginas que siguen aportan información sobre el origen del diario falso, la forma en la que Eduardo Labarca, su redactor principal, ha querido confesar su autoría y el modo que ha elegido para presentarse en público. Además, basándose en otros textos suyos y en varias entrevistas realizadas entre los años 2001 y 2005, reflexiona sobre la contribución de la ficción a la hora de informar por vez primera de un hecho histórico, documentado, y se resaltan los matices y ambigüedades que, inherentes al texto literario, se esparcen por este caso concreto y alcanzan a los lectores.

Eduardo Labarca nació en Santiago de Chile en 1938 y pasó su infancia entre Chile, Buenos Aires y París. Se recibió de abogado en la Universidad de Chile y pasó a trabajar como periodista en varios medios de comunicación: diario *El Siglo*, *Radio Portales* y en el programa de televisión *A esta hora se improvisa*, del Canal 13. En tiempos del Gobierno de Salvador Allende obtuvo la dirección del Noticiario Nacional de Chile-Films, que emitía noticias antes de cada película en los cines chilenos. Militó activamente en el Partido Comunista y publicó varios ensayos y libros periodísticos que tuvieron un gran impacto en su época: *Chile invadido* (1968), *Chile al rojo* (1971), *Corvalán 27 horas* (1973) y *Corvalán de Chile* (Moscú 1975), que se tituló, en México, *Vida y lucha de Luis Corvalán* (1976). Las posteriores traducciones de algunos de estos libros al ruso, polaco, húngaro, alemán (República Democrática Alemana), así como las ediciones en España e Italia, muestran su importante función como formadores de opinión dentro del exilio en el ámbito de las fuerzas políticas de izquierdas opuestas al dictador Pinochet.

El periodista Eduardo Labarca vivió el golpe militar del 11 de septiembre de 1973 como director del Noticiario Nacional de Chile-Films. De acuerdo con las consignas establecidas ante la más que posible eventualidad de un golpe de Estado, se quedó en su lugar de trabajo, junto a un nutrido grupo de colegas, intentando una suerte de resistencia pacífica. Pronto los carabineros desalojaron a los resistentes y los encerraron en una comisaría, para soltarlos a los dos días. El oficial que controlaba a los que iban liberando reconoció a Eduardo Labarca, lo que podría haberle costado más cárcel y otros padecimientos, pero lo dejó salir; quizás como muestra de ese soñado ejército chileno constitucionalista en el que basaban sus esperanzas los partidos de la Unidad Popular.

> Un oficial me reconoció y me dejó salir. Aproveché la ocasión. Yo era una persona más o menos conocida en Chile. Muchos militares o carabineros de baja graduación, aunque podían estar de acuerdo con el golpe, con sus motivos ideológicos, no comulgaban con sus métodos expeditivos (Labarca, 29 de junio de 2005)[3].

Una vez en la calle, se refugió en casa de amigos, sin volver ya a su residencia, para, finalmente, conseguir entrar en la Embajada de Colombia, adquirir un salvoconducto y salir hacia Bogotá. Su estancia colombiana fue breve, ya que enseguida recibió la propuesta de unirse al programa «¡Escucha, Chile!», que emitía en onda corta desde Moscú para todo el país austral. Su experiencia como periodista era requerida. Labarca llegó a Moscú en febrero de 1974 y allí permaneció hasta finales de 1980: «Me confundo con las fechas, pero creo que estuve en Moscú desde febrero de 1974 hasta noviembre-diciembre de 1980» (Labarca, 25 de octubre de 2005). El personaje Lautraro, de la novela *Cadáver tuerto*, permaneció «nueve años» en «la burbuja de La Radio» (Labarca 2005a: 56).

El embrión del programa «¡Escucha, Chile!» surgió como inmediata reacción política al golpe de Estado. Precisamente ese 11 de septiembre de 1973, el senador comunista Volodia Teitelboim volaba entre Roma y Moscú; una vez en la Unión Soviética, fue entrevistado por Radio Moscú y pronto surgió la concepción inicial de «¡Escucha, Chile!». Este programa de radio emitió tres o cuatro horas diarias durante diecisiete años con la intención de informar de lo que estaba pasando en Chile. Era una forma de contrarrestar la severa censura periodística interior. Había que mantener alta la moral de los chilenos contrarios al régimen militar y recordar a sus oyentes las constantes condenas internacionales al golpe de Estado. La importancia de sus escasas horas diarias de emisión fue

---

[3] El autor de este artículo ha entrevistado a Eduardo Labarca en diversas ocasiones, en su residencia, en la ciudad de Viena. Sus palabras aquí citadas aparecen siempre fechadas: 8 de diciembre de 2003, 23 de abril de 2005, 29 de junio de 2005, 19 de octubre de 2005, 25 de noviembre de 2005 y 9 de enero de 2006.

tan elocuente que incluso pudieron ser oídas, clandestinamente, en los diversos campos de concentración, como Ritoque, Dawson, Chacabuco, etc. La propia novela *Cadáver tuerto* recrea en clave ficcional algunos pasajes en los que torturadores y víctimas escuchan juntos las emisiones de Radio Moscú: «–Tenemos encendida la Radio Extranjera día y noche y nos divertimos oyendo las mentiras que dicen. Cuando transmitieron la famosa *Fábula* yo subí el volumen para ahogar los gritos de los interrogados» (Labarca 2005a: 203). Fue tal la capacidad de penetración de estas emisiones radiofónicas en la sociedad chilena, que la Junta Militar realizó continuos ataques verbales contra lo que consideraba pura y simplemente propaganda y desinformación comunista. En por lo menos una ocasión, en 1975, los discursos del programa que se emitía desde Moscú fueron utilizados por la Junta Militar para acentuar la represión política. El general Leigh, quien llegó a crear el Comando Conjunto, organismo de inteligencia secreto propio de la Fuerza Aérea de Chile y autónomo de la poderosa DINA, que dirigía el por entonces coronel Contreras, no sólo dedicaba esfuerzos en la lucha contra la oposición clandestina de corte comunista, sino también contra el Partido Demócrata Cristiano de Chile (PDC), al que consideraba culpable de la crisis política que había facilitado el ascenso de Salvador Allende al poder. Sus redes de información lo mantenían al día de las actividades de los miembros del PDC, tanto en el país como en el exterior, donde, según él, colaboraban con grupos políticos de ideología marxista. Meses antes del atentado al ex vicepresidente del PDC, el político Bernardo Leighton, organizado por la DINA del coronel Contreras, que tuvo lugar el 6 de octubre de 1975, en Roma, el general Leigh había informado a la Junta Militar de un discurso proferido por el líder democristiano en la ciudad de Módena, en el que había utilizado palabras moderadas para referirse al ex presidente Allende. A modo de pruebas para resaltar la proximidad entre Leighton y las fuerzas opositoras de izquierdas[4], el general Leigh leyó un documento de las Juventudes

[4] Bernardo Leighton estaba intentando forjar una alianza del PDC con fuerzas políticas chilenas del exilio partidarias de Salvador Allende, al tiempo que buscaba un consenso entre las fuerzas democratacristianas y socialdemócratas de Europa para presionar diplomáticamente al régimen de Pinochet: «[Leighton] was working in Rome to forge an alliance between his party and the remnants of Allende's forces. [...] Not only was he trying to unite Chileans against Pinochet, he was working hard to create consensus among the Europe's conservative Christian Democrats and leftist Social Democrats to oppose Latin American dictatorships like Pinochet's» (Dinges 2004: 130-131).

Comunistas y «las palabras del importante dirigente del PC, el ex senador Volodia Teitelboim pronunciadas en radio Moscú» (Huneeus 2002: 278). Así pues, radio Moscú no sólo se combatía política y periodísticamente, sino que también servía para trazar acusaciones que afianzasen el régimen militar. La plantilla del programa «¡Escucha, Chile!» contó con varios periodistas chilenos y rusos. Entre los primeros, destacaron Rolando Carrasco, Marcel Garcés, Miguel Gómez, Eduardo Labarca, José Miguel Varas, etc.

Fue ahí, en Moscú, mientras trabajaba para «¡Escucha, Chile!», cuando el periodista Eduardo Labarca mejoró en un breve lapso de tiempo –«dos o tres semanas, máximo un mes» (Labarca, 8 de diciembre de 2003)– una primera redacción del diario falso que, según ha contado, le entregaron: «Me lo pidió mi gente. ¿Quién inventó eso? No lo sé». Esta primera versión poseía los datos y fechas necesarios, pero presentaba una redacción deficiente: «Supongo que alguien lo habrá escrito en Moscú». Y cuando se le pregunta si cree que fue un ruso, contesta que «no creo que fuera ruso; era un problema de redacción mala y torpe, sin vuelo; no era un problema de faltas de ortografía ni de gramática» (todas las citas: Labarca, 23 de abril de 2005). A modo de contraste, en la novela *Cadáver tuerto*, el narrador, en primera persona, dice que «el texto parecía una mala historieta de aventuras traducida de otro idioma a la carrera» (Labarca 2005a: 47). Concluida por Eduardo Labarca la versión definitiva del diario falso del general Prats, una segunda persona escribió la «Advertencia» (páginas 7-21) y otras manos llevaron el texto final a México, donde fue publicado por el Fondo de Cultura Económica, probablemente a finales de 1976: «Este libro se acabó de imprimir el día 3 de diciembre de 1976 en los talleres de Gráfica Panamericana, S. C. L., Parroquia 911, México 12, D. F.», se puede leer en el colofón; datos sólo parcialmente fiables, pues provienen de un libro cuyo contenido es una falsificación.

Casi treinta años después, Eduardo Labarca ha elegido la ficción para confesar públicamente su acción política. Y lo justifica de la siguiente forma: «En seco, pedir perdón era muy difícil. Es un aterrizaje suave por medio de la ficción» (Labarca, 29 de junio de 2005).

* * *

Eduardo Labarca comenzó a dejar el periodismo para adentrarse en la literatura en la década de los ochenta del siglo XX. Todavía en su exilio moscovita, Eduardo Labarca escribió tres novelas cortas –*El turco Abdala, Las muertes de Pedro Contreras* y *Cotán*– que fueron publicadas en Santiago de Chile bajo el título de

El turco Abdala y otras historias, en 1988: «Eso lo escribí de pe a pa en Moscú. Totalmente. Fue como una liberación» (Labarca, 19 de octubre de 2005). En 1990 apareció en Viena la novela *Acullá*, cuyo texto, en parte, fue reutilizado en *Cadáver tuerto*. Posteriormente, en 1994, publicó su novela histórica *Butamalón*, que narra un malón grande, sublevación o levantamiento indígena contra las tropas españolas a finales del siglo XVI y donde el protagonista, el misionero Juan Barba, se identifica con la alteridad y su lucha. Al mismo tiempo, la narración intercala, ya en el siglo XX, la presencia de un personaje denominado Traductor que se debate con el libro del Historiador norteamericano –de «cabellos muy rubios, anteojos y cara de niño bueno» (Labarca 1994: 29)–, el cual, escrito en inglés, versa sobre la vida del misionero español. Este personaje no acabará su traducción, porque le rescinden el contrato, pero sobre todo porque siente o sabe que «sólo el butamalón puede imprimir un viraje al rumbo inexorable de los hechos» (Labarca 1994: 390), en un proceso de identificación del Traductor con el misionero Barba[5]. A lo largo de estas décadas, hasta la reciente aparición de *Cadáver tuerto*, en 2005, la actividad periodística de Eduardo Labarca se ha reducido al mínimo.

Tras la presentación de la novela *Cadáver tuerto* en Santiago de Chile, el 11 de mayo de 2005, a cargo del poeta Raúl Zurita, el escritor Eduardo Labarca mantuvo algunas entrevistas con varios periodistas de diferentes medios chilenos y el asunto salió a la palestra pública. El viernes 10 de junio de 2005 se pudo leer en *El Mercurio* un artículo firmado por Pedro Pablo Guerrero en el que se revelaba la autoría del diario falso:

> ¿Quién era el autor de esas memorias apócrifas? ¿Con qué objetivo fueron publicadas? La lectura de *Cadáver tuerto* da la pista para aclarar estas interrogantes. [...] Casi treinta años debieron pasar para que Eduardo Labarca decidiera revelar la gran cuota de verdad de su ficción: hoy admite que fue él quien escribió el diario apócrifo publicado en México (Guerrero 2005: s. p.).

Eduardo Labarca explica así este desvelamiento del misterio:

> El periodista del *Mercurio*, Guerrero, leyó el libro, pero la verdad es que de todos los otros que hicieron reseñas, ninguno de ellos leyó el libro, y eso es así. Pero él leyó el

[5] Para una interpretación de la novela *Butamalón*, en clave etnocultural, cf. Barraza Jara (2004: esp. 217-269).

libro y es un hombre que se ubica. Sabe lo que ha pasado. Porque otros pueden leer eso y no tienen ni idea de que hubo un Prats, un general Prats, ni un diario apócrifo. A muchachos de hoy día Prats les suena como en China, como Julio César. Pero el ató los cabos y planteó las preguntas. Yo quise postergarlo, pero su directora [de la «Revista de Libros» del periódico *El Mercurio*] exigió y la cosa salió de esa manera (Labarca, 19 de octubre de 2005)[6].

Eduardo Labarca ha confesado que quería quitarse ese peso de encima, pero a la vez ha afirmado que deseaba que su libro *Cadáver tuerto* fuese leído primero como novela y sólo después como un documento histórico-biográfico desvelador de una falsificación de la reciente historia de Chile. La novela se divide en once capítulos que se denominan «Visiones»[7]. La revelación de su autoría del texto del diario apócrifo del general Prats aparece, concretamente, en la «Visión segunda», titulada «Acullá», y se solventa en menos de cinco páginas (Labarca 2005a: 47-50). La conciencia de culpa del personaje Lautraro y la posterior confesión de los hechos a las herederas del bondadoso «General diferente», realizada por medio de una carta de seis páginas, queda interrumpida hasta la «Visión octava», cuando el protagonista vuela hacia el «País que se cae del mapa» (Labarca 2005a: 255-260). Numéricamente, pues, no son muchas las páginas de *Cadáver tuerto* que se dedican al caso del diario falso, tampoco proporcionalmente, ya que la novela alcanza las 343 páginas, pero su impacto es inevitable, tanto en el lector como en el protagonista, que siente la necesidad de

---

[6] Pedro Pablo Guerrero recibió, quizás, algunas pistas por parte del entrevistado, quien en la conversación podría haber aportado datos y guiado al entrevistador. Apunto esta idea sin pruebas –no he hablado de ello ni con Pedro Pablo Guerrero ni con Eduardo Labarca–, es más bien una suposición, pues sé del muy firme interés que Eduardo Labarca tenía por desprenderse del secreto que guardaba consigo desde hacía casi tres décadas. Necesitaba que la historia de la falsificación se solventase, saliese a la luz pública; para bien o para mal. En última instancia, en el año 2005, Eduardo Labarca no tenía en absoluto la seguridad de que las herederas no tomarían la decisión de emprender acciones legales contra él y contra terceros –todavía desconocidos– por haber mancillado el honor de su padre. Era un riesgo menor, por improbable, pero no desdeñable; y varias veces lo comentó, a veces de pasada, a veces con cierto detenimiento, en nuestras conversaciones, entre los años 2001 y 2005, en Viena.

[7] Formalmente, la novela histórica *Butamalón* también se divide en «Visiones», concretamente en siete, a las que se añaden una «Invocación», un «Glosario» (tributo, quizás, a la etnoficción) y un «Post scriptum». A su vez, estas «Visiones» se subdividen en capítulos de diferente extensión. En ambas novelas, *Butamalón* y *Cadáver tuerto*, las «Visiones» se enumeran por medio de adjetivos ordinales.

disculparse por la falsificación, llevando consigo esta carga hasta casi el final de la novela.

A lo largo del mes de abril de 2005, por intermediación del colega Berthold Zilly, el autor de este artículo recibió una invitación para impartir el 14 de julio de ese mismo año, en el Instituto Latinoamericano de la Universidad Libre de Berlín, una conferencia titulada «Das *Tagebuch* des Generals Prats – Geschichte einer Fälschung» [«El *Diario* del general Prats – Historia de una falsificación»]. Si ningún periodista se hubiese percatado de la revelación que *Cadáver tuerto* ofrecía –había para ello dos meses enteros, pues el libro había sido presentado el 11 de mayo–, el nombre del autor de la falsificación se hubiese hecho público en Berlín. Esta opción era la deseada por Eduardo Labarca, para preservar el eminente carácter de novela del texto *Cadáver tuerto.*

> Había esperado que tú dieras el campanazo en Berlín. Eso habría sido para mí lo ideal, porque yo ya te había dado los antecedentes, tú querías enfocarlo desde un punto de vista más literario, más académico, y eso habría sido un escenario ideal, que hubiera tenido una repercusión con cierta lentitud en Chile, donde la novela habría podido abrirse paso como tal durante un tiempo, un mes, dos meses. Y estuvo a punto de ser así (Labarca, 19 de octubre de 2005).

La realidad, como se ha dicho, es que el asunto, con o sin ayuda de un autor muy interesado en que su libro tuviese una gran repercusión, fue finalmente desvelado por el artículo del periodista Pedro Pablo Guerrero («Revista de Libros» de *El Mercurio*). A su artículo le siguieron otros, casi todos, salvo algunas excepciones, más interesados en los hechos históricos que en la crítica literaria del libro: Ascanio Cavallo, Claudia Cento T., Artemio Echegoyen, José Rodríguez Elizondo, Rodrigo Frey, Gustavo González, Alejandro Lavquen, Cristóbal Peña, Rodrigo Pinto, Javier Edwards Renard, Víctor Hugo Rodríguez, Héctor Soto, Ewald Weiztdörfer, etc.[8] En la mayoría de los

---

[8] El mayor reconocimiento literario que la novela *Cadáver tuerto* ha recibido ha sido el Premio Mejor Novela de Chile 2005, otorgado por el Consejo Nacional del Libro y la Lectura. El jurado, compuesto por Pedro Pablo Guerrero, Elvira Hernández, Alberto Madrid, Guadalupe Santa Cruz y Virginia Vidal, reconoció en la novela «un abordaje literario de gran singularidad respecto de la memoria colectiva de los últimos treinta años» y «la capacidad de ficcionalizar esta trama histórica» (Comunicado de prensa hecho público con motivo de la concesión del premio). Eduardo Labarca agradeció por escrito y simbólicamente festejó el premio: «Acudían mis hijos y nietos, mi familia amplia, incluso aquéllos que por la hora o la distancia no podían llegar. Venían

casos, la fuente principal de información ha sido siempre el propio Eduardo Labarca.

El ahora escritor Eduardo Labarca ha relatado una y otra vez cómo, hace algunos años, por medio de su amigo y abogado Isaac Frenkel, se puso discretamente en contacto con la familia Prats para avisarles de lo que se avecinaba. Además, antes de que el libro se presentase oficialmente, visitó por separado a las hijas del matrimonio asesinado: a la mayor, Sofía, en Atenas (23 de marzo de 2005), donde se encontraba ejerciendo la función de embajadora de Chile, y a las otras dos, María Angélica y Cecilia, en Santiago, durante el otoño chileno de 2005. «Quiero tratar por igual a las tres hermanas. Voy a hablar también con las otras dos», me dijo en Viena, días antes de viajar a Chile para presentar la novela *Cadáver tuerto* (Labarca, 23 de abril de 2005).

Esta confesión pública de Eduardo Labarca deja abiertos todavía, no obstante, muchos flecos e interrogantes. Resta por saber con más detalle su función precisa en la redacción del diario falso, los nombres de los otros colaboradores, entre ellos el del autor de la «Advertencia», cómo viajó el manuscrito a México, de qué forma se consiguió que éste pasase a letras de imprenta, etc. Una de estas personas involucradas en la falsificación, según la prensa chilena, es el veterano dirigente comunista Volodia Teitelboim, quien habría puesto en las manos de Eduardo Labarca la primera versión del manuscrito. En la novela *Cadáver tuerto* esta función la asume Pope, intermediario a su vez de un proyecto de los «hermanos mayores» (cf. Labarca 2005a: 47-48). La chapa de Volodia Teitelboim en el Partido Comunista era, según un amplio número de periodistas chilenos, «Pope». Así pues, la prensa no ha tardado en señalarlo como autor intelectual del diario apócrifo. Infelizmente, ninguno de estos periodistas ha aportado ninguna prueba que avale dicha afirmación. Sobre este punto, tajante, Labarca puntualiza: «Volodia nunca fue "Pope" De haberlo sido, no habría elegido ese nombre. Yo quería liberarme personalmente, sin implicar a otros. Los otros, si quieren, que hablen. El nombre "Pope" es pura invención» (Labarca, 9 de enero de 2006).

---

mi prima Tatiana Álamos, que había iluminado la tapa del «Cadáver...», el editor, la relacionadora pública, la amiga y el amigo que habían leído el original en Pirque y en Santiago y el que lo había releído en Innsbruck, y amigos y amigas de todos los tiempos y horizontes» (Labarca 2006: s. p.). Mientras corrijo las pruebas de imprenta de este artículo, me llega un texto, que supongo todavía inédito, del colega Eduardo Barraza: «Para una lectura de *Cadáver tuerto* de Eduardo Labarca en el marco de la novela histórica chilena reciente».

Volodia Teitelboim, por su parte, ha negado taxativamente cualquier implicación en la redacción o distribución del diario falso e incluso ha afirmado que nunca llegó a leerlo, luego ni siquiera conocía los pormenores de su contenido. Quien conoce la importancia que Volodia Teitelboim llegó a tener tanto en el exilio chileno como dentro del Partido Comunista de Chile, puede, muy legítimamente, pensar que sólo su palabra no es suficiente.

El 2 de octubre de 2005 Eduardo Labarca publicó un artículo en *La Tercera*, cuyo objetivo era salir al paso de todas las suposiciones y atribuciones relativas a la falsificación que habían comenzado a circular en Chile. Ante la existencia todavía de numerosos interrogantes abiertos, Labarca se muestra hermético: «Si alguien desea incorporarse al *cadáver tuerto* y compartir la responsabilidad conmigo, enhorabuena; pero si me preguntan nombres o me nombran a alguien, callo, y a nadie sugiero lo que debe hacer» (Labarca 2005b: s. p.).

Un mes más tarde, su intervención en la Feria del Libro de Chile le permitió volver a justificar su silencio:

> Ahora bien, en este momento y en este asunto yo tengo dos lealtades. Una lealtad se ha desarrollado con el transcurso de los años y es fruto de la reflexión: la fidelidad a la verdad histórica y a las hijas del general Prats, a las que finalmente he conocido en persona. Se trata de mi lealtad más reciente. Muy anterior a ella es mi fidelidad a la familia popular a la que he pertenecido desde joven, diría que desde niño. Por fidelidad a la familia popular, cuando las hijas del general Prats me han interrogado sobre los orígenes del diario apócrifo, he callado los nombres y las circunstancias. Tratando de mantenerme fiel a ambas lealtades, he asumido toda la responsabilidad y recibo todas las cachetadas. Reconozco que la situación es algo ambigua como muchas cosas en la vida. Con todo, estoy seguro de que la verdad histórica *emergiendo*, aunque sólo a medias, de la ficción en este episodio literario servirá para algo en un paisito donde los autores y cómplices de los crímenes más abyectos siguen amnésicos y donde a la familia popular se le suelen olvidar algunas cosas (Labarca 2005c: s. p.).

Han pasado muchos años, pocos son los documentos escritos que se conservan y la memoria de los testigos es lábil, además de caprichosa. Es de esperar que con la aparición de nuevas pruebas, algo inevitable, los recuerdos individuales y colectivos se activen y el mosaico de esta falsificación recupere por lo menos algunas teselas y cierto colorido.

* * *

Eduardo Labarca ha preferido confesar *motu proprio* su falsificación del diario del general Prats, si bien por medio de la ficción. Además, afirma que no siente remordimientos por esta usurpación intelectual. Se hace necesaria, pues, una contextualización histórico-política para atar cabos, establecer cronologías, entender pormenores. Confesar su importante participación, por medio de la literatura, en la trama de falsificación de la memoria política del general Prats era un acto sin duda más sencillo y, sobre todo, discreto, que convocar una rueda de prensa para informar de los hechos. Como ya se ha citado antes, «[e]n seco, pedir perdón era muy difícil. Es un aterrizaje suave por medio de la ficción» (Labarca, 29 de junio de 2005). La ficción le ofrecía a Eduardo Labarca un espacio autónomo, autorreferencial, que se mueve con equivalentes de la realidad exterior al texto, y que, a su vez, otorga gran libertad al lector para interpretar los datos que se le ofrecen (*inventio, dispositio, elocutio*), siempre cargados de ambigüedad, algo inherente al texto literario. En palabras de Umberto Eco, «qualsiasi opera d'arte, anche se non si consegna materialmente incompiuta, esige una risposta libera ed inventiva, se non altro perché non può venire realmente compresa se l'interprete non la reinventa in un atto di congenialità con l'autore stesso» (Eco [1962] 1998: 36). En el ámbito de la literatura, como ya recordara o anticipara el narrador del cuento «Pierre Menard, autor del Quijote» en 1942, álter ego de Jorge Luis Borges –una reflexión teórica presente en páginas de ficción–, «la ambigüedad es una riqueza» (Borges 1989: I, 449). Años después, en el breve texto «El primer Wells», publicado en *Otras Inquisiciones*, en 1952, el propio Borges volvería a resaltar la multiplicidad de sentidos que el texto literario ofrece tras su lectura, tras cada lectura y a cada lector individual: «La obra que perdura es siempre capaz de una infinita y plástica ambigüedad; es todo para todos, como el Apóstol; es un espejo que declara los rasgos del lector y es también un mapa del mundo» (Borges 1989: II, 76).

Así pues, la literatura le ha ofrecido a Eduardo Labarca un espacio amable donde atracar sus naves; y es consciente de ello. De esta forma, además, consigue mantener, de modo harto más fácil, el silencio sobre los otros colaboradores, voluntarios o involuntarios, conocedores o desconocedores de la falsificación. Y no sólo, desde un punto de vista pragmático, la confesión literaria de este delito de usurpación de la memoria del general Prats –Eduardo Labarca se ha apresurado a contar que no ganó en absoluto ningún dinero con esta operación– evitaba una rueda de prensa que informase del hecho. Dos eran los temas peliagudos inherentes a una conferencia de prensa. Por un lado, el contemporáneo olvido que una amplia parte de la sociedad chilena tiene sobre su historia reciente –gobierno democrático de Salvador Allende y posterior golpe de Estado y larga dictadura– podría haber hecho fracasar, por descaso periodístico, dicha conferencia; y el tema habría muerto en una nota de prensa. Por otro lado, resultaría ética y performativamente incongruente que Eduardo Labarca confesase ante cámaras y micrófonos su participación en esta falsificación y tuviese que asumir todas las culpas de forma individual, cuando por sus palabras se deduce que más bien fue una pieza importante, pero no única, de una engrasada maquinaria política; además, a modo de inevitable comparación, asesinos, torturadores, responsables de desapariciones, etc., entre ellos el propio dictador Pinochet, han evitado en todo momento –salvo alguna excepción mínima, que la historiografía acabará por resaltar– pararse ante sus víctimas y confesar sus culpas, ya sea por acción, omisión o colaboración necesaria. Por último, llegados a este delicado momento, es necesario resaltar que Eduardo Labarca no tomó parte en ninguna acción violenta, solamente colaboró en la falsificación de la memoria de un aliado político, en unos años y una geografía precisos e inmerso en un conflicto en el que el mundo experimentó de forma aguda la polarización ideológica de la larga Guerra Fría.

El hecho es que el general Prats, que siempre apoyó al gobierno constitucional del presidente Salvador Allende, fue traicionado por la oposición política al dictador Pinochet, luego precisamente por aquellos que más deberían honrarlo. Se valieron de forma velada de su imagen pública para socavar, infructuosamente, el régimen militar chileno. Si el comportamiento desleal de Eduardo Labarca es evidente, no obstante el atenuante que otorga la absolutamente necesaria contextualización histórico-política, bastante más dolosa resulta la traición de sus pares militares. En primer lugar, durante el gobierno de Salvador Allende dejaron de apoyarlo e incluso obedecer, forzaron su dimisión con artimañas que sólo pueden ser consideradas viles, según el código de honor del cuerpo militar[9], y, más tarde, tras el atentado que los propios uniformados organizaron, le negaron

---

[9] Me refiero sobre todo a la manifestación que las esposas de los oficiales militares organizaron la tarde del 21 de agosto de 1973 ante la casa del general Prats. En sus *Memorias* se puede leer: «*17:15*. Despierto con el bullicio que siento frente a mi domicilio. Mi mujer, muy impresionada, me dice que se han concentrado unas 300 mujeres que gritan y piden, a través del portero, que ella las reciba para entregarle una carta. Al observar, estupefacta, que participaban en la concentración varias esposas de generales y jefes en servicio activo y en retiro (muchas de ellas hasta esos momentos consideradas "sus amigas"), les había dicho que entregaran la carta al portero. [...] Muy pronto ya no son sólo mujeres las que gritan frente a mi casa: unas 1.500 personas –mujeres, hombres y menores– profieren toda clase de insultos e improperios en mi contra. Por respeto al lector,

durante tres décadas los honores debidos. Sólo recientemente el general Juan Emilio Cheyre, comandante en jefe del Ejército de Chile entre 2002 y 2006, ha recuperado la figura del general Prats para la institución castrense. Fue el general Cheyre quien organizó la primera misa en honor del general Prats, treinta años después de su asesinato[10]. Así pues, las alianzas políticas o lealtades corporativas se supeditaron a la acción política momentánea, contingente.

La izquierda política respetaba la acción pública del general Prats, pero no lo consideraba uno de los suyos, lo que facilitó el uso partidista de su memoria, de su falsificada memoria. Es importante resaltar que, no obstante Eduardo Labarca haya sido el redactor principal de la versión definitiva, fueron muchas las personas que tuvieron el texto en sus manos –viajó de Moscú a México D. F.– y más todavía las que supieron de su falsedad y, por motivos varios –casi siempre la idea de no dar armas al enemigo–, callaron. Una vez que el diario falso arribó a México D. F., resta todavía la incógnita de quién lo avaló como auténtico ante el Fondo de Cultura Económica. El propio Eduardo Labarca ya

---

prefiero no transcribirlos. [...] *21:30.* Carabineros logra despejar a los manifestantes» (Prats 1985: 476-477 y 479). El diario falso también recoge el hecho: «*21 de agosto de 1973 (23:30 horas).* La manifestación de señoras de oficiales frente a mi domicilio ha sido un acto de la mayor bajeza. ¡Sólo los cobardes se esconden tras las faldas de las mujeres! [...] *22 de agosto de 1973.* Quiero recapacitar sobre los vertiginosos acontecimientos de las últimas horas, comenzando por la manifestación de señoras de oficiales frente a mi casa. No hubo espontaneidad, todo estaba previamente concertado. Desde mi cama de enfermo pude escuchar cómo las mujeres comenzaron a gritar simultáneamente. La negativa de Sofía a recibirlas fue correcta. Así lo demuestra el contenido de la carta que querían entregarle» (Prats [en realidad, Labarca] 1976: 75-76). El periodista Ernesto Ekaizer también relata el hecho en su libro *Yo, Augusto* (2003). Se basa, casi al pie de la letra, en las *Memorias* auténticas del general Prats. Al ficcionalizar los desilusionados comentarios del general Prats sobre la bajeza ética de sus subordinados, que mandaron a sus mujeres a manifestarse frente a un superior, la recurrida y fácil imagen de los militares escondidos tras las faldas de sus esposas, no presente en las *Memorias* auténticas, se imprime en negro sobre blanco: «–Nunca pensé que generales a quienes conozco desde la infancia se ocultarían bajo las polleras de sus mujeres. Siento tristeza por Chile porque no sólo veo traición sino un tipo de cobardía que no creía posible –dijo Prats, abatido» (Ekaizer 2003: 40).

[10] Incurrió en una falsedad el todavía desconocido autor de la «Advertencia», cuando escribió: «Los partidarios del depuesto régimen del presidente Allende culparon del vil atentado al jefe del golpe militar del 11 de septiembre de 1973, general Augusto Pinochet, pero éste se apresuró a ordenar el traslado de los restos de Prats a Chile y su sepultación con los honores correspondientes a su rango de ex comandante en jefe del ejército» («Advertencia», en Prats [en realidad, autor todavía desconocido, en Labarca]: 1976: 7). No hubo tales honores, tuvieron que pasar treinta años para que la figura del general Prats recibiese un homenaje por sus pares castrenses.

se puso en contacto con la viuda de Salvador Allende y especialmente con su hija, la actual diputada Isabel Allende, para tratar un asunto comprometedor: el más que posible aval de autenticidad que la viuda de Allende quizás haya otorgado al manuscrito –puede que sólo verbal, aunque tal vez incluso por escrito; puede que sólo durante un cierto período de tiempo, tras el que siguió un silencio, no una rectificación o un desmentido–, aval que, como mínimo, ayudó a que la editorial mexicana lo incluyese entre sus publicaciones. El tema tiene un relativo calado político, pues la viuda de Allende, de confirmarse estas sospechas, habría colaborado, muy posiblemente ella también engañada, en la falsificación del legado intelectual del general Prats. Cristóbal Peña y Rodrigo Frey, informados por Eduardo Labarca de este hecho, entrevistaron a la diputada Allende y publicaron un artículo que incluye la siguiente frase: «Isabel Allende tiene la certeza de que su madre intervino para que el libro fuera publicado, aunque no sabe exactamente en qué consistió esa intervención. "Alguien seguramente le solicitó hacer la gestión, pero más no sé, y a sus 91 años no se lo voy a preguntar"» (Peña/Frey 2005: s. p.).

* * *

El periodista Eduardo Labarca sólo se ha sentido con fuerzas para confesar su capital participación en la redacción del diario falso cuando ha pasado a definirse como novelista. Su militancia política, estrechamente relacionada con su profesión periodística, se diluyó paulatinamente tras abandonar Moscú a principios de los ochenta del pasado siglo y establecerse en Europa occidental, primero en París y después en Viena. En el campo de la ficción, alejado de la militancia activa, disciplinada, Eduardo Labarca ha encontrado un espacio sin dictados, regido por la especulación libre, sin la necesidad de una referencia directa a la realidad empírica. A continuación se señalan y comentan algunos eslabones que han jalonado este camino.

El segundo cuento del libro *El turco Abdala y otras historias* (1988), titulado «Las muertes de Pedro Contreras», recrea las tres muertes de su protagonista: suicidio o accidente con su escopeta de caza; invalidez total al casi ahogarse en la bañera familiar; y muerte por ahorcamiento en la cocina. Al mismo tiempo, el lector va conociendo la historia de la vida política del personaje Pedro Contreras, que tuvo un comienzo prometedor, incluso revolucionario, y acabó de forma acomodaticia: veintinueve años al frente de un liceo ejerciendo el mando sin ninguna voluntad de renovar ningún aspecto pedagógico.

> [Y] recordó sus problemas de conciencia, años más tarde, cuando el Gobierno inició la persecución y cómo los había eludido, siempre tan habilidoso Pedro Contreras, manteniéndose en el ala izquierda pero conservando sus puestos oficiales, que así puedo ayudar más, había dicho con su mirada que no decía nada, o mucho [...] y prestó su camionetita, la segunda, la verde limón, una vez que se la pidieron para trasladar escondido a Pablo Neruda, según le habían dicho pero no le dijeron los que se la habían pedido... (Labarca 1988: 128).

La cobardía política de Pedro Contreras es tan señalada y evidente, que incluso su mujer, a insidias de la ex amante de él, es capaz de creer que su suicidio es un acto egoísta, con la única finalidad de que a ella le asalten «problemas de conciencia» y otros sufrimientos (Labarca 1988: 162). Y la misma ex amante es capaz de desearle la muerte, como acto de liberación, durante los cuatro años que pasa inválido en la segunda de sus tres muertes: «–En casos así la... muerte es una liberación... Liberación para él y liberación para ti», le dice a su mujer su ex amante, que le guarda celos y odios a Pedro Contreras (Labarca 1988: 150). El lector no puede menos que pensar que su invalidez física permanente no es muy distinta de su invalidez ética, que ya se prolonga por veintinueve años. Y «liberación» es el sustantivo que Eduardo Labarca utilizó para definir el acto de escribir ficción en Moscú, y así poder alejarse de su diaria militancia comunista como periodista en el programa «¡Escucha, Chile!»: «Eso lo escribí de pe a pa en Moscú. Totalmente. Fue como una liberación» (Labarca, 19 de octubre de 2005).

El cuento «Las muertes de Pedro Contreras» revela una preocupación por la conducta ética de toda una vida y de forma aguda señala que un simple acto –al que luego siguen otros– puede comprometer una línea política digna o por lo menos coherente con ciertos ideales: «lástima, que tan bien que había comenzado y tan mal que fue a terminar» (Labarca 1988: 143). El acto de escribir ficción le ha permitido a Eduardo Labarca alcanzar a ser el primer y último responsable de sus actos. La vida de Pedro Contreras no es en absoluto un espejo de la de Eduardo Labarca, pero no se pude negar su parcial funcionalización especulativa sobre las implicaciones y consecuencias de los actos que una persona realiza a lo largo de su vida. La reflexión ética que el narrador introduce en el cuento «Las muertes de Pedro Contreras» está en la senda que llevó a que Eduardo Labarca confesase a las hijas del general Prats su autoría del diario falso. La ficción había comenzado a ejercer una función liberadora.

El siguiente eslabón importante en este camino de autorreflexión sobre su propia biografía se encuentra en un texto de 1997, «¿Qué paso con la película?». Este trabajo forma parte de una antología de artículos editados por Ernesto Carmona en el libro *Morir es la noticia*, que recuerda a 62 periodistas o trabajadores de medios de comunicación torturados, desaparecidos o asesinados en América Latina. Muchos de estos artículos guardan relación con el golpe de Estado del 11 de septiembre de 1973 y sus trágicas consecuencias. El artículo de Eduardo Labarca se centra en un hecho que antecedió al golpe en sólo algunos meses. El 29 de junio de 1973 el coronel Souper Onfray se sublevó al mando de un regimiento blindado y ocupó las calles adyacentes a La Moneda. Únicamente gracias a la enérgica intervención del general Prats se logró reducir al militar insurrecto y apaciguar las calles santiaguinas. Uno de los muertos que hubo de lamentarse tras esta asonada fue el del camarógrafo argentino Leonardo Henrichsen, que llegó a filmar su propia muerte. Sus imágenes dieron la vuelta al mundo, por la evidente fuerza dramática que transmiten. Precisamente en los avatares concretos de la divulgación de estas imágenes intervino Eduardo Labarca, por entonces director del Noticiario Nacional de Chile-Films. Tras el asesinato de Leonardo Henrichsen, los militares escondieron su cámara en una instalación subterránea de electricidad, pero desde un décimo piso Eduardo Labarca observó este último acto, no la muerte anterior. Tras no pocas gestiones, que llegaron incluso al presidente Salvador Allende, Eduardo Labarca recuperó la película y consiguió ver las imágenes y darles una gran difusión internacional, pues se enviaron de forma gratuita tres o cuatro copias al extranjero. En ningún momento se paró a pensar en los derechos de autor del periodista asesinado ni en el destino que éste quizás hubiese deseado para su película, en ese momento ya póstuma. Tampoco consideró necesario consolar a sus familiares. El tiempo era escaso, la urgencia por actuar inexorable. Había un enemigo más o menos claro y la necesidad de ayudar de cualquier forma al Gobierno de Salvador Allende. El impacto en los medios internacionales de esas imágenes grabadas por Leonardo Henrichsen fue significativo: se sucedieron las condenas. Algo más de dos décadas después, en 1997, el propio Eduardo Labarca escribió lo siguiente.

> ¿Fui, he sido yo leal contigo? ¿Fuimos nosotros –me refiero a la gente de Chile Films de entonces– leales? No es fácil contestar. Es innegable que teniendo tu sobrecogedora película entre las manos, nos faltó tranquilidad para preocuparnos de ti como persona.
>
> [...]
>
> En mi urgencia no me di tiempo para averiguar quién habías sido tú realmente, qué inquietudes te habían movido, qué ideales habías profesado. Esas averiguacio-

nes hubiesen dado respuesta a la pregunta que no me formulé: si lo que estábamos haciendo con tu película póstuma era algo que tú hubieras podido aprobar. Siempre, es cierto, te consideré uno de los nuestros, un muerto de nuestra causa, pero no preví, por ejemplo, la posibilidad de ir a Buenos Aires a consolar a tu familia y a tus amigos con mi relato, ni de pedir a los tuyos o a aquéllos para quienes trabajabas autorización para usar tu filmación. Nos jugábamos el todo por el todo al borde del abismo, éramos profetas, salvadores, mesías resueltos a un esfuerzo supremo en aras del futuro de Chile, pero en tu caso olvidamos ciertos «detalles» humanos. A tu muerte se sumaron más tarde tantas muertes... A la distancia, admito hoy que las decisiones que me creí libre de adoptar con respecto a ti y a tu obra tenían aspectos éticos que entonces no supe o no quise percibir y que hoy día consideraría insoslayables (Labarca 1997: 146-147).

El texto posee una evidente carga autocrítica. Sólo la distensión política que ha portado el paso del tiempo, pero sobre todo la recuperación de la democracia en Chile, dentro de un proceso democrático global latinoamericano encuadrado en el fin de la Guerra Fría, ha permitido que Eduardo Labarca vea con distancia sus actos pasados y los juzgue según los parámetros éticos de su presente, para acabar matizándolos, incluso censurándolos. Esta reflexión es de 1997, año en que Eduardo Labarca estaba pensando, todavía no redactando, la primera versión de su novela *Cadáver tuerto*, obra por aquel entonces aún sin título. Es inevitable que el lector establezca una conexión intelectual. Estamos ante la necesidad que un individuo siente, avanzada ya su biografía, de reflexionar sobre lo hecho y rendir cuentas con uno mismo y con la Historia. No es la Historia de hace cuatro siglos, ficcionalizada en *Butamalón*, sino la Historia en la que uno mismo ha intervenido[11].

Eduardo Labarca ha buscado y ha encontrado en la ficción un espacio no ocupado ideológicamente para poder desarrollar su pensamiento especulativo sin cortapisas. En esta línea, escribió en 1999 un cuento paradigmático: «Chile está la raja». El protagonista de este cuento, narrado en primera persona, regresa a Chile tras un largo exilio, que le ha obligado a ir creando o reinventado un país imaginario, gracias al recuerdo y a los nuevos medios de comunicación,

[11] La novela histórica *Butamalón* descansa principalmente en la narración de la peripecia vital del dominicano Juan Barba. De todas formas, por medio del personaje llamado Traductor, que interpreta el libro del Historiador «gringo», la fábula se aproxima al presente del autor implícito, luego el diálogo entre la interpretación de los hechos del pasado y la reflexión sobre una identidad chilena actual, que el texto supone heterogénea, se actualiza ante los ojos del lector.

especialmente Internet. Su imagen de Chile es «ficción de ficción» (Labarca 1999a: 197). En este cuento, el mismo día del golpe del 11 de septiembre de 1973, el presidente Allende anuncia que el fiel general Pinochet ha colaborado en la contención de los militares subversivos: «veía yo [narra el protagonista] al presidente Allende a la distancia cuando salía al balcón de casco y metralleta flanqueado por el héroe de la jornada, el comandante en jefe general Augusto Pinochet» (Labarca 1999a: 205). Este triunfo envalentonó al general Pinochet, que aprovechó, entonces, para dar un golpe de mano e instaurar una dictadura del proletariado. El presidente Allende, que quiere mantener la legalidad constitucional, nada puede hacer para evitarlo.

En este contexto, es pertinente traer a colación un pasaje de las *Memorias* del general Prats: «[V]eo inevitable el enfrentamiento cruento, del que emergerá una draconiana dictadura militar o una terrible "dictadura proletaria"» (Prats 1985: 435). El general Prats enuncia una dicotomía, dos caminos. Uno de ellos se cumplió. Eduardo Labarca ha desarrollado, por medio de la ficción, la alternativa irrealizada, pues estos senderos que se bifurcan no permiten que ambos sean hollados de forma simultánea. Eduardo Labarca se autoriza, por medio de la ficción, a especular sobre escenarios que no se había planteado previamente desde la militancia política. Desde esta perspectiva, la ficción o el arte dejan de tener una única función estética, para ejercer una función biográfico-política, en cuanto que liberadora. Activando todos los resortes de la razón puede que no se acabe por comprender de forma cabal los entresijos de una obra literaria, pero tampoco se puede reducir todo objeto de arte al mero ámbito de la estética. De ser cierta y válida esta línea de pensamiento de la autonomía del arte, no tendría sentido la existencia, por ejemplo, de la censura. El arte tiene una dimensión política inevitable –no única, pero tampoco despreciable–, como demostraron de forma incontestable las vanguardias históricas y recuerda todavía cualquier actividad artística con alguna carga provocadora. En este caso, la ficción, en cuanto que actividad creadora, ha permitido que Eduardo Labarca piense más y más lejos. Y sobre todo, con mayor libertad. Sus obras literarias no buscan la fatua provocación, sino que le abren caminos para la especulación y ésta lo libera. La narración de ficciones le ha abierto veredas para llegar a discursos de racionalidad reflexiva, anclados en la ética individual y social de su presente, luego en perenne evolución autointerrogativa. Eduardo Labarca es consciente de ello y se muestra orgulloso de este cuento. Sabe que es un eslabón importante en su evolución intelectual. «Este texto va muy lejos –Pinochet marxista-leninista– y es el antecedente de una parte de la trama de *Cadáver tuerto*. Me da gusto haberlo escrito» (Labarca, escrito en la dedicatoria a las fotocopias del cuento que posee E. R.-M., 19 de octubre de 2005).

En 1999 Eduardo Labarca escribió una breve reflexión no ficcional sobre la evolución del compromiso político del intelectual de izquierdas chileno durante la segunda mitad del siglo XX: «Inorgánicos y desorganizados». Al empezar el artículo, por su anterior profesión de periodista y actual de novelista, Eduardo Labarca se incluye en la amplia categoría de intelectual, lo que le otorga al texto un marcado tono autocrítico, pues todo lo que escribe en tercera persona sobre los intelectuales también le afecta. La frase de apertura recuerda la necesidad de no «darle armas al enemigo»:

> En este siglo existió un tiempo en que antes de hablar o escribir muchos intelectuales chilenos –como periodista, ensayista y novelista me atrevo a incluirme en esa vaga categoría– nos preguntábamos si nuestra palabra «ayudaría» a la causa política que habíamos abrazado o «ayudaría al enemigo» (Labarca 1999b: s. p.).

Esta reflexión es heredera intelectualmente de la que algunas décadas atrás se había hecho, por ejemplo, en el entorno del Parti Communiste Français, y que se resumió y acuñó en una frase muy citada durante una época: «mieux vaut se tromper avec le Parti qu'avoir raison contre lui». El escritor Jorge Semprún ya había recogido la idea en una de sus novelas escritas en francés:

> Nous disions qu'il valait mieux se tromper avec le parti que d'avoir raison en dehors de lui ou contre lui. Car le parti incarnait la vérité globale, la raison historique. Une erreur du parti ne pouvait être que partielle et passagère. Le cours même de l'histoire la corrigerait. Une vérité contre le parti ne pouvait être, elle non plus, que partielle et passagère. Stérile, donc, et néfaste, puisqu'elle risquait d'obnubiler, d'obscurcir, d'oblitérer la vérité globale de notre raison historique (Semprún 1980: 78).

Volviendo a Eduardo Labarca, en el año 1999 ya se encontraba escribiendo la novela *Cadáver tuerto* que, aunque por aquel entonces todavía se hallaba en estadio embrionario y se llamaba *Fivrokret*, ya recogía críticamente la falsificación del diario falso. En esta obra Eduardo Labarca se alejaba de la obediencia estricta al partido o a la «familia popular», luego optaba por dejar de ser, definitivamente, un «"intelectual orgánico" –ese hombre o esa mujer del mundo del arte y la cultura que prefería callar antes que "perjudicar a su causa–"» (Labarca 1999b: s. p.). Es la ficción, en la que se hallaba metido de lleno en 1999, la que le hace escribir ese artículo tan crítico y a la vez tan sopesado, con voluntad de entender. Quizás haya una voluntad de explicar la biografía de su grupo social y generación a futuras generaciones. Quizás se esconde el deseo imperioso de explicarse a sí mismo y de vislumbrar mejor, acaso entender, su propia biografía.

Eduardo Labarca necesitó no sólo abandonar la Unión Soviética y su puesto en el programa de radio «¡Escucha, Chile!», sino también ver que el dictador Pinochet dejaba de ser el enemigo a batir, hecho que comenzó a percibir según avanzaba la transición chilena y que experimentó más drásticamente a lo largo de los 503 días en que éste estuvo preso en Londres, del 16 de octubre de 1998 al 3 de marzo de 2000.

> La prisión de Pinochet me conmovió profundamente, profundamente. Yo anduve en un estado extraño durante todo el tiempo que Pinochet estaba preso. Veía grupos de chilenos que viajaban en aviones a Inglaterra. [...] Todo eso a mí me conmovió mucho. Tanto que yo escribí unas tesis sobre la prisión de Pinochet que empezaron veinte y terminaron siendo ciento y tantas. Incluso las puse en la internet [*sic*] y se las mandaba a los amigos. Eso me conmovió mucho. Entonces, ahí, ya, la novela cuajó. Salió el comienzo y salió el final (Labarca, 19 de octubre de 2005).

El personaje Lautraro vivió sus años de exilio en Acullá trabajando para el programa de radio «Escucha Allá» y aportó su capacidad metamorfósica de adentrarse en la piel y en los pensamientos del «General en Jefe», ahondando en un proceso de autoanálisis, para así poder anticipar las futuras decisiones del enemigo: «Sucedía entonces que para penetrar más y más adentro de su mente, érame preciso internarme en la mía, autoanalizarme...» (Labarca 2005a: 30). El proceso era doloroso y lo lleva a proclamar, tras haber «bebido al seco varias copas», la identidad entre el enemigo y la víctima: «¡El General en Jefe es el País! No cayó del planeta Marte, nosotros lo creamos, es nuestro lado inconfesable. [...] ¡El Tirano somos todos!» (Labarca 2005a: 40). Cuando finalmente Lautraro abandona Acullá, cree que ha podido desembarazarse de la dependencia del «General en Jefe», pero la posterior detención de éste en el «Reino de la eterna llovizna» actualiza sus recuerdos y vivencias que habían «permanecido dentro de mí en hibernación» (Labarca 2005a: 263). En la novela *Cadáver tuerto*, el «General en Jefe» no pide perdón, como tampoco lo hizo el dictador Pinochet mientras estuvo en vida, sino que muestra un «terco rechazo a los vientos de reconciliación del nuevo siglo» (Labarca 2005a: 263-264). Lautraro intuye la llegada de un tiempo o un siglo en el que la política inmediata no atenace ni dirija la acción creadora de los intelectuales. El país denominado Allá empieza a conocer la era post-«General en Jefe» –ahora «Ex Tirano»– y sus ciudadanos, repartidos en dos bandos irreconciliables, habrán de aprender a convivir entre ellos, pues vivían hasta entonces «habituados a una lucha en blanco y negro por objetivos intransables» (Labarca 2005a: 334). En su última representación teatral en el papel del «Ex Tirano», Lautraro pronuncia, con voz casi inaudible, la palabra «perdón» (Labarca 2005a: 337); pero los bandos opuestos, sorprendidos, se niegan a aceptar esa petición: unos por el dolor todavía acumulado y otros, sus partidarios, por considerar que no es auténtico, sino forzado: «le lavaron el cerebro» (Labarca 2005a: 338). El personaje Lautraro, al pedir perdón en boca del «Ex Tirano», se ha «sentido liberado del militar invasor con el que había convivido tantos años» (Labarca 2005a: 339). De forma paralela, también Eduardo Labarca ha sentido un alivio importante al confesar por medio de la ficción, y de forma personal a los principales implicados –las tres hijas, la máxima autoridad militar de Chile, un representante de la editorial Fondo de Cultura Económica–, que fue él en realidad el autor principal del diario falso del general Prats. Su ya citado artículo «Inorgánicos y desorganizados», de 1999, se cierra apelando a la «plena autonomía individual» del intelectual «frente a los variados desafíos que anuncia el nuevo siglo» (Labarca 1999b: s. p.).

* * *

La ética del presente marca la reflexión que se hace del pasado, al igual que la memoria histórica reconstruye el pasado siempre desde su presente. El exiliado Eduardo Labarca repensó su país de origen en la novela *Butamalón*, desde la óptica de la recuperación de una memoria múltiple, heterogénea, donde los conquistadores españoles, que engendraron a los criollos dominadores del discurso único en la conformación nacional de Chile, conviven ahora con los mapuches, de pronto visibles y formando una muchedumbre, que introducen fisuras a ese proyecto nacional y «declaran que la punta de Llaguapí, el mar circundante, el paisaje son de su propiedad» y exigen su reconocimiento internacional «inmediato» (Labarca 1994: 306; 329). Se pone en peligro, así, la «sagrada unidad territorial del país» y «el prestigio internacional de Chile como nación civilizada» (Labarca 1994: 330). El personaje denominado Traductor, desde su histórico siglo XX, siente que se hace necesario un nuevo «butamalón» que pueda «participar en el estallido del reino del ayer y después recomponerlo en armonía sobre nuevos cimientos para refundar nuestro mundo de hoy» (Labarca 1994: 390). En esa amplia reflexión sobre la formación nacional de Chile se encuentra, ya en el inmediato presente, luego conformando la memoria histórica colectiva, la novela *Cadáver tuerto*, donde verdugos y víctimas de la diáspora y del exilio interior tendrán que aprender a convivir y a entenderse. El personaje Lautraro logrará, sólo pocas páginas antes de que concluya el libro, desprenderse, liberarse de la dependencia del «General en Jefe» o «Ex Tirano»; de forma paralela, el periodista Eduardo Labarca, que ha evolucionado hasta identificarse como novelista, siente que ya puede confesar que fue él quien tuvo el principal papel en la falsificación del diario apócrifo del general Prats. *Cadáver tuerto* es, pues, en ese sentido, una novela dedicada a analizar las complejas relaciones entre Pinochet y los chilenos, o viceversa, desde la perspectiva del actor Lautraro, álter ego de Eduardo Labarca.

El otro inevitable protagonista de la Historia contemporánea de Chile es el político Salvador Allende, que incluso fue amigo personal del padre de Eduardo Labarca. En Europa, donde me encuentro, a punto de concluir este artículo, diciembre de 2007, dos años después de la publicación de *Cadáver tuerto*, me llegan noticias de que Eduardo Labarca ha presentado en Santiago de Chile su último libro: *Salvador Allende. Biografía sentimental*.

Bibliografía

Barraza Jara, Eduardo (2004): *De la «Araucana» a «Butamalón». El discurso de la conquista y el canon de la literatura chilena.* Valdivia: Estudios Filológicos, Anejo 17. [Facultad de Filosofía y Humanidades, Universidad Austral de Chile.]

Borges, Jorge Luis (1989): *Obras Completas.* Tomos I/II. Barcelona: Emecé.

Davis, Nathaniel (1985): *The Last Two Years of Salvador Allende.* London: I. B. Tauris & C° L[td].

Dinges, John (2004): *The Condor Years. How Pinochet and His Allies Brought Terrorism to Three Continents.* New York/London: The New Press.

Eco, Umberto [1962] (1998): *Opera aperta. Forma e indeterminazione nelle poetiche contemporanee.* Milano: Bompiani.

Ekaizer, Ernesto (2003): *Yo, Augusto.* Madrid: Aguilar.

Guerrero, Pedro Pablo (2005): «Entrevista a Eduardo Labarca. "El tirano somos todos"». En: *El Mercurio*, 10 de junio, s. p.

Huneeus, Carlos ([2]2002): *El régimen de Pinochet.* Santiago de Chile: Sudamericana. [1ª ed. de 2001.]

Kornbluh, Peter ([2]2004): *The Pinochet File. A Declassified Dossier on Atrocity and Accountability.* New York/London: The New Press. [1ª ed. de 2003.]

Labarca, Eduardo (1988): *El turco Abdala y otras historias.* Santiago de Chile: Melquíades.

— (1994): *Butamalón.* Madrid: Anaya/Mario Muchnick.

— (1997): «¿Qué paso con la película? Carta póstuma a Leonardo Henrichsen... 23 años después». En: Carmona, Ernesto (ed.): *Morir es la noticia. Los periodistas relatan la historia de sus compañeros asesinados y/o desaparecidos.* Santiago de Chile: Carmona, pp. 141-147. URL: <http://www.derechos.org/nizkor/chile/libros/reporter/capII14.html> (10.11.2007).

— (1999a): «Chile está la raja». En: Orellana, Carlos (ed.): *Chile en la mira. Proposiciones y conjuros para sobrellevar el fin de siglo.* Santiago de Chile: Planeta, pp. 197-212.

— (1999b): «Inorgánicos y desorganizados». En: *La Nación,* 29 de noviembre, sección «Opinión», subsección «Punto de vista», s. p.

— (2005a): *Cadáver tuerto.* Santiago de Chile: Catalonia.

— (2005b): «Reivindicación de un cadáver tuerto». En: *La Tercera,* 2 de octubre, s. p.

— (2005c): «La verdad histórica emergiendo de la ficción». 2 de noviembre, s. p. URL: <http://virginia-vidal.com/anaquel/article_205.shtml> (26.11.2007).

— (2006): «Yo dormía en Viena». En: *La Nación,* 5 de diciembre, s. p. URL: <http://www.lanacion.cl/prontus_noticias/site/artic/20061204/pags/20061204182128.html> (26.11.2007).

— (2007): *Salvador Allende. Biografía sentimental.* Santiago de Chile: Catalonia.

Peña, Cristóbal/Frey, Rodrigo (2005): «Los alcances de un engaño. Isabel Allende revela que su madre fue usada para gestionar la edición de las falsas memorias de Prats». En: *La Tercera,* 7 de agosto, s. p.

Prats, Carlos (1976): *Una vida por la legalidad.* México: Fondo de Cultura Económica. [Como se explica en este artículo, el verdadero autor es Eduardo Labarca.]

Prats González, Carlos (1985): *Memorias. Testimonio de un soldado.* Santiago de Chile: Pehuén.

Rodríguez, Víctor Hugo (2005): «El escritor Eduardo Labarca habla desde Viena: "Le metí un gol de media cancha a la CIA"». En: *La Nación,* 13 de junio. URL: <http://www.lanacion.cl/prontus_noticias/site/artic/20050712/pags/20050712191018.html> (26.11.2007).

Semprún, Jorge (1980): *Quel beau Dimanche.* Paris: Grasset.

3. Afinidades ejemplares: docuficción y cultura de la memoria

De la memoria recuperada a la memoria performativa. Hacia una nueva semántica cultural de la memoria histórica en España a comienzos del siglo XXI

Ulrich Winter

El ensayo pone de relieve un reciente cambio en el concepto de memoria histórica relacionado con el pasado bélico y totalitario del siglo XX español. Este cambio se percibe, con desfases, pero de forma coherente, en todos los ámbitos sociales, desde el político y el social propiamente dicho, hasta el cultural y el literario. Si hasta mediados de los años noventa predominaban cuestiones epistemológicas e ideológicas con respecto al fenómeno de la memoria histórica, como por ejemplo conocer el pasado que había que «recuperar», actualmente, estas inquietudes van siendo reemplazadas por el énfasis en un concepto más pragmático de la memoria, una memoria performativa, basada en la necesidad de transformar, de una manera u otra, el saber sobre el pasado en parte de la realidad presente. Esta presentificación u ontologización de la memoria se realiza de forma diferente en los distintos campos: en las áreas social y política sobre todo a través de la juridicalización de la memoria, esto es, la coerción legal del reconocimiento de las víctimas y el derecho a saber la verdad histórica; en las áreas culturales y literarias la memoria performativa supone un nuevo estatus del documento –del objeto testimonial, del resto o acontecimiento histórico– que adquiere la función de instancia autentificadora y legitimadora.

En este artículo se analizará la realidad de este hecho brevemente en distintas áreas de la gestión social y política de la memoria, a fin de resaltar el carácter general de este fenómeno cultural, para detenerse luego en el área más sensible, compleja y sintomática, la literatura. Como se verá, en este ámbito, la memoria performativa puede llevar, entre otros, a la alianza de elementos documentales y otros de ficción: el paradigma de ficción se apoya en el de la historiografía, el relato de ficción que antes podía representar y metaforizar el proceso de la memoria, se enmascara ahora, parcialmente, de relato testimonial –no por casualidad en el momento preciso de la desaparición de los verdaderos testigos de la historia–. La alianza estratégica de la ficción con el documentalismo, ya un antiguo principio poético, se produce en España bajo formas específicas.

1. El campo social y político: la ontologización jurídica de la memoria

Desde mediados de los años noventa, esto es, una década después de las primeras reclamaciones de revisar la historiografía oficial sobre la Guerra Civil y el franquismo, el discurso sobre la memoria histórica ha entrado en una fase de intensificación y consolidación[1]. Puede decirse que sólo ahora existe lo que podríamos llamar un discurso social coherente de la memoria histórica, lo que supone un determinado grado de reflexividad y sistematicidad de los argumentos y valores barajados por parte de los grupos interesados, así como un estilo de pensar y argumentar, unos mecanismos de inclusión y de exclusión de perspectivas en virtud de relaciones de poder, hábitos retóricos, un inventario de imágenes, tópicos o arquetipos, de connotaciones calculadas como, por ejemplo, la «memoria silenciada» o «excavada», etc.

Este discurso es claramente perceptible en los distintos ámbitos cultural, social y político, campos interrelacionados y con un desfase temporal notable en su evolución. En cuanto al mundo cultural (literatura, cine, periodismo), destaca un primer auge de novelas y películas sobre la memoria ya desde mediados de los años noventa, mientras que en el campo académico-historiográfico, exceptuando algunos trabajos pioneros, la oleada de proyectos de investigación y publicaciones surgió más tarde. En el ámbito social, por el contrario, la concienciación decisiva empezó a finales de 2000, provocada por la creación de la Asociación para la Recuperación de la Memoria Histórica (ARMH) plataforma que, al igual que el Foro por la Memoria, pero de forma menos politizada, recoge y canaliza el difuso malestar que causaba el silencio decretado por la razón política postfranquista[2]. Finalmente, en el campo político, el discurso de la

[1] Uno de los primeros en poner énfasis en la memoria silenciada de las víctimas de la Guerra Civil y el franquismo fue Reig Tapia (1986). Hoy el debate sobre el tema es abundantísimo. Para un resumen cf. Bernecker (2007), para las nuevas coordenadas actuales cf. Aróstegui/Godicheau (2006).

[2] Que la gestión del gobierno y de las asociaciones familiares coincida temporalmente al cambio performativo de la memoria, se deduce también del hecho de que ya en los años setenta y

memoria tomó forma sólo después de la vuelta al poder de los socialistas, en 2004, desembocando en la gestión de la Ley de Memoria Histórica.

De modo que el discurso de la memoria no ha evolucionado de manera simultánea en las distintas áreas. Con todo –y he aquí la primera tesis– al consolidarse, primero desde la literatura y cultura, luego como movimiento social y finalmente en la legislación, el concepto unidimensional y simple de «memoria histórica» o bien en el sentido de un almacén que guarda y recupera la realidad histórica al transformarla en imaginario, o bien como sinónimo de una falta dentro del discurso oficial respecto al pasado bélico y totalitario (la «memoria silenciada de las víctimas»), va siendo progresivamente superado. Y es precisamente al redefinirse desde contextos sociales y políticos cuando surge la necesidad de que la memoria, en calidad de un saber simbólico sobre el pasado, una vez en marcha su recuperación, cobre otro estatus ontológico, esto es, que se vuelva parte esencial y reconocida de la misma realidad presente, que se haga performativa. Es, seguramente, en el ámbito social donde han existido, en un principio, mayores reivindicaciones para presentificar el pasado transformando los hechos recuperados por la memoria histórica en hechos de reconocida historicidad. La tarea principal de excavar la memoria de las víctimas de la represión es, ante todo, de orden ético, psicohigiénico y psicosocial. Se trata de un trabajo de duelo y de justicia, independientemente de cualquier posible discurso presentista de la memoria. El trabajo de duelo exige la objetivación científica de la memoria, esto es, su transformación en historia, su integración en la imagen que tenemos del pasado. «Recuperación de la memoria» significa ahora «producción de historia» como pone de manifiesto Joan Garí en su novela *On dormen les estrelles* (2005): «obrir les fosses [...] establir un registre local de víctimes» incluso contra la administración municipal: «Amb els fets consumats també es produeix història» (Garí 2005: 120). «Producción de historia», «producción de pasado»: un pasado que se manifiesta ahora de modo emblemático en las exhumaciones de restos humanos realizadas en fosas comunes. Si bien es verdad que la presión social del sufrimiento es probablemente responsable del giro performativo que ha tomado la representación de la memoria, sólo el deslizamiento del tema del campo intelectual o ciudadano al campo político-jurídi-

ochenta hubo excavaciones, como, por ejemplo, en Cataluña, el Fossar de la Pedrera, pero que éstas no provocaron un movimiento social. Para la génesis y la dimensión social, cultural y política de los movimientos sociales por la recuperación de la memoria cf. el conciso análisis de Gálvez Biesca (2006).

co podía producirla. En el ámbito social, la ontologización de la memoria consiste esencialmente en su legislación. Al declarar el conocimiento de la verdad histórica un derecho, y al asegurar su reconocimiento y compensaciones a las víctimas, tal como lo prevé la Ley de Memoria Histórica, aunque sea de forma deficiente e insatisfactoria[3], la memoria o el saber del pasado se hace parte demandable, reivindicable, innegable de la realidad.

El derecho a la memoria y a la verdad es un derecho humano. Sin embargo, en el contexto político de España, hay que tener en cuenta que la juridicalización de la memoria se debe también a estrategias políticas desarrolladas sólo muy recientemente, simultáneamente por las asociaciones de familiares y el Partido Socialista. Se trata de enmarcar la gestión acerca de la memoria en el contexto de la legislación y reconocimiento internacionales. En el caso de las asociaciones, su trabajo incluía la apelación a entidades supranacionales como la ONU, intentando con ello hacer presión sobre el gobierno para que reconociera la represión franquista como crimen contra la humanidad. En cuanto al PSOE, el objetivo es el lanzamiento de una nueva estrategia política de partido, basada en el concepto de ciudadanía cultural, programa integrado en el marco del estratégico cosmopolitismo cultural del PSOE de Rodríguez Zapatero[4]. Pero sea quien fuere el primer desencadenante de la legislación sobre la memoria histórica, el movimiento social o la política del partido, el reconocimiento internacional garantiza un grado todavía más alto de ontologización de la memoria.

2. La literatura: el ansia de una relación segura con el pasado

Existe, y ésta es la segunda tesis del ensayo, una relación directa entre la reciente ontologización de la memoria en el campo social y su representación en el campo literario. La relación entre ambos es compleja, no vamos a poder a probarla en detalle, pero parece obvio que es precisamente esta coincidencia entre

---

[3] Por cierto, los críticos de la ley alegaban precisamente el carácter todavía demasiado simbólico de la recompensa hacia las víctimas; cf. el análisis y juicio crítico de la ley en Moreno (2006). Sobre la memoria como derecho cf. el tomo de Gómez Isa (2006).

[4] En este sentido, la conversión de la memoria en materia de justicia es, pues, un efecto de la transferencia de la legislación internacional al ámbito nacional. Cf. para más detalles Winter (2007a).

distintos ámbitos la que permite hablar de una evolución o transformación general del concepto de memoria en la España actual. En la literatura de la memoria, el deseo de incorporar ontológicamente la memoria en la realidad presente corresponde a una necesidad, y a estrategias de asegurar, de alguna manera, una relación inapelable con el pasado: un «effet de réel» del pasado, «ne cessant de répéter "c'est arrivé"» (Barthes [1967] 1993: 1261). Me refiero a obras muy recientes como *Soldados de Salamina* (2001), de Javier Cercas, *El vano ayer* (2004), de Isaac Rosa, o *Enterrar a los muertos* (2005), de Ignacio Martínez de Pisón: textos todos impregnados de un documentalismo parahistoriográfico y hasta cierto punto antipoético[5]. Con estos relatos, en parte sin denominación de género, pero con anexos bibliográficos, o basados en historias reales, la literatura, en materias de memoria genéricamente obligada más a la representación que a la verdad histórica, ahora se legitima por el lado tradicionalmente opuesto, la historiografía. Veremos primero lo que considero una posible genealogía de este modo literario, para luego explicar el fenómeno y ubicarlo en la cultura contemporánea.

En las primeras novelas históricas de Antonio Muñoz Molina, sin duda uno de los pioneros en la literatura de la memoria, el intento de reconstrucción de la historia política y familiar a través de la investigación y la memoria defectuosa o incompleta de un descendiente acaba inevitablemente en fracaso. En sus indagaciones, los protagonistas de *Beatus ille* (1986), *Beltenebros* (1989) o *El jinete polaco* (1991) no encuentran sino un pasado ya de antemano contaminado por lo imaginario, imposible de recuperar. Como si se tratara de recuperar un supuesto mundo real detrás del universo narrativo de una novela. Y éste es precisamente el caso: en los libros de Muñoz Molina la memoria es esencialmente una metáfora de la ficción, y no al revés, como por ejemplo en *L'écriture ou la vie* (1994), de Jorge Semprún, novela escrita por un auténtico testigo del pasado abrumador de los campos de exterminio nazis. La memoria no recuperable por engañadora, desfiguradora o interesada supone un concepto en el fondo todavía tradicional de memoria que resiste a la reflexión metaficcional, incluso parece un lejano reflejo literario legitimador, consciente o no, del «pacto de silencio» de la Transición democrática. La novela de la segunda mitad de los años noventa ya parece no contentarse con este tipo de metaficción historiográ-

[5] Cf. en este sentido los análisis de una «retórica de la anti-literariedad», sobre todo en *Soldados de Salamina*, en Gómez López-Quiñones (2006: 50-75) y Tschilschke (2008).

fica. Ahora –posiblemente bajo la influencia de las políticas evasivas y por lo tanto polarizadoras del Partido Popular respecto al pasado franquista– la novela de la memoria se vuelve deconstructivista. La irrecuperabilidad de una memoria española se debe ahora a la irreducible pluralidad de memorias, de una memoria dividida o polifónica. *El lápiz del carpintero* (1998) de Manuel Rivas es quizás el ejemplo más emblemático. El supuesto «engaño» de la memoria se refiere ahora a un nivel de segundo grado: ya no es tan sólo engañadora la memoria en sí, sino que también lo es la creencia en una memoria única.

No es de extrañar que en este nuevo milenio surja un tercer modelo de metaficción historiográfica, representado por las obras ya mencionadas de Javier Cercas, Isaac Rosa e Ignacio Martínez de Pisón, correspondiente al surgimiento de la memoria performativa. Sin recaer en la novela histórica tradicional (determinada todavía por el mandato de la verdad poética), se empeña, a través del documentalismo, en la producción de realidad o de presencia del pasado, esto es, en presentificar la misma realidad histórica a la vez que se la representa literariamente. Obviamente, es esta ambigüedad calculada la que está en la base de denominaciones de géneros como el de «relato real» que Javier Cercas atribuye a su novela *Soldados de Salamina* (2001: 37; pássim). Se pone en escena una memoria catalizadora de la historia, destinada a convertir el pasado en parte del presente. La novela *El vano ayer* es un buen ejemplo de ello. Por un lado, se trata de un texto salpicado de citas originales, comprobables gracias a un extenso anexo bibliográfico. Por otro, llama la atención la hiperreflexividad del discurso, seña de involución o crisis de las estrategias de la metaficción historiográfica de los años ochenta y noventa. Es difícil saber si esta novela trata todavía de la memoria histórica de la Guerra Civil o más bien de un narrador padeciendo de un tipo de entumecimiento catatónico, si no irónico, en busca de un punto de vista que le permita salir de la distancia en la cual estuvo cautiva toda una generación de bisnietos de los combatientes de la Guerra Civil pasados por veinte años de metaficción historiográfica, deconstructivismo y retorno posmoderno a la anécdota.

La otra novela, ya mencionada, *On dormen les estrelles*, de Joan Garí, es ejemplo de un distanciamiento respecto al concepto de memoria histórica de los años ochenta y noventa, distanciamiento interiorizado, particularmente sintomático en esta novela, puesto que se dedica directamente al tema de las fosas comunes y los movimientos sociales por la memoria. La acción se desarrolla en dos épocas. El segmento más amplio de la novela tiene lugar en la retaguardia republicana durante los primeros cuatro meses de la Guerra Civil, escenario de adolescencia, de educación sentimental e ideológica del protagonista. El otro escenario de la novela, inspirado y relacionado estrechamente con el conflicto del cementerio general de la capital catalana, se desarrolla en la actualidad, en la que el protagonista, ya anciano, catedrático y poeta renombrado, deja convencerse por un grupo de jóvenes para comprometerse con una asociación organizada por ellos para la recuperación de la memoria histórica en Valencia. Las exhumaciones de restos óseos llevadas a cabo por la asociación conforman la parte a la vez más realista y más alegórica de la novela, porque constituyen el símbolo reconciliador de las dos Españas. A pesar de su realismo histórico y su compromiso humanitario al tratar el tema de las fosas, una atmósfera de distanciamiento, de distorsión subjetiva e incluso de un raro ahistoricismo planea sobre la parte de la acción ubicada en 1936 que, no obstante, es contrarrestada por el estilo de un realismo cotidiano con el que se describe el movimiento social en la actualidad. De manera similar, el enfoque de la Guerra Civil desde la retaguardia refleja el distanciamiento irreductible del narrador (y, por supuesto, del autor, nacido en 1965). Además, toda la parte histórica de la trama está teñida de una atmósfera cinematográfica. El lector tiene la impresión de percibir el verano del 36 a través de una película, impresión aumentada por un sinnúmero de alusiones y metáforas relacionadas con la fotografía y el cine, los dos medios que constituyen para la generación del autor el acceso primordial al pasado franquista –y desde hace veinte años la metáfora novelesca más utilizada para expresar que la relación con el pasado ya no es posible sino de forma mediatizada–. En un momento dado de la novela, todo, los muertos, las películas, el amor y la guerra se confunden en la conciencia del protagonista en una sucesión de imágenes que surgen precisamente durante una noche en el cine (Garí 2005: 167-169).

En varios aspectos, pues, la novela de Joan Garí muestra que ya hemos llegado al final de la «memoria comunicativa» de la Guerra Civil. Según el egiptólogo alemán Jan Assmann, la memoria comunicativa o familiar es un *floating gap* u horizonte movedizo de tres generaciones o unos 80 años, en el cual es posible la comunicación directa de lo vivido entre los testigos y los oyentes, los abuelos y los bisnietos (Assmann 2000: 48-66). Mientras que novelas como *El lápiz del carpintero* o incluso *Soldados de Salamina* apostaban por el testimonio verbal y un personaje intermediario contemporáneo (un periodista, un escritor), en *On dormen les estrelles* este mecanismo de transmisión de memoria y de relación entre pasado y presente ya no funciona. El contexto comunicativo se ha roto: aparte del protagonista, el lazo entre pasado y presente es un objeto testimonial, un resto histórico, los cadáveres enterrados en 1936 y encontrados 70 años después, en 2006. En esta novela, las dos épocas de la Guerra Civil y del presente están frente a frente, mientras que toda la posguerra es excluida por completo del relato. Como si existieran tan sólo el presente y un pasado lejano, convertido en mítica época fundacional de los conflictos sentimentales y políticos de la actualidad.

En otras novelas, se nota un documentalismo post-neorrealista y post-deconstructivista basado en una reducción de complejidad con respecto a la metaficción historiográfica de los años ochenta, que había alcanzado un nivel límite de reflexividad. Al interiorizar la actitud historiográfica, sin dejar de ser literatura, el concepto de memoria transformada en historia parece ya naturalizado, por decirlo así. Un buen ejemplo de ello son las novelas de Rafael Chirbes, *La larga marcha* (1996) o *La caída de Madrid* (2000), de un realismo posmoderno de bajo relieve metaficcional. Esta evolución del discurso literario sobre la memoria de la Guerra Civil parece del todo concluyente: como si, por fin, el tema de la memoria en la novela histórica hubiera vuelto en sí. Todas las obras que acaban de comentarse, de una manera o de otra, dan testimonio de un propósito similar, analógico al campo social y político: la ontologización de la memoria, lo que corresponde en la literatura de la memoria, al establecimiento de una relación segura con el pasado, al nivel de *inventio* (historia) y al nivel de *dispositio* (discurso). Algunas de las novelas plantean el problema y proponen una solución, otras dan prueba, conscientemente o no, del fracaso. Las estrategias son varias. A parte de convertir una anécdota histórica en una leyenda de heroísmo (*Soldados de Salamina*)[6], es la incorporación de algún elemento de autorización o autentificación según el paradigma de la historiografía, esto es, en vez de la verdad poética, una anécdota real, un documento, un objeto histórico: En *Soldados de Salamina* y *Enterrar a los muertos* es el hecho histórico, en esta última y en *El vano ayer* la adaptación (crítica o no) del discurso historiográfico, en *On dormen les estrelles* el acontecimiento real (histórico) y los restos humanos excavados de fosas comunes, ambos convertidos en esta novela en metáforas diegéticas de la memoria.

3. La trascendencia de la memoria performativa en la cultura española

La memoria performativa no se limita a la comunicación literaria. En la cultura visual (y, como veremos, incluso en la política) el «efecto de lo real» del pasado

[6] Cf. en este sentido Buschmann (2005), Tschilschke (2005), Winter (2007b).

parte de objetos de la cultura material de antaño. Dentro de una hipotética semiótica del recuerdo, estos objetos se distinguirían categóricamente de los testimonios verbales, de naturaleza simbólica, por ser no ya *symbol* o símbolo (al menos no exclusivamente), sino *index* o índice (en la semiótica de Charles Sanders Peirce), esto es, por poseer el grado más alto de «semioticidad» o de «realidad presente en el signo» (Bense/Walther 1973: 96-97); lo que lo hace al mismo tiempo susceptible de mitificación y sacralización (Barthes 1957: 191-247). El ejemplo más conocido de la cultura de masas es la serie televisiva *Cuéntame cómo pasó*, lo cual, dicho sea de paso, corrobora igualmente la tesis de que el discurso performativo de la memoria sólo se da desde hace poco tiempo –el proyecto de la serie, ideado a primeros de los años noventa, sólo fue aceptado por Televisión en 2001– y que, además, abarca la cultura crítica y la revisionista (cf. Estrada 2004: 548). En esta serie, en lugar de someter la representación del pasado reciente a la coerción genérica del historicismo cinematográfico, esto es, al paradigma de la ficción, o a la alegorización de temas históricos como en el cine del primer posfranquismo, el pasado se encuentra presentificado, a través del principio de nostalgia, de la fetichización del objeto material convertido en reliquia. Es menos obvio, e incluso sorprendente, que hasta en el campo político-social se den casos comparables, incluso cuando se trata de objetos históricos de contenido simbólico. Como prueba, y cerrando así el círculo entre lo literario-cultural y lo político-social respecto a la vigencia generalizada del nuevo paradigma de la memoria performativa, baste aducir la polémica acerca de los así llamados «papeles de Salamanca». De conformidad con la ley correspondiente, se restituyeron a la Generalitat de Catalunya, en la madrugada del 19 de enero de 2006, los documentos incautados a entidades radicadas en Cataluña en 1938 y 1939 con fines de represión política y custodiados desde entonces en el Archivo General de la Guerra Civil Española, en Salamanca. Como puede mostrar un análisis detenido del caso, la polémica parece haberse originado en el imaginario que los diferentes grupos interesados relacionan con la presencia y realidad física de los papeles, es decir, un caso de política de la memoria a partir de una política de los restos históricos. El que cuente más el valor simbólico de los documentos en calidad de objeto que su contenido estriba en el hecho de que no fue aceptada la idea de reemplazar los verdaderos papeles restituidos por copias o duplicados con lo que conservaría la esencia del Archivo. Para los oponentes de la ley, la «desmembración», «desarticulación», «desintegración», «desvirtuación» o «desmantelación» del archivo equivale a la pérdida de la unidad de España a favor de Cataluña. Los detractores de la devolución de los documentos, al subrayar también el aspecto simbólico, se valen de una retórica acuñada por el Partido Popular ya en los años noventa, y omnipresente en los discursos conservadores del momento: «El archivo *es* España», se trata de «la destrucción de un símbolo nacional». Una variante extrema de esa figura retórica se ha convertido en la que más se ha barajado desde entonces en los sectores conservadores: la «unidad de España» tiene su presencia real en la unidad física de los papeles originales de Salamanca, y se desintegrará en cuanto se desmantele el Archivo. Además de que la lógica de esa figura retórica («el Archivo *es* España y la devolución de documentos equivale a la cesión de territorios») identifica España con un constructo fascista inventado con fines represivos, ese argumento no tiene base real. Como advierte el historiador José Álvarez Junco (2004), las 500 cajas devueltas a Cataluña representan un 3% de la totalidad de los documentos; se debería hablar, por lo tanto, de «fondos de la Generalitat de Cataluña anteriores a 1939, y no de "papeles" de Salamanca». Pero una figura retórica no necesita base real, pues aun sin ella puede funcionar, y a veces incluso mejor. En total: la idea de depositar en el archivo una copia o duplicado de todos los bienes restituidos no ha logrado neutralizar la figura retórica que en la sensibilidad conservadora de la población ha reemplazado a la realidad, esto es, que la conversión del archivo real en archivo virtual corresponda a la «desmantelación de España», precisamente a causa del supremo valor simbólico del resto histórico concreto sobre el valor del contenido[7].

4. La memoria performativa en el contexto actual

¿Cómo se explica la memoria performativa en la España actual? Aparte de una generalizada melancolía postmoderna por el objeto, y el ansia de poner énfasis menos en el significado referencial del signo semiótico que en su carácter de acontecimiento, se imponen al menos dos razones. Primero que una rigurosa revisión del pasado franquista está por primera vez al alcance de la España democrática, una cultura, además, cuyo «estilo de relacionarse con el pasado» (para tomar prestada una fórmula de Pierre Nora [1993: 9]) está marcado por el hábito intelectual de hipostasiar un pasado anudado indisolublemente con el

[7] Para un análisis más detallado y las citas me permito remitir una vez más a Winter (2007a: 226-232).

presente. También por esa idiosincrasia mental los restos óseos desenterrados –ya en sí restos históricos por antonomasia– consiguieron esa transcendencia emblemática de fundación y garantía del nudo entre pasado y presente. Como se ha visto, en *On dormen les estrelles*, se convierten en pieza angular del discurso narrativo. También en *El vano ayer* se encuentra esta imagen sugestiva:

> [...] cientos de hombres fueron encajados [...] en una fosa común que cubrieron con cal y en la que después de tantos años se habrá desintegrado la carne y sólo quedarán las balas, los proyectiles abandonados, ese pedazo de plomo que permanece caliente, fijo en su trayectoria, entre la cal solidificada (Rosa 2004: 248).

En segundo lugar, es obvio, el cambio performativo en la estética coincide con el momento en el cual el lapso de tiempo llamado «memoria comunicativa de la Guerra Civil» toca a su fin. Una vez rebasado este lapso de tiempo, la época histórica, por la progresiva carencia de testigos vivos, se convierte en una época mítica desarraigada de su contexto histórico (Assmann 2000: 48). Para citar otra vez a Isaac Rosa en *El vano ayer*:

> [...] el período [convertido en] territorio de la novela de época, la novela histórica, referirse a la guerra civil o la larga posguerra con el mismo apasionamiento con que se escribe del Egipto faraónico [...] mero escenario para ambientar pasiones, luchas y muertes que en realidad son intemporales, utilizando la guerra civil o el franquismo como podríamos utilizar los monasterios medievales o las intrigas de la Roma imperial [...] (Rosa 2004: 250).

Es lo que sucede en algunos largometrajes centrados en episodios ubicados en la Guerra Civil que se presentan como leyendas heroicas, como en *La hora de los valientes* (dirigida por Antonio Mercero, en 1998). Pero la «producción de presencia» (Gumbrecht 2004), sus modos y inquietudes, no es igual en todas las épocas y todas las culturas. Cuando Juan Goytisolo afirma, en 1967, en pleno tardofranquismo, que «la novela cumple en España una función testimonial que en Francia y los demás países de Europa corresponde a la prensa» es otra necesidad de presencia que en los años noventa: «En una sociedad [i. e. la franquista, U. W.] en la que las relaciones humanas son profundamente irreales, el realismo es una necesidad. [...] Para los escritores españoles la realidad es nuestra única evasión» (Goytisolo [1967] 1976: 60). Desde el costumbrismo de Larra y Pérez Galdós, pasando por la intrahistoria de la generación del 98, hasta Juan Goytisolo, Manuel Vázquez Montalbán y Rafael Chirbes, la alianza entre documentalismo y ficción está implicada en una larga historia del realismo español, de la historia intelectual de España. Por otro lado, cabe preguntarse si leer una novela española contemporánea relacionada con la Guerra Civil o la larga posguerra, es lo mismo que leer una sobre «las intrigas de la Roma imperial», como parece afirmar Isaac Rosa. En ambos casos, eso sí, los autores ya no son testigos; pero en el primer caso, el amplio documentalismo en la cultura española actual delata la necesidad de presentar la relación que mantiene la novela con el pasado de alguna manera como segura, garantizada. La deconstrucción lúdica de la frontera entre lo histórico y lo ficticio, por la cual apuestan algunos tipos del documentalismo de ficción, puede permitirse una cultura dispuesta a abandonar la relación segura con el pasado. El debate sobre la percepción de la Guerra Civil y el franquismo en España todavía parece resistirse a una lectura deconstructiva del asunto, no sólo por el sufrimiento de masas que está en su base. No es de extrañar que el intento de establecer esta relación ontológica del presente con el pasado por medio de elementos documentales suceda cuando los últimos testigos casi han desaparecido. Por lo que parece, la Guerra Civil y el franquismo siguen exigiendo una realidad obligatoria y no tan sólo una presencia simbólica en el presente. Porque sólo de esa manera la verdad fatal y cínica, según la cual el olvido está con los vencedores y fuertes y la memoria con los vencidos y débiles, puede ser derogada. En este caso, la novela que apuesta por el concepto de memoria performativa, sin dejar de ser literatura, se hace ritual. La función ritual de la literatura, comprobable en la multitud de relatos centrados en la Guerra Civil, en la repetición casi infinita, consiste en crear comunidad, producir sentido e interpretación del mundo, más allá de la dicotomía de pensar y actuar, convirtiendo la representación en presencia, la significación en performancia, y el símbolo en acontecimiento.

Por todas estas razones, la tendencia al documentalismo muestra ciertas analogías (inversas) con el discurso testimonial sobre el holocausto, y puede ser útil entender su peculiaridad desde esta perspectiva. Conforme integra elementos documentales a fin de asegurar la relación con el pasado, la literatura se enmascara (parcialmente, como siempre sucede cuando se trata de máscaras) de testimonio, lo que equivale a decir que ya no se preocupa solamente de la memoria del pasado, sino de su epifanía, de la prueba de su existencia. Al contrario que la memoria que recupera el pasado olvidado, el testimonio lo recuerda para mantenerlo presente y evitar su olvido[8]. Dentro del contexto de la lite-

[8] Cf. el análisis de la problemática del testimonio en Segler-Messner (2005: 9-38).

ratura concentracionaria, al representar el pasado, la literatura lo presentifica a fin de incluir lo representable al igual que lo irrepresentable. Porque puede recaer en el olvido lo que tan sólo se representa[9]. En el caso de la literatura actual de la memoria, en cambio, se trata, en los momentos documentalistas, de un testimonio o recuerdo imaginario, en el sentido de un dolor imaginario. No obstante, el intento es parecido: mantener presente el pasado en el momento mismo de la desaparición de los últimos testigos. ¿Cuál es, pues, el estatus del testigo, idéntico, en muchos casos, con la víctima? Al atestiguar, la víctima se busca su existencia en el mundo al que vuelve. El testimonio es, en este sentido, una demanda de reconocimiento de existencia dirigida al oyente. Por eso, en el testimonio se trata fundamentalmente de reajustar y reasignar papel y funciones al autor y al destinatario. De ahí que quepa preguntarse también por las instancias del autor y lector de la ficción documentalista, su imagen o papel asignado. Conforme se va produciendo la progresiva desaparición de los testigos, el destinatario o usuario contemporáneo del testimonio histórico pasa a ocupar el centro de interés. Cuando la lógica de la novela documentalista asigna al lector o destinatario el papel de testigo doblemente imaginario, en otros casos la propuesta de identificación es la víctima: es lo que ocurre, de forma humorística, con la familia Alcántara de la serie *Cuéntame cómo pasó*. Sobre todo cuando se trata de géneros no estéticos sino historiográficos que se valen de elementos ficticios, por ejemplo con el intento de perseguir fines pedagógicos. Así, en la última sala de exposición del Museo de la Paz de Guernica, el visitante es guiado en el salón reconstruido de una casa burguesa del año 1937, para vivir ahí, en un espectáculo multimediático y terrorífico a puerta cerrada, el bombardeo, el derrumbe de la casa y la muerte de los familiares ficticios mientras que una voz en *off* cuenta (y canta) su memoria correspondiente en el estilo de la *oral history*. Aquí el documentalismo ficticio se ha vuelto tridimensional. Esta pedagogía de museo acerca de la guerra mundial se da por supuesto también en otros países[10]. El sociólogo y filólogo Jan Philipp Reemtsma (Has-

---

[9] Cf. a este respecto Lyotard (1988: 49-57).

[10] Algo similar le ocurre al visitante del museo Mémorial de l'Alsace-Moselle, en Schirmeck (Alsacia), que conmemora la ocupación alemana de la zona y el terror nazi en el campo de concentración de Struthof-Natzweiler, situado a 5 kilómetros de allí. El visitante atraviesa un universo multimediático de trincheras y escombros de guerra reconstruidos en tamaño natural. En su ensayo *Regarding the Pain of Others* (2003: 121), Susan Sontag menciona un caso paralelo del Imperial War Museum, en Londres, y critica que la cultura de los muesos fomenta la mercantilización y la diversión en lugar de asumir su tarea pedagógica.

semer/Reemtsma 2002: 30-47) habla incluso de una «cultura de la víctima» surgida en la posguerra europea[11]. En España y en contextos postotalitarios en general, una vez terminada la «memoria comunicativa» de una época crucial de la historia como la Guerra Civil, el uso performativo de la memoria histórica puede convertir los lugares donde se visualizan real y simbólicamente los traumatismos del pasado para futuras generaciones, esto es, los lugares de memoria, como tal vez, en España, la primera fosa común excavada en Priaranza del Bierzo, o el Archivo de Salamanca, en arena de la lucha por el reconocimiento de memorias en conflicto. No obstante, la posición del pseudo-testigo o de la víctima imaginaria, que se asigna de vez en cuando al visitante, lector o destinatario de obras literarias, museos o lugares memorativos que ponen énfasis en una relación segura con el pasado, es ambigua. Por un lado, revivir episodios cruciales del pasado en calidad de víctima imaginaria de la violencia permite sentir de forma más intensa y real la presencia del pasado, su peso ontológico, su visión, su tono e incluso olor. Por otro lado, sigue siendo difícil que la «rhetoric of fact» (Young 1988: 40-80) se escape de la fetichización de lo real y la consiguiente totalizarización del significado que la crítica neomarxista del siglo XX (Roland Barthes, Fredric Jameson y otros) ha revelado desde hace tiempo como ideología burguesa del realismo.

Bibliografía

Álvarez Junco, José (2004): «Expertos y papeles». En: *El País digital*, 31 de diciembre.

Aróstegui, Julio/Godicheau, François (eds.) (2006): *Guerra Civil. Mito y memoria.* Madrid: Marcial Pons/Casa de Velázquez.

Assmann, Jan (2000): *Das kulturelle Gedächtnis. Schrift, Erinnerung und politische Identität in frühen Hochkulturen.* München: Beck.

Barthes, Roland (1957): *Mythologies.* Paris: Seuil.

— [1967] (1993): «Le discours de l'histoire». En: Barthes, Roland: *Œuvres complètes II (1962-1967).* Nouvelle édition revue, corrigée et présentée par Éric Marty. Paris: Seuil, pp. 1250-1262.

Bense, Max/Walther, Elisabeth (eds.) (1973): *Wörterbuch der Semiotik.* Köln: Kiepenheuer & Witsch.

[11] Para Reemtsma el nuevo estatus de la víctima está enlazado con los relatos testimoniales de la *shoah* europea.

BERNECKER, Walther L. (2007): «"Luchas de memorias" en la España del siglo XX». En: Cuesta, Josefina (ed.): *Memorias históricas de España (siglo XX)*. Madrid: Fundación Francisco Largo Caballero, pp. 38-57.

BUSCHMANN, Albrecht (2005): «Held – Gedächtnis – Nation. Der Soldat als Symbolfigur der spanischen Literatur bei Max Aub und Javier Cercas». En: Treskow, Isabella von/Buschmann, Albrecht/Bandau, Anja (eds.): *Bürgerkrieg – Erfahrung und Repräsentation*. Mit einem Geleitwort von Herfried Münkler. Berlin: Trafo-Verlag, pp. 103-126.

CERCAS, Javier (2001): *Soldados de Salamina*. Barcelona: Tusquets.

ESTRADA, Isabel (2004): «*Cuéntame cómo pasó* o la revisión televisiva de la historia española reciente». En: *Hispanic Review*, 72.4, pp. 547-564.

GÁLVEZ BIESCA, Sergio (2006): «El proceso de la recuperación de la "memoria histórica" en España: Una aproximación a los movimientos sociales por la memoria». En: *International Journal of Iberian Studies*, 19.1, pp. 25-51.

GARÍ, Joan (2005): *On dormen les estrelles*. Alzira: Bromera.

GÓMEZ ISA, Felipe (ed.) (2006): *El derecho a la memoria*. Bilbao: Instituto de Derechos Humanos Pedro Arupe/Universidad de Deusto.

GÓMEZ LÓPEZ-QUIÑONES, Antonio (2006): *La guerra persistente. Memoria, violencia y utopía: representaciones contemporáneas de la Guerra Civil*. Madrid/Frankfurt am Main: Iberoamericana/Vervuert.

GOYTISOLO, Juan [1967] (1976): *El furgón de cola*. Barcelona: Seix Barral.

GUMBRECHT, Hans Ulrich (2004): *Production of Presence. What Meaning Cannot Convey*. Stanford: Stanford University Press.

HASSEMER, Winfried/REEMTSMA, Jan Philipp (2002): *Verbrechensopfer. Gesetz und Gerechtigkeit*. München: C. H. Beck.

LYOTARD, Jean-François (1988): *Heidegger et «les juifs»*. Paris: Galilée.

MORENO, José Antonio (2006): «La memoria defraudada. Notas sobre el denominado proyecto de "Ley de memoria"». En: *Hispania nova. Revista electrónica de Historia Contemporánea*, 6. URL: <http://hispanianova.rediris.es/6/dossier/6d028.pdf> (15.08.2008).

NORA, PIERRE (1993): «La notion de "lieu de mémoire" est-elle exportable?». En: Den Boer, Pim/Frijhoff, Willem (1993): *Lieux de mémoire et identités nationales*. Amsterdam: Amsterdam University Press, pp. 3-10.

REIG TAPIA, Alberto (1986): *Ideología e historia. Sobre la represión franquista y la guerra civil*. Madrid: Akal.

ROSA, Isaac (2004): *El vano ayer*. Barcelona: Seix Barral.

SEGLER-MESSNER, Silke (2005): *Archive der Erinnerung. Literarische Zeugnisse des Überlebens nach der Shoah in Frankreich*. Köln *et al.*: Böhlau.

SONTAG, Susan (2003): *Regarding the Pain of Others*. New York: Farrar, Straus & Geroux.

TSCHILSCHKE, Christian von (2005): «(Anti-)Helden wie wir? Konstruktion und Destruktion des Heroischen im Film über den Spanischen Bürgerkrieg. André Malraux' *Sierra de Teruel* (1939), Carlos Sauras *La caza* (1965) und David Truebas *Soldados de Salamina* (2003)». En: Treskow, Isabella von/Buschmann, Albrecht/Bandau, Anja (eds.): *Bürgerkrieg – Erfahrung und Repräsentation.* Mit einem Geleitwort von Herfried Münkler. Berlin: Trafo-Verlag, pp. 127-151.

— (2008): «Zusammenwirken und Konkurrenz der Medien in der Erinnerung an den spanischen Bürgerkrieg: *Soldados de Salamina* als Roman und Film». En: Bandau, Anja/Buschmann, Albrecht/Treskow, Isabella von (eds.): *Literaturen des Bürgerkriegs.* Berlin: Trafo-Verlag, pp. 269-285.

WINTER, Ulrich (2007a): «La reorientación de la política cultural española en la legislatura socialista (2004-2006)». En: Bernecker, Walther L./Maihold, Günther (eds.): *España: del consenso a la polarización. Cambios en la democracia española.* Madrid/ Frankfurt am Main: Iberoamericana/Vervuert, pp. 219-235.

— (2007b): «Erzählen, Beschreiben, Argumentieren. Mytho-Logik des Romans und "Mythos der Tat" in der zeitgeschichtlichen Narrativik Spaniens nach 1975». En: Jünke, Claudia/Schwarze, Michael (eds.): *Unausweichlichkeit des Mythos – Mythopoesis in der europäischen Romania nach 1945.* München: Meidenbauer, pp. 235-250.

YOUNG, James E. (1988): *Writing and Rewriting the Holocaust. Narrative and the Consequences of Interpretation.* Bloomington, Indiana: Indidana University Press.

De héroes y realidades: John Dos Passos y Ernest Hemingway en *Enterrar a los muertos*, de Ignacio Martínez de Pisón

María-Teresa Ibáñez Ehrlich

A las novelas como *Enterrar a los muertos* las llama José-Carlos Mainer, siguiendo el «Proemio» de Torres Naharro a la *Propalladia* (1517), «novelas a noticia» por tratar situaciones ocurridas en la realidad y ser relatos «sumergidos en la niebla de un mundo que nos llega a través de la información cotidiana» (Mainer 2005: 203-204). *Enterrar a los muertos* es un libro que ha costado definir a sus reseñadores, todavía inseguros a la hora de ponerle nombre a este tipo de estética literaria. Así, le han denominado «investigación histórica», «reportaje histórico» (Pau 2005: 20) y Jordi Gracia, en *El País* del 12 de febrero de 2005, se refiere a él como «narración histórica» (Gracia 2005: 5). Y, efectivamente, es un relato formalmente factual, ya que nos encontramos ante un libro que se ocupa de un suceso ocurrido entre finales de 1936 y primeros meses del año siguiente, la desaparición y muerte de José Robles Pazos[1], acontecimiento investigado por el escritor y novelista Ignacio Martínez de Pisón, quien ha perseguido una rica y nutrida documentación en la cual periodistas, escritores, críticos literarios y testigos dejaron impresas sus experiencias de la guerra española, a la par que otros relataron oralmente lo que, según su punto de vista, sucedió. Sin embargo, no es un libro de historia al uso; tiene sus raíces, ya casi una tradición de décadas, en la tendencia a ficcionalizar relatos tipo información periodística,

[1] Robles Pazos fue, a partir de 1918, profesor de literatura española en el Instituto Escuela, que dependía de la Residencia de Estudiantes. En 1920 fue admitido como profesor en la Universidad Johns Hopkins en Estados Unidos, y allí trabajó hasta su regreso a España en el verano de 1936, para pasar sus vacaciones. La Guerra Civil le sorprendió en Madrid, en donde se quedó para prestar su ayuda y apoyo a la República. Poco después de que el gobierno se instalara en Valencia, Robles Pazos fue detenido por los servicios secretos soviéticos y desapareció. Había conocido a John Dos Passos hacia 1916 y a su amistad fue fiel siempre el escritor estadounidense. De él había traducido Robles Pazos *Manhattan Transfer* (1925).

reportaje, etc., es decir, el tipo de narración que José-Carlos Mainer relaciona con la crisis narrativa del *new journalism*, como en EE. UU. se denomina dicho arte narrativo, y que en las librerías se vende bajo la denominación de «no-ficción». No obstante, se podrían citar algunas posibles causas más que fundamenten y expliquen el surgimiento de este tipo de novela, por ejemplo la crisis de la Historia y el cada vez más contestado objetivismo de la misma, el acercamiento minucioso entre historia y ficción, pero también el carácter propio de la historia capaz de ser aplicado a «toda clase de objetos y, por consiguiente, también a la literatura» (Genette 1972: 13). Lo cierto es que la ficción histórica se ha decantado, desde la publicación de *Soldados de Salamina* (2001), hacia una representación estética en donde la propia Historia es el principio y final de la misma, una Historia en la cual los aditivos de ficción se desdibujan aparentemente y dejan todo el espacio a los acontecimientos sucedidos, relatados éstos no por la capacidad creadora de un escritor sino por testigos de los hechos que se representan.

Enterrar a los muertos ha sido un éxito de ventas y se ha vendido como ficción. Habría que preguntarse qué rasgos inherentes le conforman que le acerquen a ella. Decía Searle que «[...] el criterio de identificación que permite reconocer si un texto es o no una obra de ficción debe residir necesariamente en las intenciones del autor»[2] (Searle 1982: 109). A este respecto Ricœur se refiere a la metáfora del referente que surge de «la fusión de dos horizontes, el del texto y el del lector, y por tanto la intersección del mundo del texto con el mundo del lector» (Ricœur 1983: 120), y todos estos componentes se encuentran en *Enterrar a los muertos*. El primero de estos rasgos inherentes lo conforma el propio novelista, quien en una breve nota introductoria, que aclara el origen del libro, se inmiscuye como lector curioso y fascinado de la vida de Robles Pazos, que es un primer nivel de la intercesión del mundo del texto en el del lector del que habla Ricœur. Así lo cuenta:

> Supe de la existencia de José Robles Pazos por un libro de finales de los setenta titulado *John Dos Passos: Rocinante pierde el camino*. Partiendo sobre todo de los escritos del propio novelista, su autor, el argentino Héctor Baggio, recreaba en él la relación de Dos Passos con España hasta llegar a la guerra civil, que tan determinante sería en su vida y su obra. El personaje de Robles era en el libro una figura algo borrosa y

[2] Sin olvidar el papel primordial del lector y su pacto con el autor para dar carácter ficcional a una serie de informaciones sucedidas en la realidad.

secundaria, y sólo su desdichado final acababa otorgando al relato de su amistad con Dos Passos una trascendencia inesperada (Martínez de Pisón 2005: 7).

En un segundo nivel, Martínez de Pisón da un paso más, hacia la ficción, al presentarse como narrador de la versión de la vida de Robles Pazos, y expone el camino libresco seguido para informarse de lo que sucedió en 1937:

> La curiosidad me llevó a rastrear esa amistad en otras lecturas. Buscaba nuevos testimonios y noticias, que a su vez conducían a más testimonios y más noticias, y en algún momento tuve la sensación de que eran ellas las que acudían a mí, las que me buscaban. Para entonces esa curiosidad inicial se había convertido ya en una obsesión, y un buen día me descubrí a mí mismo tratando de reconstruir la historia desde el principio [...] (Martínez de Pisón 2005: 7-8)[3].

El recurso no es nuevo, porque desde Cervantes conocemos la posibilidad de un autor que se ficcionaliza a sí mismo como narrador y en la sociedad posmoderna dicho recurso se ha vuelto tan periódico que los propios escritores teorizan sobre los límites sin contorno entre relato verdadero/relato de ficción, entre autor/narrador, sistematizando en la reflexión metaliteraria la ambigüedad entre ficción y realidad. El auge de la memoria personal en las novelas de las últimas décadas, memoria por otra parte que persigue caminos y resultados diversos, contribuye a la presencia del escritor en la narración y habla por sí sola de la necesidad que los propios autores parecen sentir de formar parte de la ficción no sólo para opinar críticamente sobre ella, sino también para que su peso como voces sociales sea eficiente y relevante. Se institucionalizan así como agentes portadores de memoria tanto propia como histórica que aportan su granito de arena en la recuperación del pasado y en la construcción de la necesidad objetiva y creíble del yo en la literatura. Quizá a este hecho se deban tantos personajes escritores que pululan en la narrativa surgida después de la muerte del dictador[4].

[3] Nótese la diferencia «emocional» entre los dos párrafos de Martínez de Pisón. En el segundo aparecen ya situaciones que apelan a los sentimientos «[...] tuve la sensación de que eran ellas las que acudían a mí, las que me buscaban», «[...] se había convertido ya en una obsesión [...]», así como actitudes de pensamiento, reflexivas: «[...] me descubrí a mí mismo tratando de reconstruir la historia desde el principio [...]». Por cierto, comienzo muy picaresco, muy de Lázaro de Tormes.

[4] Antonio Muñoz Molina es el creador de uno de los escritores de ficción más emblemáticos de nuestra literatura democrática: Jacinto Solana, el personaje de su primera novela *Beatus Ille*

En segundo lugar, el autor ha dotado a su narración de una estructura de novela policiaca, es decir, la investigación de un crimen, porque de eso se trató la muerte de Robles Pazos. Aunque también, paralelamente, indaga las actividades de los servicios secretos soviéticos, y subraya el silencio, jalonado por el miedo, de las autoridades republicanas españolas.

Se llevan a cabo, pues, dos investigaciones de la muerte de Robles Pazos; la primera, *in situ*, fue la perseguida por el escritor estadounidense John Dos Passos en la Valencia y el Madrid de 1937, y ésta es la causa de que el escritor se convierta en uno de los personajes principales del libro. Como detective del destino de su amigo José Robles existen en el libro varias referencias; una de ellas es la de Paul Quintanilla[5], quien en una bibliografía sobre su padre comenta: «Dos Passos no tardó en reanudar sus averiguaciones sobre la suerte de Robles» (Martínez de Pisón 2005: 63). Pero existe una segunda búsqueda, la llevada a cabo por el novelista Ignacio Martínez de Pisón, narrador en primera persona, detective libresco que completa la información aportada por Dos Passos, investigación que sirve de complemento, colofón o desenlace a la del creador de *Manhattan Transfer*, ya que aporta un par de posibles razones que llevaron a José Robles Pazos al calvario de un cautiverio y una muerte injustos.

El tercer rasgo, íntimamente relacionado con el anterior, lo conforma el elemento intriga, que Martínez de Pisón logra por medio de múltiples digresiones, idas y venidas que hacen necesaria la colaboración del lector en la percepción del orden temporal en el discurso y en la historia. Después de los dos primeros capítulos que sirven de presentación de Robles Pazos y de Dos Passos, en donde se nos cuentan sus vidas y actividades en España respectivamente, desaparece la linealidad de las acciones y se definen las diferentes focalizaciones de los múltiples testigos e investigadores del caso Robles, sean orales o librescos, que van aportando sus puntos de vista, a veces totalmente opuestos o manipulados. Se

(1986). A esta tendencia podemos añadir a Rafael Chirbes, autor de la memoria en todas sus obras y con personajes escritores en *En la lucha final* (2001) y *Los viejos amigos* (2003); Enrique Vila-Matas hace literatura de la literatura en *El mal de Montano* (2002), *Paris no se acaba nunca* (2003), etc., Javier Cercas en *Soldados de Salamina*, Martínez de Pisón en *Enterrar a los muertos* y Javier Marías que se ficcionaliza él mismo y pasa revista a su obra anterior y a la de otros escritores en su magnífica memoria literaria *Negra espalda del tiempo* (1998), por citar algunos.

[5] Era sobrino de Luis Quintanilla, el pintor santanderino encarcelado por tomar parte en los acontecimientos de Asturias en 1934. Para llamar la atención sobre su caso y sacar dinero para ayudarle Dos Passos y Hemingway organizaron una exposición en Estados Unidos con los cuadros del pintor.

desarrolla así una intriga constante que se aprovecha también de la confrontación humana, política y literaria de John Dos Passos y Ernest Hemingway, personajes intencionadamente caracterizados por el autor-narrador como subversivos de motivos literarios, políticos y humanos. En todo caso no se debe olvidar que la intriga está profundamente unida a la novela policiaca.

Finalmente, los personajes de John Dos Passos y, con menos peso, su antagónico Ernest Hemingway son un ejemplo más de personajes escritores como voces no sólo sociales, sino también simbólicas. De esta manera es muy interesante observar los recursos caracterológicos de que se ha valido Martínez de Pisón para pincelar a cada uno de los escritores estadounidenses, quienes polarizan posiciones contrarias e interpretativas de la pragmática de la vida, la guerra y la muerte, tres temas existenciales y necesarios a la hora de examinar los acontecimientos de la Guerra Civil española. Dice Roman Ingarden que los personajes reales que aparecen en las obras literarias no deberían llevar sólo sus propios nombres sino ser también reproducciones de los que existieron en la Historia (Ingarden 1973: 266). Sin embargo, la narrativa muestra la transgresión estética que la realidad sufre en aras de la verdad literaria, de tal forma que muchos de los que vivieron los amargos meses de incertidumbre sobre la vida de José Robles formarán parte del elenco ficcional, fuertemente subjetivado, de algunas de las novelas más significativas de John Dos Passos y Hemingway, en donde ellos mismos canalizan las informaciones vividas según sus propios puntos de vista, y, del mismo modo, el escritor Martínez de Pisón los subjetiviza en *Enterrar a los muertos*.

Las páginas que siguen versarán sobre héroes, sobre la nostalgia que nuestra sociedad tiene de ellos y de cómo Martínez de Pisón trasmuta a John Dos Passos en un héroe humano portador de valores universales.

1. El héroe

La figura del héroe es proteica como el mito y se ha ido adaptando a la sociedad y a las necesidades espirituales que requería cada época porque, según los postulados de la psicología, todos los símbolos provenientes de la mitología, es decir, del origen del héroe, son productos de la psique y por tanto los hombres son portadores de ellos; ésta es la causa de que las mitologías sean semejantes en todos los pueblos. Freud, Jung y sus seguidores «han demostrado irrefutablemente que la lógica, los héroes y las hazañas del mito sobreviven en los tiempos modernos y se manifiestan en los sueños» (Campbell 2000: 12). Si en la Antigüedad los héroes significaban la capacidad del hombre para luchar contra los dioses y las pruebas negativas de la vida, reafirmando en la victoria su valor, en el siglo XVII, por ejemplo, Baltasar Gracián prometía en el prólogo de *El héroe* (1637) ofrecer al lector un varón heroico que reuniese una serie de cualidades como la prudencia, la sagacidad y la belicosidad; debería de ser también filósofo y buen político. Como ejemplos históricos a seguir citaba a Séneca, Esopo, Homero, Aristóteles y Tácito (Gracián 2001: s. p.; del prólogo «Al lector»). Es decir. un héroe construido con las cualidades a las que aspiraba el Barroco. En el siglo XIX, el historiador Thomas Carlyle opinaba que un héroe debe de tener un resplandor capaz de comunicar a las almas «un sentimiento de cordialidad para todas las cosas» (Carlyle 1941: 2), propugnaba asimismo el «Culto a los héroes» y desde el principio valoraba una cualidad esencial que atribuía a Odín: la invención de las runas, es decir, el alfabeto escandinavo, y de la poesía. Así pues, desde la mitología escandinava, un dios heroico es un hacedor de literatura[6], un poeta, un escritor, idea, por otra parte, íntimamente relacionada con la concepción prometeica del poeta tan afín al Romanticismo[7]. Encontramos así la unión entre el mito, la literatura y la función del dios benigno y colaborador con los humanos en beneficio de éstos.

En nuestros días deberíamos preguntarnos: ¿qué es un héroe? Y si queremos enfrentar la ausencia factual de los mismos debemos remitirnos a las famosas palabras de Nietzsche en *Zaratustra*: «Muertos están los dioses»[8], con las que el filósofo se refiere a la destrucción de los ciclos tradicionales y míticos que habían existido hasta la llegada del progreso y de la industrialización a la sociedad, a los que hay que adicionar el influjo de la investigación y desarrollo de las ciencias que, como dice Campbell, «[...] han transformado la vida humana en tal forma que el universo intemporal de símbolos hace mucho tiempo dados ha sufrido un colapso» (Campbell 2000: 340). Desde la segunda mitad del XIX, cuando ya en la literatura que surgió después del Romanticismo se había consa-

---

[6] Atributo que ya poseía Prometeo en la épica griega. Carlyle considera también héroes de la sociedad a Dante, Shakespeare y Goethe.

[7] Rafael Argullol atribuye a Anthony Ashley Cooper, conde de Shaftesbury, el desarrollo romántico del concepto del hombre estético, el poeta, vinculado a la imagen romántica del hombre capaz de introducirse y fusionarse con el alma del mundo (Argullol 1990: 31).

[8] «*Tot sind alle Götter; nun wollen wir, daß der Übermensch lebe*» [cursiva en el original] (Nietzsche [1883-1885] 1976: 81).

grado la figura del antihéroe, la vida para el ser humano ha cambiado tanto que la religión, asociada a la política e instrumento propangandístico de la misma, y Dios no son soportes del mundo; como consecuencia desaparecen los valores tradicionales que portaban los héroes y sólo nos quedan, son también palabras de Campbell, «[...] –los patriotas cuyas fotografías rodeadas de banderas pueden verse en todas partes– sirven como ídolos oficiales [...]», y apostilla: «la primera tarea del héroe es vencerlos» (Campbell 2000: 342). Es también un largo y profundo proceso el que recorre la literatura desde las épicas clásicas y sólo tenemos que mirar a los personajes que pululan, por ejemplo, en las novelas del último siglo; parafraseando a José Belmonte Serrano (Pérez-Reverte 1995: 51), son héroes cansados, están marcados por una visión escéptica y nada optimista del mundo. La literatura moderna ha roto, junto con la sociedad y la psicología de sus componentes, con el héroe glorioso, y, hay que volver a citar a Campbell cuando dice que

> se ha dedicado en gran parte a hacer una observación valerosa y exacta de las figuras difusas, enfermizas y rotas que pululan ante nosotros, a nuestro alrededor y en nuestro interior, donde se ha reprimido el impulso natural de protestar en contra del holocausto, de proclamar las culpas o anunciar las panaceas, ha encontrado realización la magnificencia de un arte trágico más potente para nosotros que el arte griego: la tragedia realista, íntima e interesante desde varios aspectos, de la democracia, donde se muestra al dios crucificado con su cara lacerada y rota en las catástrofes no sólo de las grandes casas sino de los hogares más comunes (Campbell 2000: 32-33).

No obstante el panorama que nos muestran los psicólogos, si observamos las manifestaciones estéticas de los últimos cien años se puede captar que nuestra sociedad busca héroes perdidos en personajes reales o ficticios[9], tipos del cómic, Supermanes y Tarzanes, en los posibles héroes de todas las guerras europeas, de muchas letras musicales, del teatro[10], los cuentos, del cine de la lucha de los mundos y las invasiones extraterrestres, por citar algunos; pero también se evidencia en el interés y estudio del tema en materias como la filosofía, la psicología, etc.; y actualmente en Internet se pueden encontrar ejemplos tan

[9] En 1993 Ray Loriga consiguió el primer Premio de Novela El Sitio, con una novela corta titulada *Héroes*.

[10] Manuel Rivas publicó en 2005 su obra dramática, escrita en gallego, titulada *O heroe* (traducida en 2006 por Dolores Vilavedra al castellano).

variopintos como Rudolph Giuliani, Ronald Reagan o José María Aznar nominados y presentados como tales. Es decir, la sociedad actual busca nostálgicamente héroes y los encuentra en personajes que aparecen constantemente en los medios de comunicación. Deberíamos preguntarnos a qué se deben héroes como lo pueden ser el Miralles de *Soldados de Salamina* o el John Dos Passos de *Enterrar a los muertos*; qué función intentan tener en nuestra sociedad cuando a través de ellos se mantiene un pulso entre los que oficialmente lo han sido o lo son y ellos que, se los mire por donde se los mire, sólo son personajes –el carácter ficticio/real de los mismos carece de importancia– que en un momento de su vida siguieron un camino que en las sociedades y literaturas antiguas hubiera sido marcado por el heroísmo.

2. John Dos Passos: la creación de un héroe

Parece que Martínez de Pisón parte de la idea de que en el destino del héroe concurren simultáneamente lo histórico y lo simbólico cuando caracteriza a John Dos Passos y como nuestra sociedad carece de una «mitología general efectiva» (Campbell 2000: 12) cada ser humano acude a ese cúmulo de sueños que forma parte de nuestro inconsciente, de tal forma que se puede observar un modelo prometeico, del tipo que postulaba Carlyle, en la concepción del novelista norteamericano. No importa en realidad si lo que Pisón relata en cuanto a su héroe sucedió realmente como lo cuenta, tampoco si la postura del propio Dos Passos cuando informaba sobre los acontecimientos españoles era subjetiva o si las de tantos periodistas y testigos a favor de él pasaban por el filtro del recuerdo y las simpatías personales. El resultado es un personaje positivamente concebido, un héroe que no triunfará en su cometido y que sufrirá en su propia piel la injusticia de la época, un escritor que como personaje de *Enterrar a los muertos* resulta agradablemente simpático y heroico al lector.

Si revisamos las características que modelan a Prometeo se pueden resumir invariablemente en ser honrado, amigo de los hombres y castigado por ayudarlos, ser un rebelde contra la injusticia y poseer el deseo de saber. A John Dos Passos le singularizan peculiaridades análogas; sobresale por su amor a la libertad y su lucha contra situaciones que considera injustas, pero todas estas características se contienen unas a las otras, se complementan entre sí. Indiscutiblemente, lo que distingue a Dos Passos es su compromiso emocional con los hombres; ya decía Baltasar Gracián (Gracián 2001: 12) que un héroe puede ser muy inteligente y sensato, tener entendimiento, pero si le falta el corazón no es un héroe. Por eso Martínez de Pisón recopila una serie de situaciones en las cuales Dos Passos muestra su compromiso en defensa de la libertad y de los derechos humanos, defendiendo a personas que fueron perseguidas y encarceladas en Estados Unidos o en España. Al mismo tiempo se vale de su creciente popularidad como novelista para denunciar situaciones que consideraba injustas, inhumanas y políticamente inadmisibles. Es el caso de la condena a muerte de los anarquistas Sacco y Vanzetti a los que creía inocentes. Su lucha la desarrolló a todos los niveles: se entrevistó con ellos, fue miembro de un comité cuya función era defenderlos, escribió un panfleto, protestó y los defendió en los periódicos, acudió a una manifestación en Boston, en la que fue detenido. A todos estos esfuerzos por salvar sus vidas, todos en vano, les siguió una profunda crisis del escritor sobre el sistema capitalista, después de la cual se decantará por el socialismo[11]. Semejantes caídas psicológicas conforman las primeras crisis propias del héroe mítico, gracias a las cuales comienza su camino heroico, su compromiso con hombres. La misma actitud comprometida se observa en una serie de experiencias en las que Dos Passos lucha contra lo que considera injusticias sociales; entre ellas citaremos la campaña donde denunció las condiciones de trabajo de los mineros de Harlan County, en Kentucky, el episodio sobre Casas Viejas, en Cádiz[12], o en la publicidad y defensa del pintor Luis Quintanilla que había formado parte en 1934 de la insurrección asturiana y había sido detenido por ello[13].

Pero donde invierte más energías Dos Passos es en la búsqueda de la verdad sobre la muerte de José Robles Pazos. Llegó a España en abril de 1937 e inmediatamente Coco, el hijo de Robles Pazos, le comunicó la detención y ejecución

[11] Poco después, en 1928, viajó a Rusia de donde regresó decepcionado por el ambiente de miedo y represión que allí observó. Martínez de Pisón informa de que John Dos Passos escribió un artículo titulado «El visado ruso» sobre sus observaciones en Rusia (Martínez de Pisón 2005: 43; 145-146).

[12] En *Enterrar a los muertos* se cuenta que Dos Passos se ilustró sobre la matanza de campesinos en este pueblo de Cádiz en las crónicas que Ramón J. Sender escribió en el periódico *La libertad*, según informó el autor norteamericano en *La república de los hombres honrados* (Martínez de Pisón 2005: 90).

[13] Al lado de los arriba citados se pueden añadir la ayuda prestada por Dos Passos a Liston Oak para salir de España porque «[...] últimamente le habían hecho muchas preguntas» (Martínez de Pisón 2005: 123), y también a un voluntario de la Brigada Lincoln que acudió a él para que lo protegiera (Martínez de Pisón 2005: 124).

de su padre. A partir de este momento Dos Passos subirá metafóricamente al cielo algunas veces, como Prometeo, para hablar con los dioses, léase el director de la oficina de prensa Luis Rubio Hidalgo, miembros del contraespionaje como Pepe Quintanilla[14] y el ministro de Estado Álvarez del Vayo[15] para después comunicar a la familia de su amigo la inutilidad de sus pesquisas. Martínez de Pisón dice al respecto que

> [n]adie, sin embargo, sabía darle noticias precisas sobre su paradero, y Dos, que todavía albergaba la esperanza de que Robles estuviera preso y no cesaba de revisar listas, sospechaba que a su alrededor se estaba urdiendo una conspiración de silencio y mentiras (Martínez de Pisón 2005: 63-64).

Este fracaso tambaleará los cimientos de confianza de Dos Passos en los hombres, en la política y en la realidad terrible de lo que en ese momento se había convertido la República, ante la que mostrará siempre una coherencia y honradez que le llevarán a enfrentarse con su amigo Ernest Hemingway por la censura impuesta a los españoles y al mundo sobre las actividades delictivas de los servicios secretos rusos. Así lo cuenta en la defensa de Hossley Gantt[16] en enero de 1953:

> Lo que vi en España me produjo una total decepción con respecto al comunismo y la Unión Soviética. El gobierno soviético dirigía en España una serie de «tribunales alegales» (para ser más exactos, bandas de asesinos), que inmisericordemente mataban a todo aquel que se interponía en el camino de los comunistas. Acto seguido, manchaban con calumnias la reputación de sus víctimas (Martínez de Pisón 2005: 145-146).

Del mismo modo potencia su buen corazón y preocupación por los hombres la actitud que mantuvo, durante toda su vida, de ayuda a la familia de José Robles a la que apoyó emocionalmente, pero también con dinero siempre que lo necesitó. Así pasó cuando Márgara Villegas, la viuda de Robles Pazos, y su

---

[14] El hermano del pintor. Aparece Pepe ficcionalizado en *Century's Ebb* (1970) como Juanito Posada y se dedicaba al contraespionaje.

[15] Dos Passos y Álvarez del Vayo se habían conocido tiempo antes en el Ateneo de Madrid, Álvarez del Vayo tenía por entonces un gran prestigio como periodista de izquierdas.

[16] Hossley Gantt fue un ferviente estudioso de las investigaciones de Pavlov y era profesor de la Universidad Johns Hopkins, la misma en la que había trabajado José Robles.

hija Miggie salieron de España con tantos otros españoles que huían de los nacionales; según información de la propia Márgara cuando llegaron a París les esperaba un cheque de Dos Passos que les salvó de «"uno de esos horribles campos de concentración donde viven muriendo miles de nuestros compañeros"» (Martínez de Pisón 2005: 187). Se pueden citar muchos hechos relatados por los propios protagonistas de la tragedia y por las cartas que no cesaron para mantener su amistad. Así, quiso el novelista, junto a Caty, su mujer, adoptar a Coco Robles, que se encontraba en la cárcel condenado a muerte, pensando que si poseía la nacionalidad norteamericana, lo dejarían en libertad (Martínez de Pisón 2005: 192), y también ayudó en 1944 a la solicitud y concesión de una beca de estudios concedida a Coco por la Universidad Johns Hopkins, pero rechazada por el gobierno de Franco, que no permitió que saliera de España por encontrarse en libertad condicional (Martínez de Pisón 2005: 196). Y se puede seguir en *Enterrar a los muertos* la gran amistad y la confianza entre Coco Robles y John Dos Passos a través de los comentarios de cartas que el primero escribió al novelista; así, en 1946, Coco leyó en la Casa Americana las novedades de las últimas obras de Dos Passos (Martínez de Pisón 2005: 197) y le escribió más tarde para comunicarle la situación de la vida política en España. Y éste sigue paso a paso la vida de la familia Robles Villegas[17] y está a su lado cuando se reciben noticias del posible retorno de Coco a los EE. UU. La propia Márgara le comentó al novelista que «[e]stoy como idiota con la idea de que tal vez vuelva a verle pronto después de casi nueve años» (Martínez de Pisón 2005: 197).

Y mantendrá su ayuda a la familia aunque la vida se había vuelto dura para el escritor estadounidense, cuyas obras comenzaban a sufrir las malas críticas auspiciadas por el Partido Comunista de Estados Unidos como castigo por la actitud de Dos Passos de contar lo que estaba sucediendo en España. El castigo arriba citado le fue predicho en París por Hemingway, que auguró: «Si escribes sobre España tal como ahora la ves, los críticos neoyorquinos acabarán contigo. Te hundirán para siempre» (Martínez de Pisón 2005: 127). La profecía de Hemingway se hizo realidad rápidamente; Dos Passos tuvo que enfrentarse al

---

[17] El novelista ficcionalizó su preocupación por ejemplo en *Century's Ebb*, en donde relata su encuentro con Orwell en Barcelona y así dice: «[...] "no se había atrevido a hablar a nadie con franqueza. Al principio, tenía miedo de decir algo que pusiera en peligro las posibilidades de sacar a Ramón [Pepe Robles] del país; después, tenía miedo de que alguna palabra suya fuera mal interpretada y pudiera reducir las posibilidades de Amparo [Márgara] de marcharse con los chicos"» (Martínez de Pisón 2005: 123).

boicot[18] de los críticos de su país, en su mayoría de tendencias izquierdistas y necesitó 20 años para volver a ser considerado como el gran escritor que era. Martínez de Pisón muestra de esta forma a un personaje-héroe valiente y rebelde ante las imposiciones y mentiras del Partido Comunista y de la política. Lo cuenta así: «[...] la determinación de Dos Passos era ya firme: haría pública su opinión sobre la guerra de España aunque eso le costara sacrificar sus conexiones con los comunistas, que tanto poder tenían en los medios culturales norteamericanos» (Martínez de Pisón 2005: 127).

La simbología de los dos amigos que eran Dos Passos y Hemingway se rompió precisamente por sus diferentes posturas frente a la República y la guerra españolas. Mientras que Dos Passos expresó públicamente lo que pensaba que estaba pasando en el bando de la República[19], Hemingway se decantó por la pragmática de la ideología, es decir, por la censura y ocultamiento de una realidad represiva en la cual muchos, y entre ellos el gobierno de la República, tenían manchadas las manos de sangre. Ésta parece ser la causa de que Martínez de Pisón contraponga a los dos escritores y muestre sus simpatías por John Dos Passos e igualmente de su decisión de simbolizar con cada uno de ellos posturas éticas bien definidas. Al lado de un Dos Passos defensor de los hombres y pacifista, opone un Hemingway belicoso, que veía la guerra de una manera exaltada. Las primeras controversias entre ambos surgieron ante la concepción del documental *Tierra española* (1937), en el cual Dos Passos quería mostrar al mundo los problemas diarios de los españoles en un tiempo determinado por la guerra, mientras que Hemingway sólo deseaba filmar la evolución de la campa-

[18] Martínez de Pisón dice que el libro *Aventuras de un joven* (1939) sufrió las críticas más malignas y malas que se pueden imaginar (Martínez de Pisón 2005: 142-145). En esta novela Dos Passos narra su evolución política hasta la decepción final motivada por los acontecimientos en España; los últimos episodios relatados acontecen en España, en donde Jed, personaje trasunto de Hemingway, discute con Glen, Dos Passos en la ficción, escena que poetiza la mantenida en la terraza de sus amigos los Murphy, y en la cual Dos Passos pone en boca de Jed las siguientes palabras: «Supongo que no pretenderás hacer mártires de la clase obrera a esos cochinos incontrolables» (Martínez de Pisón 2005: 140-141); se refiere a los partidarios de Andreu Nin.

[19] Cuando Dos Passos regresó a EE. UU. expresó todo lo que sentía y temía, escribió ante todo en contra del comunismo; Martínez de Pisón cita un artículo titulado «The Communist Party and the War Spirit: A Letter to a Friend Who Is Probably a Party Member», publicado en el periódico *Common Sense*, en el afirma que los comunistas se «habían dedicado a eliminar "a todos los hombres con capacidad de liderazgo que no estuvieron dispuestos a acatar su autoridad"» (Martínez de Pisón 2005: 131).

ña militar. Sin embargo, la ruptura entre ellos no surgió hasta la confirmación de la muerte de Robles Pazos. La escena de dicha ruptura fue contada, entre otros testimonios, por la periodista Josephine Herbst en *The Starched Blue Sky of Spain* (1991) y tuvo lugar en la fiesta que se había organizado en Guadalajara con motivo de la celebración militar de las Brigadas Internacionales. Allí habían sido invitados los dos escritores por Rafael Alberti y María Teresa León. Josephine Herbst opinaba que «Dos odiaba la guerra en todas sus formas y sufrió en Madrid no sólo por el destino de su amigo sino también por la actitud de cierta gente que se tomaba la guerra como un deporte» (Martínez de Pisón 2005: 79). Martínez de Pisón piensa que en las últimas palabras hay una alusión clara y directa a Hemingway, sobre el que dice que «la guerra [le] había proporcionado la ocasión perfecta para el exhibicionismo y la jactancia» (Martínez de Pisón 2005: 79), como puede observarse en la actitud de Hemingway de fotografiarse en toda ocasión en el frente, con trajes y botas militares, que le sirvieron de propaganda durante años. También Rosa Montero en su reseña a *Enterrar a los muertos* en *El País* comenta la arrogancia y el protagonismo de Hemingway de la siguiente manera:

> ¿Qué es la vida de un hombre en un momento como éste?, le decían al desesperado Dos Passos, cuando preguntaba por su amigo, los Hemingway y otros figurones de la época, arrogantes como pavos y calzados con brillantes botas militares. Y con la palabra «momento» se referían a la Guerra Revolucionaria, al Triunfo del Proletariado, a grandes ideales inflados de mayúsculas. He aquí la frase maestra que lo dice todo, el concepto que resume los horrores (Montero 2005: 76).

Hemingway no está caracterizado como un héroe, ni siquiera es un personaje atrayente en la novela, se interpone en el camino de Dos Passos en su búsqueda de la verdad y de hacerla pública, incluso Martínez de Pisón le tacha de maniqueo (Martínez de Pisón 2005: 139) y se podría inferir que tuvo algo o mucho que ver con la censura y persecución a la obra de Dos Passos en Norteamérica[20]. En todo caso ambos autores vierten en sus obras, sean éstas artículos publicados en perió-

---

[20] No obstante, Martínez de Pisón intenta mantener una actitud objetiva con Hemingway, aunque siempre expresada de forma ambivalente, como es evidente en la cita siguiente: «Al analizar la postura de Hemingway ante la guerra española no conviene, sin embargo, caer en reduccionismos. Es cierto que el escritor, que carecía de una sólida formación política, se sentía más próximo a los comunistas que a los anarquistas, a los que consideraba responsables de la desorganización militar y de no pocos desmanes. Pero ese acontecimiento estaba determinado por las circunstan-

dicos de gran difusión o en obras de ficción, sus puntos de vista y experiencias. Destaca en esa producción la de Hemingway debido a su acoso a Dos Passos; deliberadamente ataca al viejo amigo, le acusa y denigra en sus obras hasta el final de su vida como sucede en *París era una fiesta* (1965), su obra póstuma[21].

Llama la atención la réplica que Martínez de Pisón le da a la realidad que se derivó de la Guerra Civil. Durante el tiempo de la posguerra fue Hemingway el escritor conocido, promocionado, jaleado por los dirigentes de aquella sociedad[22]. Se había olvidado su lucha en pro del comunismo y se ponderaban su amor a los toros y los encierros pamplonicas. Paralelamente se olvidaba al autor que acabó siendo un conservador alejado del socialismo como reacción a los sucesos descubiertos en 1937 en España y al hombre que había defendido hacer públicos los defectos y desmesuras de los comunistas rusos. El olvido aún persiste hoy: no se encuentran en las librerías españolas las obras de Dos Passos, a excepción de la trilogía americana y del reciente *Años inolvidables* (1966), prologado, por cierto, por Ignacio Martínez de Pisón.

3. Conclusión

En *Enterrar a los muertos* se plantea la oposición héroe/no héroe, antagonismo determinante también en *Soldados de Salamina*, aunque Martínez de Pisón concibe su novela desde una perspectiva aparentemente más objetiva que Javier Cercas. El intento de definir al héroe de la realidad histórica oponiéndole al literario se da en las dos novelas emblemáticas de la docuficción, y en ellas se plantea también la íntima relación que existe entre historia/ficción. En *Soldados de Salamina* se cuestiona el papel del héroe en la sociedad y es necesario citar las palabras que Miralles le dedica al narrador Cercas:

---

cias, y Hemingway, que durante la guerra dio prioridad a la eficacia bélica, no tardaría en alejarse de los comunistas al término de aquélla» (Martínez de Pisón 2005: 136-137).

[21] Martínez de Pisón opina en el Prólogo a *Años inolvidables* que el retrato de Dos Passos que Hemingway hace en su libro póstumo, «[...] está desde el principio hasta el final inspirado por la amargura y el rencor, y el hecho de que no apareciera publicado hasta después de la muerte de su autor no hizo sino alimentar el resentimiento y el dolor de su antiguo amigo» (Martínez de Pisón 2006: 7).

[22] Con la oposición Dos Passos/Hemingway, la novela plantea la causa de la lucha y defensa de la libertad, pero igualmente opone la fama, quizá vana, al silencio cargado de significación, la verdad amordazada en favor de intereses diversos.

¡Hay que joderse con los escritores! –Se rió abiertamente–. Así que lo que andaba buscando era un héroe. Y ese héroe soy yo, ¿no? ¡Hay que joderse! ¿Pero no habíamos quedado en que era usted pacifista? ¿Pues sabe una cosa? En la paz no hay héroes [...]. Los héroes sólo son héroes cuando se mueren o los matan. Y los héroes de verdad nacen en la guerra y mueren en la guerra. No hay héroes vivos, joven. Todos están muertos (Cercas 2001: 199).

Se podrían vincular dichas palabras a las expresadas por Nietzsche en *Zaratustra*, pero ya hemos visto cómo Joseph Campbell las relaciona con la destrucción de los ciclos míticos. Las palabras de Miralles son realistas, los héroes se hacen en las guerras y allí viven y mueren. Sin embargo, tanto en la novela de Cercas como en la de Martínez de Pisón se plantea la verdadera esencia del héroe de y en la guerra, la cuestión metafísica de su existencia y presencia, y, paralelamente, su interés y funcionalidad en nuestra sociedad, una sociedad sin guerras, aparente y políticamente pacifista. En *Enterrar a los muertos*, John Dos Passos, escritor a cuya voz se adhiere la del novelista, héroe concebido como un Prometeo moderno, se presenta como un síntoma social, es el fundamento semántico de que se sirve el autor para airear una realidad histórica olvidada, un tema mantenido como tabú en la literatura española de la democracia. A través de él el lector asiste a los horrores e injusticias de la República durante la Guerra Civil. Al oponer el «héroe» histórico de la época franquista –es decir, Hemingway– al posible héroe histórico-literario actual se plantea la veracidad de la Historia defendida por el general Franco, pero igualmente, la Historia manipulada en una doble dirección: la enseñada y la silenciada por la izquierda. La bipolaridad del personaje héroe en las novelas de Cercas y de Martínez de Pisón es un síntoma de las expectativas de la sociedad española y quizá la novela de tendencia histórica en España se decante en el futuro hacia esta dirección[23].

[23] Curiosamente en *Soldados de Salamina* Miralles y el narrador Cercas dialogan sobre Hemingway. Es la conversación que provoca las palabras de Miralles sobre el héroe. Así lo cuenta el narrador:

Le conté la historia. Cuando hube acabado, Miralles [...] miró fuera.

–Una historia muy novelesca –dijo luego, en tono neutro [...].

–Es posible. Pero todas las guerras están llenas de historias novelescas, ¿no?

–Sólo para quien no las vive [...] ¿Cómo se llamaba aquel novelista americano que entró en París...?

–Hemingway.

–Hemingway, sí. ¡*Menudo payaso*! [la cursiva es mía] (Cercas 2001: 198).

Es posible que los héroes ya muertos, redivivos por arte de la ficción, tengan la función de difusores de los valores ya perdidos u olvidados en nuestra sociedad porque se presentan como seres íntegros, no fragmentados. El éxito de las novelas de docuficción comunica también en la oposición héroe histórico/héroe literario, la nostalgia que de él tiene la sociedad española en los últimos años.

Por otra parte, *Enterrar a los muertos* se adhiere a la llamada literatura de la memoria histórica, aunque realiza un paso más adelante al seleccionar el bando en el cual ocurre la tragedia. La puesta en escena en la zona republicana y el tratamiento crudo de la permisión y beneplácito con que las autoridades de la República acogieron el comportamiento y autosuficiencia de la delegación rusa en España, cerrando los ojos a la realidad de tantos españoles antifascistas ejecutados por extranjeros en su propio país, es una realidad dolorosa pero necesaria, un proceso dialéctico, reflexivo, necesario en la sociedad española. Quizá éste sea uno de los motivos de la simpatía que genera el personaje de John Dos Passos y del éxito de la novela.

Resumiendo, en *Enterrar a los muertos* su autor persigue reivindicar el papel noble y honrado del escritor John Dos Passos ante el descubrimiento del acoso, difamación y asesinatos que los servicios secretos rusos llevaron a cabo en la España de la Guerra Civil contra ciudadanos fieles a la República. El modelo que sigue en la caracterización del escritor es el del dios Prometeo, circunstancia que otorga al personaje un carácter heroico pues combate solo contra todos, incluso contra un pilar de la lucha antifascista como lo era Ernest Hemingway, para ayudar a su amigo José Robles y a su familia, así como a tantos hombres denigrados y perseguidos por la justicia oficial de Estados Unidos o de España. Asimismo, estructura su libro como si de una investigación policiaca se tratara y dosifica la intriga necesaria por medio del rompimiento de la linealidad de las acciones y de las constantes inclusiones de múltiples perspectivas. Todos estos recursos otorgan rango de ficción a la Historia.

Bibliografía

Bibliografía General

Argullol, Rafael (1990): *El héroe y el Único*. Barcelona: Destino.

Campbell, Joseph (2000): *El héroe de las mil caras. Psicoanálisis del mito*. México: Fondo de Cultura Económica.

CARLYLE, Thomas (1941): *Los héroes.* Buenos Aires: Librería Perlado.
CERCAS, Javier (2001): *Soldados de Salamina.* Barcelona: Tusquets.
GENETTE, Gérard (1972): *Figuras III.* Barcelona: Lumen.
GRACIÁN, Baltasar [1637] (2001): *El héroe.* Edición facsímil (Madrid, Diego Díaz, 1639). Zaragoza: Institución «Fernando El Católico».
INGARDEN, Roman (1973): *La obra de arte literaria.* México: Universidad Iberoamericana/Taurus.
LORIGA, Ray (1995): *Héroes.* Barcelona: Plaza y Janés.
MAINER, José-Carlos (2005): *Tramas, libros, nombres.* Barcelona: Anagrama.
MARTÍNEZ DE PISÓN, Ignacio (2005): *Enterrar a los muertos.* Barcelona: Seix Barral.
— (2006): «Prólogo». En: Dos Passos, John (2006): *Años inolvidables.* Barcelona: Seix Barral, pp. 7-10.
NIETZSCHE, Friedrich [1883-1885] (1976): *Also sprach Zarathustra. Ein Buch für Alle und Keinen.* Frankfurt am Main: Insel.
PÉREZ-REVERTE, Arturo (1995): *Los héroes cansados.* Madrid: Espasa-Calpe.
RICŒUR, Paul (1983): *Temps et récit.* Tomo I. Paris: Seuil.
RIVAS, Manuel (2006): *El héroe.* Madrid: Alfaguara.
SEARLE, John (1982): *Sens et expression.* Paris: Minuit.

Reseñas

GRACIA, Jordi (2005): «Causas doblemente perdidas». En: «Babelia», *El País,* 12 de febrero, p. 5.
MONTERO, Rosa (2005): «Robles». En: *El País.* 15 de marzo, p. 76.
PAU, Andréu (2005): «Contra los dogmas». En: «Suplemento Cultural» del periódico *Levante.* 4 de marzo, p. 20.

El pasado no cesa de pesar. Reflexiones sobre *El vano ayer* por Isaac Rosa Camacho

ANTONIA KIENBERGER

1. INTRODUCCIÓN

La obra del joven escritor Isaac Rosa Camacho, nacido en Sevilla en 1974, despliega una lucha continua por la perduración de la memoria colectiva en medio de los límites discursivos y las potenciales trampas de representación del pasado franquista en la actualidad. Una mirada a sus novelas publicadas muestra en qué medida Rosa Camacho está involucrado en esa temática. Las novelas *La malamemoria* (1999), *El vano ayer* (2004) y *¡Otra maldita novela sobre la guerra civil!* (2007) giran todas en torno al pasado histórico español. Mas el tema que mueve a Rosa Camacho no son solamente la Guerra Civil y sus consecuencias para España, sino también la manera en que ésta se presenta en los medios de comunicación y cómo es recibida por la sociedad española. La primera novela de Rosa Camacho, publicada por la editorial Del Oeste Ediciones, es una narración tradicional en la que dos protagonistas, un político y un escritor, se ven involuntariamente confrontados con su pasado franquista. *El vano ayer*, que Ignacio Echevarría tildó en «Babelia» como una «novela necesaria» (Echevarría 2004: s. p.), ofrece tres guiones para relatar la expatriación de un catedrático y la desaparición de un estudiante rebelde en la última fase del franquismo. Los tres guiones presentados son contradictorios y revelan la vinculación de la narración con la perspectiva. La tercera novela es la reescritura de la primera con una segunda voz que, al final de cada capítulo, da instrucciones de llevar la contraria a la voz del narrador principal. El lector es libre de prestar atención a cualquiera de esas dos voces.

Rosa Camacho proviene de una familia de orientación política de izquierdas: su padre fue secretario general de la UGT en Extremadura y su madre, concejala del PSOE en Badajoz (Barrera 2004: s. p.). Según él, en su casa siempre se habló abiertamente sobre la Guerra Civil, aun cuando en muchas familias se guardaba un gran silencio sobre los hechos históricos que marcaron profundamente muchos entornos sociales. La Guerra Civil y la dictadura franquista fueron durante mucho tiempo temas tabúes para la sociedad española, y a causa de una carencia de memoria colectiva en los ámbitos políticos y privados mucho queda todavía en tinieblas. Según Rosa Camacho y otros intelectuales, la ausencia del pasado en esta sociedad ha causado mucho dolor y daño a la identidad colectiva. Sin embargo, durante los últimos veinte años la sociedad española ha pasado por un proceso enorme de modernización, de tal envergadura que hoy en día casi no se diferencia de otras sociedades europeas. No sorprende que en la actualidad, después de una época de cambios fundamentales, se haya despertado la necesidad de encarar el pasado franquista, del cual no se ha revelado mucho durante la etapa de transformación social. Este pasado parece ser una cuestión más apremiante todavía, ya que durante décadas, definió en gran parte la identidad del pueblo español. La necesidad de revelar las injusticias, indemnizar a las víctimas y borrar las huellas franquistas de los lugares públicos, más que hacer público el pasado franquista de personas de la vida pública, es una señal clara de que la sociedad española está interesada en recuperar la memoria de una manera conciliadora que abra el camino hacia una sociedad librada del peso del franquismo. Es normal que el espíritu renovador que corre por España caliente el debate sobre el pasado en un momento en el que los últimos testigos van desapareciendo.

Claro está que resulta imposible reconstruir el pasado de manera que haya una versión unificadora. Más vale observar e interpretar la construcción del discurso sobre el franquismo por los contribuyentes de toda índole. El afrontamiento del pasado franquista discurre entre los polos opuestos del olvido y de la memoria. España es un caso ilustrativo que hace transparente el diálogo establecido por los poderosos, las victimas y sus descendientes y la representación de las negociaciones sobre el pasado franquista en los medios de comunicación[1]. Después de un período de silencio, la sociedad española ha llegado a la fase de un debate abierto sobre el pasado antes de entrar en la etapa siguiente de considerar el pasado franquista como parte integral de la identidad colectiva a un nivel establecido, y en cierto modo normativo, para la educación de las

[1] Se pueden observar también en los países del antiguo bloque socialista las tendencias de investigación sobre los crímenes cometidos por el régimen. Pero en contraste con España, estos países aspiran más a descubrir y hacer público lo que fue escondido y silenciado que a reflejar el proceso de la construcción y la negociación del pasado por los diferentes canales de comunicación.

generaciones nacidas posteriormente y sin vinculación directa alguna con ese pasado.

La obra de Rosa Camacho procura participar en el discurso de la memoria colectiva, lo comenta y manipula en áreas delicadas donde las heridas se mantienen todavía frescas. La ola que invade ahora España sobre «lo que pasó» le parece a Rosa Camacho un discurso reduccionista y le resulta insatisfactorio (Barrera 2004: s. p.). Reflexiona sobre las consecuencias de pertenecer a una generación que no ha vivido esa época, sobre la dependencia de relatos de testigos que nos limitan a un discurso heredado y, finalmente, sobre estereotipos moldeados por la opinión dominante. El precio que se paga por enfrentarse al pasado es perder la esperanza de que pueda haber una sola narración coherente que haga justicia a todos. *El vano ayer* es una novela sobre los motines estudiantiles de 1965 y su sofocamiento por las tropas franquistas. No se trata de una simple representación del pasado en calidad de conmemoración sino que Rosa Camacho pone en duda la validez de los actos de representación. A su vez ofrece al lector un juego continuo entre la presentación de los acontecimientos de modo ficticio y la aportación al mismo tiempo de fuentes consideradas como garantes de autenticidad y verdad como, por ejemplo, la historiografía. La mezcla específica de Rosa Camacho, que consiste en literarizar elementos de carácter documental, da como resultado minimizar el valor de facticidad y autenticidad de los géneros del periodismo o de informes policíacos. De esa manera Rosa Camacho otorga a la realidad un estatus de ficcionalidad. La novela *El vano ayer* es el intento de conseguir una revolución carnavalesca de los modos de representación. La biografía de los personajes se diluye en perspectivas múltiples, verdades distintas, espejismos igualmente presentes, presentados con actitud burlesca y fría ironía con la pretensión de provocar el distanciamiento emocional del lector.

La segunda novela de Rosa Camacho es apreciable porque un escritor de no más de 33 años muestra su disposición a enfrentarse a la manera simplificadora de tratar el pasado franquista que abunda en la sociedad española y la difusión de una imagen difusa y desvirtuada con que es fácil vivir y que ha sido descubierta por los medios de comunicación como fuente de ingresos casi inagotable. Rosa Camacho hace suyo lo que critica: el desarrollo de la novela se convierte en un recorrido de los diferentes juegos que ofrecen el género literario y los géneros de documentación. La novela se nutre de la biografía, de la biografía ficticia, de la historiografía que queda convertida en novela histórica. Además, dentro de este trayecto Rosa Camacho reflexiona sobre los procesos de mestizaje de los medios de comunicación y los géneros, de manera que *El vano ayer* es tanto ficción como metaficción, en la perspectiva de los propios procesos de creación. Con esta obra Rosa Camacho está a la altura de los fenómenos que marcan –no exclusivamente– la sociedad española.

2. La identidad cultural y su representación mediática

Tanto Maurice Halbwachs como Pierre Nora y Jan y Aleida Assmann subrayan la importancia del acto de la memoria para que nazca un sentimiento de comunidad entre un determinado grupo de individuos. El pasado común es uno de los soportes primordiales que da continuidad y estabilidad a un colectivo. Los individuos de un colectivo están conectados entre sí por un espacio común que se funda en el pasado. De este espacio de la experiencia, que es un espacio narrativo, procede un espacio de esperanzas compartidas y un espacio de acciones. De ahí surge una fuerza normativa y enlazadora que da confianza y orientación a los miembros de un colectivo (Assmann 1992: 16).

La autodescripción es fundamental, y se realiza a través de símbolos cargados de valor semántico para el colectivo. Una gran parte de lo que llamamos cultura tiene su origen en las estrategias para referirse a sí mismo. Muchas prácticas sociales representan un acto conmemorativo de hechos históricos cuya significación está reactualizada. Lotman y Uspenskij (1986: 856) definen la cultura como la memoria no-hereditaria sino comunicada de un colectivo. La memoria tiene la función de hacer presente lo pasado para asegurar la orientación y la integración de un grupo a largo plazo (Assmann 1992: 34). Cada colectivo aspira a hacer perdurar una autoimagen positiva de sí mismo que marque una diferencia con otros grupos. La identidad no resulta nada difícil, siempre y cuando el término «identidad» no signifique necesariamente la existencia de una homogeneidad normativa dentro de un colectivo. Es imprescindible que las opiniones divergentes sean negociables y que los miembros se vean representados de alguna manera dentro del colectivo. Teniendo en cuenta la pluralización moderna de identidades, Nora (1990) favorece el concepto de *lieux de mémoire*. Los *lieux de mémoire* son puntos en los que se cristaliza la memoria y por consiguiente la identidad de un colectivo durante un cierto tiempo. Los *lieux de mémoire* pueden manifestarse en los ámbitos material, funcional o simbólico (Nora 1990: 26).

En el caso de España, el pasado pesa. El siglo XX está marcado por la búsqueda dolorosa de una identidad española que oscila entre fuerzas centrípetas y centrífugas. La Guerra Civil y la dictadura de Franco han engendrado muchos *lieux de mémoire* –a veces controvertidos– para la sociedad española actual. El movimiento civil para recuperar la memoria sobre el franquismo, representado, por ejemplo, por la Asociación para la Recuperación de la Memoria Histórica (ARMH), o las excavaciones de fosas comunes muestran que el pacto de silencio no funcionó sino unas décadas (Aguilar 1996; Juliá 2003; Bernecker 2006). Con el gobierno del PSOE ha llegado un cambio político que intenta abrir un camino a un discurso público y abierto y reconocer a las víctimas de aquella época e indemnizarles, por lo menos, con el reconocimiento oficial de los crímenes cometidos por los nacionales. El día 10 de diciembre de 2007 las Cortes Generales ratificaron la Ley de Memoria Histórica después de haber rechazado los vetos presentados por el PP y ERC[2]. De esta manera, el texto aprobado por el Congreso de los diputados el 31 de octubre de 2007 pudo entrar en vigor en el mismo año. Legalmente ha terminado una larga batalla política entre derecha e izquierda. Lentxu Rubial, hija del histórico dirigente socialista Ramón Rubial, considera la Ley un «valioso y definitivo paso colectivo» en el «camino de la reconciliación» iniciado durante la Transición (Agencia EFE 2007: s. p.).

La recuperación de la memoria había empezado en la literatura ya una década antes de que llegara a ser un discurso político. Cabe mencionar a Antonio Muñoz Molina, cuyas novelas preguntan si es posible reconstruir la memoria sobre el franquismo. *Beatus ille*, el primer libro del autor que toca tal temática y que tuvo un gran eco entre los lectores y los críticos, se publicó en 1986. La literatura, a causa de su variedad de formas narrativas, es un medio poderoso tanto para construir un pasado común y hacer circular el conocimiento y la idea del pasado como para observar y reflexionar críticamente sobre el proceso de la constitución y la difusión de la memoria cultural de un colectivo.

La representación mediática del pasado es más que un simple acto de hacer presente el pasado. Es un acto sumamente selectivo en el que se eligen los hechos que, según el consenso colectivo, merecen ser recordados. También se escoge una perspectiva que enfoca cierta interpretación y una manera particular de presentarlos. En consecuencia, los medios tienen el poder de moldear la modalidad de nuestra manera de pensar, de percibir y de comunicarnos, y pose-

---

[2] Se titula oficialmente «Ley por la que se reconocen y amplían derechos y se establecen medidas en favor de quienes padecieron persecución o violencia durante la Guerra Civil y la Dictadura».

en un valor estructurante, aparte de su función de transmitir y archivar la memoria colectiva (Borsò 2001: 36).

Desde que Muñoz Molina empezó con su trabajo pionero, la literatura sobre la Guerra Civil y la dictadura ha cambiado y se ha expandido enormemente. Winter nota que el discurso literario sobre la identidad española intentó recuperar la memoria a través de una reconstrucción auténtica de ésta. La literatura se inquieta por la pluralidad de las perspectivas y la imposibilidad de creer en una memoria única, como se ve, por ejemplo, en *El lápiz del carpintero* de Manuel Rivas (1998). Con el nuevo milenio, el tratamiento literario del pasado franquista entra en una tercera fase. Winter denomina la evolución actual como un «documentalismo parahistoriográfico y hasta cierto punto antipoético». Según él, este afán de documentalismo en la literatura actual se funde en «el deseo de incorporar ontológicamente la memoria a la realidad presente» que Winter ve vinculada con la «necesidad de asegurar una relación inapelable con el pasado»[3]. Antes sobresalía más la interrogante de cómo representar el pasado, ahora el empeño consiste en producir una realidad o hacer presente el pasado como una entidad ontológica. Parece que, entre tantas teorías a base de constructivismo y ante las inseguridades y desafíos en cuanto al futuro, se ha apoderado de la gente el gran deseo de obtener una visión clara e incuestionable de cómo fue el pasado.

No es exageración alguna decir que el interés en la memoria histórica se difunde por medios de masas, sobre todo por la literatura y por los medios audiovisuales[4]. El discurso histórico-académico no llega a la conciencia de un gran público, pero el interés por las divulgaciones históricas de novelas, películas y series de televisión es enorme. Aquí no se trata de entrevistas auténticas con los últimos testigos sobrevivientes o libros autobiográficos, sino con autores que no han vivido aquella época ni los hechos sobre los que escriben. Son escritores que aprendieron la historia en instituciones educativas o por estudios propios de fuentes históricas y que matizan enormemente el discurso del pasado en sus novelas. La literatura española contemporánea es rica en novelas de

[3] Véase la contribución de Winter a este tomo.

[4] El secretario general del Ministerio de Educación, Alejandro Tiana Ferrer, afirma que los sistemas educativos tienen un papel importante en la construcción de la identidad nacional. Según él, es absolutamente necesaria la incorporación de la memoria histórica en el ámbito escolar, pero para llevarla a cabo, faltan todavía las estructuras en los currículos, la formación de docentes y métodos didácticos (Tiana Ferrer 2007: 217).

memoria de una realización estética muy diversa. Las novelas de, por ejemplo, Juan Marsé (*1933), Rafael Chirbes (*1949), Jorge Martínez Reverte (*1948), Manuel Rivas (*1957), Rosa Montero (*1951) o Almudena Grandes (*1960) son, en parte, una crónica de la historia de España en el siglo XX. En esta categoría entra también la novela *El vano ayer*, publicada por la editorial Seix Barral y que tuvo un éxito inmediato –cuatro ediciones en nada más que cuatro meses–, aparte de recibir una buena acogida por los críticos y de ser galardonada con el Premio Ojo Crítico de Radio Nacional en 2004 y el Premio Rómulo Gallegos en 2005. Echevarría escribe en «Babelia» que «el libro ha llenado un hueco importante en la literatura española» (Echevarría 2004: s. p.). ¿En qué consiste este proclamado hueco en la literatura española? Abundan los libros semihistóricos que suelen utilizar herramientas narrativas tradicionales, es decir, que ofrecen una historia coherente, con potencial para emocionar al público y que se leen fácil y rápidamente. Lo peculiar de este libro no radica en el trato de las múltiples represiones del sistema totalitario del franquismo, sino en la manera de montar un discurso sobre aquel pasado cuyas consecuencias están todavía muy presentes y son bien perceptibles en la sociedad española.

3. El imperio de los discursos y su fragmentación

Rosa Camacho yuxtapone dos personajes: el profesor Julio Denis, catedrático de literatura española de la Universidad Complutense de Madrid, y el estudiante André(s) Sánchez, cabeza de una organización comunista estudiantil. Los dos desaparecen al mismo tiempo sin dejar más rastros. La única conexión que existe entre los dos es el hecho de que conversaron, a solas, en el despacho del profesor poco antes de su desaparición. Hay que anotar que la existencia del profesor Denis está comprobada por fuentes históricas, quien es mencionado en el volumen 10, *España bajo la dictadura franquista (1939-1965)*, de la *Historia de España* de Manuel Tuñón de Lara. No se sabe nada de las circunstancias exactas que causaron la expatriación del profesor dos días después de un alboroto estudiantil en 1965. Su huella se pierde en París sin que quede claro si el catedrático desapareció voluntariamente para iniciar una nueva vida lejos de la dictadura. Por otro lado, es imposible comprobar la existencia de André(s) debido a insuficiencias en la documentación policial.

La novela presenta tres explicaciones para la expulsión de Denis: o bien era un colaborador clandestino de la policía que espiaba las actividades comunistas de los estudiantes, o bien era un conspirador comunista bajo la máscara de un catedrático imparcial y apolítico, o bien es posible que no existiera ningún hilo conductor entre los dos, que su encuentro con André(s)[5] fuera pura casualidad y la policía simplemente se equivocara.

La novela empieza con una reflexión sobre los sistemas de documentación y documenta a la vez el trabajo de investigación hecho por el autor interior que es, a la vez, la voz narrativa principal. Por eso la voz narrativa hace hincapié desde la primera página en el trabajo de los archivadores e historiadores y la responsabilidad que tienen para las generaciones futuras. Al mismo tiempo, subraya la casualidad, la contingencia, la insuficiencia de cualquier tipo de sistema de documentación y el papel clave de la perspectiva con la que se mira.

> [E]sa despreciada anécdota que lleva décadas esperando nuestra atención y que no ha merecido hasta hoy el trabajo dilatado de los historiadores; ese cabo suelto que quizás sólo sea una breve mecha que concluya en sí misma, pero que también podría conducirnos a una vida singular, a una fábula no contada, a un misterio concentrado y a punto de extinguirse con sus testigos, a una novela, al fin, a una novela (Rosa Camacho 2004: 9-10).

El dilema de la memoria transmitida está claramente denominado: no hay seguridad, no hay verdad. La producción y difusión de la visión que se tiene del pasado es muy semejante a los mecanismos de la ficción en todos los niveles.

El autor interior establece una intimidad con el lector, exponiéndole sus pensamientos de una manera tan sugestiva que el lector se ve dispuesto a asentir. Este autor también reflexiona sobre las afinidades entre la historiografía divulgativa y las formas de escribir una novela tradicional y realista. Se puede servir de la historia como fuente de material: «[L]os jóvenes novelistas con afán de realidad, espíritu vindicativo o simple pereza imaginativa no deben preocuparse, pues siempre quedarán caminos por transitar en nuestro pasado reciente» (Rosa Camacho 2004: 11). Por consecuente, la idea que tenemos del franquismo ha sido transmitida por novelas.

> Entendamos por fin que la realidad, fielmente recogida por nuestros historiadores, nos tiende puentes argumentales de enorme potencial, celebrados por nuestros críti-

---

[5] Para subrayar el juego entre ficción y realidad, el estudiante se llama a veces André y a veces Andrés. A falta de fuentes, su identidad no se aclara nunca del todo.

cos y teóricos (*la reciente promiscuidad de ficción y no ficción en la más reciente narrativa española, la comparecencia de lo real bajo el disfraz de reportaje, la subordinación de la imaginación narrativa a los términos de una realidad más o menos documentable*, aseguran en seminarios de verano y suplementos culturales), preferidos por el sabio público lector y por el no menos sabio cuerpo editorial (Rosa Camacho 2004: 14-15).

Esta «promiscuidad», como la llama Rosa Camacho, conlleva, según él, varias dificultades. Al parecer se ha establecido una manera reduccionista de hablar sobre la dictadura de Franco que produce un empobrecimiento literario porque los autores ya no disponen de este tema libremente sino que se ven restringidos y obligados a trabajar la memoria cultural de un pasado muy reciente. Es probable que debido a esto se hable tanto del continuo descrédito de la ficción. Por otro lado, hay que considerar a los historiadores que se sirven de las formas narrativas de la ficción para ganar lectores e impiden de esta manera un discurso histórico polifacético. Que las vinculaciones franquistas existentes no hayan salido todavía a la luz significa un deterioro cultural. Es necesario rehabilitar a las víctimas a través de una discusión política abierta, apoyada por investigaciones académicas sobre la dictadura. Debido a las representaciones mediáticas, la retórica sobre el franquismo se ha convertido en un lugar común, en un tópico. Lo que llega a la conciencia del pueblo es una versión nostálgica y edulcorada, o en palabras de Rosa Camacho, «una cansina representación de esa *commedia dell'arte* en que hemos convertido nuestro último siglo de historia» (Rosa Camacho 2004: 20).

¿Hay una posibilidad de salir de este apuro? ¿Hay, al menos, una solución en cuanto a la técnica narrativa para que una representación medial del franquismo «sea un análisis del período y sus consecuencias más allá de los lugares comunes, más allá del pintoresquismo habitual, de la pincelada inofensiva, de la épica dorada y sin identidad?» (Rosa Camacho 2004: 17)

Rosa Camacho se decide francamente por la novela como una solución a este problema proclamando: «Fin de la búsqueda, adelante la ficción» (Rosa Camacho 2004: 20). El género de la novela absuelve al escritor de la carga que lo condiciona a la «verdad», y esa suspensión de la realidad aporta muchas posibilidades narrativas. Librada de toda responsabilidad fidedigna y de los moldes tradicionales de la escritura histórica, la novela puede jugar con la perspectiva, con la organización temporal, con el empleo de registros diferentes, la estimulación de la imaginación del lector, la ruptura de la diégesis al dirigirse directamente al lector, etc. Al escoger el género de la novela, el autor se entrega con franqueza al carácter selectivo de lo presentado, admitiendo también que lo presentado es una representación trabajada tanto por la imaginación del autor como por la imaginación del lector. El género novelesco es el sucesor de la epopeya y su carácter es el fundador de una identidad colectiva. En el ensayo «Wirklichkeitsbegriff und Möglichkeit im Roman» Hans Blumenberg denomina la referencia al pasado un recurso poiético conectado genuinamente con la literatura (Blumenberg 1969: 10). La función primordial y el origen de la literatura radican en la posibilidad de generar comunidad e identidad, que es, para Blumenberg, sinónimo de realidad. La noción de la realidad se basaba en la fiabilidad de la capacidad humana de cognición. En el siglo XIX, la noción de realidad se cambiaba en la realización en un contexto coherente (Blumenberg 1969: 12). Este concepto de realidad no considera la realidad como *veritas ontologica*, sino como resultado de una fiabilidad que se constituye sucesivamente. Es un proceso que no llega a terminar nunca. Esa concepción de realidad tiene una alta afinidad con la estructura épica de la narración que describe experiencias particulares, y por natura, parciales, y que no excluye la existencia de otros mundos u otras realidades (Blumenberg 1969: 13). Pero en vez de ocultar la idea del pasado disponible, o sea, la narración dominante heredada, Rosa Camacho la hace transparente y la desnuda ironizándola. Un ejemplo ilustrativo es que narra el discurso de la cruzada franquista empleando el castellano medieval y el estilo del *Poema del Mío Cid*:

> CAPITULO I. TRATA COMO EL GENERAL, SABIDA LA DESHONRA DE ESPAÑA, DETERMINA DE SALIR A LA BATALLA POR VENGAR SU INJURIA
>
> Que por julio era, por julio, quando los grandes calores, quando el General, el que en buen ora nasco, supo en tierras africanas de la perdida de España. Cartas le fueron venidas como España era sangrada; las cartas echo en el fuego e al mensajero matara; echo mano a sus cabellos e las sus barbas mesaba. Mio General, entre todos el mejor, el buen lidiador, la lorgia vestida e cinto el espada, apriesa pide el caballo e a la batalla salia; malamente y enojado, bien oireis lo que decia: «Traidora me sois, España, traidora falsa, malina, porque pienso que traicion me haceis e alevosia». Porque Dios todos sus fechos dexo quando ferlo quiso, que en todas nuestras tierras non ha tan buen varon, los unos le han miedo e los otros espanta: las cejas en arco alçadas, las narices afiladas, chica boca e blancos dientes, ojos prietos e rientes, las mexillas como rosas, de suso la loriga tan blanca commo el sol, sobre la loriga armiño e peliçon, lleva lança en puño y el fierro acicalado e lleva adarga con bolas de colorado (Rosa Camacho 2004: 252).

Rosa Camacho hace hincapié en el hecho de que la narración es una de las herramientas claves de la identidad cultural de un colectivo. Pero la identidad cultural no es un *factum* dado sino tiene que ser remodelada continuamente. Para lograr una autoimagen relativamente homogénea que tenga la función social de marcar la línea entre integración y exclusión, la identidad cultural se transmite mediante símbolos, actos rituales, manteniendo vivo el mito fundador del colectivo. El *Poema del Mío Cid* es el mito fundador del Estado español en la Edad Media y del imperio español. Ese mito fue instrumentalizado por Franco para legitimizar su régimen político. El empleo que hace Rosa Camacho del mito fundador de España muestra el uso manipulador de una narración en el ámbito histórico. Este ejemplo ilustrativo, que no pone en duda nadie, le sirve para subrayar que la función del mito es (todavía) primordial en la sociedad actual cuya comunicación se organiza básicamente a través de los medios de masas. Rosa Camacho desenmascara la idea de que la disponibilidad de más informaciones engendrará más ilustración. Hoy en día la acción política se efectúa menos por el análisis racional que por las construcciones mitológicas que influyen a la opinión pública.

¿Cuál es, pues, el gran rendimiento de la narración que le da ventaja sobre otras maneras esquematizantes de documentar acontecimientos y datos? Las narraciones producen evidencia. La perspectiva dada por el enfoque del narrador construye un sentido y permite una interpretación. El lector siente una afección emocional que genera una energía social. La flexibilidad del medio y el modo de la ficción permite que la lucha por la identidad cultural pueda manifestarse como experimento mental. En la imaginación, las historias ficticias y fácticas se entremezclan, se influyen y se constituyen mutuamente. La novela es, más allá de la linealidad del proceso comunicativo, un medio multidimensional. Se pueden plasmar varios niveles de significación simultáneamente, por lo que la narración es un medio idóneo para negociar o retocar un discurso histórico hegemónico y reforzar una visión heterogénea de lo que llamamos «realidad». La novela puede ser una herramienta para la autodescripción de un colectivo, un medio constructor que crea significados culturales con potencial suficiente para cambiar la autoimagen cultural colectiva. Los mecanismos que generan significados a través de discursos o voces dominantes y que originan una perspectiva particular son los mismos, tanto en la ficción como en la vida diaria. El afán didáctico es el que, al fin y al cabo, motiva a Rosa Camacho a escribir esta novela de forma tan poco habitual. Para él, «escribir [...] es una forma avanzada de pensar, de desarrollar ciertas interrogantes» (Asociación para la recuperación de la Memoria Histórica s. a.: s. p). Para poder desarrollar interrogantes hay que romper con la retórica típica que «forma [...] una memoria que es fetiche antes que de uso; una memoria de tarareo antes que de conocimiento, una memoria de anécdotas antes que de hechos, palabras, responsabilidades, [...] una memoria más sentimental que ideológica» (Rosa Camacho 2004: 32). Para esto Rosa Camacho nos ofrece una «novela en marcha» donde la voz narrativa actúa como un dramaturgo, se dirige al lector con comentarios reflexivos sobre los mecanismos de la literatura, abre al lector la tramoya en la que la novela está montada, deja un cierto margen al lector a que se independice del narrador y a que sea conciente de que ninguna enunciación tiene valor de «verdad» ontológica, sino de valor de «convención aceptada por la mayoría». Partiendo de la máxima de que «siempre se acaba construyendo algo» (Rosa Camacho 2004: 291), el joven escritor opta por el discurso deconstructivo yuxtaponiendo voces distintas de testigos tan diversos como un catedrático, un estudiante comunista, un compañero de André(s) Sánchez, un policía jinete, etc. que cuentan su biografía. La voz narrativa interrumpe las narraciones individuales para entrar en un diálogo con el lector o para integrar otros géneros, por ejemplo, el periodismo. Ofrece tanto el punto de vista del régimen político español como publicaciones en la prensa extranjera. También completa las distintas perspectivas insertando las normas del servicio secreto para incorporar a chivatos nuevos, manuales de técnicas de tortura o lexemas de diccionarios diferentes.

La novela está organizada de tal manera que la voz narrativa principal saca al lector del entorno verídico y del modo de comunicación pragmática y le deja entrar en un mundo ficticio, en una diégesis coherente. Pero también le deja volver a la realidad pragmática mediante las voces narrativas secundarias de los testigos, el género del periodismo y las alusiones a fuentes históricas, aunque no deja de interrumpir al lector esporádicamente para volver a desilusionarlo y advertirle que se encuentra dentro de una ficción y que acaba de caer en otras ficciones que ha tomado por realidad. Para subrayar esto, el autor interior sigue narrando las tres posibles razones para la expatriación del profesor Denis, es decir, ofrece tres posibles novelas interrumpiéndose a sí mismo y dialogando con el lector sobre qué versión le parece mejor y sobre las dificultades de escribir una novela. Y para intensificar el cambio entre realidad y ficción y señalar que su invención está siendo tomada por real, el autor interior no para de insertar hechos reales que sirven para mantener al lector clavado a su entorno cultural.

Al mismo tiempo, cuando reflexiona sobre los mecanismos de la construcción de una novela, describe la realidad con términos literarios haciendo alusiones a novelas españolas canónicas y presenta la realidad como si fuese una novela escapista de quiosco. Con esto pretende demostrar que toda percepción de la realidad es una novela, una narración, una manera de presentarla, en todo caso, el resultado de una mediación mediática. La estructura y la escritura de *El vano ayer* se condicionan mutuamente y son inseparables de la intención de poner en tela de juicio lo que está aceptado generalmente como hecho histórico. La novela de Rosa Camacho intenta poner en primer plano el proceso mismo de la construcción de la historia y de la memoria cultural.

4. La función de la literatura para la memoria cultural

Rosa Camacho utiliza el género de la novela para participar en la formación de una idea sobre la dictadura franquista en la sociedad actual. El molde de la novela le parece el más adecuado y le sirve porque para la mayoría de los lectores la novela es un género historiográfico: éstos reciben sus conocimientos y forman sus opiniones del pasado y del presente a través de la ficción literaria y audiovisual[6]. En vez de añadir una pieza más al mosaico, Rosa Camacho desmonta y desnuda los discursos simplificadores. Su intención es desautomatizar el consumo de las representaciones culturales y acentuar la complejidad de la realidad frente a la descomplejización pregonada por las fuerzas políticas dominantes. Rosa Camacho critica la manera de funcionalizar el pasado como fuente de material novelesco y convertir la época de la dictadura de Franco en una memoria infantilizada, unidimensional y acrítica. Para Rosa Camacho, «el novelista tiene un labor ideologizante que puede asumir y ejercer con responsabilidad» (Rendueles 2004: s. p.). Por eso se ve obligado a la idea de la ilustración: intenta devolver a los individuos la autonomía de pensar y a los discursos heredados su independencia. Dice que para «quienes no han vivido el franquismo hay una insatisfacción sobre cómo nos han contado el pasado, [...] qué

[6] Esta afirmación es un lugar común en el debate español sobre el pasado franquista. Sobre todo los activistas de los diversos grupos para la recuperación de la memoria deploran la ignorancia de las jóvenes generaciones sobre esta época y culpan en primer lugar al sistema educativo y en segundo lugar a los medios de comunicación de vender una visión nostálgica y una imagen difusa sobre la dictadura.

memoria de aquel tiempo nos han entregado» (Hoz 2005: s. p.). Rosa Camacho desearía que hubiera profundas transformaciones en la consideración pública de la dictadura, que hubiera una manera más consciente y más crítica de novelar la historia del franquismo. Se opone a la nostalgia que domina actualmente el discurso y al pacto de silencio, ya que la reconciliación se logra a través del reconocimiento oficial de las víctimas y de los crímenes cometidos por el régimen.

Según Rosa Camacho, la literatura sirve como herramienta para constituir y reflejar la autorrepresentación de la sociedad española actual. Para él, uno de los deberes de la literatura es enfrentarse contra la amnesia del franquismo, cimentada sobre estructuras de poder de aquel entonces que todavía siguen en vigor y cuyas consecuencias perjudican a la sociedad española actual. Al parecer, la misión de Rosa Camacho consiste en educar a los lectores a ser más concientes y más críticos, a oponerse a las estrategias destinadas a entorpecer al público. La tesis de Rosa Camacho es que en España se echa todavía de menos un diálogo crítico y abierto sobre el pasado reciente, aunque esta exigencia quizá ya no tenga la preponderancia que tuvo en 2004. La aprobación de la Ley de Memoria Histórica muestra que el discurso que ha empezado en la literatura ha salido de este campo y está presente en la conciencia de los españoles. En este sentido la literatura «ha cumplido» con una de sus funciones sociales. La discusión se ha trasladado al campo de la política y de la investigación científica. En 2004 se creó una cátedra extraordinaria en la Universidad Complutense de Madrid para investigar la Memoria Histórica del Siglo XX[7].

Quizá ya sea hora de que los autores busquen otros temas literarios. Si se reconoce que la literatura exigente tiene la función social de ser un sismógrafo de las necesidades e inquietudes del pueblo, es imposible seguir explotando más la Guerra Civil española. Desde luego, se puede exigir que la buena literatura tenga un cierto nivel de innovación y sutileza estilística. La enésima novela sobre este tema no promete sorprender al lector. Si los escritores realmente se

[7] Esta cátedra está dirigida por Julio Aróstegui Sánchez y es el resultado de un Convenio de colaboración entre la Asociación para la Memoria Democrática y Social (AMESDE) y la Universidad Complutense. Se aspira responder a una demanda social y aportar una contribución independiente y rigurosa al estudio de la historia de las víctimas de la violencia política en España en el siglo XX, al análisis de la memoria colectiva de ese hecho y a la relación entre memoria histórica y movimientos sociales. Para la financiación de sus actividades, la cátedra cuenta con una aportación del Grupo Santander y de la AMESDE (<http://www.ucm.es/info/memorias/> [06.01.08]).

preocupan por la identidad colectiva española, les quedarán muchos temas más para plasmar las preguntas vigentes en la sociedad de hoy. Además sería penoso que la desertización cultural de España (Goytisolo 2007: s. p.)[8] se basara tanto en la invariabilidad de los temas tratados como en la pobreza estética narrativa.

El auge de una cultura de la memoria que tiene como enfoque la Guerra Civil y el franquismo ha aportado muchos beneficios a la sociedad española. Ahora la responsabilidad de hacer crecer la conciencia de las generaciones posfranquistas sobre el pasado reciente está en manos de las instituciones educativas. Carlos Berzosa, rector de la Universidad Complutense de Madrid, escribe en *El País* el día 7 de enero de 2008 lo siguiente:

> Creo necesaria, no obstante, la adaptación de la enseñanza a los tiempos actuales, y también que no debemos consentir que la historia de España más cercana haya quedado extirpada o deformada, máxime cuando llevamos 30 años de democracia y ésta se encuentra ya consolidada (Berzosa 2008: s. p.).

La cima de la literatura de la memoria histórica es, al mismo tiempo, su fin. Es de desear que los autores que han tenido mucho éxito con la mezcla de medios y géneros en la que la narración histórica es un sujeto idóneo, no se limiten a un campo restringido. Es de ver si el fenómeno de la docuficción consigue extenderse a otras áreas. La oferta crea la demanda, por eso es un desiderátum aumentar la conciencia crítica de los lectores ofreciéndoles literatura enriquecedora. Es de desear que los lectores no se vean enfrentados a un espacio literario vacío en el mañana. Es especialmente que justamente un colectivo que está siendo criticado por su consumo superficial haya sabido apreciar esta obra docuficticia. Es una clara señal de que la actitud pesimista sobre el desarrollo cultural, proclamada por los intelectuales desde siempre, es más bien un lugar común que sirve más para justificar la propia obra que para mejorar una sociedad que nunca ha sido causa mayor del pesimismo cultural, a pesar de que así lo proclamen los intelectuales.

---

[8] Lo que más lamenta Goytisolo es la quiebra del equilibrio que había antes en las editoriales entre los éxitos de venta y textos de una expresión literaria refinada. Menciona como ejemplo la editorial Gallimard. Goytisolo critica el conformismo de las editoriales, incluyendo a los críticos y académicos, que se orientan casi exclusivamente en la promoción comercial y les reprocha la falta de una perspectiva compleja sobre la cultura española.

Bibliografía

Agencia Efe (2007): «Las Cortes Generales aprueban definitivamente la ley de Memoria Histórica. El Senado rechaza los vetos del PP y ERC y 112 enmiendas. Puede entrar en vigor esta misma semana». En: *El País*, 10 de diciembre. URL: <http://www.elpais.com/articulo/espana/Cortes/Generales/aprueban/definitivamente/ley/Memoria/Historica/elpepuesp/20071210elpepunac_16/Tes> (06.01.08).

Aguilar, Paloma (1996): *Memoria y olvido de la Guerra Civil española*. Madrid: Alianza.

Asociación para la Recuperación de la Memoria Histórica (s. a.): «Lo peor del franquismo es lo que permanece: Corrupción moral y perversión del lenguaje». En: *Asociación para la Recuperación de la Memoria Histórica*. URL: <http://www.memoriahistorica.org/modules.php?name=News&file=article&sid=37> (19.03.07).

Assmann, Jan (1992): *Das kulturelle Gedächtnis. Schrift, Erinnerung und politische Identität in frühen Hochkulturen*. München: Beck.

Barrera, L. (2004): «Isaac Rosa Camacho (Escritor): "La novela actual española es muy conformista"». En: *El periódico Extremadura*, 10 de octubre. URL: <http://www.elperiodicoextremadura.com/noticias/en_tu_blog.asp?pkid=135450> (04. 01.08).

Bernecker, Walther L. (2006): «Geschichtspolitik und Erinnerungsansprüche in der Demokratie 1975-2005». En: *UTOPIE kreativ*, 191, pp. 779-790.

Berzosa, Carlos (2008): «El olvido de la crueldad franquista. Los estudiantes españoles saben más del nazismo, gracias al cine, o de las dictaduras de Chile y Argentina, por las informaciones de los medios de comunicación, que de lo que fue nuestra dictadura franquista». En: *El País*, 7 de enero. URL: <http://www.elpais.com/articulo/opinion/olvido/crueldad/franquista/elpepiopi/20080107elpepiopi_12/Tes> (07.01.08).

Blumenberg, Hans (1969): «Wirklichkeitsbegriff und Möglichkeit des Romans». En: Jauß, Hans Robert (ed.): *Nachahmung und Illusion*. München: Fink, pp. 9-27.

Borsò, Vittoria (2001): «Gedächtnis und Medialität. Die Herausforderung der Alterität. Eine medienphilosophische und medienhistorische Perspektivierung des Gedächtnisbegriffs». En: Borsò, Vittoria/Krumeich, Gerd/Witte, Bernd (eds.): *Medialität und Gedächtnis. Interdisziplinäre Beiträge zur kulturellen Verarbeitung europäischer Krisen*. Stuttgart: Metzler, pp. 23-53.

Echevarría, Ignacio (2004): «Una novela necesaria». En: *El País*, 12 de junio, s. p. URL: <http://www.elpais.com/articulo/semana/novela/necesaria/elpepuculbab/20040612elpbabese_16/Tes?print=1> (07.01.08).

Goytisolo, Juan (2007): «Literatura y mercado». En: *El País*, 3 de febrero, s. p. URL: <http://www.elpais.com/articulo/narrativa/Literatura/mercado/elpepuculbab/20070203elpbabnar_9/Tes?print=1> (07.01.08).

Halbwachs, Maurice (1966): *Das Gedächtnis und seine sozialen Bedingungen*. Berlin: Luchterhand.

HOZ, Pedro de la (2005): «El tiempo que vivimos es hijo de aquel vano ayer». En: *La Jiribilla*. URL: <http://www.lajiribilla.cu/2005/n220_07/220_01.html> (20.03.07).

JULIÁ, Santos (2002): «Echar al olvido. Memoria y amnistía en la transición». En: *Claves de razón práctica*, 129, pp. 14-25.

LOTMAN, Jurij/USPENSKIJ, Boris (1986): «Zum semiotischen Mechanismus der Kultur». En: Eimermacher, Karl (ed.): *Semiotica Sovietica. Sowjetische Arbeiten der Moskauer und Tartuer Schule zu sekundären modellbildenden Zeichensystemen (1962-1973)*. Aachen: Rader, pp. 853-880.

NORA, Pierre (1990): *Zwischen Geschichte und Gedächtnis*. Berlin: Wagenbach.

RENDUELES, César (2004): «La anamnésis del franquismo». En: *Landiamo*, noviembre/diciembre. URL: <http://www.ladinamo.org/ldnm/articulo.php?numero=13&id=324> (20.03.07).

ROSA CAMACHO, Isaac (2004): *El vano ayer*. Barcelona: Seix Barral.

— (1999): *La malamemoria*. Badajoz: Del Oeste.

— (2007): *¡Otra maldita novela sobra la guerra civil!* Barcelona: Seix Barral.

TIANA FERRER, Alejandro (2007): «Memoria histórica y sistema educativo». En: Aróstegui, Julio (ed.): *España en la memoria de tres generaciones. De la esperanza a la reparación*. Madrid: Editorial Complutense, pp. 203-218.

Ficción, no-ficción e historiografía en la novela *Sefarad* de Antonio Muñoz Molina

SUSANNE ZEPP

1. INTRODUCCIÓN

Vladimir Nabokov dijo una vez que la literatura siempre es invención: aquel que diga de un relato que es verdad está insultando simultáneamente al arte y a la verdad. La recepción adecuada de textos ficticios presupone, debido a un tácito pacto entre autor y lector, que se suspenda la exigencia de verificación con la que normalmente juzgamos los textos informativos. En muy pocos ámbitos resulta este tácito acuerdo tan frágil como en el campo de la representación literaria del Holocausto. La cuestión de los métodos con los que la literatura intenta apropiarse de un acontecimiento como éste y la cuestión de la legitimidad de su representación son planteados razonablemente en cada nueva novela. A estas cuestiones se vincula otra reflexión para un debate posterior: ¿qué historias sobre la «ruptura de civilización» (Dan Diner), sobre el Nationalsozialismus, sobre el Holocausto queremos que sean contadas en el futuro? Y sobre todo: ¿cómo queremos contárselas a aquéllos que aún están por llegar? El argumento ético contra la literatura sobre Auschwitz está íntimamente unido a la relación entre ficción y realidad: la ficción no puede esclarecer de forma veraz el sufrimiento acontecido. El Holocausto no podrá ser nunca entendido por aquellos que no fueron víctimas. Para un contexto así, la investigación literaria ha introducido el término de «testigo secundario» (Ulrich Baer). Las generaciones posteriores al Holocausto necesitan textos y medios de expresión para comprender la historia del asesinato de los judíos europeos en todas sus dimensiones de representación moral[1]. Esto es válido sobre todo en un contexto como el

[1] Entre los textos más importantes sobre este tema destacan los de Saul Friedländer (cf. bibliografía). En su obra Friedländer ha conseguido adaptar la estructura narrativa al espanto de los acontecimientos históricos. De esta manera su historiografía, que da lugar a la perspectiva de las víctimas, forma parte de la discusión teórica de las últimas décadas sobre el objeto de la narra-

español, al estar ligado a los acontecimientos históricos del Holocausto de una manera muy mediada. Justamente esta perspectiva al borde de la experiencia histórica puede aportar conclusiones esenciales para la cuestión que se discute en esta antología. El presente artículo estudia el comportamiento entre ficción y documento en el texto literario enfocándolo exclusivamente a una obra contemporánea, la novela *Sefarad* de Antonio Muñoz Molina, publicada en el año 2001. Asimismo se discutirá la siguiente tesis: en esta novela no se trata de exponer los acontecimientos históricos del Holocausto, sino más bien de una reflexión profunda sobre las condiciones mismas de la representación propiamente dicha. Esta perspectiva está esencialmente definida por la perspectiva española del autor.

2. Voces

La novela *Sefarad* refleja la relación entre ficción y realidad de una manera estética, es decir, a través de una técnica narrativa que usa diferentes voces. Al contrario de otros textos que utilizan la pluralidad de voces como un experimento estético o como una indagación en la flexibilidad de las leyes de la narrativa, la intención del discurso de la novela *Sefarad* es inmanentemente ética, o incluso didáctica. La forma del texto envuelve al lector en una especie de impulso activo en el proceso de la narración que le sugiere un cambio de enfoque e incluso un cuestionamiento moral. Por una parte, la forma del narrador pluripersonal no es nueva, ya que tiene una tradición en muchas corrientes literarias (Bajtín 1986: 22); pero en la novela de Antonio Muñoz Molina surge algo novedoso en la aplicación específica de esta forma, ya que está asociada a distintas variantes de la tipología del lector. Éstas se encuentran en presente de la primera o de la tercera persona. Este «tú» colocado a conciencia cambia de manera fundamental el tono de una narración y una situación comunicativa haciendo del acto de la narración algo insólito y de esta manera visible como construcción estética. Así, al principio de la novela se encuentra por ejemplo junto al narrador un «nosotros» que en este caso designa a un grupo de personas que junto al narrador han llegado a Madrid desde un pequeño pueblo de provincias. Este

---

tiva. Sobre los requisitos fundamentales para la representación del Holocausto, véanse también: Rothberg (2000); Bartov (2000). Siguen siendo fundamentales para el tema los siguientes libros: DeKoven Ezrahi (1980); Langer (1975); Rosenfeld (1980); Young (1992) y Assmann (^{3}2006).

grupo –«nosotros»– comparte recuerdos y un sentimiento común de nostalgia: «Nos hemos hecho la vida lejos de nuestra pequeña ciudad, pero no nos acostumbramos a estar ausentes de ella, y nos gusta cultivar su nostalgia cuando llevamos ya algún tiempo sin volver» (Muñoz Molina 2001: 11).

El fenómeno narrativo más complicado de la novela se encuentra en la variedad de usos de la primera persona. En las distintas variantes del «Yo» narrativo se encuentran hombres y mujeres de todas las edades, procedencias y tiempos. Al principio del capítulo «Tan callando» se vuelve a formular la pregunta acerca de la voz narrativa que, junto al lector, encuentra dificultades para determinarse a sí misma: «Me he levantado muerto de frío, y no sé ni dónde estoy, ni siquiera quién soy. Durante un segundo he sido una llama de conciencia pura, sin identidad, sin lugar, sin tiempo [...]» (Muñoz Molina 2001: 95).

La volatilidad formal de esta voz está estrechamente relacionada con la pregunta acerca de la procedencia. Nótese que ni siquiera aquellos pasajes de la novela que están narrados en tercera persona lo hacen de manera omnisciente: siempre hay un momento de duda, de inseguridad. En algunas de las historias el narrador revela todo el esfuerzo que le cuesta imaginar la vida de otra persona: «En noches en las que he aguardado vanamente el sueño en la oscuridad he imaginado los insomnios de ese hombre, Willi Münzenberg, cuando empezó a comprender que el tiempo de su poderío y su soberbia había terminado [...]» (Muñoz Molina 2001: 192).

Muñoz Molina se ha declarado en esta novela contra la narración mediante una sola voz. Pero la deconstrucción de la autoridad del narrador no es necesariamente un resultado de la existencia de distintas voces narrativas. Mijaíl Bajtín observó la importancia de la equivalencia de las voces narrativas en la pluralidad de voces en la novela. En este contexto ninguna de las voces se encuentra en una situación privilegiada y sabe más que las otras voces. De esta manera, las dilucidaciones de *Problemas de la poética de Dostoievski*, en las que Bajtín describe la pluralidad de voces y perspectivas divergentes de la novela polifónica como el polo opuesto a la novela cerrada, son también aplicables a la novela *Sefarad*. Este tipo de novela, afirma Bajtín, no permite una representación clara y distinta del protagonista; cuál sea la instancia narrativa que habla es una pregunta que no puede ser contestada de manera exacta, más bien la pluralidad de discursos refuerza el trato de la identidad de uno mismo y de los otros en un continuo y cerrado diálogo interno. La novela *Sefarad* plantea cuestiones parecidas y desafía al lector al desarrollar simultáneamente y de forma radical la narrativa en primera y en segunda persona. No hay ningún «Tú» estable al que el texto se dirija, el «Tú» al que se va refiriendo cambia de capítulo en capítulo. Por ejemplo, el «Tú» opera como tratamiento para el narrador, designa a la mujer de otra voz narrativa, pero también a Jewgenija Ginsburg, y finalmente también designa al lector.

El tratamiento directo hacia el lector sugiere una mezcla entre el mundo ficticio y el mundo real en que éste habita. Los límites entre el lector implícito y el verdadero quedan rebasados, y así se eleva la condición inestable del «Yo» en lenguaje: aquí se encuentran el «Yo» hablante y el «Tú» en una interrogación recíproca, como ya dijo Bajtín. En los pasajes de la novela donde se utiliza este tratamiento hacia el lector se establece una dimensión ética. A través de este tipo de confrontación se pone al lector en la piel del vulnerable personaje: «Y tú qué harías si supieras que en cualquier momento pueden venir a buscarte, que tal vez ya figura tu nombre en una lista mecanografiada de presos o de muertos futuros, de sospechosos, de traidores» (Muñoz Molina 2001: 71).

3. Límites de la representación

Junto a estas estrategias formales *Sefarad* contiene también una confrontación explícita con la representación literaria de acontecimientos históricos. Para entablar la discusión sobre la representabilidad de la «ruptura de civilización» en lo literario y especialmente en *Sefarad*, puede servir la siguiente cita de la novela: «Da pereza o desgana inventar, rebajarse a una falsificación inevitablemente zurcida de literatura. Los hechos de la realidad dibujan tramas inesperadas a las que no puede atreverse la ficción» (Muñoz Molina 2001: 214).

Este comentario autorreferencial parece destacable ya que el tema de la novela de Antonio Muñoz Molina es la catastrófica historia del siglo XX, historia que el autor narra centrándose en el sufrimiento de los judíos europeos. «Sefarad» es la palabra hebrea para la Península Ibérica, cuya historia española queda evocada en el título de la novela. Muñoz Molina combina en este texto documentos históricos con otros tipos de texto como las biografías de Milena Jesenká y de Margarete Buber-Neumann, la biografía de Nadeschda Mandelstam, las descripciones del destino de Jewgenija Ginsburg, los diarios de Victor Klemperer, los textos autobiográficos de Primo Levi y Jean Améry, y muchos más textos así como figuras históricas en un contexto ficticio.

Muy raramente se cuestiona el uso de hechos históricos en el discurso literario con tanta dureza como en los textos sobre la persecución y eliminación de los judíos europeos[2]. La «ruptura de la civilización» acontecida en Auschwitz destruyó completamente la inocente confianza en la capacidad de la literatura para fundar un sentido y ordenar el caos del mundo en una síntesis armónica. Sin embargo, la articulación del sufrimiento y el recuerdo del horror son necesarios. El texto literario es un medio importante para la articulación y el recuerdo del Holocausto, aunque desde el punto de vista actual nos parezca únicamente una forma legítima para hablar sobre el Holocausto que afirma claramente que las normas convencionales de la fundación del sentido en este contexto no tienen validez alguna.

Solamente aquél que sea consciente de la problemática inherente a cada exposición y de la caducidad de las formas del lenguaje, que sabe que la narración novelesca trae consigo la tendencia a crear un aura razonable y a mantener así callado en cierta medida el horror al genocidio, tan solo éste podrá hablar con plena responsabilidad sobre el Holocausto.

Cada confrontación política, histórica y artística con el genocidio queda unida desde una perspectiva determinada a una interpretación y a un interés en el presente por los acontecimientos del pasado. Ya que el recuerdo opera como un proceso de continua descripción y reinterpretación del pasado y el pensamiento encierra en sí la interpretación del acontecer, hay que marcar muy claramente el límite entre los testigos y los supervivientes auténticos y la literarización posterior de las fuentes originarias. Así es como los testigos han ficcionalizado en variadas ocasiones sus recuerdos del asesinato de masas en vez de registrarlos.

La entrega del premio Nobel a Imre Kertész en el año 2002 supuso el reconocimiento de esta literatura del recuerdo surgida en la segunda mitad del siglo pasado. Con el fin de que el recuerdo de lo vivido no se pierda y tampoco desaparezca de la memoria colectiva, el recuerdo personal se transfiere desde el documento del sufrimiento de la época hasta convertirse en la forma duradera de la construcción literaria. Por eso no se puede menospreciar a los autores con una experiencia histórica diferente que utilizan los archivos memoriales de los documentos de la época, cuyos recuerdos serán vertidos en el discurso literario del propio autor.

Mientras el recuerdo inmediato se desplaza hacia el archivo y los que recuerdan desaparecen, surge la confrontación con el recuerdo mediado de los que nacieron posteriormente. Nos encontramos en el delicado punto de transición

[2] Para comprender la variedad de diferentes opiniones y acercamientos teóricos es siempre instructivo: Friedländer (1992).

que va desde la facticidad hacia la ficción, desde los testigos de la época del sufrimiento hacia la empatía, hacia la proyección del sufrimiento en la imaginación de los que no comparten la experiencia histórica. La realidad literaria se convierte en la posibilidad de una realidad histórica ya que la literatura forma parte de la interpretación de la historia. Y es precisamente ese momento –cuando las propias incertidumbres se tematizan tomando en cuenta la poética y el contenido– el apropiado para cuestionar la reproducción histórica.

En el año 2001 el escritor austríaco Erich Hackl criticó duramente la novela de Antonio Muñoz Molina en la revista *Lateral*. El punto central de la crítica se basaba en la relación con los hechos históricos en el discurso literario de Muñoz Molina. Hackl vio en la novela de Muñoz Molina la realidad histórica coloreada y falseada con *kitsch*, sentimentalismo, es decir, como un reportaje sensacionalista. Hans-Peter Kunisch escribió en el *Süddeutsche Zeitung* que considera la novela como una obra de tercer rango, que tanto para el propio sujeto, como para el tratamiento del Holocausto o para su propio trabajo literario resulta inútil. Antonio Muñoz Molina había metido –según Kunisch– en el mismo saco una pluralidad de destinos auténticos, semiauténticos, remendados e inventados, con los que compuso una novela llena de novelas, un libro en «manera readers-digest» (Kunisch 2005: 14) que mezclaba improcedentemente el crimen cometido contra los judíos europeos con los crímenes del Estalinismo. Que Muñoz Molina haya intervenido de forma poética en los testimonios de los supervivientes y que haya cometido parcialmente algún fallo en la redacción de las biografías es algo que los dos críticos calificaban como una catástrofe: el autor ha sucumbido por culpa de su fascinación por el tema a exagerar hechos horribles mediante una retórica pomposa que convierte a la novela en una película histórica sentimentalista. Ambas posiciones se mantienen de forma ejemplar en el controvertido debate que la novela ha desencadenado merced a su mezcla de historias sobre personas reales y ficticias.

Es evidente que en cualquier literarización del Holocausto el lector se toma muy a menudo como un insulto cualquier discrepancia con la realidad histórica. La objeción «así no ocurrió, esto no es verdad», que parece tan inocente, adquiere mayor importancia aquí que en cualquier otra ficción histórica. El hecho histórico del Holocausto es único y singular y por eso requiere una literarización adecuada[3]. Cómo fue verdaderamente o qué ocurrió con certeza es

---

[3] Cf. el ensayo más reciente de discusión historiográfica sobre el estatus y el impacto del Holocausto: Diner (2007).

algo que concierne a la Historia. No obstante, la literatura puede narrar, según Ruth Klüger, lo que podría haber sido o lo que incluso podría añadirse –también lo que será (Klüger 2000: 9)–. Sin embargo, Muñoz Molina narra de forma fragmentaria desde una experiencia y perspectiva española. Con esto busca una conexión con el Holocausto, como el acontecimiento que, entretanto, ha alcanzado el estatus de icono negativo del siglo XX, pero, no para proponer una corrección de la representación literaria aparecida hasta el momento, ni tampoco para relativizar el sufrimiento de millones de personas al ligarlo con la situación específica de España, sino para reflejar desde la periferia las condiciones de la experiencia estética de los acontecimientos históricos más decisivos. La búsqueda de la conexión de la experiencia española a la más grande, a la terrible narrativa histórica del centro europeo se queda justamente en eso, en una búsqueda literaria como aquellas cuestiones que con vistas al futuro han de ser replanteadas.

Que esta cuestión sea a la vez universal y específicamente española, se hace visible en el apéndice donde Molina recopila todas las fuentes de su libro. Los escritos que allí aparecen pertenecen a la bibliografía básica de todo aquel que se interese por el siglo pasado. Y Molina toma nota de ello con asombro y sorpresa, en cierto modo como con retraso. Y lo narra desde un continuo extrañamiento. Así, le falta a su narración la profundidad, le faltan los mundos de sentido y de imágenes que transfieren la comprensión; aunque a la vez exija al lector reflexionar sobre esta incapacidad. De esta manera une la perspectiva periférica con la exigencia ética del lector: el sufrimiento de las catástrofes históricas del pasado no está hecho para que lo comprendamos; esto significa también que en la reflexión de esta paradoja literaria se nos impone la tarea de hacer todo cuanto esté en nuestras manos para evitar el sufrimiento futuro. He aquí la dimensión ética más característica de la novela[4].

4. Reflexiones

Tras estas observaciones me gustaría desglosar a partir de tres párrafos del relato la estética específica de la representación que en la novela de Muñoz Molina se hace tan patente.

---

[4] La cuestión del lector ético en la novela *Sefarad* también la he abordado en Zepp/Gordinsky (2008), véase sobre todo las páginas 71-97.

El primer pasaje aclara la singularidad formal de la novela, que cobra un significado especial en la relación de los hechos con el discurso ficticio. En ciertos puntos clave de la novela se encuentran pasajes detallados donde se le dirige inmediatamente la palabra al lector. La cita dice así:

> Sin que uno lo sepa, otros usurpan historias o fragmentos de su vida, episodios que uno cree guardar en la cámara sellada de su memoria y que son contados por gente a la que uno tal vez ni siquiera conoce, gente que los escuchó y que los repite deformándolos, adaptándolos a su capricho o a su falta de atención, o a un cierto efecto de comicidad o maledicencia. En alguna parte, ahora mismo, alguien cuenta algo que tiene que ver íntimamente conmigo, algo que presenció hace años y que yo tal vez ni siquiera recuerdo, y como no lo recuerdo tiendo a suponer que no existe para nadie, que se ha borrado del mundo tan completamente como de mi memoria. Partes de ti mismo se van quedando en otras vidas, como habitaciones en las que viviste y ahora ocupan otros, fotografías o reliquias o libros que te pertenecieron y que ahora toca y mira un desconocido, cartas que siguen existiendo cuando quien las escribió y quien las recibía y las guardaban llevan mucho tiempo muertos. Muy lejos de ti se cuentan escenas de tu vida, y en ellas tú eras alguien no menos inventado que un personaje secundario en un libro, un transeúnte en la película o en la novela de la vida de otro. Apenas hay detalles, y da pereza inventarlos, falsificarlos, profanar con la usurpación de un relato lo que fue parte dolorosa y real de la experiencia de alguien. Quién eres tú para contar una vida que no es tuya (Muñoz Molina 2001: 178).

De nuevo se formula de manera muy explícita la pregunta sobre a quiénes está dedicado el presente volumen. El pasaje sigue el camino de la realidad hacia lo ficticio y por consiguiente formula la tesis de que lo real y lo ficticio no quedan en posiciones verdaderamente antagónicas, sino que más bien aparecen como una aleación. Y sin embargo, al final del pasaje citado se encuentra otra vez un escepticismo parecido al que apareció en el párrafo citado al comienzo de este artículo: un escepticismo hacia la ficción en vista del poder brutal de la realidad.

¿Qué significa esta paradoja? Este pasaje se lee en un contexto en el que justamente se hace esto, ficción y experiencia histórica-individual quedan fusionadas, se imaginan los momentos no-documentados de los destinos de personas que fueron asesinadas. Según las palabras, numerosas veces citadas, del ensayo de Theodor W. Adorno «Crítica cultural y sociedad», del año 1951, después de Auschwitz sería imposible escribir poesía. Esta tesis de Adorno no pretendía ser ningún veredicto general sobre la poesía. Adorno consideraba posible escribir literatura tras el Holocausto, pero evidentemente sólo aquella que pusiera expresión al sufrimiento, que conmemorase el pasado y en la que quedara inscrita el dolor y la herida de Auschwitz (Traverso 2000: 28). En este contexto también es aconsejable cotejar la expresión de Adorno en relación con el texto completo. En las largas consideraciones fundadas de manera histórico-filosófica y teórico-cultural, Adorno afirma tras la cesura de Auschwitz su más profunda desconfianza hacia toda la cultura tradicional, incluida en su crítica de la cultura: «Ninguna sociedad que contradiga su propio concepto, el de humanidad, puede tener plena conciencia de sí misma» (Adorno 1998: 21)[5]. La crítica de la cultura «comparte con su objeto la ofuscación», ya que mientras ésta trata espiritualmente con la cultura y se distancia de ésta, solamente se distancia «del horror» (Adorno 1998: 21). Partiendo de este conocimiento aporético, Adorno propone un comportamiento dialéctico que no ha de describir ni «el culto al espíritu» ni «la hostilidad hacia el espíritu»: «El crítico dialéctico de la cultura debe participar y no-participar en ésta. Sólo así puede hacerle a ésta y a sí mismo justicia» (Adorno 1998: 29)[6].

Así se puede entender el juicio de Adorno, que por una parte considera la poesía tras Auschwitz como «bárbara» –en tanto que ésta forma parte de la cultura–, pero por la otra, la crítica de la poesía es cuestionable –en el sentido que cobra como crítica de la cultura–.

Estructuralmente, este pensamiento paradójico que deja caer la situación del arte tras Auschwitz en aporía –pero que aun así permanece necesaria para darle expresión al «horror»– se ha mantenido en Adorno hasta su *Teoría estética*. Desde mi punto de vista también se evoca en la novela de Muñoz Molina y precisamente con la misma estructura paradójica. La novela hace alusión a la contradicción no resuelta, al movimiento dialéctico negativo del pensamiento entre la posibilidad y la imposibilidad del arte ante el Holocausto. El sufrimiento tiene derecho de expresión al igual que antes, aun con todos los peligros de la estilización estética. En mi opinión, la novela de Muñoz Molina no tiende hacia ninguna síntesis positiva sino que más bien subraya la situación de la literatura en torno al sufrimiento como una paradoja. Adorno no enuncia ninguna

---

[5] «Keine Gesellschaft, die ihrem eigenen Begriff, dem der Menschheit, widerspricht, kann das volle Bewusstsein von sich selber haben».

[6] «Der dialektische Kritiker an der Kultur muss an dieser teilhaben und nicht teilhaben. Nur dann lässt er der Sache und sich selber Gerechtigkeit widerfahren».

prohibición de la expresión, más bien exige conciencia literaria para la incomprensibilidad del Holocausto. La obra de Samuel Beckett *Fin de partie* (1956), que en el plano objetivo no es ninguna pieza sobre Auschwitz, tiene en este contexto un valor paradigmático para Adorno. Él encontró en esta obra una deconstrucción de sus formas estéticas consciente y llena de sentido que reacciona ante el sin sentido de todo arte tras Auschwitz. Esto no significa que a Molina se le pueda encasillar fácilmente en la tradición de la estética negativa. Lo más interesante es cómo, desde una perspectiva española, aparece la posición de Adorno ya no tan inalcanzable como desde la visión alemana.

Sin embargo, el dictado de Adorno está anclado al contexto específico del período de posguerra. Este canon de los modos adecuados de expresión definido anteriormente como apodíctico y que aparentemente tiene una conexión causal con la culpa de la sociedad alemana defrauda las exigencias de la confrontación en el presente con las formas de expresión del Holocausto. La realidad social de los años noventa y del nuevo milenio no es la misma que la de los sesenta y setenta. La polémica actual se ve influenciada por la representación mediática del Holocausto. Esto ejerce un efecto retroactivo sobre la representabilidad de Auschwitz. Al pensamiento de una representativa no-representabilidad del Holocausto se le opone una representación del exterminio explícita y fuera de toda circunstancia. En mi opinión, la novela de Muñoz Molina está concebida como un diálogo estético con el pensamiento de Adorno, sin embargo, un diálogo que conecta una perspectiva histórica propia con una reflexión sobre cómo un país que ha vivido el Holocausto de forma periférica, a pesar de todo, mantiene el recuerdo de lo acontecido y puede quedar unido a un fomento de la confrontación española con retos actuales. La reflexión, entretanto, es genuinamente literaria.

Esto también se puede esclarecer mediante el segundo pasaje de la novela. La cita dice así:

> En una página de Internet he encontrado, en letras blancas sobre fondo negro, la lista de los sefardíes de la isla de Rodas deportados a Auschwitz por los alemanes. Habría que ir leyéndolos uno por uno en voz alta, como recitando una severa e imposible oración, y entender que ni solo uno de esos nombres de desconocidos puede reducirse a un número en una estadística atroz. Cada uno tuvo una vida que no se pareció a la de nadie, igual que su cara y su voz fueron únicas, y que el horror de su muerte fue irrepetible, aunque sucediera entre tantos millones de muertes semejantes. Cómo atreverse a la vana frivolidad de inventar, habiendo tantas vidas

que merecieron ser contadas, cada una de ellas una novela, una malla de ramificaciones que conducen a otras novelas y otras vidas (Muñoz Molina 2001: 569).

La tematización inmanente de la propia forma evoca las reflexiones de Adorno. La novela amplía a la vez todas las dimensiones del recordar literario. Cuanto más decisivamente ocurre esto, más forzosamente se remite al documento, cuya inmediatez ha de recuperarse mediante otras *modi* del lenguaje literario. Así, el sufrimiento infinito es sólo comprensible a través de la narración. No se trata en la novela de comprender el dolor y el sufrimiento que otros han sufrido, se trata de un acercamiento literario. La experiencia de la destrucción, la persecución y el exilio no son meras estadísticas, sino una narración de destinos individuales. Las voces que Muñoz Molina reúne hacen explotar lo abstracto de la persecución. Éstas iluminan las relaciones que, ante la contemplación de un destino colectivo y la reproducción de simples números, quedarían en las sombras. La tensión entre la formación estética y el mudo espanto del objeto histórico no queda suspendida, sino expuesta de manera explícita y ahí se encuentra implícita la respuesta a la pregunta por la voz narradora. En relación a esto surge una narración extremadamente densa y plural, que no explica nada, que le da forma literaria al desconcierto puesto que ésta se vuelve hacia el lector. Este último pasaje aclara la singularidad que hace de la novela un ejemplo del trato con los hechos y la ficción:

> No eres una sola persona y no tienes una sola historia, y ni tu cara ni tu oficio ni las demás circunstancias de tu vida pasada o presente permanecen invariables. El pasado se mueve [...]. No sabes lo que hubieras sido, lo que podrías ser, pero sí lo que de un modo u otro has sido siempre, visiblemente o en secreto, en la realidad y también en los ensueños de la imaginación, aunque tal vez no a los ojos de otros. [...] ¿Y si fueras de verdad lo que otros perciben, y no lo que tú imaginas ser, igual que no eres quien tú ves en el espejo, y que tu voz no suena como tú la escuchas? Hans Mayer, nacionalista austríaco, hijo de madre católica, agnóstico él mismo, aficionado a la literatura y a la filosofía [...], comprendió que era judío [...] porque otros decretaron que lo era. Eres Jean Améry viendo un pasaje de prados y árboles por la ventanilla del coche en el que lo llevan preso al cuartel de la Gestapo, eres Evgenia Ginzburg escuchando por última vez el ruido peculiar con que se cierra la puerta de su casa, adonde nunca va a volver, eres Margarete Buber-Neumann que ve la esfera iluminada de un reloj en la madrugada de Moscú, unos minutos antes de que la furgoneta en la que la llevan presa entre la oscuridad de una prisión, eres Franz Kafka descubriendo con asombro, con extrañeza, casi con alivio, que el líquido caliente

> que estás vomitando es sangre. Eres quien mira su normalidad perdida desde el otro lado del cristal que te separa de ella, quien entre las rendijas de las tablas de un vagón de deportados mira las últimas casas de la ciudad que creyó suya y a la que nunca volverá (Muñoz Molina 2001: 443).

El tratamiento dirigido al lector mediante una figura interna del texto con el pronombre personal en la segunda persona tiene consecuencias muy extensas. Como ya se apuntó anteriormente, el pronombre «Tú» pertenece a una categoría que no designa ni una realidad independiente del hablante o del receptor, ni a ninguna realidad objetiva en el espacio y el tiempo, sino que adquiere por primera vez un significado determinado en el acto del habla. Nadie queda excluido potencialmente de ser aquel al que ese «Tú» se está dirigiendo. El lector se acerca así al protagonista, participando más intensamente de sus vivencias ya sea de manera emocional o intelectual. La conexión que surge de esta manera posibilita no sólo una compenetración sino también una identificación del lector hasta cierto grado. Muñoz Molina, a diferencia de otros experimentos con el «Tú-narrador», como por ejemplo, en el caprichoso discurso dirigido al lector de Italo Calvino en *Se una notte d'inverno un viaggiatore*, toma la forma de su obra con seriedad, es decir, como un experimento formal con las dimensiones de la factualidad y la ficcionalidad. En la novela de Muñoz Molina se trata de movilizar la memoria colectiva contra el silencio sepulcral sobre las causas y consecuencias de la guerra y la dictadura en Europa. En este contexto el horizonte de las realidades españolas enunciadas por la novela *Sefarad* no debería quedar omitido del análisis.

5. Historias españolas

Durante muchos años, en el período de la Transición democrática en España, la investigación pública sobre la propia historia no quedó exenta de represión y violencia. Pero a partir del cambio de milenio lo que aparentaba ser un recuerdo congelado ha vuelto a salir a la luz. Y así la investigación, la literatura, los medios y la iniciativa de muchos ciudadanos se están ocupando de buscar a los desaparecidos durante la Guerra Civil o de aclarar los crímenes no expiados contra los derechos humanos durante la dictadura de Franco. El recuerdo de la Guerra Civil española, destacada como uno de los acontecimientos políticos más icónicos del siglo XX, pareció ser de gran alcance en todo lugar menos en el lugar mismo del acontecimiento, España. Para explicar esto se puede recurrir a diversos motivos, como por ejemplo la circunstancia de la paz interna de la nación tras la discordia que se mantenía mediante un acuerdo de silencio en una especie de amnesia colectiva (Diner 2007: 62). Sólo tras un largo período de silencio ordenado por el Estado o surgido por sí mismo volvería la narrativa del acontecimiento al dominio público con la distancia generacional correspondiente. En España volvió el recuerdo de la Guerra Civil unos sesenta años después de que acabara. El desencadenante fue la ley parlamentaria sobre la restitución que desembocó en un discurso del recuerdo que afectaría a todo el país. Esta misma ley seguía una tendencia impuesta por toda Europa hacia el recuerdo de los exterminios de masas. Este recordar le sirve al continente y a su unión como imperativo moral. Pero que España haya participado tan tarde en este canon de la narrativa europea es algo paradójico, ya que la Guerra Civil española perteneció durante décadas al grupo de acontecimientos emblemáticos en torno a la Segunda Guerra Mundial en la memoria universal (Resina 2000: 84). El supuesto primer acontecimiento que se encaminó hacia la catástrofe europea se une por último a los regímenes europeos que restituyen el recuerdo. Mas la tardanza española no es sólo la consecuencia de una memoria amnésica de la constelación de una Guerra Civil temprana (Traverso 2007: 40) sino que también es consecuencia de aquellos cambios en la forma de ver la Segunda Guerra Mundial. Si en el período de posguerra inmediato y en los años cincuenta, sesenta y setenta aún dominaba la imagen de una guerra ideológica y civil a escala mundial cuyo esquema significativo era la oposición fascismo contra antifascismo, más tarde esta imagen cambiaría adquiriendo con más intensidad el significado del Holocausto. Así que el genocidio y exterminio de masas como puntos de referencia para el recuerdo reemplazaron el dicotómico esquema ideológico. Esto contribuye a reducir la dominancia de la Guerra Civil española para el significado en los acontecimientos del siglo XX. De manera inversa crece otra tendencia en la interpretación de la Guerra Civil española que intenta liberar el acontecimiento del significado ideológico de antaño, es decir, del antagonismo impregnado por la lucha de clases, y en vez de esto le atribuye el significado de diferencias regionales o incluso étnicas.

La relación de la España de Franco con los judíos durante la fase más delicada del Holocausto es, hasta hoy en día, un tema muy controvertido[7]. Ya duran-

[7] El exquisito estudio de Bernd Rother resume la controversia y, a la vez, ha inducido el debate de nuevo (Rother 2001; traducción: Rother 2005).

te la segunda Guerra Mundial España propagó con mucho éxito la versión de que «incontables» judíos fueron salvados desinteresadamente de la deportación y la eliminación, lo que hizo ganar prestigio a un país que tan desacreditado estaba en la posguerra. Por una parte España concedió a los exiliados un visado para el tránsito a Portugal que al fin y al cabo le salvó la vida a entre 20.000 y 35.000 judíos (Rother 2001: 15).

Tras la expulsión, España mantuvo una relación bastante peculiar con sus súbditos judíos. Éstos estaban considerados como una «élite judía» gracias a la larga estancia en España –y eran apreciados como vanguardistas de la cultura española, sobre todo por sus intereses comerciales en el extranjero (Rother 2001: 120)–. Pero esta *sefardofilia* (Rother 2001: 12) tenía límites bien definidos: muchos sefardíes consiguieron la nacionalidad española en los años veinte. Este estatus extraordinario excluyó a los sefardíes de la jurisdicción osmánica y los subordinó a la alteza del consulado español del lugar. Cuando la ley caducó en 1923, España liberó a los asilados hasta que en 1930 pudieron adquirir la nacionalidad española. Así es como alrededor del Mediterráneo había numerosos españoles que nunca habían pisado suelo ibérico. Durante las persecuciones de los judíos llevadas a cabo por los nazis esta peculiar nacionalidad hizo las veces de salvación. Pero cuando España abrió sus fronteras en los años cuarenta esto no valió para todos los sefardíes que se vieron en apuros sino tan sólo para aquellos que pudieran demostrar una posesión de la nacionalidad española. Así que a diferencia del discurso oficial del Franquismo se les prohibió la entrada a España a todos aquellos judíos que no tuvieran los papeles en regla. La reacción de España ante el ultimátum de Alemania en enero de 1943, en el que se exigía la repatriación de los judíos españoles antes de marzo, ha quedado casi ignorada por la historiografía española (Rother 2001: 43). En vez de llevar a cabo una acción salvadora inminente y no-burocrática, el Ministerio del Exterior español insistió en un examen escrupuloso de los documentos personales o aún peor, llevó a cabo esta acción salvadora de manera grotesca –y tras numerosas peticiones de las autoridades alemanas, cuando ya fue demasiado tarde para muchos judíos–. Aquellos que consiguieron llegar a España no se pudieron quedar, ante su asombro, ya que fueron deportados a otro país rápidamente, lo que además no fue de la incumbencia de las autoridades españolas puesto que la logística de la deportación fue llevada a cabo por organizaciones americanas solidarias (Rother 2001: 22).

A Muñoz Molina le interesa exactamente este punto: el tratamiento adecuado de la propia historia española. Esta responsabilidad se la deja inmediatamente al lector, cuyo deber es desenmascarar la ilusión de estabilidad y seguridad democrática a través de una mezcla de biografías reales enfatizadas a través de una imaginación literaria que hace uso del apóstrofe.

6. Formas del recuerdo

La singularidad de la novela *Sefarad* radica en el roce del discurso ético con el estético. De esta manera Molina hace una apertura del discurso ético para la cuestión de la percepción y lo vincula al mismo tiempo a la cuestión de la responsabilidad. Las narraciones polifacéticas del texto reflejan experiencias que exigen un reconocimiento de otras personas. El lector real, al que Molina verdaderamente se dirige, debe cambiar a través de la lectura. Dentro de la lógica del texto es el destino de los personajes algo ya imposible de cambiar. Aunque fuera del mundo de la ficción queda incitado el lector a anticipar los peligros futuros de la exclusión.

En *Sefarad* hay un principio poético constitutivo que une todas las historias del libro sin tener en cuenta su estatus ficticio o no-ficticio. Para el autor lo importante es mostrar cómo cada persona ha caído en la situación de ser condenada, ya que la ley que aquí se literaliza es transcendental y por este motivo también más allá de la ficción o la no-ficción. Tanto las figuras ficticias de la novela como las reales quedan «condenadas»: el hombre que descubre que tiene una enfermedad mortal, la madre de la mujer del narrador en Valdemun, la mujer joven que fue vista por el soldado español en Narva, pero también las figuras históricas como Milena Jesenká, Willi Münzenberg y Eugenia Ginzburg. El estatus ontológico no puede librar a los personajes ni a las personas reales de la muerte. De la forma en que Muñoz Molina hace metáfora de las trágicas experiencias judías no quiere llegar a la relativización o al descrédito del significado del Holocausto. Él fija la tragedia judía en un contexto histórico más amplio para abrir los ojos de más lectores, para sensibilizarlos sobre la injusticia contra las personas sin tener en cuenta su procedencia.

El exterminio de los judíos europeos fue un acontecimiento de la Segunda Guerra Mundial. El esfuerzo de la novela de Antonio Muñoz Molina consiste en interrogar el lugar histórico de los acontecimientos del destructivo siglo XX y su significado para la idea futura del hombre en la civilización occidental. Esta meditación es introspectiva en un sentido universal. Hablar y escribir sobre el Holocausto es una elevación desde la distancia extendida en el tiempo hacia el acontecimiento histórico. Es cierto que en el desenlace de la guerra ya dominaba la convicción de que algo terrible y atroz había ocurrido. Pero este conocimiento intuitivo pareció desaparecer a partir de finales de los cuarenta y principio de los cincuenta. Por primera vez en la transición de los setenta a los ochenta pareció volver lentamente a la vida aquel tiempo de la memoria ausente. A partir de ahí y desde los años noventa cada vez más, el Holocausto empezó a ser tomado en cuenta como el icono negativo de la época –en todo caso en Europa y en el resto del Occidente– con una relevante discrepancia en comparación con las décadas anteriores. Las preguntas se plantean de nuevo: la cuestión del significado histórico del Holocausto, de su valor universal y de su influencia continua y duradera. La idea de historia, marcada por la experiencia de la Europa occidental, queda comprendida en una tendencia hacia la pluralización. Esta pluralización también se extiende a la narrativa de la Segunda Guerra Mundial. El tiempo vital de las personas que hasta entonces habían quedado olvidadas en espacios históricos abandonados vuelve a ser tomado bajo consideración. La singularidad del Holocausto encierra en sí un pensamiento argumentativo que sólo es posible dentro del marco de las diferenciaciones históricas. Al contrario, el significado de Auschwitz se encierra en un juicio histórico pospuesto y en la diferenciación de la percepción rehusada y antropologizada del sufrimiento humano (Levy/Sznaider 2001: 12). En todas partes se pueden reconocer estas tendencias hacia la supuesta universalización de la comprensión histórica, y la novela *Sefarad* de Muñoz Molina es al mismo tiempo parte de esta tendencia y su contrario. La novela tematiza la identificación literaria con el destino de los personajes, siendo ésta expuesta de diversas formas: como toma de posesión enriquecedora pero también como la extrañeza que mina la propia personalidad. Así se repite en el proceso de lectura y con la vista puesta en los otros aquella situación precaria entre la determinación de la alteridad y la percepción de uno mismo que a los personajes tanto históricos como ficticios de la novela les ha sido impuesta. Esta experiencia de la diferencia tiene dos direcciones: el lector no ve tan sólo el destino de los personajes de la novela sino que él mismo queda visto, la mirada de los otros se hace perceptible. La confrontación –inmediata y vinculada a la alocución directa– con el dolor de los otros le exige al lector que no se alce en la generalidad de los principios humanos que desaparecen, sino que comprenda la vulnerabilidad del hombre como individuo insustituible. En su novela *Sefarad*, Molina crea un espacio ficticio en el que la afiliación judía se convierte en una metáfora ética para la ley de exclusión, pudiendo ser ésta válida para todos los hombres.

En el tratamiento literario del Holocausto ha quedado claro que el lenguaje de lo auténtico no es equiparable a un informe austero sobre la realidad, sino que las formas literarias de la modernidad se complementan en su máximo extremo con la verdad existencial. Mijaíl Bajtín ya indicó en un estudio sobre la metodología de la investigación novelesca que la novela presenta relaciones muy características respecto a otros géneros del ámbito extraliterario –especialmente con el género de lo cotidiano y lo ideológico (Bajtín 1986)–. Ya que la novela surge en la zona de contacto con el acontecimiento indefinido del presente rebasa muy a menudo la frontera de lo específico en la literatura. Según Bajtín, las fronteras entre lo artístico y lo no-artístico, entre literatura y antiliteratura no están determinadas por los dioses de manera inmutable. Cada hecho específico es histórico. El devenir de la literatura no es sólo su crecimiento, éste también afecta a los límites de lo literario. El texto literario se funde con el discurso circundante y crea en forma de narrativa figurativa nuevas formas de significado y sentido que posibilitan una aprehensión y comprensión del mundo. Por eso las posibilidades de la literatura narrativa no están limitadas sino ampliadas. La literatura puede aclarar cómo habrá sido, que no es igual que decir solamente cómo podría haber acontecido, sino que va más allá: significa un cálculo, un contar en el narrar, una cuenta de lo que aún nos puede ocurrir. Significa actualizar cómo se supera y cómo algún día será comprendido.

Bibliografía

Adorno, Theodor W. (1998): *Kulturkritik und Gesellschaft I & II.* Darmstadt: Wissenschaftliche Buchgesellschaft.

Arnscheidt, Gero (2005): *Schreiben für den Markt: Der Erfolgsautor Antonio Muñoz Molina im spanischen Kulturbetrieb.* Madrid/Frankfurt am Main: Iberoamericana/Vervuert.

Assmann, Aleida (^{3}2006): *Erinnerungsräume. Formen und Wandlungen des kulturellen Gedächtnisses.* München: Beck.

Baer, Ulrich (2005): *«Niemand zeugt für den Zeugen». Erinnerungskultur und historische Verantwortung nach der Shoah.* Frankfurt am Main: Suhrkamp.

Bajtín, Mijaíl Mijáilovich (1986): *Problemas de la poética de Dostoievski.* México: Fondo de Cultura Económica.

Bartov, Omer (2000): «Der Holocaust. Von Geschehen und Erfahrung zu Erinnerung und Darstellung». En: Beier, Rosemarie (ed.): *Geschichtskultur in der Zweiten Moderne.* Frankfurt am Main/New York: Campus, pp. 95-119.

DEKOVEN EZRAHI, Sidra (1980): *By Words Alone: The Holocaust in Literature.* Chicago: The University of Chicago Press.

DÍAZ NAVARRO, Epicteto (2004): «La escritura de la historia: En torno a *Sefarad* de Antonio Muñoz Molina». En: *Ínsula,* 688, pp. 19-21.

DINER, Dan (2007): *Gegenläufige Gedächtnisse. Über Geltung und Wirkung des Holocaust.* Göttingen: Vandenhoeck & Ruprecht.

FRIEDLÄNDER, Saul (1992): *Probing the Limits of Representation. Nazism and the «Final Solution».* Cambridge: Harvard University Press.

— (2000): *Das Dritte Reich und die Juden.* Tomo 1: *Die Jahre der Verfolgung 1933-1939*; (2006): Tomo 2: *Die Jahre der Vernichtung 1939-1945.* München: Beck.

— (2007): *Den Holocaust beschreiben. Auf dem Weg zu einer integrierten Geschichte.* Göttingen: Wallstein.

FRIEDRICH, Sabine (2004): «Der Entwurf fiktionaler Spielwelten in Antonio Muñoz Molinas Roman *Sefarad*». En: *Romanische Forschungen,* 116.3, pp. 315-331.

GÓMEZ LÓPEZ-QUIÑONES, Antonio (2004): «El Holocausto según Antonio Muñoz Molina: Ética y escritura en *Sefarad*». En: *Ojáncano,* 6, pp. 59-75.

HACKL, Erich (2001): «El caso *Sefarad.* Industrias y errores del santo de su señora». En: *Lateral. Revista de cultura,* 78, junio, pp. 20-29.

HERZBERGER, David K. (2004): «Representing the Holocaust: Story and Experience in Antonio Muñoz Molina's *Sefarad*». En: *Romance Quarterly,* 51.2, pp. 85-96.

KLÜGER, Ruth (2000): *Dichter und Historiker: Fakten und Fiktionen.* Wien: Picus.

KUNISCH, Hans-Peter (2005): «Aus der Lagerhölle. Muñoz Molinas problematische Holocaust-Aufarbeitung». En: *Süddeutsche Zeitung,* 28, 4 de febrero, p. 14.

LANGER, Lawrence L. (1975): *The Holocaust and the Literary Imagination.* New Haven: Yale University Press.

LEVY, Daniel/SZNAIDER, Natan (eds.) (2001): *Erinnerung im globalen Zeitalter. Der Holocaust.* Frankfurt am Main: Suhrkamp.

LÓPEZ-VALERO COLBERT, Olga (2007): *The Gaze on the Past: Popular Culture and History in Antonio Muñoz Molina's Novels.* Lewisburg, PA: Bucknell University Press.

MARTÍNEZ, Matías (2001): «Authentizität und Medialität in künstlerischen Darstellungen des Holocaust». En: Martínez, Matías (ed.): *Der Holocaust und die Künste. Medialität und Authentizität von Holocaust-Darstellungen in Literatur, Film, Video, Malerei, Denkmälern, Comic und Musik.* Bielefeld: Aisthesis, pp. 7-20.

MUÑOZ MOLINA, Antonio (2001): *Sefarad. Una novela de novelas.* Madrid: Alfaguara.

RESINA, Joan Ramon (2000): «Short of Memory: The Reclamation of the Past since the Spanish Transition to Democracy». En: Resina, Joan Ramon (ed.): *Disremembering the Dictatorship: The Politics of Memory in the Spanish Transition to Democracy.* Amsterdam: Rodopi, pp. 83-126.

ROSENFELD, Alvin H. (1980): *A Double Dying: Reflections on Holocaust Literature.* Bloomington: Indiana University Press.

ROTHBERG, Michael (2000): *Traumatic Realism: The Demands of Holocaust Representation.* Minneapolis: University of Minnesota Press.

ROTHER, Bernd (2001): *Spanien und der Holocaust.* Tübingen: Niemeyer.

— (2005): *Franco y el Holocausto.* Madrid: Marcial Pons.

TRAVERSO, Enzo (2000): *Auschwitz denken. Die Intellektuellen und die Shoa.* Hamburg: Hamburger Edition.

— (2007): *A sang et à feu. De la guerre civile européenne, 1914-1945.* Paris: Stock.

WINTER, Ulrich (2005): «From Post-Francoism to Post-Franco Postmodernism: The "Power of the Past" in Contemporary Spanish Narrative Discourse (1977-1991)». En: Merino, Eloy E./Song, H. Rosi (eds.): *Traces of Contamination: Unearthing the Francoist Legacy in Contemporary Spanish Discourse.* Lewisburg, PA: Bucknell University Press, pp. 177-198.

YERUSHALMI, Yosef Hayim (1982): *Zakhor: Jewish History and Jewish Memory.* Seattle/London: University of Washington Press.

YOUNG, James E. (1992): *Beschreiben des Holocaust. Darstellung und Folgen der Interpretation.* Frankfurt am Main: Suhrkamp.

ZEPP, Susanne/GORDINSKY, Natasha (2008): *Kanon und Diskurs. Über Literarisierung jüdischer Erfahrungswelten.* Göttingen: Vandenhoeck & Ruprecht.

Trece rosas rojas, entre mito, historia y suceso real. Un análisis narrativo del libro de divulgación histórica de Carlos Fonseca

DAGMAR SCHMELZER

INTRODUCCIÓN

El mito de las trece rosas rojas parece ser uno de los más fructíferos y estimulantes del acervo de historias de la Guerra Civil española como se puede deducir del número de publicaciones y adaptaciones mediáticas de los últimos años. Además de la novela de Jesús Ferrero *Las trece rosas* (2003), también traducida al francés en 2005, y otra de Ángeles López, *Marina, la rosa número trece* (2006), el suceso se menciona en otras novelas sobre la inmediata posguerra española, por ejemplo en *La voz dormida* de Dulce Chacón (2002). En octubre de 2006 se estrena una obra de teatro intitulada *Trece Rosas* en el Teatro Tantarantana en Barcelona. En 2007 la adaptación fílmica de Emilio Martínez-Lázaro bajo el título *Las 13 rosas* contribuye aún más a la difusión del mito. Asimismo, el suceso es tema de varios tratamientos no-ficticios, por ejemplo de la película documental *Que mi nombre no se borre de la historia* de Verónica Vigil y José María Almela (2004)[1].

También el libro de divulgación histórica *Trece rosas rojas* (2004) del periodista Carlos Fonseca se dedica a la historia de las trece jóvenes ejecutadas el día 5 de agosto del 1939. El punto de partida del presente estudio será un análisis detenido de las estructuras narrativas del libro de Fonseca. Como libro de historia éste tiene una obligación más rigurosa con la «realidad de los hechos» y es interesante ver que Fonseca mezcla técnicas de novela, o sea, técnicas narrativas en un sentido más amplio y técnicas de documentación científica para crear una red compleja de informaciones sobre el suceso en cuestión.

---

[1] Jaime Céspedes Gallego incluso menciona un espectáculo de flamenco que se basa en el tema de las trece muchachas ejecutadas. Para una comparación de las estrategias narrativas de Fonseca con los de la novela de Jesús Ferrero cf. Céspedes Gallego (2007).

El presente estudio se acerca al asunto *fact/fiction* desde el lado de la historiografía, porque la historiografía tiene una relación más conflictiva con lo real (Schmelzer 2008: 204-206). Esto es bastante obvio visto que desde la autonomización del sistema «literatura» esta última se define como ficción e incluso como despragmatizada, y por lo tanto se inmuniza contra el reproche de mentira[2].

La historiografía nace de la literatura o mejor dicho, del sistema de artes en que coexistían ambas antes de su autonomización a partir de finales del siglo XVIII y a lo largo del siglo XIX, proceso que se describe en los estudios de Niklas Luhmann (p. e. 1998). El patrimonio narrativo de la historiografía tiene, desde esta perspectiva, un fundamento histórico (Fulda 1996: 39; pássim). La autonomización de la literatura tanto como la academización de la historiografía llevaron consigo la diferenciación entre la narración ficticia y la narración factual. Ambos procesos visaron a un público de élite y se apartaron de un naciente público de masas (Gossman 1990: 6; 62-63).

En el libro de divulgación histórica se pone fin a esta separación, tanto como en la novela (histórica) de éxito. Ambos se proponen escribir para un público de masas democráticas e interesadas en los procesos sociales y socioculturales del país. Para este fin el libro de divulgación actual se instala en un ámbito intelectual muy cerca del periodismo, se sirve muchas veces de un modo de representación híbrido, docuficcional e integra técnicas narrativas literarias. Este acercamiento entre ficción y *faction* para interesar a un público implicado en la negociación política y social se da también por parte de la literatura, para la que, terminada la fase de posmodernismo ensimismado, el compromiso ético (Pereiro 2002: 9; pássim) y económico (Neuschäfer 2003: 157; 160) ya no representan un tabú. Este fenómeno no es sólo de índole socio-cultural, sino que tiene resultados y consecuencias estéticas que se pueden observar en las estructuras y técnicas narrativas de las publicaciones docuficcionales como un cruce de fronteras entre los dominios de ficción y no-ficción.

El libro de Fonseca ocupa un espacio intermedio entre la narratividad literaria y una presentación documentaria e historiográfica, y eso tanto en sus técnicas de representación como en cuanto a la pragmática o a la oferta de recepción implícita. El análisis que sigue se propone demostrar que el libro de divulgación histórica se sirve de las posibilidades narrativas literarias para crear un efec-

---

[2] La literatura como ficción no puede mentir en el sentido propio de la palabra porque no esconde la intención de contar historias que no corresponden a los hechos y no quiere engañar (Mecke 2007: 10).

to identificatorio entre la historia contada y el lector con el fin de acercar el discurso histórico a la praxis social del momento. En un primer capítulo se introduce la definición de la narratividad literaria según Monika Fludernik, que pone el acento precisamente en la oferta de identificación que establece un texto literario. En el segundo capítulo se hace hincapié en el papel del acontecimiento como suceso significativo que ofrece al lector una experiencia liminal, fuera de lo común. Los elementos de narración literaria se sitúan, finalmente, en el panorama de características tradicionales de la novela histórica de corte realista y se tipifican mediante las categorías que propone Ansgar Nünning (2002: 549-552) para describir la ficción metahistoriográfica posmoderna.

Historiografía y narratividad: fábula y *experientiality* (Fludernik)

La obligación de la historiografía con la ficción tiene a ver con una tensión epistemológica básica: Para Michel de Certeau lo que define la historiografía es precisamente la tensión dialéctica entre lo real y lo ficticio. Escribir la historia es el proyecto paradójico de construir un discurso –es decir fingirlo– que constituye su objeto –la historia– como real. El historiador intenta eliminar todo vestigio de ficcionalidad en una crítica rigurosa de las fuentes. Por eso, lo excluido, la ficción, es un elemento integrante en el proceso de conocimiento histórico[3]. La historia se constituye en un espacio intermedio entre la ficción y lo real. Michel de Certeau subraya así el aspecto performativo de la historiografía que construye su objeto en un acto de enunciación (Jaeger 2002: 68-72).

Que la historiografía «narra», es decir, que cuenta historias de las que se deduce un sentido no es una idea nueva. Ya Hayden White mantiene que toda historia se basa en estructuras narrativas que dan sentido al relato[4]. La historiografía –según la teoría constructivista– no sólo detecta y describe estructuras

[3] «Aussi l'historien peut-il seulement écrire, en conjuguant dans cette pratique l'"autre" qui le fait marcher et le réel qu'il ne représente qu'en fictions» (Certeau 1975: 23).

[4] En esto, la historiografía no se distingue de la literatura en sus estrategias de generación de sentido. Pero el carácter específico de la historia histórica reside en su relación con lo «real»: «Common opinion has it that the plot of a narrative imposes a meaning on the events that make up its story level by revealing at the end a structure that was immanent in the events all along» (White 1987: 20). Esta fórmula implica la suposición que las historias se refieren a algo real, «immanente a los acontecimientos» y anterior a la construcción historiográfica.

existentes de antemano sino que añade una interpretación a los hechos históricos. Define Hans-Michael Baumgartner:

> Geschichte ist [...] weder wiederholendes Abbild noch verdoppelnde Reproduktion des Geschehens, sondern eine spezifische, Bedeutung und Sinn verleihende konstruktive Organisation räumlich-zeitlich lokalisierbarer Elemente, Vorgänge, Ereignisse, Handlungen (Baumgartner 1976: 277).

Hay un consenso sobre este carácter narrativo de la historiografía –por lo menos en el caso de ciertos modelos históricos– como es el caso de la historiografía del siglo XIX, regida por las grandes construcciones metahistóricas de la filosofía histórica, o como, más recientemente, las microhistorias de la historia cultural[5].

Todas estas observaciones, sin embargo, se basan en la definición más corriente de lo narrativo que pone el acento en la fábula: narrar es contar una historia que, a su vez, es definida como sucesión de acontecimientos (p. e. Rimmon-Kenan 1983: 3)[6]. Según Daniel Fulda se trata de un concepto de la narratividad que se centra en la «Geschichtslogik», en la mecánica del tramado, no en un concepto poetológico (Fulda 1996: 29) o literario en sentido estricto. Para acercarse a la narratividad literaria se tiene que tener en cuenta –aparte de este aspecto de selección del material histórico y de su configuración en relato– el nivel discursivo de la narratividad (Nünning 2002: 553).

En cuanto a este aspecto el concepto de narratividad de Monika Fludernik puede aclarar la diferencia entre la narratividad historiográfica y la literaria. Monika Fludernik intenta una redefinición de la narratividad desde la presencia de una conciencia cognitiva en la historia y/o en su percepción/representación, lo que posibilita la identificación activa del lector con un agente humano o antropomorfo, identificación que ella llama «experientiality»[7].

Esa definición tiene no sólo la ventaja de privilegiar la oferta de identificación al tramado de sucesos en la definición de lo narrativo, sino que también permite un nuevo acceso a la relación entre hecho y ficción como se ve en la

---

[5] P. e. las de un Le Roy Ladurie o un Carlo Ginzburg, etc.

[6] Los aspectos definitorios de esta narratividad son el carácter retrospectivo, la perspectividad, la selectividad y la particularidad (memoria de un grupo específico) (cf. Rüsen 1997: 315-316).

[7] Es decir la «redefinition of narrativity *qua* experientiality *without* the necessity of any actantial groundwork» (Fludernik 1996: 13).

siguiente definición de *experientiality*: Es un «cognitive schema of embodiedness that relates to human existence and human concerns» (Fludernik 1996: 13). En este sentido el realismo narrativo es una «mimetic representation of individual experience that cognitively and epistemically relies on real-world knowledge» (Fludernik 1996: 38). Es decir, que la narratividad implica cierta corporeidad, una relación con la praxis, porque el proceso semiótico de la lectura implica el saber sobre el mundo real y la construcción de sentido funciona según mecanismos cognitivos equivalentes a los válidos en la praxis[8].

El discurso corriente de la historiografía, según Fludernik, es sólo narrativo en un grado reducido porque no invita a la identificación del lector. Recordemos que para Roland Barthes, por ejemplo, la ausencia de locutor y locutario del texto es una de las características del discurso historiográfico (Barthes 1968: 174-175). Es decir, la *experientiality* no es muy pronunciada en estos textos (Fludernik 1996: 26).

El presente ejemplo de Fonseca, sin embargo, utiliza esta narratividad de segundo grado no sólo según White sino también según Fludernik[9]. En eso se acerca a la novela histórica. Lo específico para la novela histórica tradicional es la modelación de un conflicto social o bélico –supraindividual en todo caso– mediante el ejemplo individual de un personaje concreto (más o menos ficticio) con el que el lector o lectora se pueda identificar.

Suceso e historia

El papel del acontecimiento o suceso en la historiografía parece ser vinculado al destino de la narratividad: la historia de sucesos se critica en su momento por ser demasiado superficial, por mantenerse en lo político sin tener en cuenta lo económico y social, por acentuar el papel de los «grandes hombres», etc. Después del auge de una historia decididamente anti-narrativa que enfatiza las

---

[8] Vista la oposición corriente entre praxis y representación esta definición asemeja la ficción a la percepción de la realidad en cuanto a su base cognitiva. En esto, la narratividad de Fludernik tiene mucho en común con el concepto de historiografía de Roger Chartier para quien el trabajo histórico es un trabajo que concierne la relación entre representación y praxis (Chartier 1992: 39).

[9] En el sentido de Peter Schmitter no se trata aquí de un estudio de la narratividad antropológica y/o historiográfica sino de un estudio del nivel textual de la narratividad, de un estudio concreto de las estructuras narrativas del libro en cuestión (cf. Schmitter 2003: 62).

estructuras de *longue durée* (Braudel) y los métodos estadísticos de la ciencia dura, el suceso se rehabilita con el *linguistic turn* pero en una escala diferente: se enfoca en el suceso privado, cotidiano, típico de la microhistoria o la historia cultural[10].

El renovado interés en el suceso lleva consigo nuevos modelos del acontecimiento[11]: el suceso se interpreta y lee, por ejemplo, como un tejido simbólico en que se manifiesta la estructura en sí invisible, en una construcción lógica parecida a la oposición medio/forma de Luhmann: el medio no se percibe sino sólo se deduce de las características de la forma en que se materializa (Luhmann 1995: 166-168). Aunque se trate de la descripción técnica de un funcionamiento más o menos mecánico ya en esta definición del acontecimiento se ve cierto énfasis en la función revelatoria del acontecimiento, que adquiere cierta aura de individualidad.

Este carácter epifánico se hace más patente en el modelo de Bourdieu: según él, un momento crítico nace de la conjunción de acontecimientos críticos, de aspectos de crisis (Bourdieu 1988, cf. Gilcher-Holtey 2001: 121). El momento crítico es un hueco en el tiempo en que todo parece posible, un proto-mítico momento cero que abre posibilidades (mentales) hacia un futuro abierto, un momento de creatividad individual y colectivo, un momento límite que produce un reajuste de los valores.

Visto desde la perspectiva de las teorías de la performancia, el suceso se estiliza como una auténtica experiencia de liminalidad[12]. Dieter Mersch, por ejemplo, ve en el suceso la «Bemächtigung durch ein Anderes», acompañada por emociones de estupor (*thaumaton*) o de furor (*tremendum*). El momento aurá-

---

[10] Para una breve introducción a la historia de la historiografía cf. p. e. Raphael (2003), un enfoque basado más sobre la historia cultural se encuentra en Burke (2005).

[11] La tensión entre estructura y acontecimiento se disuelve en la acción: la estructura es condición y producto del actuar histórico (Anthony Giddens, cf. Welskopp 2001: 103; 108).

[12] «Ereignis läßt sich weder ontologisieren noch funktionalisieren. Es ist zugleich destruktiv und konstruktiv, degenerativ und generativ. Es kann weder auf Bestehendes, noch auf eine –welcher Zeitdimension auch immer angehörende– Gegenwart zurückgeführt werden, sondern verlangt eine radikalere Besinnung auf die Zeit und ihre Auswirkungen. Denn ein Ereignis wirkt vor und nach. Nachträglich noch besitzt es die Fähigkeit, "alles" in ein anderes Licht zu rücken, zu verrücken und ent-stellen, insofern es Zäsur ist –und somit Zensur. Ereignis ist weder antizipierbar noch kalkulierbar, es ist weder im Sensiblen noch im Intellegiblen angesiedelt, sondern geht ihrer Trennung voraus. Es unterwandert damit die Kategorien der Urteilskraft, der reinen und der praktischen Vernunft» (Michels 2003: 77).

tico reclama atención, es decir, una reacción, un acto responsivo (Mersch 2002: 29). En la responsividad de Mersch se vislumbra el aspecto social o pragmático del suceso: según Suter y Hettling un suceso sólo se puede percibir como tal vista la sorpresa o conmoción que conlleva, que deben ser de naturaleza colectiva y se producen sobre el fondo de un horizonte de expectación compartida (Suter/Hettling 2001: 24-25).

Carlos Fonseca se inscribe en esta tendencia de performancia del acontecimiento para re-presentar el pasado, para establecer un vínculo de experiencialidad con él y hacer palpable un momento aurático que se integra así en la experiencia vivida e indiscutible del colectivo lector[13].

La estructura novelística del libro de Fonseca

En *Trece rosas rojas*, de Carlos Fonseca, la trama sobre las trece jóvenes ejecutadas sirve como un primer plano que permite la identificación del lector con unos personajes en una situación límite –un acontecimiento– para poder pintar en un segundo plano un cuadro de trasfondo con detalles sobre la vida cotidiana de posguerra: los precios de los víveres, los procedimientos de las autoridades franquistas para aumentar las dilaciones, el salvoconducto, datos que ilustran bastante bien las dificultades de la vida cotidiana de posguerra y que se complementan con datos más específicos sobre la reorganización del PCE y de las JSU en circunstancias precarias. Es decir, que tenemos una situación muy parecida al modelo clásico de «novela histórica»: La constelación política y social de una determinada época se ilustra con ejemplos concretos. Pero en el caso de Fonseca los personajes protagonistas no son ficticios[14] y la relación trama/fondo queda ambivalente: las informaciones de fondo ayudan a la identificación con el mundo y los personajes, mientras que la identificación con los personajes establece, a su vez, el interés por el mundo en que vivían. Esto se ve también en la estrategia de venta del libro: explota claramente el afán de identificación del

---

[13] El afán de crear una relación estable y segura con el pasado parece ser la actitud dominante frente a la Guerra Civil desde el principio del siglo XXI (cf. la contribución de Winter al presente tomo).

[14] La novela histórica tradicional o trata de las grandes personalidades históricas –que en este caso tienen un fondo de hechos– o se sirve de gente de a pie ficticia que incorpora modélicamente las fuerzas históricas (Lampart 2002: 18).

cliente prometiendo en el subtítulo «La historia más conmovedora de la guerra civil» y presentando a una muchacha joven y guapa en un día de sol.

El libro empieza con un capítulo que cuenta la «saca» de las sentenciadas el día 4 de agosto desde su perspectiva, citando largamente, como se puede averiguar leyendo el anexo, las cartas de despedida de las difuntas. El suspense deriva de la prolepsis, de la diferencia de información entre personajes (inadvertidos) y narrador (omnisciente) y de la inmersión del lector en el mundo narrado: «La hora era inusual. Se había cumplido ya la medianoche y las reclusas dormían ajenas a la tragedia que estaba a punto de ocurrir» (Fonseca 2004: 13).

Con este capítulo se abre un paréntesis que se cierra con el capítulo 16 y último, intitulado «La Saca (II)», que cuenta los acontecimientos del día 5 de agosto. Entre estos dos capítulos se narra con detenido analepsis la prehistoria del acontecimiento.

Esta estrategia se repite en el resto de los capítulos. Empiezan con un personaje (en el caso de que se trate de una de las trece rosas, este personaje se nombra en el subtítulo). Muchas veces se construye una focalización interna o una situación escenificada en detalle para después, en un analepsis, relatar las biografías sucintas de los personajes en cuestión. En las pequeñas biografías se indican la situación familiar, la adhesión política, los antecedentes curriculares y de la vivienda, el carácter en general y la situación momentánea del personaje.

El capítulo 6, titulado «Las chicas de Chamartín»[15], parte con un primer párrafo desde la perspectiva de Ana, lo que sólo se intuye: «Francisco, su novio, se lo dijo muchas veces, pero ella, erre que erre, se negó a hacerle caso. La guerra estaba perdida y había que salir de Madrid antes de que llegaran los nacionales, porque quizá después sería demasiado tarde» (Fonseca 2004: 91).

En el segundo párrafo se añade la prehistoria y se aclara la identidad de «ella»: «Francisco Agudo y Ana López Gallego se habían ennoviado dos años antes, en febrero de 1937» (Fonseca 2004: 91). La historia de Ana se organiza alrededor de su relación amorosa con Francisco, relación epistolar durante años dada la militancia de Francisco en el frente. La introducción de Francisco permite echar un vistazo a las condiciones de lucha en las trincheras:

> En las trincheras, al menos, se comía algo: dos sopicaldos –uno a mediodía y otro por la noche–, un poco de pan y un cazo de agua ennegrecida con cebada tostada

[15] Empieza con el subtítulo «Cinco rosas: Ana López, Martina Barroso, Victoria Muñoz, Elena Gil, Luisa Rodríguez».

que hacía las veces de café. Como tampoco había tabaco, se fumaba la maloliente hoja seca de la berza, o la de la manzanilla (Fonseca 2004: 92).

Pero no se profundiza en la cuestión y el relato sigue con otros detalles[16]. Los datos concretos son suficientes para ilustrar las condiciones precarias de vida en el campo militar, para hacerlas sensibles incluso para lectores que carecen de una experiencia similar. Sin embargo, la escena no se explota simbólicamente ni se instrumentaliza para desarrollar más la acción o los personajes. Queda así limitada la función de la ficción: sólo sirve para establecer el interés emotivo necesario. Se ve claramente el modelo novelístico de la presentación, pero, visto el fondo de hechos, el texto revela una clara reivindicación documental.

La fuerte presencia del narrador omnisciente se manifiesta en la organización temporal del relato, en el modo de introducción de los personajes, en la construcción consciente de una dimensión de fondo con detalles sobre la vida, en las estructuras de suspense y en comentarios y evaluaciones de boca del autor/narrador que a veces son incluso irónicos. Entre los episodios hay pasajes claramente autoriales que explicitan la función organizadora del autor/narrador, por ejemplo a finales del capítulo 8: «Siguiendo la pista del joven Pena la policía franquista dio con el paradero de otros desafectos, que sin tener nada que ver con la trama organizativa de las JSU ni del PCE, sí lo tienen con esta historia» (Fonseca 2004: 119)[17].

Para resumir: El carácter de *experientiality* y la estructura de novela histórica parecen bastante obvios, pero estos elementos son más un medio para trasmitir una información más de fondo sobre el mundo histórico de la guerra y la posguerra que un fin en sí. Las estrategias novelísticas, aparte de aparecer sólo en ciertos puntos del relato y no permanentemente, son bastante convencionales y carecen de originalidad literaria.

Esta última observación se confirma al comparar el texto de Fonseca con las convenciones narrativas de la llamada novela metahistoriográfica de corte posmoderno como la describe Ansgar Nünning. Nünning propone una redefinición de la «novela histórica» para poder integrar en el concepto formas posmodernas que se alejan del modelo de «ficcionalización de la Historia (con mayúscula)» para acercarse a una escritura autorreferencial que tematiza, ya sea

[16] Con los planes de Francisco de salir de España al terminar la guerra y con la situación familiar de Ana, la mayor de cuatro hermanos de los que se sentía responsable.

[17] La frase introduce el capítulo 9: «Blanca Brisac».

explícitamente o por la semantización de sus medios de representación, las condiciones epistemológicas de la construcción histórica. En este contexto se introduce una amplia gama de elementos descriptivos para caracterizar este nuevo tipo de novela histórica (Nünning 2002: 547-549).

El libro de Fonseca sólo tiene algunas de las características de este tipo de novela. Por ejemplo, tiene cierta tendencia a la intertextualidad por la citación de fuentes y documentos, de los que algunos se reproducen también en el libro. El libro cita también dos pasajes literarios al principio (hecho al que se volverá en lo que sigue).

Asimismo se observa el efecto de crear un relato plural, aunque esto no destaca mucho por la fuerte presencia del autor/narrador que presenta un relato coherente en el que se mezclan las voces de testigos y de artículos de prensa citados extensamente (Nünning 2002: 554).

En ambos casos la coincidencia con los criterios de Nünning es más formal que esencial vista la funcionalidad distinta de estas técnicas. Lo que falta en el libro de Fonseca es la problematización de la narratividad en sí. El pluralismo de técnicas de presentación revela un uso conciente de la ficcionalidad, eso sí, pero los distintos elementos del libro tienen una relación complementaria, que estabiliza el discurso en vez de desorganizarlo[18].

Otras características de la novela histórica posmoderna no aparecen del todo: no hay ninguna semantización de lugares, de objetos y de acontecimientos, ni del tiempo –excluido, por supuesto, el acontecimiento del fusilamiento–.

La obligación de Fonseca con el material documentario: el aura del suceso

El texto adopta el aspecto formal de una publicación científica y tiene deudas con las convenciones de la escritura científica historiográfica[19]: se utilizan notas

[18] Quizá se trate de un texto «revisionista», que quiere corregir la versión dominante de la historia (Nünning 2002: 558-559). Como es un relato sobre unas víctimas de la persecución de posguerra desde la perspectiva de los vencidos que, además, recurre a un mito del acervo cultural republicano, eso parece bastante convincente.

[19] Dorrit Cohn llama el conjunto de técnicas que, en un texto historiográfico, establecen una «textual zone intermediating between the narrative text itself and its extratextual documentary basis» el «"perigraphic" apparatus» (Cohn 1990: 782).

a pie de página que dan informaciones complementarias, por ejemplo sobre personajes secundarias (p. e. Fonseca 2004: 55; 65), órganos gubernamentales, militares y de administración (p. e. Fonseca 2004: 51) o sobre las instituciones políticas (p. e. Fonseca 2004: 48) en cuestión. En la mayoría de los casos las notas indican las fuentes, por ejemplo en el caso de documentos extraídos de las actas de proceso. Muchas veces la fuente es menos un documento asequible a todo interesado que una fuente informal del autor («Todos los datos familiares han sido facilitados al autor por José Luis López Gallego, único hermano de Ana que aún vive», Fonseca 2004: 94). En el caso de citaciones en oración directa muchas veces se indica brevemente: «Entrevista con el autor» (p. e. Fonseca 2004: 54). Las citaciones directas están entre comillas; las omisiones se indican con tres puntos entre paréntesis. La indicación de las fuentes se da muchas veces a posteriori, al final de un pasaje de varias páginas. Durante la lectura de un pasaje la historia adquiere así un estado intermedio entre documento y ficción[20]. El acento documentario del libro de Fonseca está en las fuentes que autentifican las historias individuales mientras que las informaciones de fondo (p. e. precios de víveres, transporte público, etc.) quedan muchas veces sin indicación de fuente. Esto es curioso, visto que en la novela realista es al revés. Balzac, por ejemplo, autentifica las vidas ficticias por informaciones nimias de trasfondo bien documentadas.

Al final del libro se encuentra un fichero con biografías cortas de los principales protagonistas que mejora la orientación puesto que ésta se da sistemática y escuetamente y no subordinándola a funciones narrativas como a lo largo del relato anterior. Esparcidas por todo el libro se encuentran doce fotografías, cinco de las fallecidas, dos de la prisión Las Ventas y de su directora, cuatro fotocopias de las letras de despedida y una fotografía de la placa conmemorativa en el cementerio La Almudena. Además, el anexo contiene la transcripción de documentos originales: de las letras de la prisión, de actas del proceso y de la sentencia. Sigue una bibliografía con títulos de testimonio[21] y una bibliografía crítica.

[20] Veamos p. e. el capítulo 7, que trata de la delación de Joaquina López y de sus hermanos. La cita de un documento se indica por «...» y por (...) en Fonseca (2004: 104), pero sin aclarar el origen de la fuente. Sólo en Fonseca (2004: 109) se cita en una nota a pie de página la declaración de Joaquina en el marco del procedimiento sumarísimo de urgencia número 14.388. Se supone que los demás informes citados explícitamente o parafraseados pertenecen también a estas actas, dato que no se hace explícito.

[21] P. e. Max Aub, *Campo de los Almendros.*

Para el análisis funcional de la escritura documentaria se elige como punto fuerte la triple presencia de las cartas: primero, se integran en el tejido narrativo, de carácter admitidamente ficcionalizado, reproduciendo así la focalización interna de las protagonistas por sus mismas palabras autentificadas. Segundo, se transcribe su contenido en el anexo en forma de documento histórico del que interesan la integridad y las palabras exactas. Es decir, que se hace hincapié en la veracidad y precisión de la cita anterior, de su correlación exacta con los «hechos» documentados. Tercero, se representa una fotocopia de la carta original como testimonio tangible de la corporeidad del documento, de su carácter de vestigio. Las tres manifestaciones mediales distintas tienen funciones diferentes pero entrelazadas entre sí. Manifiestan la materialidad «histórica» de la voz que se escenifica mediante estrategias narrativas ficcionales. El aura del testimonio vivo del 1939 reside en dos aspectos complementarios, en una tangibilidad doble: por la presencia visual del vestigio y por la experiencialidad narrativa, documentadas y verificadas las dos por la transcripción del documento según las convenciones de la ciencia.

Se añaden otros elementos documentarios al tejido: «documentos» pertenecientes al universo simbólico. Al principio se citan como lemas un poema de Miguel Hernández de su libro *Cancionero y romancero de ausencias*, escrito 1938-1941, y la conocida frase de Unamuno de «Venceréis, pero no convenceréis» (Fonseca 2004: 11). La citación de la Pasionaria «Más vale morir de pie que vivir de rodillas» introduce el segundo capítulo (Fonseca 2004: 27), es decir el recurrido histórico de la España de posguerra. Fonseca no se limita a la historia social y material sino que se refiere también al universo simbólico y mítico de los vencidos.

Según Frank Ankersmit es precisamente el contexto verbal de la experiencia histórica que hace posible el entendimiento sensorial del pasado (Ankersmit 1997b: 389; pássim). Ankersmit presenta este concepto sensorial de la experiencia histórica como posibilidad de traspasar el dilema posmoderno de la historiografía. El contacto con el pasado mediante del revivir lingüístico-semiológico de los textos del pasado es una experiencia de naturaleza estética (Ankersmit 1997a: 110)[22]. El mundo pasado resucita en sus textos para facilitar la identificación con los hechos pasados en una auténtica revelación aurática. Para revivir el suceso pasado el pasado se hace suceso. Para llegar a un efecto de

[22] Ankersmit aduce el ejemplo de Huizinga.

comunicación con el pasado en el sentido de Ankersmit Fonseca selecciona un acontecimiento concreto, que reclama responsividad, según Mersch, y lo cuenta utilizando las estrategias de la *experientiality*. Para Monika Fludernik, lo narrativo «natural» vive del acto performativo que reafirma lo contado y lo atestigua por la mera repetición verbal (Fludernik 1996: 77-78). La historia se crea y se recrea por el mero hecho de ser contada, en el proceso mismo de la narración, en un acto de performancia. Así se hace verdad el deseo de la rosa Julia Conesa que cierra su carta de despedida con las palabras: «Que mi nombre no se borre en la historia» (Fonseca 2004: 24; 296)[23].

La función global del esfuerzo documentario de Fonseca estriba en la reconstrucción del universo mítico de los vencidos, del patrimonio de una identidad cultural a punto de perderse, tanto por la supresión franquista que por el pacto de silencio de la Transición y por el paso natural del tiempo –la generación portadora de la memoria colectiva tiene ya una edad muy avanzada–.

El intento de salvar y rehabilitar la memoria de una de las dos Españas se hace explícito: el libro va dedicado a los padres de Fonseca y a «todos los que perdieron la guerra» (Fonseca 2004: 9).

Resumen: la realidad del mito

Según Ansgar Nünning (2002: 544) la historiografía y la literatura no se distinguen tanto por sus técnicas de presentación, que son secundarias, sino por su posición pragmática. Primero, por el marco institucional en que se produce el texto (literatura vs. ciencia), segundo, por la oposición entre sus convenciones de enunciación (literaricidad vs. función de veracidad) y tercero, por las señales de ficción presentes o no en el texto. En cuanto a Fonseca, su posición es ambigua en todos los aspectos: Es periodista y escribe un libro de divulgación. Su libro tiene elementos de literaricidad, pero de una literaricidad más bien tradicional y sin afán de originalidad. También hay claras señales de ficcionalidad, pero sólo en ciertas partes del libro, lo que no pone en peligro la pretensión documental sino que subraya el legado de veracidad para el conjunto del texto.

La función pragmática de *Trece rosas rojas* reside en su contribución al discurso memorialístico actual, en la construcción y reconstrucción de un episo-

---

[23] O como dice el texto en la sobrecubierta del libro: «Este testimonio es la mejor forma de evitar el olvido» (verso del libro).

dio concreto de la posguerra y, a la vez, del ambiente general de un período esencial para la memoria colectiva española.

El proyecto de Carlos Fonseca de hacer tangible la historia se basa en documentos históricos y trabaja con las convenciones formales de la historiografía para señalar su «veracidad» y su compromiso práctico con la memoria cultural (Assmann 1988). Pero, en un entramado de textos de estatus representativo y narrativo diferentes, trata de revivir la historia de las trece rosas y la historia del Madrid de posguerra. Se sirve para este fin a la vez del aura del acontecimiento límite, de la *experientiality* del relato novelístico como del aura del vestigio material de antaño. Con las palabras de Pierre Nora: «L'événement, c'est le merveilleux des sociétés démocratiques» (Nora 1974: 217). Un suceso es sólo un suceso cuando se habla de él, cuando se explota su carga de teatralidad o potencial de dramatización. «L'événement a pour vertu de nouer en gerbe des significations éparses» (Nora 1974: 225)[24]. El fallecimiento de las trece rosas es un ejemplo que pone de manifiesto la experiencia vital de toda una generación.

La memoria de los vencidos es un tejido de murmuraciones e historias desde el principio, materialidad huidiza que la red intertextual de la memoria escrita parece imitar y que se manifiesta también en la estructura del libro de Fonseca. No sólo se reconstruye un suceso real, se reconstruye también la realidad de un mito; reconstrucción que necesita la narratividad porque se trata de un entramado narrativo.

El libro se cierra con la fotografía de la placa de conmemoración del fusilamiento de las trece rosas rojas en la tapia del cementerio de la Almudena, el sitio en que se fusilaron centenares de sentenciados en los años de posguerra. Está situada en un auténtico lugar de memoria que por la continuidad espacial comunica con el pasado del que –paradójicamente– no queda ninguna huella física. La placa es de 1988 y es la manifestación material no de un suceso sino de un mito, del recuerdo de un recuerdo al suceso que no ha dejado otra huella que la inmaterial en la memoria colectiva. La manifestación de un mito que vagaba por el universo simbólico de los vencidos de la Guerra Civil española y que para ellos se refería a lo «real». Como en el poema de Miguel Hernández al principio, que canta un romance de ausencia, aquí se da testimonio de otra ausencia a la que se puede aplicar otra cita de Nora: «L'événement témoigne

[24] En Nora eso implica una rigurosa crítica de la superficialidad de la socialidad posmoderna. Aspecto que no queremos implicar aquí.

moins pour ce qu'il traduit que pour ce qu'il déclenche. [...] il n'est qu'un écho, un miroir de la société, un trou» (Nora 1974: 222).

BIBLIOGRAFÍA

ANKERSMIT, Frank R. (1997a): «Die drei Sinnbildungsebenen der Geschichtsschreibung». En: Müller, Klaus E./Rüsen Jörn (eds.): *Historische Sinnbildung. Problemstellungen, Zeitkonzepte, Wahrnehmungshorizonte, Darstellungsstrategien*. Reinbek bei Hamburg: Rowohlt, pp. 98-117.

— (1997b): «Sprache und historische Erfahrung». En: Müller, Klaus E./Rüsen, Jörn (eds.): *Historische Sinnbildung. Problemstellungen, Zeitkonzepte, Wahrnehmungshorizonte, Darstellungsstrategien*. Reinbek bei Hamburg: Rowohlt, pp. 388-407.

ASSMANN, Jan (1988): «Kulturelles Gedächtnis und kulturelle Identität». En: Assmann, Jan *et al.* (eds.): *Kultur und Gedächtnis*. Frankfurt am Main: Suhrkamp, pp. 9-19.

BARTHES, Roland (1968): «Historie und ihr Diskurs». En: *Alternative*, 11, pp. 171-180.

BAUMGARTNER, Hans-Michael (1976): «Thesen zur Grundlegung einer transzendentalen Historik». En: Baumgartner, Hans-Michael/Rüsen, Jörn (eds.): *Seminar. Geschichte und Theorie. Umrisse einer Historik*. Frankfurt am Main: Suhrkamp, pp. 274-302.

BOURDIEU, Pierre (1988): *Homo academicus*. Frankfurt am Main: Suhrkamp.

BURKE, Peter (2005): *Was ist Kulturgeschichte?* Frankfurt am Main: Suhrkamp.

CERTEAU, Michel de (1975): *L'écriture de l'histoire*. Paris: Gallimard.

CÉSPEDES GALLEGO, Jaime (2007): «*Las trece rosas* de la Guerra Civil vistas por el novelista Jesús Ferrero y el periodista Carlos Fonseca». URL: <http://www.tonosdigital.com/ojs/index.php/tonos/article/view/144/118> (17.02.2009).

CHARTIER, Roger (1992): *Die unvollendete Vergangenheit. Geschichte und die Macht der Weltauslegung*. Frankfurt am Main: Suhrkamp.

COHN, Dorrit (1990): «Signposts of Fictionality. A Narratological Perspective». En: *Poetics Today*, 11.4, pp. 775-804.

FLUDERNIK, Monika (1996): *Towards a «Natural» Narratology*. London/New York: Routledge.

FONSECA, Carlos (2004): *Trece rosas rojas. La historia más conmovedora de la guerra civil*. Madrid: Temas de Hoy.

FULDA, Daniel (1996): *Wissenschaft aus Kunst. Die Entstehung der modernen deutschen Geschichtsschreibung 1760-1860*. Berlin/New York: Walter de Gruyter.

GILCHER-HOLTEY, Ingrid (2001): «"Kritische Ereignisse" und "kritischer Moment". Pierre Bourdieus Modell der Vermittlung von Ereignis und Struktur». En: Suter, Andreas/Hettling, Manfred (eds.): *Struktur und Ereignis*. Göttingen: Vandenhoeck & Ruprecht, pp. 120-137.

GOSSMANN, Lionel (1990): *Between History and Literature.* Cambridge, Mass.: Harvard University Press.

JAEGER, Stephan (2002): «Historiographisch-literarische Interferenzen. Möglichkeiten und Grenzen des Diskursbegriffs». En: Fulda, Daniel/Tschopp, Silvia Serena (eds.): *Literatur und Geschichte. Ein Kompendium zu ihrem Verhältnis von der Aufklärung bis zur Gegenwart.* Berlin/New York: Walter de Gruyter, pp. 61-85.

LAMPART, Fabian (2002): *Zeit und Geschichte. Die mehrfachen Anfänge des historischen Romans bei Scott, Arnim, Vigny und Manzoni.* Würzburg: Königshausen & Neumann.

LUHMANN, Niklas (1995): *Die Realität der Massenmedien.* Opladen: Westdeutscher Verlag.

— (1998): *Die Kunst der Gesellschaft.* Frankfurt am Main: Suhrkamp.

MECKE, Jochen (2007): «Cultures of Lying». En: Mecke, Jochen (ed.): *Cultures of Lying. Theories and Practice of Lying in Society, Literature, and Film.* Glienicke/Berlin/Madison/Wisconsin: Galda + Wilch, pp. 1-27.

MERSCH, Dieter (2002): *Ereignis und Aura. Untersuchungen zu einer Ästhetik des Performativen.* Frankfurt am Main: Suhrkamp.

MICHELS, André (2003): «Die Erfindung des Neuen. Zur Kritik der "historischen Wahrheit"». En: Müller-Schöll, Nikolaus (ed.): *Ereignis. Eine fundamentale Kategorie der Zeiterfahrung. Anspruch und Aporien.* Bielefeld: transcript, pp. 77-103.

NEUSCHÄFER, Hans-Jörg (2003): «Vergangenheitsbewältigung à la española. Über die Konjunktur der neuen Memoralistik und die Problematik ihrer Bewertung». En: Eggeling, Giulia/Segler-Messner, Silke (eds.): *Europäische Verlage und romanische Gegenwartsliteraturen.* Tübingen: Narr, pp. 153-164.

NORA, Pierre (1974): «Le retour de l'événement». En: Nora, Pierre/LeGoff, Jacques: *Faire de l'Histoire. Nouveaux problèmes.* Paris: Gallimard, pp. 210-228.

NÜNNING, Ansgar (2002): «Von der fiktionalisierten Historie zur metahistoriographischen Fiktion: Bausteine für eine narratologische und funktionsgeschichtliche Theorie, Typologie und Geschichte des postmodernen historischen Romans». En: Fulda, Daniel/Tschopp, Silvia Serena (eds.): *Literatur und Geschichte. Ein Kompendium zu ihrem Verhältnis von der Aufklärung bis zur Gegenwart.* Berlin/New York: Walter de Gruyter, pp. 541-569.

PEREIRO, Peregrina (2002): *La novela española de los noventa. Alternativas éticas a la postmodernidad.* Madrid: Pliegos.

RAPHAEL, Lutz (2003): *Geschichtswissenschaft der Extreme. Theorien, Methoden, Tendenzen von 1900 bis zur Gegenwart.* München: Beck.

RIMMON-KENAN, Shlomith (1983): *Narrative Fiction. Contemporary Poetics.* London/New York: Routledge.

RÜSEN, Jörn (1997): «Narrativität und Objektivität in der Geschichtswissenschaft». En: Stückrath, Jörn/Zbinden, Jürg (eds.): *Metageschichte. Hayden White und Paul Ricœur.* Baden-Baden: Nomos, pp. 303-326.

SCHMELZER, Dagmar (2008): «*Telling a Story/Telling History* – Narrativität als Selbstreflexion von Geschichte und Geschichtlichkeit am Beispiel von Javier Cercas *Soldados de Salamina*». En: Buch, Steffen/Ceballos, Álvaro/Gerth, Christian (eds.): *Selbstreflexivität. Beiträge zum 23. Nachwuchskolloquium der Romanistik (Göttingen, 30.05.-02.06.2007)*. Bonn: Romanistischer Verlag, pp. 201-215.

SCHMITTER, Peter (2003): *Historiographie und Narration. Metahistoriographische Aspekte der Wissenschaftsgeschichtsschreibung der Linguistik*. Seoul: Sowadalmedia/Tübingen: Narr.

SUTER, Andreas/HETTLING, Manfred (2001): «Struktur und Ereignis – Wege zu einer Sozialgeschichte des Ereignisses». En: Suter, Andreas/Hettling, Manfred. (eds.): *Struktur und Ereignis*. Göttingen: Vandenhoeck & Ruprecht, pp. 7-32.

WELSKOPP, Thomas (2001): «Die Dualität von Struktur und Handeln. Anthony Giddens' Strukturierungstheorie als "praxeologischer" Ansatz in der Geschichtswissenschaft». En: Suter, Andreas/Hettling, Manfred (eds.): *Struktur und Ereignis*. Göttingen: Vandenhoeck & Ruprecht, pp. 99-119.

WHITE, Hayden (1987): *The Content of the Form. Narrative Discourse and Historical Representation*. Baltimore/London: The Johns Hopkins University Press.

Del documental del recuerdo a la recreación ficcional de la intrahistoria de los años sesenta: las series *Los años vividos* y *Cuéntame cómo pasó* de TVE en contraste

Víctor Sevillano Canicio

Las dictaduras parecen fáciles de valorar, especialmente si acaban en un desastre moral, social y económico. El rechazo del balance de Hitler y de Mussolini goza de un amplio consenso en sus respectivas sociedades. El caso es bastante más problemático en países como España, donde una parte substancial de la población asocia con esos regímenes una mejora considerable de su calidad de vida. ¿Cómo se valora, pues, al cabo de unas décadas, una dictadura que ha sido políticamente represiva pero económicamente próspera?

Un amplio entendimiento entre derecha e izquierda –a excepción de algunos grupos nacionalistas– se hizo posible en el llamado consenso constitucional de 1978 (derechos humanos, democracia, autonomías, etc.). Pero sobre la herencia franquista no ha habido hasta el día de hoy un entendimiento ni tan solo un debate institucional como, por ejemplo, en el caso de Alemania. La llamada «ruptura por consenso», que fue más bien una reforma pactada, incluyó un pacto tácito de borrón y cuenta nueva. Lo específico de la Transición fue justamente que todos los grupos políticos podían seguir profesando sus ideas ya que el consenso mínimo se extendía únicamente al *modus operandi* de la futura democracia para evitar el descontrol de la sociedad que hubiese podido acabar en una nueva contienda. En España no hubo –salvo contadas excepciones– una persecución jurídica de los responsables de la opresión, ni tan solo una comisión de la verdad como en el África del Sur que intentara nombrar a responsables. Hubo varios intentos de reestablecimiento de la dignidad de las víctimas de la Guerra Civil y –en parte– también del franquismo pero, en general, pocos fueron los intentos de procesar a los responsables del Régimen o a ejecutores de su autoridad como los miembros de la policía armada (los «grises») o de la temida Brigada Político-Social, cuya práctica incluía torturas. Uno de los casos más emblemáticos fue la muerte del estudiante Enrique Ruano en 1969, que fue defenestrado para encubrir las torturas que se le habían practicado. La conmoción fue tal que el Régimen declaró el estado de excepción en todo el territorio nacional. Y como colofón, en la década de los ochenta los familiares no lograron llevar a los tribunales a quienes consideraban culpables directos de su muerte. Tres inspectores de la siniestra Brigada Político-Social fueron juzgados y absueltos en 1989 (Delgado 2005: 91). En España hay una tendencia pronunciada a denunciar los actos, pero se tiene un gran problema en recordar y dar cara y nombre a los que participaron en el sistema de represión, especialmente a los nombres de segunda fila.

Sin embargo la década de los sesenta también se denomina la «década de los prodigios», en la que entra en crisis el sentimiento de autoridad en las relaciones familiares, sociales y políticas. Al mismo tiempo fue la época en la que el Régimen franquista gozó por su estabilidad y su desarrollo económico acelerado del mayor respaldo, especialmente en la clase media emergente.

Esa dicotomía de una dictadura económicamente próspera y hasta cierto punto permisiva y por el otro lado un sistema de opresión temido contra aquéllos que abiertamente se oponían al Régimen sigue siendo difícil de valorar a la hora de recrear una memoria colectiva en los documentales y series de ficción sobre esa época. La pregunta que interesa en ese contexto es si la falta de consenso en la valoración de la época tardofranquista de los sesenta se puede percibir y diferenciar en los documentales y docu-culebrones de TVE en los últimos quince años. El presente trabajo se propone contrastar –en concreto– dos series de memoria colectiva del ente público: *Los años vividos*, serie documental producida a comienzos de los noventa, y la primera temporada (capítulos 1 al 13) de *Cuéntame cómo pasó* (emitidos entre el 19 de septiembre y el 20 de diciembre de 2001), y analizar hasta qué punto se puede percibir una continuidad pero también un contraste en el planteamiento de la recreación histórica.

1. Las series documentales de TVE en las décadas de los ochenta y noventa

Televisión Española ha ido produciendo en las últimas tres décadas una serie de documentales que fueron esenciales para recuperar una memoria silenciada durante más de 40 años. Poco después de la subida al poder del PSOE se emitieron en 1983 y en 1984 las series *España, medio siglo de crisis* bajo la dirección de Ricardo Blasco Laguna y *España, historia inmediata* dirigida por José Luis Guarner, que intentaban trazar las líneas maestras de la historia española del siglo XX hasta los años cincuenta incluyendo de forma a la vez crítica, pluralista y conciliadora las perspectivas de ambos bandos que habían participado en la contienda y vivido sus antecedentes y consecuencias y que, especialmente en el *España historia inmediata* –una serie de 18 capítulos con dos que se dedicaban exclusivamente a la Guerra Civil– no sólo contenía imágenes de archivo sino también intervenciones de los que habían vivido la historia y contaba con la participación de Fernando Rey como presentador del programa. A lo largo del año 1987 TVE emitió una serie de 30 episodios, *España en guerra 1936-1939*, que, en ese caso, prescindió de los testigos e incluyó a historiadores cuando no disponía de imágenes que soportaran el comentario en *off*. Lo que interesaba era el rigor científico a la hora de reconstruir fielmente la historia incluyendo una abrumadora cantidad de acontecimientos y fechas. El último fin en los años ochenta fue intentar conciliar una España que debía encontrar un lenguaje para tratar un tema que seguía tiritando en las entrañas de los españoles sin intención de imponer un criterio.

Habría que esperar hasta 1988 para ver tratado a fondo en la serie documental *Ayer* de José Ángel Comenzana el llamado tardo-franquismo y la Transición. Esa serie, que se emitió entre enero y diciembre de 1988, utilizó en gran parte material de archivo sobre una voz en *off* y contó con testimonios de los protagonistas y la colaboración del presentador José María Pérez.

TVE había completado el panorama de la historia de España en el siglo XX, pero las series eran demasiado exhaustivas y no mostraban una unidad de concepción. Finalmente, en 1992, Mercedes Odina y Pere Joan Ventura crearon la serie *Los años vividos*, que muestra un cambio tanto de forma como de contenido en comparación con las producciones anteriores. La serie consta de diez capítulos y cubre el período comprendido entre 1920 y 1992 en capítulos que describen una década, con la excepción de los decisivos años treinta y setenta, a los que se dedica un capítulo por lustro. Fue una de las series con más éxito de público, con una media de dos millones de telespectadores, ya que fue emitida por la Primera a la hora de máxima audiencia. Los protagonistas de la serie eran, como el título indicaba, personas que habían vivido la época, casi todas –especialmente en los capítulos que relatan la segunda mitad del siglo XX– personajes conocidos de la vida pública (políticos, escritores, cantantes, artistas, deportistas, etc.) y que fueron agrupados por generaciones en los distintos capítulos. Narraban las experiencias que habían vivido cuando tenían entre veinte y treinta años en su respectiva época. Todos los capítulos empezaban con un encuentro de los personajes que participaban con altos dignatarios del Estado (el rey, el príncipe, el entonces presidente del Gobierno Felipe González) y acababan con una foto de familia, lo que les da a algunos episodios un toque algo oficialista.

Esta serie mostró dos peculiaridades que la diferenciaban de las previas. Primeramente se alejó del contexto puramente de análisis histórico tradicional cronológico con fechas y datos. Más bien se incluyeron relatos y material documental sobre la vida cotidiana, los gustos musicales y cinematográficos y las referencias históricas, políticas y sociales de la actualidad mundial.

De ese modo se pretendía dar al espectador la impresión de narrar hechos históricos y al mismo tiempo se le familiarizaba con un contexto de incipiente sociedad de consumo, común a todo el mundo de esa generación. Al mismo tiempo, especialmente en los capítulos que no trataban la guerra y la inmediata posguerra, se alejaba del consenso de las series anteriores de mostrar siempre las dos partes implicadas. Otro cambio importante fue la eliminación total del narrador omnisciente a partir del tercer capítulo. Todo el texto se crea a través de las entrevistas hechas a los personajes y se monta sobre imágenes de archivo del *NO-DO* y de TVE mayormente, lo cual es problemático ya que no existe narrador perceptible. El espectador se encuentra con pedacitos de entrevista que abarcan desde análisis lúcidos sobre la época hasta recuerdos sentimentales de lo cotidiano. La guionista, a través de su selección y montaje, crea el hilo conductor y le da unidad al documental. Ese procedimiento encubre la responsabilidad de la guionista ya que en sentido literal no da la cara. Esa forma de docu-recuerdo es por su subjetividad altamente problemático. Además hay que plantearse la pregunta de si un montaje de esas características da una fiel imagen de los acontecimientos.

2. Los años sesenta: una transición económico-social[1]

Paradigmático para los sesenta fue el proceso de renovación total de las clases medias a través de una migración masiva de las regiones más desfavorecidas

[1] Ver resúmenes sobre este tema en Preston 1976, Soto Carmona 2005, Tusell 1996 y Vidal-Beneyto 2006.

hacia los centros urbanos del país y hacia el extranjero provocada por la oferta de trabajo europea y la apertura económica. El hecho que el franquismo a comienzos de los años sesenta, en términos generales, sintiera la necesidad de progresar económicamente hizo posible la búsqueda de soluciones que significaban la plena aceptación del sistema económico del mundo occidental. Si hay o no hay que atribuirle méritos al franquismo como sistema por las transformaciones en el país no puede ser debatido en este contexto, pero hay que admitir que la apertura casi total de las fronteras y las migraciones por ocio, desde el extranjero, o por necesidad desde España tenían que cambiar, a la larga, forzosamente el carácter del país. En apenas una década se produce un cambio profundo de la estructura de su población activa. Un 10% de ella emigra de forma temporal o permanente hacia el exterior. Por lo tanto, una vez permitido el flujo migratorio y la liberalización de la economía española por el franquismo se admitía que la política autárquica había sido un fracaso. Los grandes protagonistas fueron los españoles en mayúscula –y en especial las españolas con su incorporación masiva al mundo laboral– que fueron en busca de oportunidades y cambiaron radicalmente su vida emigrando del campo a centros urbanos de España y del extranjero. Esa renovación total de las clases medias se aceleró por los deseos creados por la incipiente sociedad de consumo bajo el lema: pisito, SEAT 600, televisor, lavadora y pequeñas vacaciones. Ese proceso fomentó por un lado la combatividad laboral pero también creó una conciencia de clase y la disponibilidad de luchar por mayores sueldos con la ayuda de sindicatos clandestinos, en especial Comisiones Obreras.

La explosión turística, las remesas de los emigrantes y la inversión extranjera en la economía española financiaron la mayor industrialización de España hasta entonces y generaron en poco tiempo una demanda de trabajo especialmente en el sector terciario que produjo un crecimiento acelerado de la economía española durante los años sesenta. El franquismo, frente a ese movimiento, cada vez más se vio obligado a reinventarse sin cambiar su esencia para dar una imagen que pareciera más adaptada a las necesidades del momento por ejemplo el eslogan propagandístico: «España es diferente» del entonces ministro de Información y Turismo Fraga Iribarne o los famosos «planes de desarrollo» y no en último lugar el intento del Régimen de perpetuarse con la institucionalización de una dictadura constituyente, la llamada «democracia orgánica» fundamentada en los estamentos: familia, sindicato vertical y municipio en detrimento de los ideólogos de la falange que culmina con el nombramiento de Juan Carlos como sucesor de Franco en 1969.

Una transformación también se produjo en el seno de la Iglesia, que con la renovación del concilio Vaticano II se replanteó progresivamente su apoyo incondicional al franquismo. El Régimen fue perdiendo uno de los baluartes ideológicos más importantes en defensa de sus principios. De Iglesia militante, nacionalista y sumisa a los intereses del Régimen pasó a ser una Iglesia combativa que luchaba por las libertades. Además, la secularización de la sociedad, que se acelera hacia los años sesenta, contribuye fuertemente a que los mensajes del ala más conservadora de la Iglesia cuajen cada vez menos en la sociedad española.

El elemento quizá más visible del rechazo de los valores tradicionales y el autoritarismo y paternalismo existentes en las familias españolas fue la desaparición de la formalidad en el vestir en los jóvenes y la generalización de la minifalda, los vaqueros y el pelo largo. Además, van cambiando los códigos de conducta entre los sexos. La exigencia de mantener la virginidad durante el noviazgo hasta la boda para las mujeres llamadas decentes y, en consecuencia, el papel importante de los prostíbulos como válvula de escape en una sociedad que concebía una cierta permisividad sexual sólo para los varones van perdiendo importancia a medida que las mujeres reclaman la liberación de los valores tradicionales y progresivamente –aunque con muchas dificultades– se va introduciendo la píldora anticonceptiva en España.

Sin embargo, la oposición al franquismo en los años sesenta fue muy limitada. La sociedad española, en su mayoría, cerraba los ojos y tanto el progreso económico de aquella época como los medios de comunicación –especialmente la radio y la televisión controlados por el Régimen– lo hacían sumamente fácil para el español de a pie –que no pertenecía a la minoría silenciada que había perdido la guerra– de hacer las paces, por lo menos de momento, con el Régimen franquista. Sin embargo, el franquismo instauró un fuerte dispositivo policial y judicial para los que se oponían abiertamente al Régimen. En 1963 se creó el Tribunal de Orden Público para juzgar delitos políticos, la tortura era práctica bastante extendida sobre presos que se vinculaban con organizaciones clandestinas y huelgas hasta incluso ejecutar al líder comunista Julián Grimau. Sin embargo, al final de la década, la oposición al Régimen, aunque todavía muy minoritaria, había ganado visibilidad.

Los medios de comunicación y en especial la televisión, que a finales de los años sesenta ya llega a la mayoría de los hogares españoles, muestran una cierta esquizofrenia a la hora de reflejar la vida del país. Fuertemente controlados por el Régimen son un instrumento de propaganda potente para propagar los valores tradicionales del franquismo. Sin embargo, los seriales y los programas de distracción reflejaban otra España en la que se vivían otras costumbres.

3. El «documental» *Los años vividos*

De este panorama somero de los años sesenta ¿qué se ve en el documental? En el capítulo «La década de los prodigios» de la serie *Los años vividos* aparecen como testigos de la época casi exclusivamente personajes pertenecientes a la cúpula política y artística de la España de los noventa si se exceptúan a los cantantes de la época de los sesenta. Participan en las entrevistas, entre otros, el entonces presidente del Gobierno, Felipe González; Alfonso Guerra; el periodista Iñaki Gabilondo; el lehendakari José Antonio Ardanza; la escritora Soledad Puértolas; Cristina Almeida, del PC; el juez Juan Alberto Belloch; el arquitecto Ricardo Bofill; el cantante valenciano Raimón; Joan Manuel Serrat; el Dúo Dinámico, etc. Todos han sido seleccionados por su pertenencia a una generación y por ser conocidos a través de los medios de comunicación. En ese capítulo no aparece ninguna persona que sirviera al Régimen franquista (por ejemplo, Manuel Fraga Iribarne hubiese podido ser un testigo interesante). Aunque en los episodios de la serie que tratan de la Guerra Civil y del franquismo se intenta mantener un equilibrio entre las dos Españas, esto no ocurre en el capítulo que aquí nos interesa.

El documental se divide en varios capítulos que tratan de diferentes aspectos de la época: el contexto mundial (viaje a la Luna, mundo bipolar, primavera de Praga, París 1968, etc.), el milagro económico, la emigración al exterior (sin embargo, no se habla de la corriente migratoria dentro del país), la invasión de los turistas y el cambio estético, moral y de mentalidad del país (la minifalda, liberación sexual, etc.), el apoyo masivo al régimen. Felipe González aparece a menudo al principio de un nuevo tema.

Se habla muy poco de represión y, si se hace, en términos muy generales. Para la escritora Soledad Puértolas, en su memoria, la resistencia al franquismo tiene algo de anecdótico y secundario frente al incipiente consumismo cuando cuenta que consistía en «carreras con la policía» (min. 12) y fuera de eso «se ganaba dinero, se cambiaba de piso, se compraban cosas, una eclosión de cosas a tu alrededor de consumo» (min. 14). Miguel Boyer es más matizado y por su condición de hijo de padres exiliados el único que expresa rencor por los años perdidos: «Recuerdo la dictadura como un período verdaderamente triste, verdaderamente amargo» (min. 24). Julio Anguita puntualiza que incluso había cierta tolerancia frente a los cambios: «El régimen era tolerante hasta cierto límite mientras no se cuestionara su propia esencia» (min. 30). Y Felipe González puntualiza: «Había riesgo. Pues el que estaba contra el régimen, pues tenía que asumir que podía ir a la cárcel, destruir su vida profesional» (min. 29). Vistas en conjunto esas declaraciones no pasan de ser vagos lugares comunes sobre una dictadura. El espectador se queda sólo con sus preguntas, como por ejemplo: ¿en qué consistía la tolerancia del régimen? o ¿cómo se definían sus límites? A causa de la técnica de montaje el espectador no obtiene ninguna información acerca del funcionamiento del aparato represivo: como por ejemplo la temida Brigada Social o los «grises».

También en el ámbito cultural hay diferencias de criterio. Mientras el escritor y filósofo Fernando Savater critica que «el franquismo era de una ramplonería, de una vulgaridad, de una falta de gusto, de una falta de altura, era peor todavía que sus tendencias criminales. Si no te mataba la policía te mataba el aburrimiento» (min. 18).

Bofill matiza: «bueno, hay dos Españas. La España de los 60 que era una España siniestra, espantosa, una cosa aburrida, gris, y después había la otra España, la nuestra, la España clandestina, la España que quería cambiar el país, la España que soñaba y ésta era contrariamente muy divertida» (min. 25).

Esa impresión contrasta radicalmente con la opinión de la directora de la serie, Mercedes Odina, que en su resumen tilda estos años de «apasionantes» (min. 1).

Sin embargo, se es muy sincero a la hora de describir el apoyo al régimen franquista cuando Miguel Boyer comenta que «un régimen que dura tantos años acaba de alguna forma implicando a todos los ciudadanos incluso a los que lo rechazábamos» (min. 17) o si al reflexionar su propia actitud Iñaki Gabilondo comenta con lucidez el problema de tales documentales del recuerdo cuando dice:

> Han pasado muchos años y me hace gracia la mitología de que lo recordamos como un tiempo perfumado, fragante, maravilloso, era importante la rebeldía pero era un rebelarse contra un cochambroso [...] una de las dificultades es recordar lo que de verdad viviste o recordar lo que has elaborado después [...] Al recordarse en vez de hacer historia se hace poesía (min. 34).

Ese comentario muestra con toda nitidez el mayor problema del documental ya que casi todos recuerdan su adolescencia, que en la mayoría de los casos no consistía en actos de rebelión contra el franquismo. La persona que ve ese documental y que no ha vivido la época no puede entender qué diferencia substancial podía existir entre el valor de un Estado de derecho y democrático y una dictadura. La generación en su gran parte, si se exceptúa a Felipe González, quien declara haber estudiado derecho por su «sentido totalmente instrumental de la carrera» (min. 29), no se sentía inhibida en su desarrollo personal como jóvenes, muy al contrario.

Lo que se intenta en esta serie es un acercamiento afectivo a la época que carece de rigor científico, ya que el recuerdo subjetivo reemplaza la valoración del pasado y se mantienen contradicciones sin resolverlas. El franquismo de los sesenta aparentemente en muchos casos no se percibe como una época negativa y se diluyen en el recuerdo los aspectos negativos. O en palabras de Alfonso Guerra: «Hay unas partes un poco siniestras de esa época y unas partes bastante románticas en esta situación de falta de libertad, de falta de democracia» (min. 24). Sin embargo –de nuevo– no elabora en lo siniestro. Los cantantes del Dúo Dinámico ni se enteraban de que existía una dictadura: «No nos dábamos cuenta de lo que pasaba ya no digo fuera de España sino digo dentro de España y posiblemente en todas las cosas que pasaron [...] la media de España» (min. 26).

En resumen, el documental en realidad no pasa de lemas y es algo así como un cajón de sastre de impresiones. La técnica de montaje de seleccionar breves citas de los entrevistados impide que éstos puedan explayarse y matizar sus impresiones. En vez de un análisis crítico y veraz ofrece un supermercado para todos los gustos. La subjetivización del relato fue la gran novedad y el secreto del éxito de la obra. El espectador no veía una historia que buscara la imparcialidad sino que a través de las impresiones de figuras conocidas de una generación creaba un mosaico que podía empalmar con las experiencias colectivas del individuo que había vivido la época. La serie en ese sentido intentaba dirigirse además a las masas que poco o nada se interesaban en política. El contenido de verdad histórica y de imparcialidad es muy cuestionable cuando simplemente se emiten opiniones. Sin embargo, ese episodio fue, con más de dos millones y medio de espectadores, el más seguido de toda la serie.

4. La «docuficción» *Cuéntame cómo pasó*

La serie *Cuéntame cómo pasó* –aunque realizada una década más tarde– es la evolución de este *trend* hacia el subjetivismo. La semejanza de los títulos tampoco es casualidad. Aunque el docu-culebrón se empezó a emitir el 13 de septiembre de 2001 (y ha llegado ya al capítulo 154 en diciembre de 2007 tratando la muerte de Franco), se ideó poco después de la emisión de *Los años vividos*, a comienzos de los años noventa. La idea básica era crear una serie de ficción sobre el final de los años sesenta hasta la muerte de Franco tomando como base una familia humilde de emigrantes del campo español que progresivamente va ascendiendo a clase media. Surgió de la pluma de los productores y guionistas Miguel Ángel Bernardeau y Ladrón de Guevara con el título *Nuestro ayer* (muy similar a *Los años vividos*) en los años 1993-1994 pero el proyecto no prosperó, ya que las diferentes cadenas de televisión creían que una serie de estas características resultaría algo rancia en comparación con las series familiares del momento como *Ana y los 7*, etc. «Las televisiones consideraban que hablar de la España del franquismo no tenía interés para la audiencia. Hace ocho años [entrevista de 2002] triunfaban series muy tradicionales, familiares. Ésta también es una serie familiar, pero detrás tiene la historia» (Gómez 2002b: 59).

Finalmente fue TVE la que aceptó. Se puede especular sobre las razones, pero la serie tenía alicientes que podían interesar a un ente público controlado por un partido que en los años setenta y ochenta había aglutinado la mayor parte del franquismo tecnocrático y que podían tener un interés en transmitir el mensaje que los cambios sociales y económicos más importantes habían surgido del franquismo. No hay que olvidar que la gran serie documental sobre la Transición emitida en 1995 se había centrado fuertemente en el cambio político del país y menos en el cambio social. Además, abarcaba los años 1973 a 1977, en los que el franquismo, especialmente en los últimos meses de vida del dictador, ya mostraba fuertes síntomas de decadencia y descontrol. Ambientar el cambio moral y social a finales de los años sesenta podía implicar que el franquismo mismo, aunque intransigente frente a todo intento de cuestionar su autoridad, no sólo hizo posible la Transición que se produciría después de la muerte de Franco sino que fue la avanzadilla a través de la apertura económica del país y que la Transición se produjo desde un sistema que había permitido las migraciones fuera y dentro del país ofreciendo la posibilidad de buscar trabajo en los grandes centros urbanos y que con eso mitigó los mayores problemas sociales que habían llevado a la Guerra Civil.

Además la ambientación de la serie en un barrio de Madrid, el diseño de los personajes principales –una familia de emigrantes del campo que poco a poco van prosperando por el *boom* de los sesenta– daba ciertas garantías de que se tratara en primer lugar el éxito del milagro económico que permitía vivir una vida digna. Problemas como la opresión cultural sobre Cataluña no aparecen en los primeros capítulos de la obra. Televisió de Catalunya había emitido, poco antes (a partir de enero de 2001), la serie titulada *Temps de silenci* que contaba las peripecias desde el punto de vista de una familia catalana entre 1939 y 1975, que contrasta radicalmente con la visión a veces deliberadamente infantil de *Cuéntame cómo pasó.*

El mismo guionista Ladrón de Guevara admite –todavía a finales de 2002– que le gustaría que el relato fuera «más crítico con el franquismo, más comprometido. Aquellos años fueron ignominiosos y hay que contarlos. No sólo se vivieron sino que se padecieron [...]» (Gómez 2002b: 59). Y admite que se trata de un problema ideológico que le enfrenta a TVE cuando intenta explicar esta discrepancia alegando que la televisión es «un medio con un público de todas las ideologías. Para algunos ese recuerdo es distinto. Hay que cuidar todo el espectro» (Gómez 2002b: 59). Más claramente no se puede expresar que hubo un interés en minimizar el impacto del aspecto represivo si no se quería poner en peligro la serie misma. Y viendo el futuro de la serie (desde la perspectiva del año 2002 cuando recién había cumplido un año en pantalla) ya se intuye el debate intenso entre los responsables de TVE y el guionista acerca de los años setenta cuando vaticina: «Son tremendos. Por mucho cuidado que tengamos en ser neutrales, tendremos que contar la contestación contra el franquismo». En la misma entrevista, el guionista, al final, parece relativizar sus insinuaciones de que pudiera haber habido censura indicando que no existe ningún tipo de filtro, es decir «censura abierta» pero parece evidente que –por lo menos en la primera fase– se discutía el contenido y se llegaba a compromisos (Gómez 2002b: 59).

Hasta qué punto TVE respetó a los españoles que veían la historia reciente de una manera distinta se percibe en la decisión de no emitir el capítulo 69 de la serie, que trataba del proceso de Burgos, que tocaba emitir el 20 de noviembre de 2003, el 28 aniversario de la muerte del dictador y en su lugar se emitió *Arroz y Tartana* de Vicente Blasco Ibáñez. No se dieron explicaciones de las causas del aplazamiento de la emisión, el contexto temporal, sin embargo, permite sospechar un trasfondo ideológico[2].

Sin embargo la elaboración de la serie no consiste simplemente en una recreación del pasado a través de recuerdos sino que antes de escribir los guio-

---

[2] Consúltese <http://www.rebelion.org/cultura/031123cc.htm> (20.12.2007).

nes se procede a un proceso de documentación para que la trama ficticia se fundamente sobre una base histórica sólida. Uno de los mayores problemas en la documentación[3], tanto para los documentales como para esta serie ficticia que quería incluir ampliamente material de este tipo de la época, fue la escasez de material documental que reprodujese fielmente tanto la realidad política del país como el proceso de transformación de la clase media. El régimen franquista naturalmente practicaba la censura y no tenía el menor interés en mostrar los problemas tanto políticos como sociales del país, así que los archivos del *NO-DO*, el noticiario cinematográfico de la época, y de Televisión Española apenas contienen material de disturbios estudiantiles, etc. Ya para la serie documental *La transición* TVE tuvo que recurrir a las grabaciones de corresponsales extranjeros como Michael Vermehren del ZDF alemán que había entrevistado a los miembros de la oposición al franquismo en aquella época. Para el capítulo correspondiente a los años sesenta la serie *Los años vividos* utilizó mayormente material documental del *NO-DO* y de TVE y –en menor medida– de archivos extranjeros. Eso resultaba suficiente para visualizar el capítulo de una hora de duración. En el caso de *Cuéntame* en cada capítulo se relatan historias que transcurren en el espacio temporal de pocos días o incluso hasta un mes. Eso es un reto para la documentación que debe encontrar material concordante con el episodio de la serie. Las fuentes más importantes son, además del *NO-DO*, los archivos de TVE, cuyos fondos no pueden ser consultados por personas o instituciones ajenas al ente público, ni tan siquiera por los documentalistas de la productora de la serie, el Grupo Ganga. Depende completamente de la selección que los documentalistas de TVE les ofrezcan. Además, se utilizan fondos de hemerotecas para reconstruir el día a día, páginas especializadas de Internet y fuentes institucionales extranjeras que puedan contribuir con material documental suplementario (BBC, filmotecas italiana y francesa, etc.). Contrastando con *Los años vividos* se evitan en *Cuéntame* las fuentes personales y los recuerdos, ya que podrían aportar datos subjetivos y en muchos casos erróneos.

Algunos documentos fílmicos después se reelaboran con el efecto *Forrest Gump*, en el que se copian los personajes ficticios de la serie y se sobreponen digitalmente sobre el material documental, con lo que se sugiere que los personajes realmente han vivido la época. Incluso donde no existen imágenes se

[3] Para los detalles del proceso de documentación de *Cuéntame*, que se discuten en lo siguiente, cf. Calvo Algaba (2003) y Cuadra Colmenares (2002).

recrean escenas. Naturalmente se puede plantear si tales procedimientos son lícitos, pero hay que tener en cuenta que aunque la serie quiera representar lo más fielmente posible el trasfondo histórico y social de la época el guión siempre será ficticio y éste es el que finalmente determina la utilización del material documental. Todo material documental interesante es enviado a los guionistas para su utilización como base para que puedan surgir tramas (generalmente es al revés) aunque prefieran crear sus tramas y esperan que documentación encuentre buen material. De eso se desprende que el departamento de documentación –aunque sea primordial su trabajo– se encuentra al final de la jerarquía y no tiene ninguna responsabilidad sobre el producto final. En última instancia los guionistas y el director tienen la última palabra.

La serie, que es uno de los culebrones más exitosos de esta década, es interesante tanto en su concepción temporal como en la configuración de los personajes de la familia. Antonio Alcántara es el *pater familias* que en su juventud emigró a Madrid y más mal que bien puede alimentar a su familia con los magros sueldos de dos empleos. Lo que más desea es prosperar económicamente y no meterse en política. Su mujer, Mercedes, es al principio de la serie una persona clavada al hogar, pero que va contribuyendo a la economía familiar cosiendo pantalones y que lentamente va creando su propio espacio. La abuela Herminia, lo que más teme es una nueva Guerra Civil y los tres hijos viven en sus mundos respectivos bien diferenciados. Toni es el primero de la familia en ir a la universidad y allí conoce el bullicio de la resistencia al franquismo. Inés trabaja en una peluquería y sueña con una mayor independencia. Carlitos, que al comienzo de la serie ha cumplido los ocho años, ocupa en la primera serie el papel de gracioso que toma en serio los eslóganes de la propaganda del régimen. Alrededor de esos personajes se crean diferentes tramas en un vecindario con caracteres variopintos al estilo de los culebrones convencionales. Además, el espacio temporal dilatado de dos capítulos de una hora por mes transcurrido en la historia real permite el desarrollo de tramas más complejas.

En los primeros capítulos se narran los primeros pasos hacia la sociedad de consumo, por los que ha pasado la mayor parte de la clase media española: la familia se compra su primer televisor, una lavadora y una máquina de coser, todo a plazos, y sueña constantemente con comprarse un coche. En la serie se va intercalando material documental de la época como el famoso «Vamos a la cama» o la música distintiva del parte de Radio Nacional.

Sin embargo hay momentos donde la trama resulta algo forzada, como por ejemplo en el capítulo 4 («Los invasores»), que trata el tema de la emigración.

Antonio Alcántara se plantea emigrar a Francia con toda su familia. Un caso así hubiese sido poco probable, ya que la emigración se producía generalmente de forma individual. Una familia establecida con ingresos que permitían (mal-) vivir y tres hijos generalmente no emigraba. Además, la emigración se presenta como una experiencia traumática, lo que no siempre fue así. Aparte de ello hay una tendencia en los primeros capítulos a presentar a los Alcántara como una familia demasiado ejemplar:

> Mis padres crecieron bajo la dictadura en un país destruido. Conocieron el hambre y la miseria y se pasaron la vida luchando para que sus hijos tuvieran un futuro mejor. Gracias a ellos mi generación ha sido más libre y más próspera pero no sé si más feliz. Mis padres supieron encontrar la felicidad en una vida de sacrificio (capítulo 5, «Paz amor y fantasía», último minuto).

A la hora de presentar los lados oscuros del franquismo se recurre a diferentes técnicas y en varias escenas se percibe que posiblemente ha habido una discusión a la hora de definir el guión. Especialmente cuando aparecen las fuerzas de seguridad del Estado. Por ejemplo en el capítulo «Amistades peligrosas» donde un compañero de trabajo le entrega a Alcántara un paquete con octavillas de protesta contra el franquismo y aquél intenta desesperadamente deshacerse de ellas sin conseguirlo. Por la noche tiene una pesadilla muy violenta en la que es abofeteado por policías a los que no se les ven los rostros. De hecho, varias veces se insinúa el ambiente de represión y torturas pero no se presenta explícitamente, al menos en los primeros capítulos, por ejemplo un interrogatorio de la policía política. Las fantasías de miedo deben ser suficientes para describir el sistema represivo. Otro ejemplo se encuentra en la actuación de la temida policía política, la Brigada Social. Rastrea la oficina en la imprenta de don Pablo –la figura más adicta al franquismo– en búsqueda de Gregorio, un obrero comunista. No es posible entablar una conversación con ellos. Finalmente el espectador se entera que Gregorio ha sido tomado preso por la Brigada Social. Aquí la trama podría haber mostrado en concreto lo que pasaba en un interrogatorio de la policía política, de la que se sabe que torturaba. Sin embargo, Gregorio simplemente desaparece en el calabozo hasta que lo liberan en el capítulo siguiente. Aquí, desde mi punto de vista, se ha empezado a contar una historia que posiblemente no pudo prosperar.

El secreto de la serie reside también en la concepción básica del guión, ya que sabe conectar con prácticamente todas las generaciones, sea porque vivieron la época como niños, adolescentes o adultos. O como lo expresó el jurado del Premio Ondas a finales de 2002: «[se trata de una serie] en la que la trama de ficción soporta una transmisión intergeneracional de aspectos históricos, sociales y culturales, contribuyendo a un mejor conocimiento de la historia presente» (Gómez 2002b: 59). La serie –a diferencia de *Los años vividos*– es minuciosamente cronológica y redescubre detalles de un tiempo que fue crucial para el presente del país. Colma un vacío sobre una época de la que hasta entonces apenas un medio audiovisual se había ocupado. Existen muchas películas que recrean la realidad vivida de la Guerra Civil, incluso sobre el primer franquismo pero el tardo-franquismo y el cambio de valores de finales de los sesenta –tan importante para entender el presente del país– apenas se ha tratado a pesar de que una gran parte de la población española, los llamados *baby-boomers*, se ha criado en esa época. Aunque la serie sea ficticia, su anclaje en el fondo histórico bien documentado explica mejor los problemas de la sociedad de entonces que cualquier documental lo podría hacer (simplemente por la falta de material documental). Y esto puede resultar a la vez problemático, ya que una persona que haya vivido esa época y que haya seguido la serie, en un futuro no muy lejano posiblemente se acordará más de la ficción que de sus vivencias reales. El recuerdo sentimental podría alterar o reemplazar la realidad vivida.

Bibliografía

Calvo Algaba, Almudena/Gómez Cortázar, Gemma/González Gallego, Óscar (2003): «Estudio del proceso de documentación en una serie de televisión: *Cuéntame cómo pasó*». URL: <http://multidoc.rediris.es/multidoc/trabalumnos/cuentame/estudiodoccuentame.htm> (07.09.2008).

Cuadra Colmenares, Elena de la (2002): «Documentación en *Cuéntame*». En: *Cuadernos de documentación multimedia,* 12, Universidad de la Rioja. URL: <http://dialnet.unirioja.es/servlet/articulo?codigo=1025934&orden=29135&info=link> (07.09.2008).

Delgado, Julián (2005): *Los grises.* Madrid: Temas de Hoy.

Gómez, Rosario G. (2002a): «La vida cotidiana durante el franquismo». En: *El País,* 28 de abril, p. 52.

— (2002b): «Ocho años en el cajón». En: *El País,* 24 de noviembre, p. 59.

Hernández, Sira (2007a): «El documental de divulgación histórica en la televisión española (2): Entre las efemérides y la memoria del siglo xx». En: *Guionactualidad,*

5 de febrero, Universidad Autónoma de Barcelona. URL: <http://antalya.uab.es/guionactualidad/spip.php?article2190> (20.08.2008).

— (2007b): «El documental de divulgación histórica en la televisión española (3): La "telehistoria" frente a la "telerrealidad"». En: *Guionactualidad*, 12 de febrero, Universidad Autónoma de Barcelona. URL: <http://antalya.uab.es/guionactualidad/spip.php?article2215> (20.08.2008).

PRESTON, Paul (1976): *Spain in Crisis*. London: The Harvester Press.

SOTO CARMONA, Álvaro (2005): *¿Atado y bien atado? Institucionalización y crisis del franquismo*. Madrid: Biblioteca Nueva.

TELEVISÓ DE CATALUNYA (2002): *Temps de silenci (1939-1976)*. Barcelona: Enciclopèdia Catalana i Televisió de Catalunya, ca. 180 min.

TELEVISIÓN ESPAÑOLA (1983): *España 1800-1982 historia inmediata*; (18 capítulos). Barcelona: Euromedia 2004 (para la presente edición), ca. 1.500 min.

— (1987): *España en guerra* (30 capítulos). Barcelona S. A. V., 1.860 min.

— (1992): *Los años vividos: Tiempo de prodigios* (capítulo 6). Salvat editores 1993 (para la presente edición), 55 min.

— (1993): *La transición* (13 capítulos). Madrid: El País, ca. 15 horas.

— (2001): *Cuéntame cómo pasó* (1ª temporada, capítulos 1-13). Barcelona: Manga Films, ca. 16 horas.

TUSELL, Javier (1996): *La dictadura de Franco*. Madrid: Alianza.

VIDAL-BENEYTO, José (2006): *Una década prodigiosa: Los años 60 entre reformas y rupturas*. Universidad de Valencia: URL: <http://uvalnoti.uv.es/intranet/ficheros/discursdevidalbeneyto.doc> (07.09.2008).

VV.AA. (2004): *La España de* Cuéntame cómo pasó. Madrid: Santillana.

El recuerdo benévolo: causas sociales del éxito mediático de la serie *Cuéntame cómo pasó*

Sören Brinkmann

1. *Cuéntame* y la cultura de la memoria posfranquista

El 13 de septiembre de 2001 la cadena pública TVE-1 emitió el primer capítulo de la serie *Cuéntame cómo pasó*, una producción al estilo de una telenovela que narra episodios de la vida de los Alcántara, una familia de clase media baja que vive en un barrio de las afueras de Madrid. Sin embargo, lo que distingue esta producción del típico formato de la *familiy soap* es su ubicación en un tiempo histórico. Como trasfondo de todo el montaje sirve el período del tardofranquismo, es decir, los años desde 1968 en adelante y cuya sucesión se orienta, de capítulo a capítulo, en el paso del tiempo real. El enorme y repentino éxito de las primeras partes de la serie sorprendió hasta a los propios productores[1]. En la primera temporada se alcanzó un treinta por ciento como promedio de cuota de pantalla, lo que corresponde a más de cinco millones de espectadores. Y con algunos capítulos de las sucesivas temporadas la cadena pudo atraer hasta ocho millones de televidentes, con lo que se superó las más altas cuotas de pantalla que habitualmente quedan reservadas para el fútbol. Este impresionante éxito alentó una y otra vez la prolongación de la serie, que de esta manera se convirtió para TVE-1 no sólo en una de las producciones más exitosas sino en un auténtico fenómeno mediático. Porque la popularidad de la serie no bajó ni siquiera cuando el guión salió finalmente del período histórico que le había prestado su atractivo original. Así, también el último capítulo de la octava temporada, que se estrenó en febrero de 2007 y que se sitúa históricamente en los momentos finales del régimen, consiguió atraer todavía a cerca de seis millones de espectadores. Y no puede extrañar que poco después TVE-1 decidiera prolongar el contrato con la productora para rodar cuatro temporadas más (Gómez 2007).

[1] La producción se había encargado al Grupo Ganga y a los directores Agustín Crespí y Tito Fernández. Este último, que ideó la serie, falleció en 2006.

A pesar de la larga vida de la serie y los vaivenes por los que tuvieron que pasar los Alcántara a lo largo de más de 150 capítulos, es preciso subrayar que las observaciones que siguen se limitan al éxito original de esta producción y a las circunstancias en que éste se produjo. Un factor que explica la repentina aceptación de *Cuéntame* a principios del nuevo siglo es indudablemente su alta calidad. Desde el principio, la serie contaba con un equipo de buenos actores, con un guión inteligente y entretenido y con un esfuerzo extraordinario a la hora de lograr fidelidad histórica hasta en los más mínimos detalles (Calvo Algaba *et al.* 2002-2003)[2]. A esto hay que añadir que la serie siempre se emitió en *prime time* como programa para toda la familia y que también cumplía con el cometido clave de cada *family soap* de ofrecer un amplio margen de identificabilidad. Como familia de clase media los Alcántara no están tan lejos de la realidad vivencial de la gran mayoría de los españoles de hoy, y, además, los distintos miembros de la familia representan tres edades: Antonio, el padre de familia y su esposa Mercedes, la abuela Herminia, los dos hijos mayores, Inés y Toni y, finalmente, Carlos, el hijo pequeño.

Sin embargo, la clave del éxito de la serie radica evidentemente en su ambientación en un pasado reciente cuyo carácter novedoso se evidencia especialmente si se lo contrasta con los colores en que se suele pintar esta época desde la posteridad. Un somero repaso por la producción cultural posfranquista haría patente que nunca antes el régimen de Franco había constituido el trasfondo para una narración –sea ésta ficticia o real– que se dirigía en primer lugar a la diversión y el entretenimiento de un público de masas. Más allá del famoso pacto de silencio[3] lo que se detecta en la cultura memorialística de los años ochenta y noventa son imágenes dirigidas a convertir la experiencia franquista en algo sustancialmente negativo y por tanto reprobable. Aunque el gobierno socialista de los años ochenta se abstuvo categóricamente de toda valoración del pasado reciente, muchas producciones de cine de este período, que fueron financiadas con dinero público, tomaron claramente partido. Era el momento de las adaptaciones cinematográficas de obras literarias recientes o actuales sobre la posguerra que desde una

---

[2] La productora cuenta con un propio equipo de documentación que trabaja con fuentes históricas de la más diversa índole.

[3] Así se suele llamar el acuerdo tácito entre las élites políticas de la Transición de dejar el pasado de la Guerra Civil fuera del debate político para no poner en peligro el proceso democrático. Este pacto se «selló» con motivo de la votación parlamentaria de la Ley de Amnistía en octubre de 1977.

perspectiva neorrealista tematizaban las precarias condiciones de vida de las clases inferiores y de los perdedores de la Guerra Civil. Como ejemplos pueden servir *La colmena* de Camilo José Cela, llevada al cine en 1982 y que obtuvo un gran éxito de público, así como el drama social *Los santos inocentes* de Miguel Delibes, publicado en 1981 y adaptado al cine tres años más tarde, o la novela de Julio Llamazares *Luna de lobos*, que llegó a las pantallas de cine en 1987.

Estas (y muchas otras) obras de cine y literatura tenían en común una visión implacable de la realidad social de posguerra, ejemplificada en casos concretos como la humilde familia de jornaleros entregada a la merced de un terrateniente cínico en *Los santos inocentes* o la lucha por la supervivencia de unos desertores republicanos en las montañas del norte de España al concluir la guerra en *Luna de lobos*. Y tampoco se debe olvidar el impacto de la historiografía académica que –independientemente de sus indiscutibles logros– en casi todas ocasiones partía de claras simpatías por la República y por los perdedores de la guerra. Para David Rey la sobria mirada a la violencia, al sufrimiento y a la humillación en la España de Franco es el marcador del cine de los años ochenta y lo interpreta como respuesta a un amplio deseo social de ajustar cuentas con la dictadura (Rey 2003: 131-133). Y no resulta difícil encontrar el motivo para este deseo dado que la política de la Transición había hecho todo para impedir precisamente este ajuste de cuentas en la realidad. La Ley de Amnistía que en 1977 declaró la impunidad hasta para los más crueles verdugos del régimen no pudo sino causar decepción en determinados sectores de la sociedad. Y especialmente la vanguardia cultural se vio llamada a enfrentarse desde una actitud crítica con el pasado reciente del país. De ahí la frecuente toma de partido en muchas producciones culturales de los años ochenta y noventa a favor de los perdedores de la Guerra Civil.

2. Recuerdos de la aparición de una nueva España

Ante este trasfondo resulta evidente que la serie *Cuéntame* rompe tabúes al presentar una imagen de la época franquista que pretende ser fiel reflejo de la realidad histórica y, sin embargo, no llega a denunciarla como un pasado oscuro y reprobable. Pero, ¿cómo es posible reinterpretar una época estigmatizada sin convertirse en blanco del desprecio de críticos y del gran público? La clave está en la concentración de la serie en el período tardofranquista que aparece casi como una época sin precedentes. La mirada se dirige casi exclusivamente a las circunstancias del momento y de ahí hacia un futuro mejor. Y, efectivamente, el tardofranquismo representa un momento crucial en la génesis de la España moderna. El llamado milagro económico de los años sesenta cambió las bases de la economía y convirtió a España en una sociedad industrial con todo lo que esto comporta. Crecía la industria y el sector de servicios, mientras que la agricultura se vio marginalizada, no solamente como principal fuente de riqueza sino también como forma de vida. El campo perdió población y con el crecimiento de las ciudades crecía no sólo el proletariado sino también la clase media y con ella el nivel del bienestar. Fue el momento cuando al sur de los Pirineos se generalizaron hasta en las familias obreras los electrodomésticos, el teléfono y el televisor, y cuando para muchos se hizo realidad el sueño de adquirir un apartamento propio o un SEAT 600, el coche emblemático del milagro económico español. Surgió así en la España de los sesenta el fenómeno del consumo de masas, y la vida urbana y de clase media se convirtió en modelo para la gran mayoría de los españoles.

El microcosmos ficticio de la familia Alcántara refleja precisamente estas nuevas realidades y en cada capítulo se puede observar cómo los protagonistas en su vida cotidiana son a la vez los agentes de un profundo cambio social y sus objetos. Antonio Alcántara, cuarentón y padre de familia, entra en la serie como un simple empleado de una pequeña empresa de artes gráficas. Poco después, su jefe, don Pablo, le ofrece convertirse en director adjunto de una nueva empresa inmobiliaria. Y este nuevo trabajo le permite pagar cosas que antes ni siquiera soñaba tener: un televisor, un coche, unas vacaciones en Benidorm. Sin embargo, la ilusión de prosperidad se desvanece cuando sale a la luz que la inmobiliaria no es sino una gran estafa que se apropia del dinero de los clientes. Antonio, a pesar de no haber actuado a propósito, es acusado de desfalco y sale arruinado de la aventura. Sin embargo, la decepción pasa y pronto se abren nuevas oportunidades laborales para el padre de familia.

En la vida privada a Antonio le corresponde el papel del patriarca tradicional, pero cuya autoridad se ve cuestionada cada vez más por los otros miembros de la familia. Su esposa Mercedes es en el fondo una compañera leal. Pero también defiende sus propios intereses cuando –contra la voluntad de su marido– se convierte en dueña de una sastrería artesanal. No hace falta subrayar que en términos de la época esto significaba un enorme paso emancipador. Más grandes aún son las discrepancias que se perfilan entre padres e hijos con respecto al estilo de vida y las actitudes políticas. Mientras que el padre se abstiene de toda opinión, Toni, el hijo mayor, es el rebelde de la familia: mantiene una relación con una activista antifranquista, participa en manifestaciones y es detenido por la Brigada Político-Social. La hija Inés, por su parte, es más reservada en sus aspiraciones, pero también busca su propio camino más allá del ejemplo de sus padres. Se enamora de un *hippie* inglés, pasa un mes en Londres y más tarde sueña con una carrera de actriz de teatro.

Carlos, el hijo menor, introduce la perspectiva del niño, además de establecer el puente más directo con el espectador de hoy. Porque cada episodio se introduce con la voz en *off* del mismo Carlos, que como hombre maduro comenta los episodios desde la actualidad. Los capítulos mezclan diferentes episodios de la vida de cada uno de los Alcántara. Y en muchos se abordan aspectos sintomáticos de la sociedad tardofranquista: el «desarrollismo», el movimiento huelguista, el distanciamiento entre la Iglesia y el régimen, el conflicto generacional, la integración de la mujer en el mercado de trabajo, la descomposición de la familia tradicional, la politización de la generación joven y el cambio de convenciones y estilos de vida en general.

Cuéntame es, por tanto, la microperspectiva de un proceso de transformación social: la sociedad española mejora sus condiciones materiales, moderniza sus costumbres y se distancia cada vez más de un régimen dictatorial que insiste en la tutela patriarcal de sus súbditos. La vida de los Alcántara ilustra el nacimiento de una nueva época, que contrasta con la muerte lenta del franquismo que, sin desaparecer por completo, representa una época cada vez más lejana de la realidad vivencial del español normal y corriente. La serie ilustra la brecha creciente entre un régimen caduco y vencido por el tiempo y una sociedad que a fin de cuentas sale como vencedora de la historia. Queda por subrayar que según *Cuéntame* esta victoria se conquista sin grandes sufrimientos, si se prescinde de las pequeñas calamidades del día a día. La transición –antes de la Transición con mayúscula– no se realizó en la clandestinidad de la lucha antifranquista sino en el ámbito privado, en la vida cotidiana de los Alcántara con lo cual prácticamente todos los españoles se convierten en protagonistas y participantes del *happy end* histórico que es la España actual (Rey 2004).

Resulta difícil no atribuir una cierta plausibilidad a la visión del tardofranquismo que la serie propone. Los problemas sociales que se abordan son en su mayoría bien escogidos y representativos para la época. Pero aun así es preciso recordar que los productores no persiguen ni pretenden perseguir fines pedagógicos y que el «social-realismo» de la serie está fuertemente condicionado por las necesidades de la *family soap* que en primer lugar aspira a entretener de forma ligera. Las premisas del formato no permiten cargar el guión con conflictos sociales demasiado graves. Y en este sentido, precisamente, el mundo de los Alcántara resulta idealizado, por muy auténtico que parezca la ambientación del escenario. Es una cuestión de premisas que las tragedias cotidianas de los Alcántara sean poco dramáticas, que los protagonistas no sufran sobremanera y que casi todos los episodios se salden con un *happy end* que permite evocar en los espectadores la imagen de unos «buenos tiempos».

Pero, independientemente de la plausibilidad de las imágenes producidas, ¿es representativa la familia de los Alcántara? La representatividad es evidentemente una categoría relativa y no resultaría difícil enumerar situaciones igualmente características que contarían una historia del tardofranquismo bien distinta y mucho menos agradable. Los cambios estructurales que tuvieron lugar en la sociedad española no comportaron solamente bienestar y consumo de masas sino también rupturas sociales y grandes calamidades para muchos. Basta mencionar el destino de miles de emigrantes dentro y fuera del país, la despoblación del campo y sus consecuencias así como el crecimiento de suburbios miserables en ciudades como Madrid o Sevilla. Y tampoco hay que olvidar la creciente agitación de una nueva clase obrera que luchaba por mejores salarios y derechos laborales, las intensas actividades clandestinas contra el régimen con especial envergadura en regiones como el País Vasco y Cataluña, y ciertamente, una continua represión política por parte del régimen que se recrudeció precisamente a finales de los años sesenta para desembocar en seis penas de muerte contra miembros de ETA en el tristemente famoso proceso de Burgos de 1970.

En prácticamente todos estos aspectos los Alcántara se encuentran casi tan alejados como el espectador del siglo XXI. Y es ahí donde se pone de relieve que la serie es en primer lugar una reconstrucción a base de los valores y expectativas de la España de hoy. Como producto de la industria cultural con fines de lucro los Alcántara son un espejo histórico que permite a los españoles del siglo XXI reconocerse a sí mismos. Y de hecho, el mundo cotidiano de la familia ficticia no está tan lejos de la vida de los españoles de hoy. Sólo que los coches eran mucho más pequeños, que la tele se veía en blanco y negro y que la autoridad ejercida por los padres, la sociedad y el Estado era algo más rígida que en la actualidad. Pero a pesar de estas incomodidades no se vivía tampoco tan mal en «aquel tiempo que nos cambió», como reza la letra del tema musical que acompaña la serie.

3. La huida ante un pasado conflictivo

Puesto que la realidad tardofranquista es representada desde una óptica predominantemente optimista y abierta al futuro, resulta consecuente que el guión de la serie ignore casi por completo los antecedentes de esta época. La Guerra Civil que dividió a los españoles en vencedores y vencidos no encaja en absoluto en la visión de una sociedad que por fin triunfa colectivamente sobre el franquismo. «Prefiero no hablar de aquellos tiempos... ¿para qué?...», esa afirmación de la abuela Herminia en una conversación con un hombre de su edad que vivió la guerra como soldado, es en cierto modo programático para toda la serie[4]. Y ahí donde el pasado de la guerra entra de verdad en la vida de los Alcántara, se le hace una lectura edulcorada. Es éste el caso en un capítulo titulado «Mutilado y caballero» que se emitió en diciembre de 2002. La figura protagonista del episodio es un vagabundo manco llamado Faustino que se refugia en una casa abandonada al lado de la de los Alcántara. Carlos, el hijo menor, siente curiosidad y descubre que se trata de un ex combatiente republicano que acaba de salir de la cárcel. En el ejército republicano había alcanzado el grado de coronel. Su vida posterior, sin embargo, representa de forma resumida los sufrimientos y calamidades por los que muchos de los vencidos tuvieron que pasar: perdió un brazo en la lucha antifranquista del maquis, pasó un largo rato en el exilio y aún más tiempo en las cárceles de Franco para ser puesto en libertad unos casi treinta años después del conflicto, en fin: una vida brutalmente destruida por el desenlace de la guerra y sin ninguna esperanza a la más mínima reparación.

La trágica vida de este hombre conmueve a la abuela Herminia que no puede evitar recordar los horrores que la guerra había causado en su propia familia. Sin embargo, el hecho de que el episodio esté situado en la fiesta de Navidad de 1969 no es ninguna casualidad, sino el marco referencial que prefigura la manera de comprender dentro de la serie los amargos recuerdos de la Guerra Civil. Así, Herminia invita a Faustino a celebrar junto con los Alcántara la Nochebuena. Durante la cena navideña se abre la posibilidad para Faustino de contar la historia de su vida, cuya trágica tónica junto a las convicciones políticas de este sobreviviente de la Guerra Civil llegan, en determinados momentos, a hacer peligrar la paz familiar. Sin embargo, la cena concluye con un gesto conciliador al brindar los Alcántara junto con su huésped por todos los que combatieron en la guerra.

Acto seguido, la familia se traslada a la iglesia parroquial para asistir a la tradicional misa del gallo. Faustino se niega a acompañarles, dado su credo anticle-

[4] Véase capítulo 31, «¡Qué luna la de aquél día!», emitido el 12 de junio de 2002.

rical, pero finalmente cambia de opinión y se lleva una gran sorpresa. Porque al contrario de la Iglesia católica de treinta años antes, retrógrada y cómplice de los generales sublevados, la parroquia del barrio respira tolerancia y modernidad, mientras que el párroco actúa como el prototipo del «cura progresista». Y este ambiente precisamente da lugar a otro gesto de reconciliación: al final de la misa el coronel republicano llega a conocer a Cerván, el vendedor del quiosco del barrio que durante la guerra había luchado con el bando franquista. Pero en esta ocasión, ambos deciden enterrar sus rencores y sellar una paz individual con un amistoso apretón de manos con el que el episodio llega a su fin (Estrada 2004).

Es evidente que el capítulo busca conectar con el discurso de reconciliación que surgió con la Transición democrática y que finalmente llevó a la Ley de Amnistía de 1977 que significó un «borrón y cuenta nueva» histórico. Pero si se confronta este episodio con la realidad social de la época, ni siquiera esta interpretación carece de plausibilidad histórica. Porque el espíritu de reconciliación ya existía en la sociedad española mucho antes de la Transición. Así, al menos, lo desveló una encuesta realizada en 1969 por el propio Régimen y con motivo de medir el apoyo social para un indulto general a favor de los restantes presos políticos de la guerra. Los resultados pusieron de manifiesto que 30 años después del conflicto la gran mayoría de la población estaba dispuesta a superar las divisiones del pasado: un 77% de los encuestados se declaró a favor del indulto, mientras que tan sólo un 1,9% se opuso al mismo (Aguilar 1996: 147-149; Juliá 2004: 445-462).

Sin embargo, al legitimar la reconciliación nacional tal como se había llevado a cabo durante la Transición, la serie también tiende a disimular la gran injusticia que se produjo al denegar a la mayoría de los perdedores todo tipo de rehabilitación y recompensa. Resulta en cierto modo irónico, que el estreno de *Cuéntame* coincidió con la aparición de un nuevo movimiento ciudadano que comenzó a reclamar medidas de reparación para las víctimas del franquismo y los «desaparecidos» de la Guerra Civil cuyo número se calcula en más de 30.000. El que dio el primer paso fue el periodista Emilio Silva, que en el año 2000 fundó la Asociación para la Recuperación de la Memoria Histórica (ARMH) y que poco después exhumó en el pueblo leonés de Priaranza del Bierzo una fosa anónima que albergaba los restos mortales de su abuelo asesinado. El modelo de la ARMH se generalizó poco después en casi todo el país conformando así una amplia red de asociaciones privadas de familiares de víctimas.

Otra coincidencia con la aparición de este movimiento fue el inicio del segundo mandato del conservador Partido Popular tras haber ganado las elecciones de 2000 con una mayoría absoluta. Esta nueva constelación política hizo que los partidos de izquierda descubrieran el tema de las víctimas del franquismo como suyo y que lo convirtieran en caballo de batalla del debate político. Después de más de veinte años de inactividad en el asunto, la oposición lanzó toda una serie de propuestas parlamentarias para condenar el franquismo y reparar las injusticias de la Transición. Los populares, por su parte, no vieron en estas demandas sino una culpabilización unilateral del bando franquista que, según ellos, se hallaba en contradicción con la idea de una culpa compartida con respecto a la guerra que había hecho posible la reconciliación nacional a partir de 1975. Y con el argumento de no querer «reabrir viejas heridas» el gobierno de José María Aznar hizo fracasar todas estas iniciativas de la oposición.

La inesperada victoria electoral de los socialistas en 2004 provocó un cambio de las políticas del pasado que comportó un dramático recrudecimiento del debate acerca del pasado reciente. Y sólo tras más de dos años de deliberaciones el gobierno de José Luis Rodríguez Zapatero presentó finalmente una propuesta de ley para satisfacer las demandas de las asociaciones cívicas, pero que provocó un auténtico vendaval de críticas y protestas desde todos los lados. Mientras que la izquierda criticaba el limitado alcance de la ley, el Partido Popular denunció la propuesta como «grave error» y reprochó al jefe de Gobierno querer «revisar» los resultados de la Transición. No obstante, a pesar de sus muchos críticos el Ejecutivo socialista consiguió, tras largas negociaciones, reunir los votos suficientes para, a finales de 2007, convertir la propuesta en ley.

Frente a la crispación política de los últimos años resulta fácil denunciar una clara tendencia conservadora en la tónica de *Cuéntame*. El optimismo histórico de la serie parece favorecer un argumento muy querido en los sectores conservadores según el cual el éxito de la Transición democrática no hubiese sido posible sin los cuarenta años del régimen franquista. No extraña, por tanto, que no hayan faltado historiadores que reprocharan a los productores hacer apología de la dictadura (Sánchez-Biosca 2003: 48; Estrada 2004: 562-563). Pero, dar una explicación a la gran popularidad de la que goza esta visión «revisionista» del pasado no entró en su planteamiento.

4. «Verdadera» y «falsa» memoria del franquismo

La llamada recuperación de la memoria histórica responde evidentemente a los déficits de reparación y reconocimiento de las víctimas del franquismo, provocados por la impunidad de sus verdugos y la inactividad del Estado en este asunto durante más de veinte años. Y el hecho de que a la altura del siglo XXI no sean los propios afectados de la generación de la guerra sino en primer lugar sus nietos los que impulsan este movimiento, no le quita nada de su legitimidad. Pero la demanda de esclarecer y reparar los crímenes del franquismo es sólo un lado de una moneda con dos caras. Muchas de las iniciativas ciudadanas luchan también por un reconocimiento público de la historia de los perdedores y un lugar digno en la cultura de la memoria del país. Esta aspiración se refleja, por ejemplo, en la colocación de placas conmemorativas y monumentos en los distintos lugares de su sufrimiento. Y en la medida en que esta actitud está vinculada con una clara condena ética del régimen, también se reivindica la retirada de los últimos vestigios del franquismo que todavía persisten en el espacio público de ciudades y pueblos. Pero en muchas ocasiones las actividades públicas del movimiento también vienen acompañadas por el deseo de dejar renacer la memoria de la Segunda República así como de las antiguas ideologías de los que la defendieron durante la guerra –republicanos, socialistas, comunistas, anarcosindicalistas–.

El Foro por la Memoria, una asociación cívica de alcance nacional que había sido fundada por activistas de Izquierda Unida, nunca dudó en vincular su trabajo memorialístico con fines políticos. Y no sólo en este caso tales fines se resumen en la simple propuesta de abolir la actual Monarquía borbónica y reemplazarla por una «Tercera República» (Pedreño 2005). Un reciente apogeo de este nuevo republicanismo se alcanzó en el 75 aniversario de la proclamación de la Segunda República el 14 de abril de 2006, que se conmemoró en todo el país con exposiciones y homenajes públicos. Es cierto que durante la Transición la historia republicana había constituido una zona prohibida del recuerdo dado su desastroso desenlace y su ineptitud como modelo político frente a la coronación de Juan Carlos de Borbón como rey de España. Pero también es verdad que a la Segunda República le corresponde el honor de representar la primera democracia moderna del país y por tanto de ser «antecedente directo de la actual democracia», tal como el gobierno de Zapatero se expresó en esta ocasión. Pero, a diferencia del gobierno, el entusiasmo republicano del movimiento por la memoria no se paró en la conmemoración, sino que pasó directamente a la ofensiva contra la Monarquía borbónica.

Una encuesta reciente desveló que en el grupo de los más jóvenes de entre 18 y 25 años la preferencia por una república –en vez de la monarquía de hoy–

asciende a un considerable 38%[5]. Pero resulta arriesgado deducir de un sondeo puntual como éste una tendencia estable para el futuro. De hecho, existen resultados de otras encuestas que sitúan la preferencia republicana en menos de una cuarta parte de la sociedad española. Y aún más significativas a este respecto resultan las encuestas acerca de la confianza de los ciudadanos en las instituciones públicas del Estado. Porque es siempre la Monarquía quien –con una clara distancia frente a otros órganos (como los partidos, el Parlamento, etc.)– lidera el campo. Ante tales datos, parece al menos dudoso que la memoria republicana, tal como se propaga desde el movimiento por la memoria, se convierta en punto de referencia para una mayoría de los españoles. El recuerdo de las víctimas del franquismo está conquistándose un lugar destacado en el espacio público del país. Pero dada la limitada cantidad de afectados (en relación a la totalidad de la población española) es de sospechar que la irradiación social del discurso victimista y de la memoria republicana ya ha llegado a sus límites. En todo caso, no parece probable que el resto de los españoles se solidarice con el movimiento y, menos aún, que acepte la «versión republicana» de la historia reciente como punto de referencia identitaria.

Pero entonces habrá que preguntar ¿cuáles son los puntos de referencia en la historia reciente que gozan de mayor aceptación social a la hora de conformar la identidad de la España posfranquista? En un ensayo reciente, el historiador italiano Gabriele Ranzato se sorprendió ante la falta de todo recuerdo en la sociedad actual de la llamada «Tercera España», es decir, la España liberal-burguesa y de clase media que ya existía en los años treinta y cuyas aspiraciones socio-políticas probablemente mejor corresponden con los de la mayoría de los españoles de hoy. Para Ranzato la razón de esta omisión radica en el fracaso histórico de estas clases medias que no se levantaron en contra de la radicalización política y que, en consecuencia, no supieron impedir la catástrofe (Ranzato 2007: 91-93).

Resulta en cierto modo lógico que durante muchos años y desde una perspectiva oficial la democracia posfranquista no pudiera tener otro origen que la corta etapa de la propia Transición. Y la población siempre parecía concordar con esta visión dadas las buenas notas adjudicadas en distintos sondeos al período de la Transición así como a la Constitución democrática de 1978 (Avilés Farré 2002: 89-91). La política, por su parte, intentó en varias ocasiones reforzar esta identificación al erigir monumentos en honor a la Constitución. Pero

[5] Véase <www.elmundo.es> del 20 de noviembre de 2005.

estas esculturas con sus formas geométricas y abstractas, que se colocaron en algunas ciudades del país, no inspiraban muchos más sentimientos patrióticos que el propio texto constitucional. En otras palabras, el intento de difundir un sentimiento de identidad nacional a base de los valores constitucionales no llegó en España (ni en otros países) más lejos de su ideación teórica.

Que en España se estuviera en búsqueda de nuevas señas de identidad para construir una idea de nación ya se evidenció con la actuación del Partido Popular tras su subida al poder en 1996. En este momento influían también los avances económicos y políticos que el país había realizado desde su ingreso en la Comunidad Europea en 1986 y que sugieren una vuelta a la «normalidad» europea que durante siglos había parecido inalcanzable. Ante este trasfondo surgió, especialmente en los sectores conservadores, un nuevo orgullo nacional que reclamaba también una relectura del pasado con motivo de adaptarlo a la percepción de España como un país normal. En este sentido, el Partido Popular intentó apropiarse de algunas figuras y etapas de la historia contemporánea como, por ejemplo, la Restauración borbónica (1875-1931) y su gran arquitecto político, Antonio Cánovas del Castillo. Y mientras tanto, la nueva ministra de Educación emprendió una reforma general en la enseñanza escolar de la Historia que buscaba privilegiar la identificación con tradiciones en detrimento de una pedagogía crítica –reforma que quedó en letra muerta ante la resistencia de profesores y Comunidades Autónomas (Bernecker/Brinkmann 2004: 91-94)–.

Independientemente de los vaivenes de la política a la hora de fomentar sentimientos patrioteros, no deberían ahora quedar muchas dudas con respecto al gran éxito de *Cuéntame*: la serie recupera el tardofranquismo de su tabuización latente y lo incorpora a la memoria colectiva como el período anterior a de la Transición democrática. Se trata evidentemente de la reconquista televisiva de un capítulo de la historia reciente que –aunque correspondiera a una fase dictatorial– en muchos evoca recuerdos agradables. Pero, ¿es casual el momento en que se estrenó *Cuéntame*? ¿Hubiera podido alcanzar tanto éxito unos diez o quince años antes? Tal como dijo el guionista Tito Fernández en una entrevista a *El Mundo*, en 2001 la idea no era nada nueva y TVE-1 la había comprado sólo después de ocho años, durante los cuales ninguna otra cadena se interesó por ella[6].

[6] Véase la entrevista con Tito Fernández en la revista digital *Guiónactualidad* de la Universitat Autònoma de Barcelona, URL: <http://antalya.uab.es/guionactualidad/spip.php?article1833> (13.08.2008).

Es posible, por tanto, que sólo el impacto socio-cultural de un gobierno conservador –el primero desde la Transición– creara el ambiente propicio para lanzar un experimento como éste.

Más importante, sin embargo, parece otro factor de índole socio-psicológico. Porque no hay que olvidar que a lo largo de los años noventa la generación de la posguerra, que –como los protagonistas de la serie– había vivido esta época en su plenitud, alcanzó la edad de su jubilación. Para el egiptólogo e investigador de la memoria Jan Assmann se cruzó en este momento un umbral importante con respecto a la activación de la memoria. La tercera edad representa una fase de la vida en la que los recuerdos de cada uno ganan especial importancia y cuando en muchos afectados surge el deseo de fijarlos y trasmitirlos a las generaciones venideras (Assmann 1997: 51).

Y, ¿cómo recuerdan los españoles la época franquista? Desde el principio de los años ochenta se han realizado encuestas con respecto a la valoración del pasado reciente que desde entonces han producido datos relativamente estables. De éstos se desprende que el grupo de los partidarios del dictador venía reduciéndose continuamente desde un 18% (1985) a sólo el 10% (2000), mientras que el rechazo del franquismo aumentaba en el mismo período en diez puntos hasta un 37% de los encuestados. Sin embargo, el resultado más importante está en que exista una mayoría estable de alrededor del 45% que percibiera el régimen como «un período con cosas buenas y cosas malas». Y en un sondeo con ocasión del 30 aniversario de la muerte del dictador en 2005 casi un 64% afirmó que la figura de Franco les causa indiferencia. El análisis de los resultados según el perfil generacional revela que el rechazo del franquismo aumenta en la medida que baja la edad de los encuestados alcanzando su mayor grado en los más jóvenes de entre 18 y 25 años. En cambio, los grupos nacidos en la inmediata posguerra presentan en su mayoría una actitud más conciliadora con respecto a la dictadura. Así, el mayor grado de benevolencia acerca del franquismo lo mostró en el año 2000 el grupo de los mayores de 60 años donde esta actitud ascendía a un 52% (Moral 2001: 11-13; Cué 2005).

No se puede tener certeza con respecto a los recuerdos concretos en que se basa la valoración del pasado en cada uno de los encuestados, pero es de sospechar que la elevada benevolencia detectada en la generación de la posguerra se remonta en primer lugar a la propia experiencia vivencial en el período tardofranquista. Los dos factores principales que influenciaron este recuerdo fueron el milagro económico y, algo más tarde, la Transición democrática, que impregnó a la sociedad con el espíritu de la reconciliación nacional. En cambio, para los que llegaron a conocer el franquismo sólo a través de los libros de historia, esta época comenzó con una sangrienta guerra, y de ahí, probablemente, su rechazo mayor. Para muchos de la generación de Antonio Alcántara, sin embargo, el franquismo se asocia en primer lugar con una fase transitoria hacia un futuro mejor.

5. Nostalgia versus «memoria histórica»

Cabe subrayar, finalmente, que al satisfacer necesidades de un recuerdo nostálgico del franquismo, *Cuéntame* no constituye un fenómeno singular. Desde finales de los años noventa se pudo observar la proliferación de una serie de publicaciones y libros facsímiles destinados a evocar la infancia bajo el franquismo. El más popular fue *El florido pensil* de Andrés Sopeña Monsalve, publicado en 1994, que representa una especie de deconstrucción irónica de los valores de la escuela «nacional-católica» del franquismo. El libro es un *collage* de imágenes y textos de diferentes manuales escolares, películas y cómics del momento, a los que el autor añadió comentarios que ridiculizan sus contenidos desde la perspectiva del adolescente que vivió estos años como niño. En la solapa el libro se ofrece como ejercicio de «exorcismo» para echar de dentro «lo que nos queda de los viejos demonios» (Sopeña Monsalve 1994). Ninguna duda cabía con respecto al destinatario del mensaje, y la parodia alcanzó un destacable éxito que se manifestó en varias reediciones, una versión teatral que recorrió el país y una película. Y no tardó mucho hasta que otros también intentaron aprovecharse de esta ola nostálgica al publicar una serie de ediciones facsímiles de libros de texto y catecismos sociales del franquismo que también alcanzaron un notable éxito de venta (Harvey 2001; Molinero 2002).

Si no se quiere tachar esta ola nostálgica directamente de ser «falsa memoria» –como hacen algunos–, resulta, sin embargo, preciso advertir de sus consecuencias con respecto al actual debate sobre el pasado reciente. La polémica en torno a la llamada Ley de Memoria que se presenció a lo largo de la pasada legislatura (2004-2008) puso de relieve la imposibilidad de consensuar entre todas las fuerzas políticas una condena explícita del franquismo como régimen injusto. Las reticencias que se articularon dentro del Partido Popular tienen que ver con su origen histórico en los sectores reformistas del franquismo, cuya continuidad sociológica en la cúpula dirigente es visible hasta hoy en día. Un distanciamiento explícito del franquismo iría, por tanto, en contra de las identidades personales y familiares de muchos líderes del partido. Pero que un partido democrático de masas pueda alzarse en guardián de la herencia franquista sin miedo de perder simpatías políticas, tiene evidentemente que ver con esa benevolencia con la que una mayoría de los españoles recuerda la dictadura. Para destacar el escándalo que la actitud del Partido Popular significa para una democracia europea del siglo XXI, se ha recurrido con frecuencia al ejemplo de otros países europeos. Pero, los que realmente exigen refundar la democracia española a base de un consenso «antifascista», tendrán que reconocer que –a diferencia del tardofranquismo– es virtualmente imposible hacer una relectura sentimental de la dictadura nazi.

Bibliografía

Aguilar, Paloma (1996): *Memoria y olvido de la Guerra Civil española*. Madrid: Alianza.

Assmann, Jan (1997): *Das kulturelle Gedächtnis. Schrift, Erinnerung und politische Identität in frühen Hochkulturen*. München: C. H. Beck.

Avilés Farré, Juan (2002): «Veinticinco años después: la memoria de la transición». En: *Historia del Presente*, 1, pp. 88-97.

Bernecker, Walther L./Brinkmann, Sören (2004): «La difícil identidad de España. Historia y política en el cambio de milenio». En: *Iberoamericana*, 15, pp. 85-102.

Calvo Algaba, Almudena/Gómez Cortázar, Gemma/González-Gallego, Óscar (2002/03): «Estudio del proceso de documentación en una serie de televisión: *Cuéntame cómo pasó*». URL: <http://multidoc.rediris.es/multidoc/trabalumnos/cuentame/estudiodoccuentame.htm> (13.08.2008).

Cué, Carlos E. (2005): «Treinta años sin Franco». En: *El País*, 20 de noviembre.

Estrada, Isabel (2004): «*Cuéntame cómo pasó* o la revisión televisiva de la historia española». En: *Hispanic Review*, 72, pp. 547-564.

Gómez, Rosario G. (2007): «La serie *Cuéntame cómo pasó* seguirá cuatro temporadas más en TVE-1». En: *El País*, 6 de agosto.

Harvey, Jessamy (2001): «The value of nostalgia: Reviving memories of National-Catholic childhoods». En: *Journal of Spanish Cultural Studies*, 2, 1, pp. 109-118.

Juliá, Santos (2004): *Historias de las dos Españas*. Madrid: Taurus.

Molinero, Carme (2002): «"Crónica sentimental" y falsa memoria del franquismo». En: *Historia del Presente*, 1, pp. 98-100.

Moral, Félix (2001): *Veinticinco años después. La memoria del franquismo y de la transición a la democracia en los españoles del año 2000*. Madrid: Centro de Investigaciones Sociológicas.

Pedreño, José María (2005): «Recuperar la Memoria es luchar por la III República». URL: <http://www.nodo50.org/foroporlamemoria/> (13.08.2008).

Ranzato, Gabriele (2007): *El pasado de bronce. La herencia de la guerra civil en la España democrática*. Barcelona: Destino.

Rey, David (2003): «Die Franco-Ära in der medialen Geschichtskultur Spaniens». En: *Jahrbuch für Europäische Geschichte*, 4, pp. 113-159.

— (2004): «Historische "Meistererzählungen" über die Franco-Ära im spanischen Fernsehen: Die historische Seifenoper *Cuéntame*». En: Ruchniewicz, Krzysztof/ Troebst, Stefan (eds.): *Diktaturbewältigung und nationale Selbstvergewisserung. Geschichtskulturen in Polen und Spanien im Vergleich*. Wrocław: Wydawnictwo Uniwersytetu Wrocławskiego, pp. 101-111.

Sánchez-Biosca, Vicente (2003): «La memoria impuesta. Notas sobre el consumo actual de imágenes del franquismo». En: *Pasajes de pensamiento contemporáneo*, 11, pp. 43-48.

Sopeña Monsalve, Andrés (1994): *El florido pensil. Memoria de la escuela nacionalcatólica*. Barcelona: Crítica.

Sobre los autores

MARÍA JESÚS BELTRÁN BROTONS es licenciada en Filología Moderna (francés) por la Universidad de Salamanca. Amplió estudios de Literatura española y francesa en la Universidad de Constanza y de Historia del Arte en Berlín. Es lectora de español en el Departamento de Románicas de la Freie Universität de Berlín. Su campo de trabajo se centra en la didáctica del español como lengua extranjera y en la obra de José Jiménez Lozano. Sobre cine ha publicado el artículo «Universos pictóricos y el arte cinematográfico de Icíar Bollaín». En: Burkhard Pohl/Jörg Türschmann (eds.): *Miradas* glocales. *Cine español en el cambio de milenio* (Madrid/Frankfurt, Iberoamericana/Vervuert, 2007).

VERENA BERGER enseña cine español y latinoamericano en el Departamento de Lenguas Románicas de la Universidad de Viena. De 1994 a 2000 trabajó como docente en la Universidad de Barcelona. Es autora de *Theater und Sprache. Das katalanische Theater zwischen Diktatur und Demokratie* (1998), y co-editora de *Zwischen Aneignung und Bruch: Studien zum Konfliktpotential von Kulturkontakten in der Romania* (2005); *Montréal – Toronto. Stadtkultur und Migration in Literatur, Film und Musik* (2007); *Escenarios plurimediales: Teatro y cine en España en el umbral del siglo XXI* (2009); *Polyglot Cinema: Language, Culture and Migration in France, Italy, Portugal, and Spain* (2010). Actualmente está preparando su tesis de habilitación sobre cine latinoamericano.

SÖREN BRINKMANN. Dr., nacido en 1970 en Hamburgo (Alemania); estudió Historia Contemporánea, Hispanística y Economía en Friburgo, Madrid y Erlangen/Nuremberg; 2000-2003 doctorando de la Fundación Hans Böckler; 2003-2005 colaborador científico de la Cátedra de las Civilizaciones Románicas (Auslandswissenschaft) en la Universidad de Erlangen-Nuremberg; 2006 investigador de la Fundación Fritz Thyssen; desde 2007 investigador de la Fundación Alemana de Investigaciones Científicas (DFG); publicaciones diversas sobre la cultura política, la cuestión regional y la cultura de la memoria en España; monografías: *Der Stolz der Provinzen* (Frankfurt 2005); *Katalonien und der Spanische Bürgerkrieg* (Berlin 2007); *Memorias divididas* (Madrid 2009; con W. L. Bernecker).

MATEI CHIHAIA. Después de estudiar Literatura comparada en las universidades de Múnich y Oxford, se doctoró en 2000 en Múnich con un trabajo sobre los ritos y ceremonias en la tragedia clásica en Francia (*Institution und Transgression. Inszenierte Opfer bei Corneille und Racine.* Tübingen 2002). Obtuvo la *venia legendi* en Filologías Románicas en la Universidad de Colonia en 2006 con una tesis sobre la ficción, el cine y la metalepsis en los cuentos de Julio Cortázar. Ha trabajado como docente e investigador en la Facultad de Filología Románica de la Universidad de Colonia, con una beca Heisenberg concedida por el Consejo Nacional de Investigaciones Científicas (DFG). Actualmente es catedrático de Literatura Española e Hispanoamericana en la Universidad de Wuppertal.

PIETSIE FEENSTRA es profesora de Cine en el Departamento de Estudios Cinematográficos de la Sorbona, París III. Imparte clases desde 2002 sobre Cine y Cine español contemporáneo (la memoria, mitos, autores, etc.). Tras su doble licenciatura en Español y Comunicación Audiovisual en la Universidad de Groningen, se ha especializado varios años en Cine en la Universidad Complutense de Madrid y París III. Ha publicado su tesis *Les nouvelles figures mythiques du cinéma espagnol (1975-1995). A corps perdus* (Paris 2006). Ha editado dos libros colectivos: *Miradas sobre pasado y presente en el cine español (1990-2005)* (Amsterdam/New York 2008; con Hub Hermans), y *Mémoire du cinéma espagnol* en *CinemAction*, N° 130 (Paris 2009).

ENCARNACIÓN GARCÍA DE LEÓN es doctora en Literatura Hispánica por la Universidad Complutense de Madrid y conjuga su labor docente con sus trabajos de investigación. Ejerce su docencia como catedrática de Lengua y Literatura en la ciudad de Albacete (España). Es miembro de la A.I.H. en cuyos congresos ha presentado trabajos sobre narradores españoles contemporáneos. Ha colaborado en obras monográficas colectivas como *Los presentes pasados de Antonio Muñoz Molina* (2000), o *Ensayos sobre Rafael Chirbes* (2006). Entre sus libros destacan: *Un espacio propio para la descripción literaria* (2003); *La Mancha, un tópico literario* (2007); *Poemas y relatos manchegos* (2009).

MARÍA-TERESA IBÁÑEZ EHRLICH es lectora en la Universidad de Marburgo. Ha centrado sus trabajos críticos en la narrativa de la democracia, especialmente en Antonio Muñoz Molina, Javier Marías, Rafael Chirbes e Ignacio Martínez de Pisón, entre otros. Sobre literatura de Latinoamérica, ha trabajado en la cuentística del Grupo de Guayaquil.

ANTONIA KIENBERGER, licenciada en las Filologías románicas y alemana, tesis doctoral sobre la función del paisaje castellano para la construcción de identidad de la generación del 98. Campos de investigación: medios audiovisuales, rasgos teatrales en la cultura popular contemporánea, representaciones culturales de la «otredad».

JOCHEN MECKE es catedrático de Letras Románicas en la Universidad de Ratisbona. Sus intereses se centran en estudios sobre la modernidad en España y Francia, la relación entre literatura y los medios de comunicación, teoría e historia del cine francés y español, la híperficción, la cultura de la mentira, el tiempo en la novela y la cultura. Entre sus publicaciones destacan *Roman-Zeit: Zeitformung und Dekonstruktion des französischen Romans der Gegenwart* (Tübingen 1990); *Cultures of Lying: Theory and Practice of Lying in Society, Media, and Culture* (Massachussetts/Berlin 2007; ed.); *Romanistik 2006: Revisionen, Positionen, Visionen, Romanistische Zeitschrift für Literaturgeschichte*, Bd. 3/4 (Heidelberg 2005; coord.).

GONZALO NAVAJAS. Catedrático de literatura moderna y cine en la Universidad de California, Irvine. Autor de numerosos libros entre los que destacan *La utopía en las narrativas contemporáneas*, *La modernidad como crisis*, *La narrativa española en la era global*, *Unamuno desde la posmodernidad*, *Teoría y praxis de la novela española posmoderna* y *Mímesis y cultura en la ficción*. Es autor, además, de numerosos ensayos sobre teoría literaria y visual e historia intelectual y estética y de varias novelas de las que *En blanco y negro* es la más reciente. Es miembro del comité editorial de numerosas revistas y es profesor visitante y conferenciante asiduo en universidades e instituciones académicas de Europa y Estados Unidos. Es también miembro de la Academia Norteamericana de la Lengua Española y de otras entidades culturales internacionales.

JULIA NOLTE es licenciada en Lenguas, Economía y Ciencias Culturales con especialización en la cultura iberorrománica por las Universidades de Passau y Málaga. Formación en periodismo. Asistente en la cátedra de Literaturas y Culturas Románicas de la Universidad de Passau, profesora temporal en la Universidad Juiz de Fora/Brasil. Doctorado en Ciencia Cultural española con un trabajo sobre la Movida madrileña como revolución socio-cultural. Gerente del Instituto de Comunicación Intercultural de la Universidad Passau. Hoy trabaja como periodista.

HARTMUT NONNENMACHER enseña en la Universidad de Friburgo desde 2003 después de trabajar durante cinco años como lector del DAAD en la Universidad de Santiago de Compostela y de doctorarse en 2001 en la Universidad de Tubinga con una tesis sobre el incesto en las literaturas francesa y alemana en el siglo XVIII. Es autor de varios artículos sobre literatura, cómic y cine español, francés e hispanoamericano y editor de la antología *Tango, Bolero, Copla... Canciones populares modernas de España y de Hispanoamérica,* publicada en 2009.

ENRIQUE RODRIGUES-MOURA. Doctor Europeo por la Universidad Complutense de Madrid (Premio Extraordinario) con una tesis sobre Manoel Botelho de Oliveira, poeta barroco de Salvador de Bahía. Posee diversas publicaciones sobre las literaturas y culturas en castellano y portugués de los siglos XVI y XVII, sobre la producción literaria en el cono sur latinoamericano en los siglos XIX y XX, así como sobre los cruces entre ficción, historiografía y política. Actualmente trabaja en el Seminario de Filología Románica de la Universidad de Gotinga.

VÍCTOR SEVILLANO CANICIO cursó estudios de Filología románica y germánica en las universidades de Heidelberg (Alemania) y Barcelona. Trabajó como traductor y lector de filología catalana y española en varias universidades alemanas (Heidelberg, Mannheim, Marburg y Saarbrücken). Tras su doctorado por la Universidad de Heidelberg ocupa desde 2004 una plaza de profesor asociado en Filología hispánica y germánica en la Universidad de Windsor (Canadá). Uno de sus focos de interés se centra en el reflejo de la historia social de España en los medios de comunicación.

DAGMAR SCHMELZER, estudios de Diplomkulturwirt (Lenguas, Economía y Estudios de Cultura Hispana) en Passau y Salamanca. Enseña literatura y cultura españolas y francesas en la Universidad de Ratisbona. Campos de interés: literatura, cine y cultura españoles contemporáneos, intermedialidad, historiografía y literatura, la autobiografía actual. Se doctoró en Regensburg con un tema sobre la novela de vanguardia española de los años veinte *Intermediales Schreiben im spanischen Avantgarderoman der 20er Jahre* (Tübingen 2007).

CHRISTIAN VON TSCHILSCHKE es catedrático de Literatura Románica en la Universidad de Siegen (Alemania). Sus intereses se centran en literatura y medios de comunicación, teoría e historia del cine francés y español, literatura francesa y española contemporánea, literatura y cultura en la España del siglo XVIII.

Entre sus publicaciones destacan *Roman und Film. Filmisches Schreiben im französischen Roman der Postavantgarde* (Tübingen 2000); *Identität der Aufklärung/Aufklärung der Identität. Literatur und Identitätsdiskurs im Spanien des 18. Jahrhunderts* (Frankfurt am Main 2009).

ULRICH WINTER es catedrático de Literatura y Cultura Románica en la Philipps-Universität Marburg. Campos de investigación: cultura española posterior a 1975, antropología literaria de los siglos XVI y XVII. Es también autor de varios libros y artículos entre los que destacan: *Der Roman im Zeichen seiner selbst. Typologie, Analyse und historische Studien zum Diskurs literarischer Selbstrepräsentation im spanischen Roman des 15. bis 20. Jahrhunderts* (Tübingen 1998); *Casa encantada: Lugares de Memoria en la España constitucional (1978-2004)* (Frankfurt/Madrid 2005; ed. con J. R. Resina); *Lugares de Memoria de la guerra civil y el franquismo. Representaciones literarias y visuales* (Frankfurt/Madrid 2006; ed.).

SUSANNE ZEPP. Estudios de Filología Románica, Literatura Comparada y Filología Alemana en la Universidad de Wuppertal. Magister Artium/Licenciatura en 1997. Doctorado en enero de 2002 en Filología Románica, desde julio de 2003 colaboradora científica y subdirectora del Instituto Simon Dubnow de Historia y Cultura Judía de la Universidad de Leipzig. Habilitación en 2009. Monografías: *Herkunft und Textkultur. Über jüdische Erfahrungswelten in romanischen Literaturen 1499-1627* (Göttingen 2010; con Natasha Gordinsky); *Kanon und Diskurs – Über Literarisierung jüdischer Erfahrungswelten* (Göttingen 2009; con Natascha Pomino); *Hispanistik* (Paderborn 2004); *Jorge Luis Borges und die Skepsis* (Stuttgart 2003).

Índice onomástico